Dileta Delmanto

Licenciada em Letras (Português e Inglês)

Mestre em Língua Portuguesa pela PUC-SP

Professora das redes estadual e particular de São Paulo

Laiz B. de Carvalho

Licenciada em Letras e Mestre em Literatura Brasileira pela Universidade Sagrado Coração (USC-Bauru-SP)

Professora das redes estadual e particular de São Paulo

Jornadas.port 7

Língua Portuguesa

Editora Saraiva

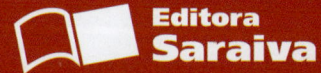

Jornadas.port – Língua Portuguesa – 7º ano (Ensino Fundamental)
© Dileta Delmanto, Laiz B. de Carvalho, 2016

Direitos desta edição:
Saraiva Educação Ltda., São Paulo, 2016
Todos os direitos reservados

Dados Internacionais de Catalogação na Publicação (CIP)
(Câmara Brasileira do Livro, SP, Brasil)

Delmanto, Dileta
　　Jornadas.port : língua portuguesa, 7º ano : ensino fundamental / Dileta Delmanto, Laiz B. de Carvalho. -- 3. ed. -- São Paulo : Saraiva, 2016.

　　Suplementado pelo manual do professor.
　　Bibliografia.
　　ISBN 978-85-472-0053-4 (aluno)
　　ISBN 978-85-472-0054-1 (professor)

　　1. Língua portuguesa (Ensino fundamental) I. Carvalho, Laiz B. de. II. Título.

15-08272　　　　　　　　　　　　　　　　　　　CDD-372.6

Índice para catálogo sistemático:
1. Língua portuguesa: Ensino fundamental　372.6

Gerente editorial	M. Esther Nejm
Editor responsável	Olivia Maria Neto
Editor	Daisy Pereira Daniel
Edição de texto	Selma Corrêa
Coordenador de revisão	Camila Christi Gazzani
Revisores	Cesar G. Sacramento, Ricardo Koichi Miyake, Sueli Bossi
Produtor editorial	Roseli Said
Coordenador de iconografia	Cristina Akisino
Pesquisa iconográfica	Mariana Valeiro, Ana Szcypula, Wabatan Mantovanello
Licenciamento de textos	Ricardo Corridoni
Gerente de artes	Ricardo Borges
Coordenador de artes	Narjara Lara
Design	Casa Paulistana de Comunicação
Capa	Sérgio Cândido com imagem de Thinkstock/Getty Images
Edição de arte	Rodrigo Bastos Marchini
Diagramação	Debora Joia e Mario Junior
Assistente	Camilla Cianelli
Ilustrações	Andre Flauzino, BIS, Cris Eich, Dacosta Mapas, Estúdio BRx, Fernando Pires, Jorge Zaiba, Mauro Souza, Mauro Takeshi, Mário Yoshida, Quanta Estúdio, Robson Moura, Rogério Borges, Tati Spinelli, Vicente Mendonça
Tratamento de imagens	Emerson de Lima
Produtor gráfico	Thais Mendes Petruci Galvão
Impressão e acabamento	Bercrom Gráfica e Editora

603749.003.001

O material de publicidade e propaganda reproduzido nesta obra está sendo utilizado apenas para fins didáticos, não representando qualquer tipo de recomendação de produtos ou empresas por parte do(s) autor(es) e da editora.

SAC 0800-0117875
De 2ª a 6ª, das 8hs às 18hs
www.editorasaraiva.com.br/contato

Avenida das Nações Unidas, 7221 – 1º andar – Setor C – Pinheiros – CEP 05425-902

APRESENTAÇÃO

"Palavras são ferramentas que usamos para desmontar o mundo e remontá-lo dentro de nossa cabeça. Sem as ferramentas precisas, ficamos a espanar parafusos com pontas de facas, a destruir porcas com alicates." (Antonio Prata)

Caro aluno,

Gostamos muito dessa reflexão sobre a importância da língua como ferramenta para entender o mundo. Por isso a escolhemos para iniciar este livro que trata de palavras e ideias, sentimentos e razões, fantasia e realidade e de escritores e de leitores que precisam conhecer e manejar essas ferramentas com precisão e sensibilidade para que possam interagir de forma eficiente com o mundo que os cerca.

Para tecer esta proposta, da qual você e seu professor serão os protagonistas, procuramos selecionar textos e atividades que possam fazer você se apaixonar cada vez mais pela leitura, percebendo-a como uma fonte inesgotável de prazer e de conhecimento que permite transformar a visão de mundo, reavaliar os sentimentos, suscitar emoções, conhecer novos mundos sem sair do lugar, viajar no tempo, compreender outras culturas e civilizações e ter contato com inúmeros livros.

Desejamos que as atividades deste livro propiciem a você muitas oportunidades de refletir sobre a realidade que o cerca, de expressar seu pensamento, de decidir como agir em relação aos desafios, de perceber a importância de atribuir sentido adequado aos textos que povoam nosso cotidiano e de conhecer as inúmeras possibilidades de expressão que a língua oferece.

Concluindo, esperamos que este livro possa levá-lo a novas descobertas e novas reflexões.

Grande abraço,

As autoras

CONHEÇA SEU LIVRO

Este livro está organizado em oito unidades. O desenvolvimento dos temas foi distribuído em diferentes seções, cada uma com finalidade específica.

Conheça essa estrutura.

Abertura da Unidade

Estas páginas são um aquecimento para o estudo da unidade. Aproveite as perguntas da seção **Trocando ideias** para conversar sobre a imagem e os assuntos que serão estudados a seguir, ao longo da unidade.

O boxe **Nesta unidade você vai** apresenta algumas das principais habilidades e conteúdos desenvolvidos na unidade.

Leitura 1 e 2

Nestas seções, sempre duas por unidade, você estudará um conjunto diversificado de gêneros textuais, como conto, fábula, lenda, poema, texto teatral, roteiro de cinema, crônica, letra de samba-enredo. Antes de iniciar a leitura desses textos, algumas perguntas em *Antes de ler* irão despertar o seu interesse pelo tema e antecipar o estudo do gênero.

Exploração do texto

O trabalho realizado nesta seção permitirá que você desenvolva habilidades de linguagem necessárias para se firmar como um leitor competente. Você também vai conhecer a estrutura e a função social do gênero a que pertence o texto lido, a relação entre texto, suporte e meio de circulação e outros recursos linguísticos.

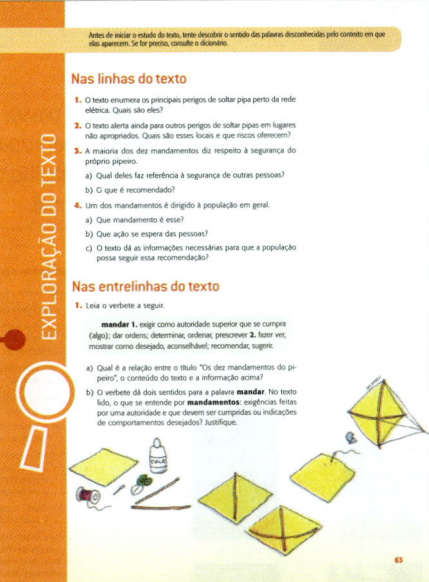

Do texto para o cotidiano

Aqui o objetivo é discutir temas como Cidadania, Ética, Meio ambiente e Pluralidade cultural.

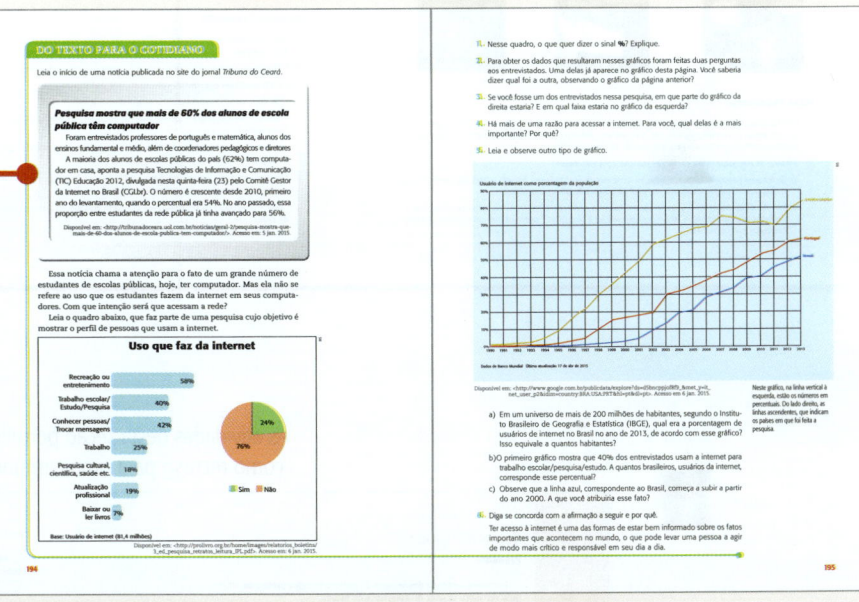

Depois da leitura

Ao explorar vários aspectos da intertextualidade, sua compreensão do texto lido será expandida.

Produção oral e Produção escrita

As produções propostas nestas seções são trabalhadas passo a passo. Entre os gêneros orais, você terá a oportunidade de elaborar um *rap* e apresentá-lo em público, participar de exposições orais e debates e apresentar uma propaganda em um programa de rádio. E o trabalho com gêneros escritos incluirá conto, notícia, relato de viagem, propaganda, artigo de opinião e editorial.

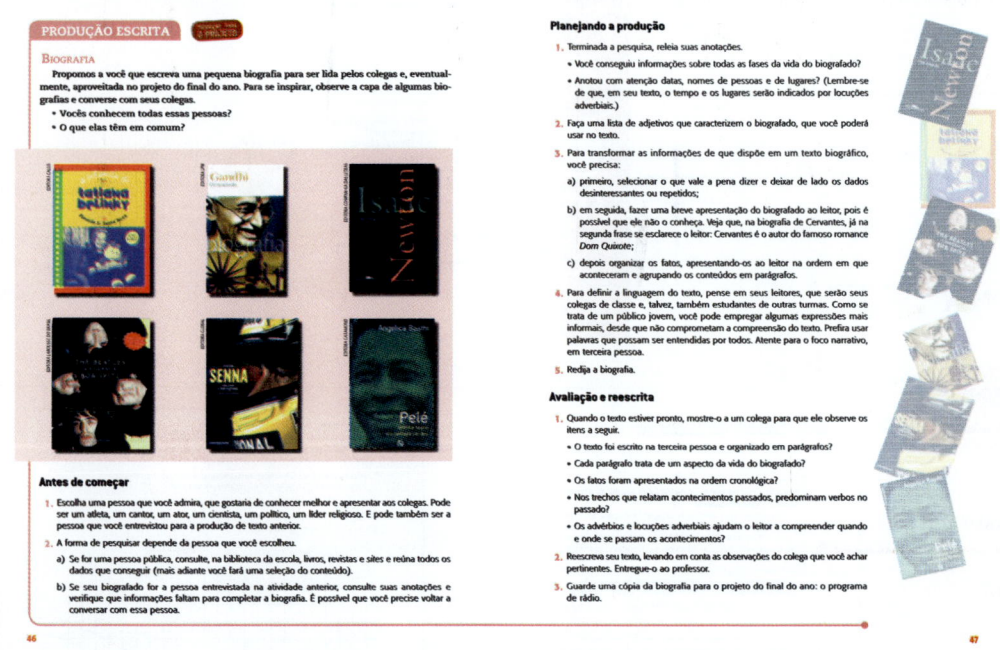

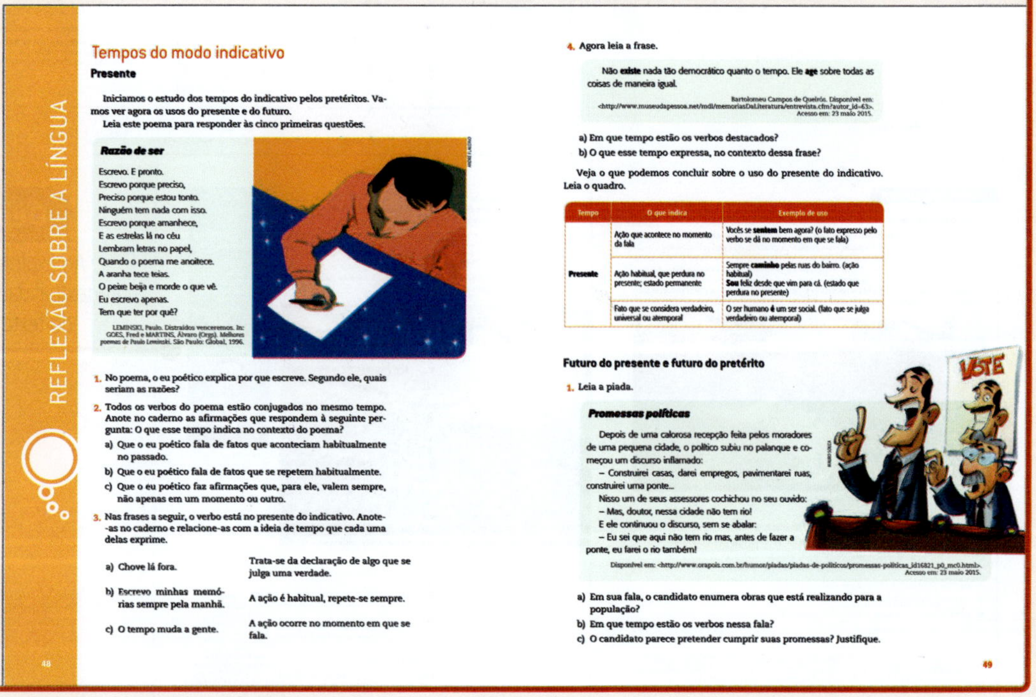

Reflexão sobre a língua

As atividades desta seção permitem que você reflita sobre o uso da gramática como recurso para uma comunicação oral e escrita competente e expressiva.

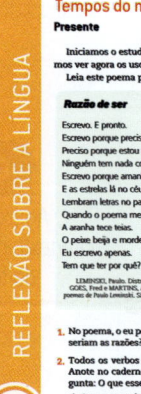

Teia do saber

Esta seção levará você a retomar os conhecimentos sobre língua abordados anteriormente, por meio do trabalho com alguns gêneros.

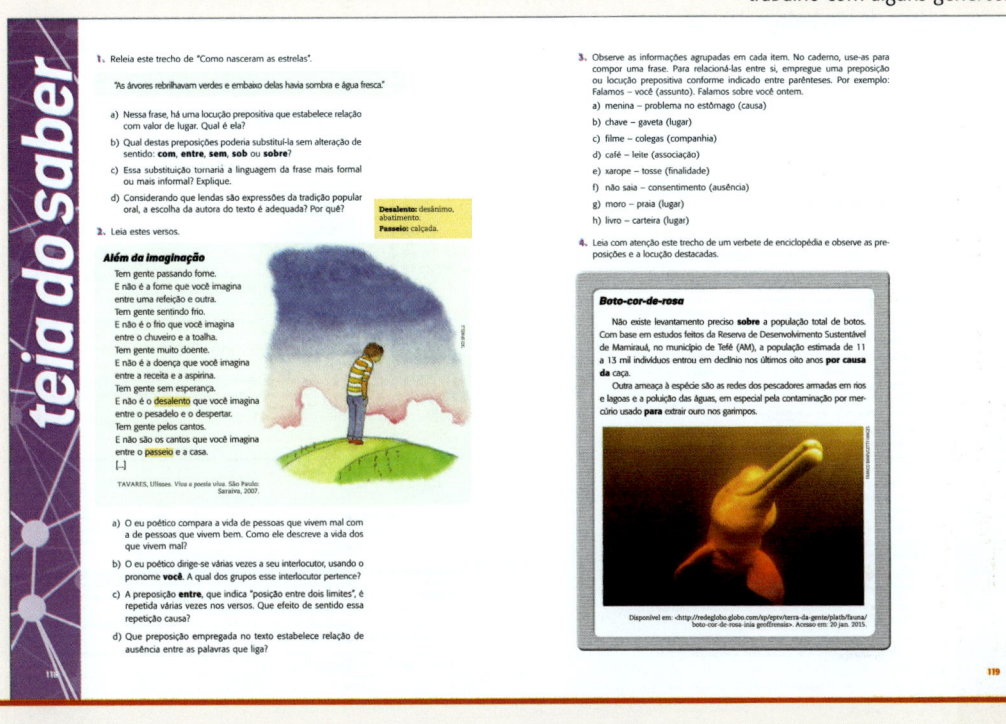

Fique atento

Este é um momento especial para a observação de questões relacionadas a ortografia, acentuação e pontuação, além de aspectos da textualidade, como coesão, coerência e conexão.

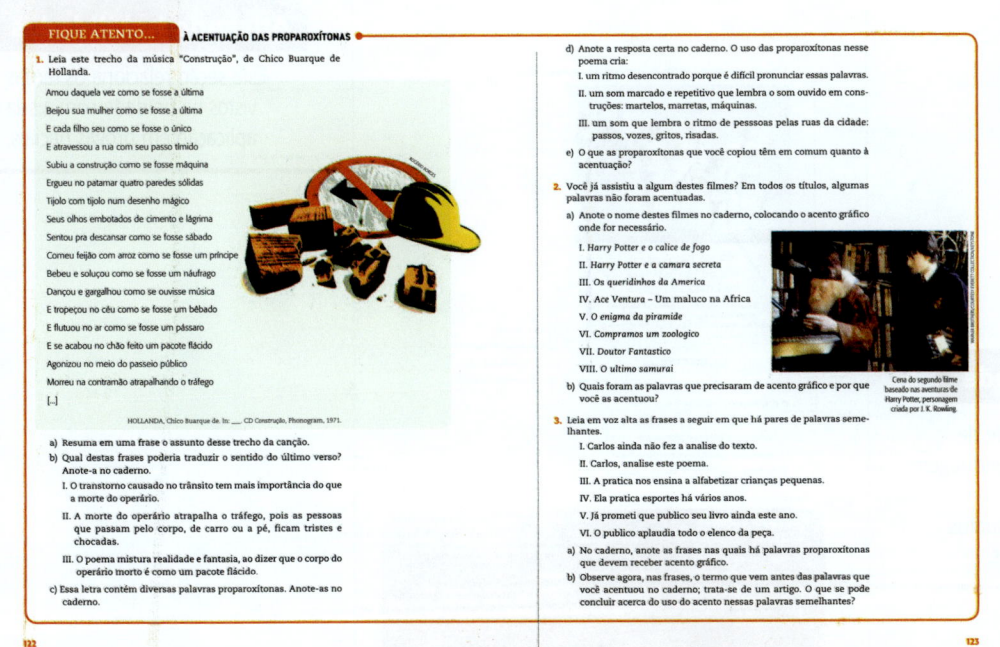

Experimente fazer

Nesta seção, você trabalha com as ferramentas indispensáveis ao estudo de todas as disciplinas: como pesquisar com eficácia, tomar notas, resumir textos, encontrar a ideia principal e secundárias de um texto e elaborar um mapa conceitual.

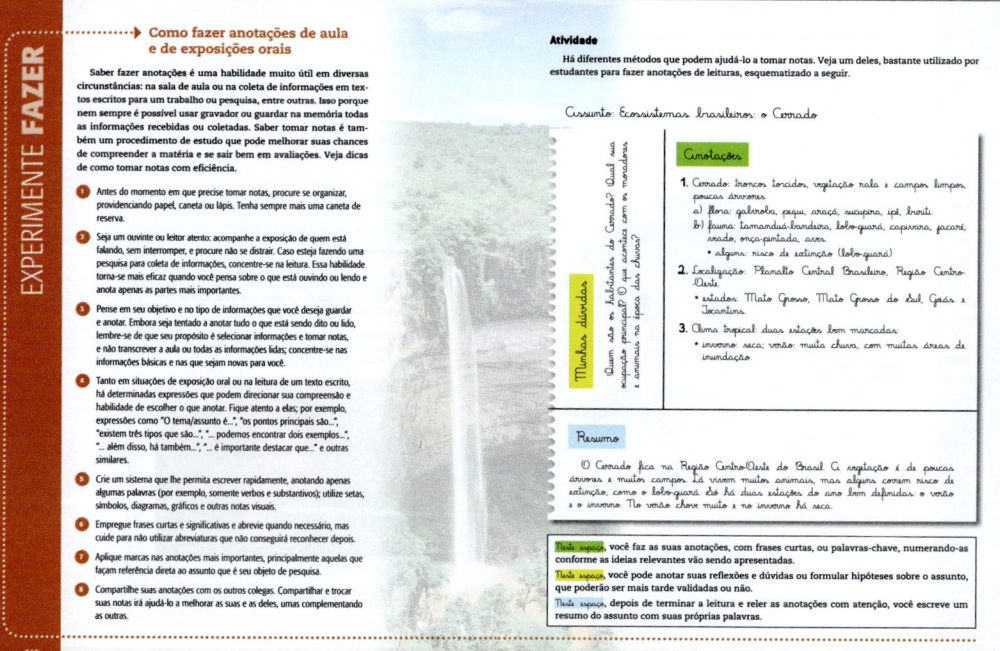

Ativando habilidades

Esta seção relaciona os temas vistos na unidade com a sua aplicação em provas oficiais.

Encerrando a unidade

Esta seção traz a oportunidade de rever e refletir sobre sua aprendizagem. Aproveite esse momento de avaliação para retomar os assuntos estudados e tirar suas dúvidas.

Conhecimento interligado

Esta seção explora a relação interdisciplinar que a área de Língua Portuguesa estabelece com as demais áreas do conhecimento (História, Geografia, Arte etc.).

A linguagem do corpo e o discurso da propaganda

Atualmente, a mídia é uma presença constante no universo de crianças, jovens e adultos, não só como transmissora de conteúdo e informações como também de valores e imagens acerca do mundo. Inseridas nesse contexto, as propagandas veiculadas não apenas refletem estilos de vida, valores e costumes de uma época, mas têm também o poder de instituir padrões do que é mais aceito, mais valorizado em determinada sociedade. Isso se reflete na veiculação de um imaginário construído em torno de um modelo hegemônico de corpo, considerado o ideal segundo critérios arbitrários e frequentemente aleatórios, ditados por modismos passageiros. Será que o desenho da imagem corporal dos jovens na TV, quer em novelas e minisséries, quer em propagandas, é uma representação fiel da juventude ou está distante da realidade?

1. Reflita: como a mídia atualmente representa o jovem nas cenas de novelas e nas propagandas?

Desfile de moda.

Esse jogo de encantamento, próprio da sociedade de consumo, cria desejos e estimula comportamentos dos grupos, que passam a tentar parecer-se com modelos geralmente representados por seus ídolos. Nessa tentativa, podem perder sua identidade e adotar um padrão determinado, a que damos o nome de estereótipo.

2. Os desfiles de moda também procuram vender uma imagem idealizada de corpo e de beleza. Observe a imagem.
   a) Que imagem as modelos que desfilam nas passarelas retratam?
   b) Por que é raro encontrar modelos que sejam representativos da diversidade dos jovens de nosso país?

Estereótipo: ideia predeterminada e sem fundamento a respeito de um indivíduo ou grupo de indivíduos.

Quando pensamos em um jovem, por exemplo, muitas características padronizadas vêm à nossa mente. No entanto, não existe apenas um padrão de jovem, mas indivíduos com particularidades marcadas por características sociais e culturais.

O lugar onde vive e o modo como ele interage socialmente, na vida familiar, na escola, no bairro, na cidade onde mora são fatores que o fazem um ser único.

Muitos pintores retrataram adolescentes e jovens. Veja uma representação de uma jovem feita por Pablo Picasso, artista plástico espanhol.

Essa é uma representação do olhar desse artista. Note que as cores são elementos fortes na tela, da mesma forma como os traços negros que definem a figura da moça. Essa foi a imagem criada por esse artista, mas haveria muitas outras possibilidades de fazê-la.

Jovem adormecido, 1935, de Pablo Picasso.

3. Observe os jovens que convivem com você: seus amigos, colegas de classe, vizinhos, parentes. Escolha dois deles e imagine: que imagens você usaria para retratar essas pessoas? Teriam cor? Quais? Que ação dessas pessoas seria representada? Quais características seriam destacadas?

A natureza social do ser humano se reflete em sua linguagem (corporal e verbal) e em seu modo de ser e agir no grupo. Entre os jovens não é diferente; eles se agrupam por interesses comuns e mostram seu estilo de vida nas manifestações culturais, esportivas, de lazer etc. Observe as imagens a seguir. Elas retratam grupos de adolescentes com interesses em comum: skatistas, jogadoras de futebol, músicos e dançarinos de rua.

4. O que as pessoas de cada grupo têm em comum? O que as diferencia dos outros grupos? Identifique as marcas que são específicas de cada grupo.

5. E quanto a você, quais são seus interesses: esporte, música, tecnologia, literatura, trabalhos manuais? Converse com seus colegas e identifique os interesses comuns entre vocês.

Agora, em grupo, façam um levantamento da imagem que a mídia apresenta do jovem nos dias de hoje. Para essa pesquisa, procurem revistas, novelas, propagandas que sejam destinadas a adolescentes ou jovens.
   a) Que imagem predomina nessas fontes? Dê exemplos.
   b) Há algum programa de televisão ou revista endereçado a um grupo com interesses, comportamento e estilo específicos?

Projeto do ano

Trabalhando em equipe, você vai organizar, planejar e realizar um grande projeto, ao longo do ano, utilizando as produções feitas no decorrer do estudo das unidades.

Programa de rádio

O projeto do ano proposto é a montagem de um programa de rádio, no final do ano, que representará uma oportunidade de apresentar a pais, colegas e a toda a escola textos produzidos por vocês em diferentes momentos. É, o que é melhor, trabalhando em grupo, divertindo-se, divertindo, instruindo e emocionando os ouvintes.

Antes de mais nada, vamos conhecer melhor essa importante ferramenta de comunicação: o rádio. Leia o infográfico abaixo.

O nosso programa de rádio

O programa será produzido e apresentado apenas no final do ano, mas o planejamento precisa começar agora.

1. Primeiramente, com a orientação do professor, a classe vai conversar sobre programas de rádio. Anote no caderno as opiniões mais interessantes que surgirem e a conclusão das discussões.
2. Forme um grupo com quatro ou cinco colegas.
3. Ao trabalhar as unidades deste livro, vocês vão produzir diversos textos. Alguns deles estarão marcados com o símbolo [PROJETO]. Vocês devem guardar esses textos, pois eles poderão ser selecionados para o programa de rádio.
4. Decidam se vocês vão guardar todos os textos do grupo em uma mesma pasta ou se cada um vai ter sua própria pasta.

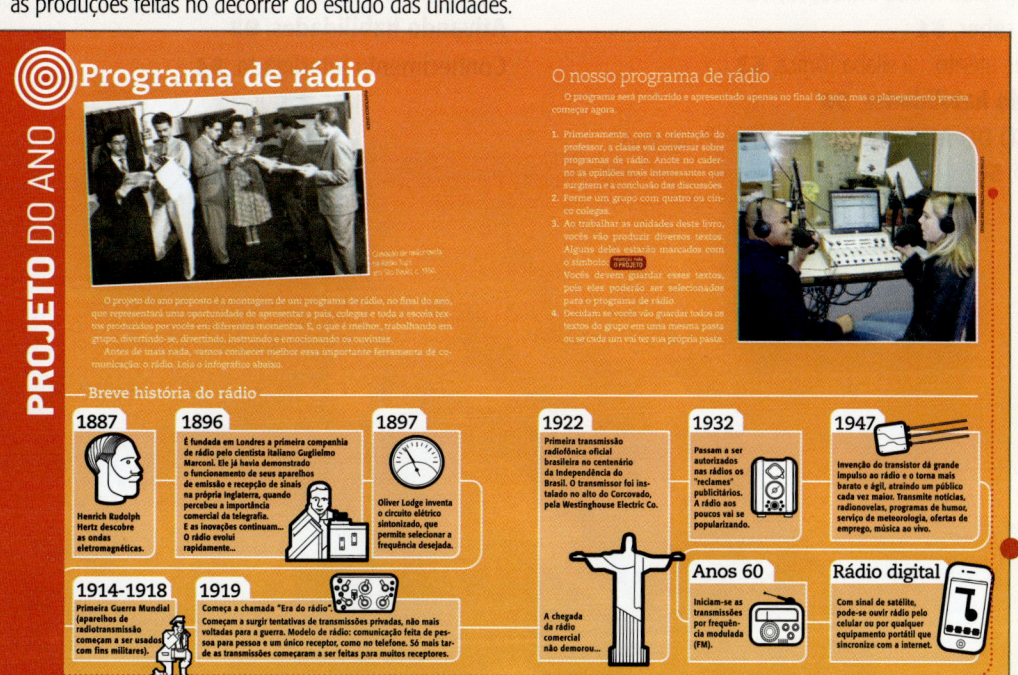

Infográficos

Este recurso, que reúne imagens e textos, é utilizado para comunicar de maneira dinâmica e direta o conteúdo trabalhado. Por meio dele, você compreende melhor os assuntos estudados.

SUMÁRIO

1 Capturando o tempo

LEITURA 1 – Memória literária (*Tia Hiena*, Zélia Gattai), 16

Exploração do texto, 18
  Nas linhas do texto, 18
  Nas entrelinhas do texto, 19
  Além das linhas do texto, 19
Como o texto se organiza, 20
Recursos linguísticos, 21
Depois da leitura – Intertextualidade, 24
Do texto para o cotidiano
(temas: memória e história), 26
Produção oral, 28
  Entrevista: "Varal de lembranças", 28
Reflexão sobre a língua, 30
  Verbo: revisão, 30
  Estrutura do verbo, 35
  Tempos do modo indicativo, 38
Teia do saber, 40

LEITURA 2 – Biografia (*O cavaleiro da triste figura*, Cintia C. da Silva), 42

Exploração do texto, 44
Produção escrita, 46
  Biografia, 46
Reflexão sobre a língua, 48
  Tempos do modo indicativo, 48
Teia do saber, 51
  Fique atento... à sílaba tônica, 53
Ativando habilidades, 55
PROJETO DO ANO (apresentação) – Programa de rádio, 58

2 Fazer e acontecer

LEITURA 1 – Recomendações de segurança (*Os dez mandamentos do pipeiro*), 62

Exploração do texto, 63
  Nas linhas do texto, 63
  Nas entrelinhas do texto, 63
  Além das linhas do texto, 64
Como o texto se organiza, 65
Recursos linguísticos, 67
Depois da leitura – Comandos na linguagem não verbal, 69
Do texto para o cotidiano (tema: regras de convivência), 70
Reflexão sobre a língua, 71
  Modo subjuntivo, 71
Teia do saber, 76

LEITURA 2 – Instruções de montagem (*Vida sustentável*), 79

Exploração do texto, 81
Reflexão sobre a língua, 84
  Modo imperativo, 84
Teia do saber, 87
  Fique atento... à acentuação dos monossílabos tônicos, 89
Produção escrita, 91
  Texto de instruções de pesquisa, 91
Ativando habilidades, 93
Conhecimento interligado, 94

3 O começo foi assim...

LEITURA 1 – Lenda (*Como nasceram as estrelas*, Clarice Lispector), 98

- Exploração do texto, 100
  - Nas linhas do texto, 100
  - Nas entrelinhas do texto, 100
  - Além das linhas do texto, 101
- Como o texto se organiza, 102
- Recursos linguísticos, 104
- Depois da leitura – Mito e Ciência, 106
- Produção escrita, 110
  - Reconto de uma lenda, 110
- Reflexão sobre a língua, 112
  - Preposição, 112
- Teia do saber, 118
  - Fique atento... à acentuação das proparoxítonas, 122

LEITURA 2 – Mito (*Guatemala, Honduras e México: os maias*, Zuleika de Almeida Prado), 124

- Exploração do texto, 126
- Do texto para o cotidiano (temas: juízos de valor e tolerância), 128
- Experimente fazer, 130
- Produção oral, 132
  - Exposição oral, 132
- Reflexão sobre a língua, 134
  - Frase, oração e período, 134
  - Conjunção, 136
- Teia do saber, 139
- **Ativando habilidades, 140**

4 Em verso e prosa

LEITURA 1 – Cordel (*A hora da morte*, Chico Salles), 144

- Exploração do texto, 146
  - Nas linhas do texto, 146
  - Nas entrelinhas do texto, 146
  - Além das linhas do texto, 146
- Como o texto se organiza, 148
- Recursos linguísticos, 149
- Depois da leitura – Repente, 151
- Do texto para o cotidiano (tema: valorização da cultura popular), 153
- Produção escrita, 154
  - Acróstico, 154
- Reflexão sobre a língua, 155
  - Variedades linguísticas I, 155
  - Variedades regionais, 155
  - O português do Brasil e o português de Portugal, 156
  - O português do Brasil e o português de países africanos (lusófonos), 157
  - Variação linguística entre as regiões do Brasil, 158
  - Variedades históricas, 159
  - A norma-padrão e as variedades urbanas de prestígio, 160
- Teia do saber, 162
  - Fique atento... à acentuação das oxítonas, 164

LEITURA 2 – Causo (*Barbeiro*), 166

- Exploração do texto, 167
- Produção oral e escrita, 170
  - Dramatização de causo, 170
- Reflexão sobre a língua, 172
  - Variedades linguísticas II, 172
  - Jargão e gíria, 173
  - Variação situacional (variação de registro), 174
  - Formalidade e informalidade, 174
  - Fala e escrita, 175
- Teia do saber, 177
- **Ativando habilidades, 179**
- **Conhecimento interligado, 180**

5 O fato em foco

LEITURA 1 – Notícia (*Antiga nau é descoberta nas areias de Ilhabela*, Reginaldo Pupo), 184

- Exploração do texto, 186
  - Nas linhas do texto, 186
  - Nas entrelinhas do texto, 186
  - Além das linhas do texto, 187
- Como o texto se organiza, 188
- Recursos linguísticos, 191
  - Fique atento... à pontuação na notícia, 192
- Depois da leitura – *Faits divers*, 193
- Do texto para o cotidiano (tema: leitura), 194
- Reflexão sobre a língua, 196
  - Sujeito e predicado: contexto e funções, 196
  - Fique atento... à pontuação entre sujeito e predicado, 202
- Teia do saber, 203
  - Fique atento... à acentuação das paroxítonas, 205

LEITURA 2 – Notícia *on-line* (*Estudantes raspam o cabelo para apoiar colega com câncer em Minas*), 207

- Exploração do texto, 209
- Produção escrita e oral, 211
  - Notícia de rádio, 211
- Reflexão sobre a língua, 213
  - Tipos de sujeito, 213
- Teia do saber, 215
- Ativando habilidades, 217

6 Outras terras, outras gentes

LEITURA 1 – Guia de viagem (*Sabores amazônicos*), 222

- Exploração do texto, 223
  - Nas linhas do texto, 223
  - Nas entrelinhas do texto, 226
  - Além das linhas do texto, 226
- Como o texto se organiza, 227
- Recursos linguísticos, 228
  - Fique atento... à pontuação no gênero guia de viagem, 229
- Depois da leitura – Outro olhar sobre o tema, 231
- Do texto para o cotidiano (tema: turismo X sustentabilidade), 232
- Produção oral, 233
  - Assumindo um posicionamento, 233
- Reflexão sobre a língua, 236
  - Os verbos de ligação e os verbos significativos no contexto, 236
  - O predicado na construção da oração, 238
- Teia do saber, 240

LEITURA 2 – Mapa turístico (*São Luís – Maranhão*), 242

- Exploração do texto, 244
- Produção escrita, 245
  - Guia de viagem, 245
- Experimente fazer, 248
- Reflexão sobre a língua, 251
  - O predicativo do sujeito: contexto e sentidos, 251
- Teia do saber, 254
  - Fique atento... à acentuação de ditongos e hiatos, 255
- Ativando habilidades, 258
- Conhecimento interligado, 260

7 De olho no cotidiano

LEITURA 1 – Crônica (*Banhos, banheiros & cia.*, Walcyr Carrasco), 264

Exploração do texto, 266
- Nas linhas do texto, 266
- Nas entrelinhas do texto, 266
- Além das linhas do texto, 268

Como o texto se organiza, 268

Recursos linguísticos, 270
- Fique atento... à pontuação na crônica, 271

Depois da leitura – Infográfico: texto e imagem, 273

Do texto para o cotidiano (tema: alimentação), 275

Produção oral, 278
- Debate, 278

Reflexão sobre a língua, 282
- O predicado verbal na construção das orações, 282

Teia do saber, 284

LEITURA 2 – Crônica (*Piscina*, Fernando Sabino), 286

Exploração do texto, 287

Produção escrita, 289
- Crônica, 289

Reflexão sobre a língua, 291
- Os verbos e seus complementos, 291
- A coesão textual – os pronomes, 294

Teia do saber, 296
- Fique atento... à pontuação, 298

Ativando habilidades, 299

8 Propaganda: informação e sedução

LEITURA 1 – Anúncio, 304

Exploração do texto, 305
- Nas linhas do texto, 305
- Nas entrelinhas do texto, 305
- Além das linhas do texto, 306

Como o texto se organiza, 307

Recursos linguísticos, 309

Depois da leitura – Passado e presente: o contexto de produção do texto publicitário, 312

Do texto para o cotidiano
(tema: regulamentação da propaganda), 314

Reflexão sobre a língua, 315
- Aposto: sentidos e contexto, 315
- A pontuação com aposto, 316

Teia do saber, 318

LEITURA 2 – *Outdoor*, 320

Exploração do texto, 321

Produção escrita, 323
- Anúncio publicitário, 323

Reflexão sobre a língua, 325
- Vocativo, 325

Teia do saber, 327
- Fique atento... às abreviações e às siglas, 328

Ativando habilidades, 329

Conhecimento interligado, 330

PROJETO DO ANO (elaboração) – Programa de rádio, 332

BIBLIOGRAFIA, 334

UNIDADE 1
Capturando o tempo

*Ficou um pouco de tudo
no pires de porcelana,
dragão partido, flor branca,
ficou um pouco
de ruga na vossa testa,
retrato.*

(Carlos Drummond de Andrade)

Nesta unidade você vai:

- compreender a organização e finalidade dos gêneros memórias literárias e biografia
- refletir sobre os recursos linguísticos e discursivos desses gêneros
- reconhecer como um texto pode estabelecer diálogo com outro texto
- planejar e realizar uma entrevista, adaptando um texto oral para o registro escrito
- planejar e produzir uma biografia, atendendo às características do gênero
- refletir sobre o uso e a função dos verbos em textos de diferentes gêneros
- considerar a importância da sílaba tônica para a acentuação das palavras

TROCANDO IDEIAS

1. Observe a imagem.
   a) Que elementos você identifica nela?
   b) Quais desses elementos remetem você a uma época que já passou?
   c) A quem você acha que esses objetos poderiam ter pertencido?

2. Observe as conchas e o raminho seco. Eles podem ter sido um registro de que momento da vida de alguém?

3. Releia os versos. Que elemento(s) da imagem poderia(m) ser associado(s) a eles?

4. Você acha que é importante registrar "um pouco" dos momentos importantes que vivemos? Justifique.

5. "Recordar é viver", diz a letra de uma canção popular. "Recordar é tornar a passar pelo coração", diz o escritor Eduardo Galeano, em seu Livro dos abraços. Você concorda com essas afirmações? Por quê?

6. Por que será que determinados momentos parecem passar tão rapidamente e outros demoram tanto? Quais deles mereceriam ficar registrados? Que critérios você usaria para selecioná-los?

LEITURA 1

ANTES DE LER

1. Você se lembra de acontecimentos marcantes em sua vida quando criança? Se você se sentir à vontade, conte-os aos colegas.
2. E o seu bairro? Era muito diferente quando você era criança?
3. Como é possível registrar acontecimentos importantes em nossa vida?
4. Converse com os colegas e o professor sobre a importância do ato de recordar e o papel da lembrança em nossa vida.

Final do século XIX. Sob um inverno rigoroso, famílias italianas decidem emigrar para o Brasil. Entre elas, os Da Col e os Gattai, que embarcam em busca de uma vida melhor. Vão para São Paulo, onde Angelina Da Col e Ernesto Gattai se conhecem, casam-se e têm filhos. A caçula da família é a pequena Zélia, que, já adulta, rememora fatos vividos ou contados por seus pais e avós. No trecho que você vai ler agora, ela relembra a história de uma das crianças que vieram no navio Città di Roma e que morreu em 1890, dois dias após o desembarque no Brasil.

Tia Hiena

Tia Hiena estaria festejando cento e onze anos de idade, não tivesse morrido aos dois.

Passei a infância e adolescência ouvindo a família – mamãe, mais do que todos – lamentar o triste fim da menina, a mais nova dos quatro irmãos de seu marido nascidos na Itália.

Ao contar aos filhos a história de Hiena, mamãe não abria mão de mencionar o título da criança, *tia*. Um dia lhe perguntei:

– Por que ela se chamava Hiena, mãe?

A resposta não se fez esperar:

– Ela, não! Mais respeito, menina! *Titia* Hiena.

Eu perguntara por perguntar, o que eu queria mesmo era atazanar mamãe, fazendo-a repetir o que já estava farta de saber, tantas vezes ouvira repetir o fato.

Minhas irmãs mais velhas tinham até procurado no dicionário referências sobre o animal que originara o nome de nossa tia.

Do pouco que sabíamos sobre a hiena – da característica pitoresca e simpática, a das gargalhadas sonoras e escancaradas – o verbete não tratava, dizia apenas: "... *Mamífero, carnívoro e digitígrado que se alimenta sobretudo de carne de animais mortos e putrefatos e que tem pelo cinza ou ruivo com manchas escuras...*"

Curiosa, Wanda, a mais velha de minhas irmãs, teve a pachorra de procurar no dito dicionário o significado de digitígrado. E lá estava: "... *que anda nas pontas dos dedos...*"

Imaginação fértil de criança, eu visualizava a hiena andando mansamente nas pontas de uns dedos longos, focinho levantado para o céu, bocarra escancarada, dentões à mostra, rindo a bandeiras despregadas. Chegava a me arrepiar.

A escritora Zélia Gattai.

Nos dias de hoje, o falado *chupa-cabra* que andou ocupando as manchetes dos jornais, animal misterioso que matava cabras e ovelhas, sugando-lhes o sangue, uma espécie de fantasma, bicho-papão de criadores de gado e pequenos lavradores, lobisomem que nunca ninguém viu e que assim como veio se foi, faz-me pensar na hiena.

Cada qual guardou do chupa-cabra a imagem criada pela própria imaginação. Quanto a mim, como já disse, comparei-o à risonha e asquerosa hiena, com seus pelos fulvos e manchas escuras, a caminhar nas pontas de seus longos dedos, lembrança que guardei da minha fantasia de criança.

Nonno Gattai

Dona Angelina, minha mãe, costumava dizer: *O avô de vocês, o nonno Gattai, era um homem destemido. Livre-pensador, de ideias avançadas, dizia o que pensava, fazia o que achava justo e direito. Passava por maus momentos devido às suas ideias, mas não recuava. Era um "testardo", um obstinado*, concluía.

[...]

Nonno *Gattai* foi registrar a filha. Desencavara para lhe dar um nome polêmico, ótimo para escandalizar. Sem consultar a mulher, talvez com receio de que pela primeira vez ela estrilasse, saiu de casa, satisfeito da vida, imaginando o espanto do escrivão do cartório, o primeiro a se horrorizar com o nome que ele arranjara para a filha, o primeiro a receber a resposta já prontinha, na ponta da língua.

Antegozando o impacto que a provocação iria causar, saiu seu *Gattai*, feliz da vida, assobiando pelas ruas de Florença, o cartório não ficava distante de sua casa.

De pé, diante do homem que o atendia, Francesco Gattai aguardava a esperada reação. Não esperou muito.

— Como foi que o senhor disse? Que nome quer dar à sua filha? — *perguntava o escrivão sem poder acreditar em seus ouvidos.*

— Hiena. Escreva aí, não vou repetir outra vez — *disse o pai da criança.*

— Por que o senhor quer dar à sua filha o nome de um animal tão repugnante? Por quê?

Francesco Arnaldo soltou a frase já pronta para escapulir:

— Se o papa pode ser Leão, por que minha filha não pode ser Hiena?

O funcionário ficou sem resposta, não discutiu mais, registrou a criança.

— Fosse eu o escrivão — disse Vera, minha irmã, interrompendo mamãe —, tinha dado uma boa resposta. Eu diria: "Olha aqui, moço, o Leão é o rei dos animais e a Hiena é um bicho nojento..." Foi uma pena ele não lembrar disso. Só queria ver com que cara o *nonno* Gattai ia ficar...

— Você agora está contra seu avô, menina? — reclamou mamãe. — Você não ia ver cara nenhuma. Isso aconteceu há tantos anos que vocês ainda nem sonhavam sair da casca do ovo...

Zélia Gattai. *Città di Roma*. São Paulo: Cia. das Letras, 2012.

A família de Zélia: tia Dina, tio Reno, o avô Francesco Gattai, a mãe, dona Angelina, com a irmã Vera no colo, e os irmãos Wanda e Remo (sentado).

Leão XIII era o papa da Igreja católica quando *nonno* Gattai e sua família vieram para o Brasil, em 1890.

Antes de iniciar o estudo do texto, tente descobrir o sentido das palavras desconhecidas pelo contexto em que elas aparecem. Se for preciso, consulte o dicionário.

Nas linhas do texto

1. Em um texto de memórias, o autor seleciona o que vai narrar, aumentando ou diminuindo a importância dos fatos de acordo com o significado que tiveram para ele. O que a autora Zélia Gattai rememora nesse trecho do livro?

2. O trecho que você leu apresenta duas partes: "Tia Hiena" e "*Nonno* Gattai". Indique no caderno qual deles:

    a) apresenta o assunto sobre o qual a memorialista vai tratar ao longo das duas partes.

    b) detalha o episódio em que a menina foi registrada como Hiena.

    c) fala sobre as impressões da autora sobre o nome da tia.

    d) descreve a personalidade do avô Gattai.

3. A memorialista conta algo sobre a tia Hiena que foi marcante para a família e que ficou registrado em sua memória. O que ela conta?

4. O autor de um texto de memórias literárias fala de si, de seus sentimentos e emoções, narrando fatos dos quais participou, mas que envolvem também outras personagens.

    a) Que personagem teve papel fundamental no episódio da escolha do nome de Hiena?

    b) Como essa personagem é descrita pela mãe da memorialista?

5. Quem escolheu o nome de tia Hiena? Com que objetivo?

6. Anote no caderno um trecho do texto que comprove a resposta anterior.

Zélia

Filha de imigrantes italianos, **Zélia Gattai Amado** (1916-2008) nasceu na cidade de São Paulo, onde viveu toda a sua infância e adolescência. Casada com o também escritor Jorge Amado, começou a escrever suas memórias aos 63 anos. Entre seus livros de memórias, estão *Anarquistas, graças a Deus*, *Città di Roma*, *Um chapéu para viagem* e *Senhora dona do baile*.

Zélia e Jorge Amado na capa de um livro sobre o escritor.

Florença, cidade italiana em que o *nonno* Gattai viveu, é mundialmente conhecida por abrigar inúmeras obras de arte.

Nas entrelinhas do texto

1. Por que a escolha do nome Hiena para a garotinha causou tanto espanto ao escrivão?

2. As ações de uma personagem nos permitem imaginar como ela é. A escolha do nome da filha, por exemplo, revela muito sobre o Sr. Gattai. Indique no caderno as explicações que considerar corretas, de acordo com o texto. *Nonno* Gattai:

    a) era teimoso, obstinado, fazia apenas o que considerava certo.

    b) gostava de chocar as pessoas com suas atitudes inesperadas.

    c) tinha grande respeito pelo mundo animal.

    d) era bastante sensato, ouvia sempre os conselhos da esposa antes de tomar uma atitude.

    e) não media as consequências de seus atos e não pensou que a escolha de nome tão estranho poderia trazer aborrecimentos à filha no futuro.

3. Dona Angelina, mãe da memorialista, assume um papel importante na preservação da memória de seus antepassados. Explique por quê.

Lendas urbanas são histórias fantasiosas que se passam nos dias de hoje e envolvem ambientes urbanos e eventos cotidianos. Essas histórias estão ligadas ao "medo do momento" (do vírus causador de certa doença, do sequestro por seres de outro planeta, da queda de um satélite na superfície da Terra etc.).

E você? Acredita nessas lendas?

Além das linhas do texto

1. *Nonno* Gattai justifica ao escrivão a escolha do nome da filha.

    a) Qual é a justificativa?

    b) Você considera essa explicação aceitável? Justifique sua resposta.

2. É correto o pai escolher livremente o nome de um filho, sem consultar mais ninguém? Em sua opinião, como deve ser feita essa escolha e quem deve participar dela?

3. Zélia Gattai menciona uma lenda urbana em seu texto: o chupa-cabra. Você conhece outras lendas urbanas? Se conhecer, conte aos colegas.

Os primeiros imigrantes italianos chegaram ao Brasil na década de 1870.

COMO O TEXTO SE ORGANIZA

1. Você leu dois capítulos de um livro de memórias literárias.

> Memórias literárias são textos produzidos por escritores que dominam o ato de escrever como arte e revivem uma época por meio de suas lembranças pessoais.
>
> Anna Helena Altenfelder e Regina Andrade Clara. *O gênero memórias literárias*. Disponível em: <http://www.escrevendo.cenpec.org.br/ecf/index.php?option=com_content&view=article&id=185&catid=18:artigos&Itemid=148>. Acesso em: 14 abr. 2011.

Por essa explicação, podemos entender que o autor memorialista põe lado a lado o passado (episódios vividos por ele ou por outras personagens) e o presente (momento em que registra lembranças), recriando a realidade e a interpretando sob seu ponto de vista. Procure no texto e anote no caderno:

a) um trecho que faça referência ao momento presente (momento em que a autora está escrevendo suas memórias);

b) um fragmento que conte um fato do passado, acontecido há muitos anos.

2. Releia as informações dadas como introdução à leitura do texto. Com base nessas informações e no próprio texto, identifique o lugar onde aconteceram os fatos narrados. Escreva no caderno onde estava:

a) a família Gattai, antes de vir para o Brasil;

b) a autora Zélia Gattai, quando escreveu suas memórias;

c) *Nonno* Gattai, quando registrou a filha Hiena.

> No gênero **memórias literárias**, o autor faz uma ponte entre o passado e o presente e entre o aqui e o lá, motivado pelas lembranças de fatos, imagens e percepções que são interpretados de modo pessoal e de forma poética.

3. Em um relato de memórias, o escritor é **autor** e **narrador-personagem** ao mesmo tempo, lembrando-se, no presente, de si mesmo como personagem que viveu os acontecimentos narrados, recriados em sua memória. Releia este trecho.

> "Imaginação fértil de criança, eu visualizava a hiena andando mansamente nas pontas de uns dedos longos, focinho levantado para o céu, bocarra escancarada, dentões à mostra, rindo a bandeiras despregadas. Chegava a me arrepiar."

a) Como é possível reconhecer que a autora se coloca como narradora de fatos que aconteceram com ela?

b) Que pronomes comprovam sua resposta?

c) Além da "voz" da memorialista, ou seja, da presença da voz de um narrador que conta a história, quais são as outras "vozes" que se manifestam nesse texto, com falas, opiniões etc.?

d) Observe estes trechos em itálico.

> I
> "... *Mamífero, carnívoro e digitígrado que se alimenta sobretudo de carne de animais mortos e putrefatos e que tem pelo cinza ou ruivo com manchas escuras...*"
>
> II
> "*Sem consultar a mulher, talvez com receio de que pela primeira vez ela estrilasse, saiu de casa, satisfeito da vida, imaginando o espanto do escrivão do cartório, o primeiro a se horrorizar com o nome que ele arranjara para a filha, o primeiro a receber a resposta já prontinha, na ponta da língua.*"

NÃO DEIXE DE ASSISTIR

- *Anarquistas, graças a Deus* (Brasil, 1984), direção de Walter Avancini

  DVD da Som Livre com a série originalmente exibida pela TV Globo, baseada nas memórias de Zélia Gattai.

Por que foi utilizado itálico nos trechos I e II?

4. Nas memórias literárias, as descrições são importantes para que o leitor reconstrua em sua imaginação as pessoas, os lugares, os fatos, as impressões e sensações rememoradas.

   a) Anote no caderno trechos que descrevam como *nonno* Gattai se sentia no dia em que foi registrar a filha.

   b) Como a hiena era vista na imaginação da pequena Zélia? O que essa visão lhe causava?

5. Agora conclua: a narradora conta os fatos seguindo a ordem cronológica? Justifique sua resposta.

   Ordem cronológica é a ordem do "relógio". Ela apresenta os fatos na ordem em que aconteceram, do mais antigo para o mais recente.

6. O autor de memórias literárias geralmente revela no texto o diálogo mantido com pessoas que participaram dos episódios relatados. Identifique no texto lido uma passagem que justifique essa afirmação.

7. Na sua opinião, qual é o efeito obtido ao colocar diálogos nas narrativas de memórias literárias?

RECURSOS LINGUÍSTICOS

1. Determinados verbos, trechos e expressões são frequentes em textos memorialistas. Anote no caderno as frases em que as expressões destacadas remetem ao ato de rememorar.

   a) "Isso **aconteceu há tantos anos** […]"

   b) "[…] eu **visualizava** a hiena andando mansamente nas pontas de uns dedos longos…"

   c) "Quanto a mim, como já disse, comparei-o à risonha e asquerosa hiena […], **lembrança que guardei** da minha fantasia de criança."

2. Nas frases abaixo, observe as formas verbais destacadas.

   > "**Passei** a infância e adolescência ouvindo a família […] lamentar o triste fim da menina […]."
   > "[…] eu **visualizava** a hiena andando mansamente nas pontas de uns dedos longos […]"

   a) Em que tempo elas estão?

   b) Levante hipóteses: por que a autora utiliza esse tempo verbal tão frequentemente em seu relato?

   c) Seria possível escrever um texto de memórias usando outro tempo verbal? Por quê?

3. Observe o emprego das locuções adverbiais destacadas nestes trechos.

   > "Ao contar aos filhos a história de Hiena, mamãe não abria mão de mencionar o título da criança, *tia*. **Um dia** lhe perguntei: […]"
   > "**Nos dias de hoje**, o falado chupa-cabra que andou ocupando as manchetes dos jornais […] faz-me pensar na hiena."

   a) Que função elas têm nesses trechos?

   b) As locuções adverbiais **um dia** e **nos dias de hoje** indicam com precisão o momento em que os fatos ocorreram ou ocorrem?

   c) Levante uma hipótese: por que em um texto de memórias literárias muitas vezes as datas não são indicadas com precisão? Explique.

A LÍNGUA NÃO É SEMPRE A MESMA

1. Releia este fragmento do texto.

   > "Curiosa, Wanda, a mais velha das minhas irmãs, teve a pachorra de procurar no dito dicionário o significado de digitígrado."

   a) A palavra **pachorra** não é muito usada atualmente. Veja a seguir alguns sentidos que ela pode ter. Anote no caderno o sentido que mais se aproxima daquele com o qual essa palavra foi empregada no texto.

   I. Lentidão, vagareza

   II. Frieza, falta de pressa ou de diligência.

   III. Paciência.

   b) Escolhendo a expressão **ter a pachorra**, ao referir-se à iniciativa da irmã mais velha, a autora revela algumas possíveis características da irmã. Na sua opinião, quais seriam?

   c) Você já conhecia essa palavra ou conhece alguém que a use? Que expressão você usaria no seu dia a dia para falar a mesma coisa?

   d) Você acha que a autora demonstrava a mesma pachorra, ou a mesma curiosidade, da irmã em torno da origem do nome Hiena? Explique.

2. Observe as expressões destacadas nas frases de I a V.

   I. "[…] eu visualizava a hiena […] rindo **a bandeiras despregadas**."

   II. "[…] mamãe não **abria mão de** mencionar o título da criança, tia."

   III. "[…] talvez com receio de que pela primeira vez ela **estrilasse**, saiu de casa […]."

   IV. "**Desencavara** para lhe dar um nome polêmico […]".

   V. "Francesco Arnaldo soltou a frase já pronta para **escapulir**"

   a) Você é capaz de explicar o sentido de cada uma?
   b) Você utiliza essas palavras no dia a dia? Conhece alguém que as utilize?

   > A escolha da linguagem em um texto de memórias literárias pode relacionar-se à época que está sendo revivida ou à faixa etária, vivência e estilo do autor.

3. Releia as frases da atividade 2. Como você as escreveria utilizando uma linguagem parecida com a que você usa em um bate-papo com seus colegas? Responda no caderno.

ORALIDADE

Você gostou do texto? Divertiu-se com o relato das memórias da autora sobre o *nonno* Gattai? Que tal você ou algum de seus colegas assumir o papel dessa personagem em um pequeno esquete? Nossa proposta é que vocês encenem a parte do texto em que *nonno* Gattai vai registrar a filha Hiena no cartório. Para isso, reúna-se com alguns colegas e adaptem o texto para um diálogo, alterando a organização do relato para um diálogo entre as personagens. Um início poderia ser *nonno* Gattai caminhando e falando consigo mesmo:

> **Nonno Gattai**: Vou agora mesmo registrar a minha Hienazinha. Adorei esse nome e só quero ver a cara do escrivão quando eu disser o nome que escolhi. Hahahaha!!!
> **Escrivão**: ...

Continuem a redigir o diálogo, inserindo as falas do escrivão e criando outras falas para *nonno* Gattai, sempre tendo como base o relato das atitudes e falas de cada um.

Depois de pronto, mostrem o texto para seu professor e decidam quem irá assumir o papel do *nonno* e o do escrivão. Memorizem as falas e apresentem o esquete para os colegas.

Lembrem-se de:
- falar em voz alta e pausada, utilizando, na interpretação das falas, uma tonalidade de voz adequada a cada situação representada;
- retratar o comportamento das personagens também nos gestos, expressões faciais e postura.

> O **esquete** é a representação, geralmente cômica, de uma cena curta, com menos de dez minutos, para teatro, programa de rádio ou televisão.
>
> **Esquete**: encenação.

PARA LEMBRAR

Memórias literárias

- **Intenção** → reviver uma época passada por meio de uma narrativa de experiências pessoais, recriando-a sob um ponto de vista poético, literário
- **Escrito na primeira pessoa**
- **Organização** →
  - o autor das memórias é narrador e personagem ao mesmo tempo
  - não há preocupação em seguir rigidamente a ordem cronológica dos fatos
- **Linguagem** →
  - presença de trechos descritivos
  - uso frequente de adjetivos
  - emprego de advérbios e locuções adverbiais de tempo
  - predomínio de verbos no passado

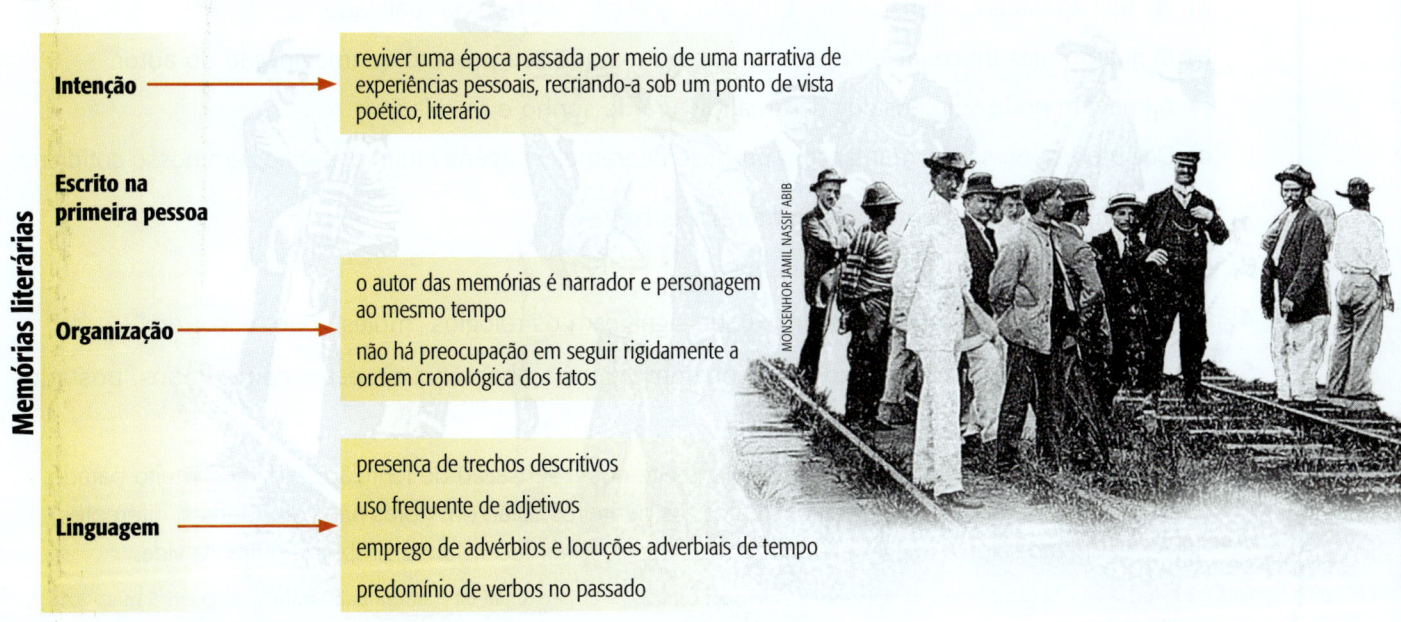
MONSENHOR/JAMIL NASSIF ABIB

DEPOIS DA LEITURA

INTERTEXTUALIDADE

Você sabia que um texto também pode estabelecer um diálogo, fazer referência a outro texto, com um texto não verbal, por exemplo, uma pintura? A essa relação entre textos (verbais e não verbais) damos o nome de **intertextualidade**. Você leu, nesta unidade, um texto de Zélia Gattai que registra suas memórias da infância. Vamos ver agora como o pintor **Salvador Dalí** explora o tema da passagem do tempo e da memória.

Observe a pintura e, em seguida, responda às questões. Preste atenção nos detalhes, pois a todos eles você pode atribuir um significado.

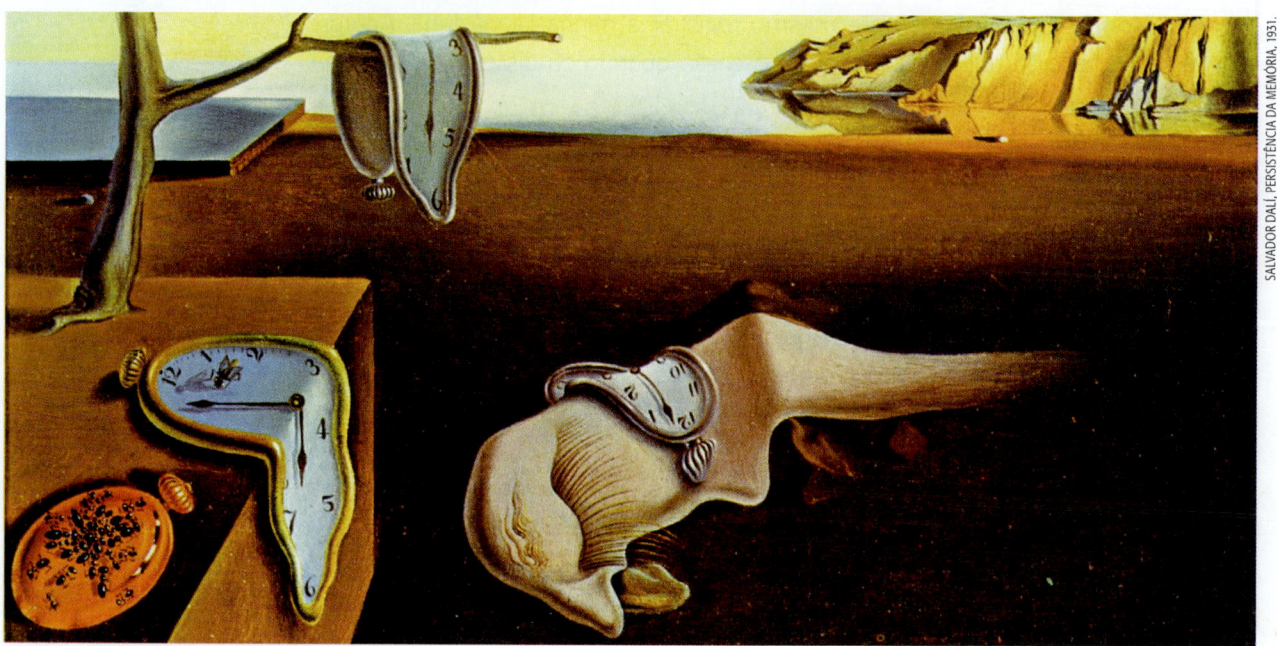

Persistência da memória, 1931, de Salvador Dalí, uma das pinturas mais famosas do século XX.

1. A respeito da tela, que afirmações são verdadeiras?
   a) Na tela aparecem apenas cenas e objetos que não existem na realidade.
   b) O quadro mistura cenas e objetos reais e outros que são produto da imaginação do autor.
   c) A imagem pode ser considerada uma mistura de sonho e realidade.
   d) Dalí preocupou-se em retratar com precisão diferentes imagens muito presentes em nosso cotidiano.

2. Que elementos você identifica na pintura? Descreva-os.

3. O que mais chama sua atenção na imagem?

4. Na leitura que você faz desse quadro, o que significam os relógios "moles", que "escorrem"?

5. Essa tela provoca as mais variadas reações em quem a observa. Leia estes comentários, postados em blogues.

   I
   > Este quadro representa o tempo e [...] transmite-nos a sensação de lentidão: está tudo muito parado. Os relógios mostram ritmos de vida diferentes (os ponteiros estão em horas não coincidentes, diferentes), talvez devido ao calor. A imagem retrata um deserto ao entardecer. Talvez simbolize o fim da vida.

   C. Paula. Disponível em: <http://9acerco.blogspot.com/2006/11/persitncia-da-memria-dali.html>. Acesso em: 5 maio 2015.

II   A passagem do tempo sempre foi um mistério, e acho que continuará a ser. Por que será que determinados momentos parecem passar tão rapidamente e outros demoram tanto?

Carlos. Disponível em: <http://gatoescondido.wordpress.com/category/lazer/>. Acesso em: 5 maio 2015.

E você, o que achou do quadro?

Agora veja esta imagem. Trata-se de outra obra de Dalí, chamada *Desintegração da persistência da memória*.

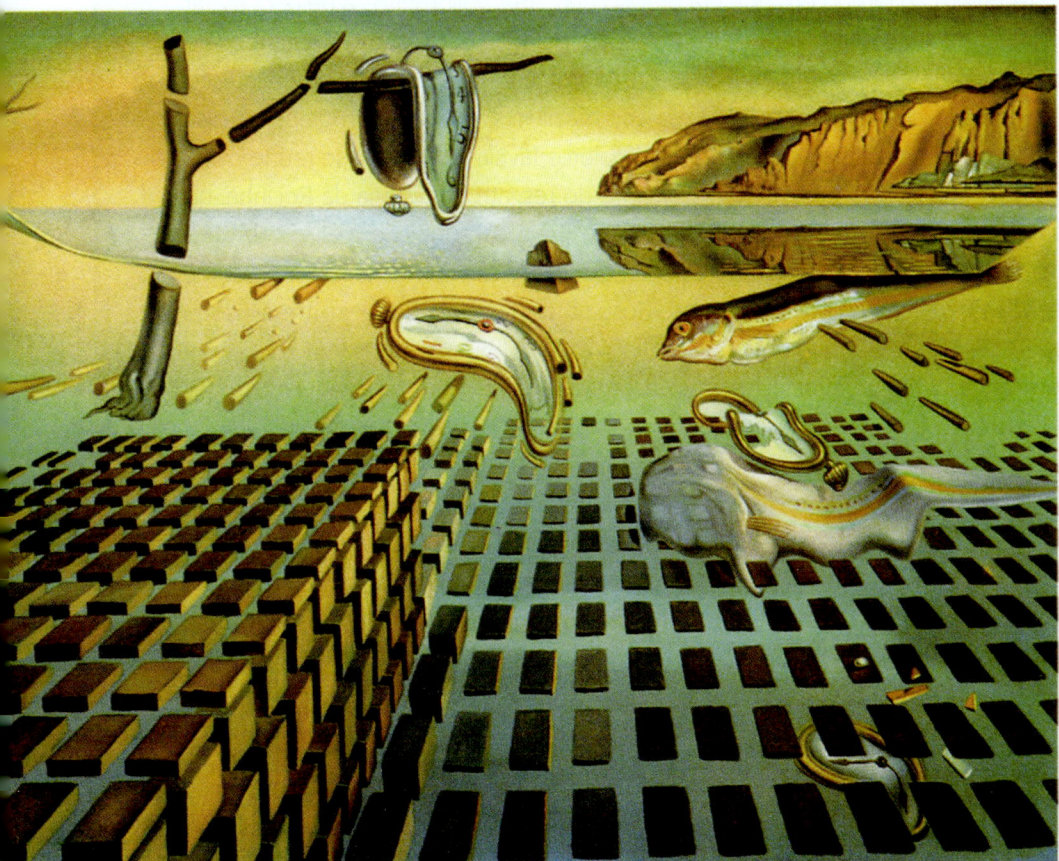

Desintegração da persistência da memória (1952-4), de Salvador Dalí.

Dalí

Salvador Domingo Felipe Jacinto **Dalí** i Domènech (1904-1989) nasceu na Catalunha, Espanha. Fez parte da chamada escola surrealista de arte, que procurava representar não a realidade, mas o que é irreal, o sonho e o inconsciente. Dalí ficou conhecido não só por sua arte, mas por sua extravagância e suas atitudes provocativas. Ele dizia de si mesmo que "A diferença entre um louco e eu é que não sou louco".

Salvador Dalí.

6. Observe a tela e veja como ela "conversa" com a anterior, apresentando características que fazem lembrar a primeira obra.

   a) Que pontos de semelhança você identifica entre as duas telas?

   b) Que diferenças observa?

7. Em *Persistência da memória* (na página ao lado), os relógios sugerem preocupação com um tempo que se derrete, se vai. Observe novamente a tela, com sua paisagem desintegrada.

   a) O que sugerem os objetos incluídos nessa tela?

   b) Desintegrar é "desfazer, desagregar" e também "retirar, afastar, separar". Sendo assim, como você interpreta o título *Desintegração da persistência da memória*?

Dalí e a guerra

A Segunda Guerra Mundial (1939-1945) trouxe profundas mudanças à vida de Dalí. Quando as tropas alemãs entraram em Bordéus, cidade da França onde o pintor estava morando, ele e sua esposa Gala partiram para os Estados Unidos, onde permaneceram até 1948.

DO TEXTO PARA O COTIDIANO

Sempre se diz que o Brasil é um país que não tem memória. Mas esse quadro vem se modificando. A cada dia surgem iniciativas destinadas a resgatar a história dos brasileiros. Veja o exemplo dado por uma comunidade do Rio de Janeiro.

Museu da Rocinha – Sankofa: memória e história

Latas d'água que remetem ao tempo em que era preciso percorrer quilômetros a pé para matar a sede, modelos de brinquedos que passaram de geração para geração, como pipas e carrinhos de rolimã, maquete do modelo de barraco de pau a pique, predominante nos anos 40, apresentação de rodas de capoeira, que fazem reverência às raízes afro-brasileiras, relatos de moradores que vivenciaram toda formação e transformação de uma das maiores favelas do país, que reúne cerca de 56 mil habitantes. Um movimento a favor da memória e do resgate da história da Rocinha, na cidade do Rio de Janeiro, vem crescendo. No último sábado [...] a comunidade realizou um ato inaugural – o primeiro Chá de Museu, com a participação de lideranças comunitárias, moradores e de representantes do Departamento de Processos Museais do Instituto Brasileiro de Museus (DPMUS – Ibram).

Também está em andamento a favor do museu a organização do acervo produzido entre 1974 e 1986, que constitui o livro *Varal de lembranças*.

[...]

"Durante dois anos, recolhemos entrevistas, fotos, documentos, cartas, recortes de jornal. Organizamos os depoimentos e os documentos seguindo a lógica de um desfile de carnaval, mostrando versões concorrentes de lembranças contadas. Editamos o livro [*Varal de lembranças*]. Na época, ele foi utilizado nas escolas da Rocinha, rendendo histórias infantis, exposições, murais ilustrados, [diz Lygia Segala]".

Disponível em: <http://museudarocinha.blogspot.com/>. Acesso em: 19 abr. 2011.

Lotação na rua Dois, na favela da Rocinha, em 1971.

1. Qual o objetivo do Museu Sankofa da Rocinha? De que forma as pessoas envolvidas com o projeto se propõem a fazer isso?

2. Releia este trecho da fala de uma das organizadoras do museu.

> "Organizamos os depoimentos e os documentos seguindo a lógica de um desfile de carnaval, mostrando versões concorrentes de lembranças contadas."

a) Por que se pode falar em "versões concorrentes", se a história da Rocinha é uma só, ou seja, se os fatos relatados são os mesmos?

b) Por que essa organizadora do museu relaciona as versões concorrentes dos fatos a um desfile de carnaval?

3. Você considera importante que se registre a história de pessoas, famílias e comunidades? Ou acha que nossa atenção deve se concentrar, não em fatos passados, mas nos acontecimentos do presente? Justifique sua opinião e ouça a de seus colegas.

TASSO MARCELO / ESTADÃO CONTEÚDO

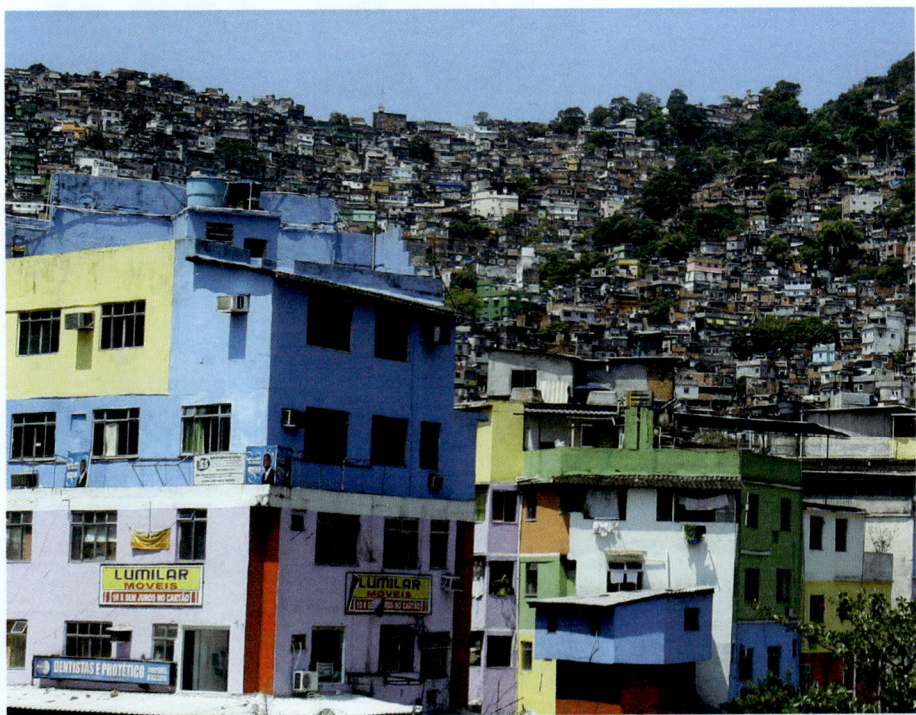

Vista da Rocinha, no Rio de Janeiro, RJ.

NÃO DEIXE DE ACESSAR

- **http://www.museudapessoa.net/**
Museu virtual de histórias de vida aberto à participação gratuita de quem quiser compartilhar sua história.

O conceito de *sankofa* (*sanko*, "voltar", e *fa*, "buscar, trazer") origina-se de um provérbio tradicional entre povos de Gana, Togo e Costa do Marfim (África) que pode ser entendido como "devemos olhar para trás e recuperar nosso passado para podermos nos mover para a frente; assim compreenderemos por que e como nos tornamos quem somos hoje". *Sankofa* pode ser representado como um pássaro mítico, que voa para a frente, tendo a cabeça voltada para trás e carregando no bico um ovo, que simboliza o futuro.

WABATAN MANTOVANELLO

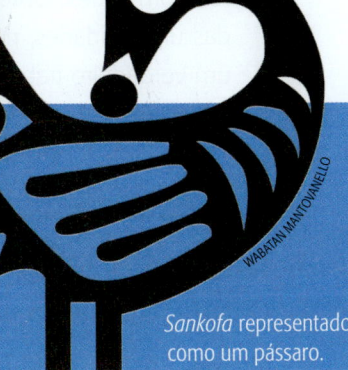

Sankofa representado como um pássaro.

PRODUÇÃO ORAL

Entrevista: "Varal de lembranças"

A proposta desta produção oral é entrevistar pessoas que você conheça para recuperar lembranças individuais, histórias de vida e histórias de sua família, de pessoas do seu bairro ou sua comunidade. Para isso, escolha uma pessoa e grave o encontro para reproduzi-lo depois em uma folha especial que será exposta em um "Varal" elaborado pela classe.

Antes de começar

Leia este trecho de uma entrevista feita por uma repórter da revista *Ciência Hoje das Crianças* (a CHC).

Em busca de ETs

Todos os dias, nosso planeta é bombardeado com rochas espaciais [meteoritos]. Algumas delas conseguem vencer a camada protetora da atmosfera e chegar até nós. E tem gente que vive procurando esses presentes do céu. Um exemplo é o arqueólogo uruguaio Jose Maria Monzon, da Universidade Federal do Rio de Janeiro, um verdadeiro caçador de meteoritos!

CHC: Como é o trabalho de um caçador de meteoritos?

Jose Maria: Para mim é o melhor trabalho do mundo! Sou arqueólogo e a pesquisa de campo, feita fora da universidade, é minha paixão. Fiquei atraído pelos meteoritos por serem algo bem diferente do que os arqueólogos procuram normalmente. Mas a busca por essas rochas é muito parecida com a busca por sítios arqueológicos. O que eu acho mais legal e desafiante é procurar por meteoritos históricos, meteoritos antigos que estão registrados de alguma forma em documentos antigos.

CHC: Como você planeja suas expedições e como escolhe os lugares onde vai procurar meteoritos?

Jose Maria: Quando vou caçar meteoritos históricos, que geralmente são bem antigos, procuro informações sobre a sua queda no arquivo do Museu Nacional, no departamento de geologia das universidades, na revista do Observatório Nacional e nos jornais da época de sua queda. É um verdadeiro trabalho de investigação!

Jose Maria Monzon em uma pesquisa de campo.

MOUTINHO, Sofia. Revista *Ciência Hoje das Crianças*. Disponível em: <http://chc.cienciahoje.uol.com.br/em-busca-de-ets/>. Acesso em: 15 dez. 2014.

1. Qual é o título da entrevista?

2. O que aparece antes das perguntas e respostas?

3. De que modo se identifica a pessoa que pergunta e a pessoa que responde?

Planejando a entrevista

1. Escolha uma pessoa mais velha para ser entrevistada (avô, tia, vizinho etc.) e falar a respeito de fatos ou costumes de outro tempo.
2. Marque um encontro com a pessoa que você escolheu.
3. Prepare algumas perguntas para seu entrevistado: onde morou, como era a escola em que estudou, quais eram as atividades de lazer que apreciava, como escolheu sua profissão, que mudanças presenciou na cidade e no modo de vida etc.
4. Se puder, use um gravador para registrar a entrevista, mas antes peça ao entrevistado permissão para gravar. Se não for possível, leve um caderno e faça suas anotações. Faça também uma foto do entrevistado para juntar à entrevista.

No momento da entrevista

1. Explique qual é o objetivo de seu trabalho, falando devagar e com clareza.
2. Comece perguntando os dados do entrevistado: nome, idade, profissão etc.
3. Faça as perguntas que elaborou, mas deixe que ele ou ela fale também sobre outras experiências vividas. Se você perceber que alguma pergunta não planejada pode melhorar a entrevista, pode fazê-la.
4. Procure deixar o entrevistado à vontade. O importante é que você obtenha informações sobre fatos do passado relativos à vida dele ou dela na comunidade, suas lembranças e opiniões.
5. Lembre-se de usar a linguagem adequada, levando em consideração que se trata de uma pessoa adulta ou idosa. Terminada a gravação, agradeça a oportunidade de tê-lo entrevistado.
6. Se precisar falar com o entrevistado outra vez, combine com ele uma nova data.

Depois da entrevista

1. Em casa, ouça a gravação e transcreva-a no caderno. Se não gravou, organize as informações que anotou. Você terá de editar as respostas, isto é, fazer pequenas alterações na linguagem para adaptá-la à modalidade escrita: elimine ou substitua expressões próprias da linguagem oral *(tá, daí, né...)*, corte repetições desnecessárias, reescreva os trechos muito fragmentados – mas sempre procurando preservar o que seu entrevistado quis dizer.
2. Depois disso, em uma folha, passe o texto a limpo, seguindo estas orientações:
    a) separe as perguntas e as respostas; antes das perguntas, escreva seu nome e, nas respostas, o nome do entrevistado;
    b) escreva uma pequena introdução apresentando o entrevistado: nome, idade, profissão, para que seus colegas saibam de quem se trata;
    c) dê um título à entrevista; se tiver a foto, aplique-a na folha.
3. Com as entrevistas transcritas e revisadas, montem um "Varal de lembranças" na sala ou na escola.

Avaliação

Com seus colegas e o professor, avaliem coletivamente a atividade.

1. Foi fácil obter as lembranças do entrevistado? Por quê?
2. A história de vida que cada estudante recolheu trouxe novos conhecimentos acerca do passado da comunidade?
3. Por que é importante preservar a memória de uma comunidade?

Verbo: revisão

Nesta unidade, você viu que o autor de memórias emprega determinadas flexões dos **verbos** para marcar um tempo que já se foi.

Vamos agora falar mais detalhadamente dessa classe gramatical.

1. Leia este trecho de uma reportagem.

O mistério dos pirahãs

Tribo da Amazônia que não conhece os números desafia as teorias sobre a formação dos idiomas

A tribo dos pirahãs, formada por cerca de 350 indígenas que vivem às margens do rio Maici, no Amazonas, tornou-se um desafio para a ciência. Como muitas tribos da região, eles são caçadores e coletores, mas têm características únicas no que diz respeito à comunicação. [...]

Os pirahãs não têm palavras para descrever as cores. Não usam tempos verbais que indiquem ações passadas. Não há entre eles a tradição oral de contar histórias. Tudo é dito no presente. A língua escrita não existe. Os pirahãs não desenham e desconhecem qualquer tipo de arte. [...] Eles são a única sociedade no mundo, segundo avaliação de antropólogos, que não cultiva nenhum mito da criação para explicar sua origem. Para completar, os pirahãs não usam números e não sabem contar. [...]

Revista *Veja*. São Paulo, Abril, 18 abr. 2007.

a) O que torna única a cultura dos pirahãs?

b) Os pirahãs dizem tudo no presente: não têm a tradição de contar histórias. Na sua opinião, como seria nossa vida se não tivéssemos tempos verbais para registrar o passado nem para indicar o futuro?

> **Verbos** são palavras de forma variável que exprimem uma ação, um estado ou um fenômeno da natureza, representando-o no tempo.

c) Releia este trecho.

> "Os pirahãs não **desenham** e **desconhecem** qualquer tipo de arte."

Os verbos destacados foram flexionados para concordar com que palavra? Eles estão flexionados em que pessoa do discurso?

d) Se o autor da reportagem estivesse se referindo a uma única pessoa em especial, como poderia reescrever essa frase?

> Os **verbos** podem flexionar-se para indicar a **pessoa gramatical** (primeira, segunda ou terceira), o **número** (singular ou plural) e o **tempo** (presente, passado e futuro).

2. Leia o poema.

Pretensão

eu **quero** um grande amor,
tá bem, pode ser pequeno,
ok, mas que **seja** de verdade.
de mentira também **serve**,
mas que dure bastante,
aceito um rapidinho.
entre o nada e qualquer coisa,
meu coração **dança** miudinho.

TAVARES, Ulisses. *Caindo na real*.
São Paulo: Moderna, 2004.

a) O eu poético está à procura de quê? Como deve ser o que ele procura?

b) Nesse poema, são utilizados verbos que indicam que o eu poético tem certeza do que afirma. Releia o poema e diga quais das formas verbais destacadas indicam certeza.

c) Uma das formas verbais destacadas aparece em uma frase que expressa condição. Qual é ela?

3. Chamada é o resumo de uma notícia que aparece na capa ou no sumário de uma publicação. Ela serve para indicar os destaques da publicação ao leitor e para despertar nele o interesse pela leitura. Leia estas chamadas para matérias da revista *Galileu*.

I

Conheça a "rede social do bem"

Cofundador do Facebook lança *site* para unir usuários que querem mudar o mundo

II

Veja no Segundos de Sabedoria

Saiba no *blog* qual país inventou o primeiro relógio "cuco", em 1730

Disponível em: <http://revistagalileu.globo.com/>. Acesso em: 1 out. 2010.

a) Nessas chamadas, aparecem três formas verbais que não exprimem nem certeza nem possibilidade, e sim uma orientação ou pedido que se faz ao leitor. Quais são elas?

b) Que relação você vê entre o emprego dessas três formas verbais e a função das chamadas em uma publicação?

> Na **fala**, podemos identificar com qual intenção se utiliza o imperativo se levarmos em conta o contexto e a entonação. Por exemplo, a frase "Volte logo" pode expressar uma ordem, um pedido ou um conselho, conforme a situação em que se insere e a maneira como é dita. Já na escrita, a pontuação ajuda a revelar a intenção: "Volte logo!", "Volte logo..." etc.

Como você recordou, os verbos flexionam-se para expressar diferentes atitudes do falante em relação àquilo que fala. Para expressar essas atitudes, o locutor utiliza os diferentes **modos verbais**.

> As flexões de modo em língua portuguesa são:
> - **modo indicativo:** indica certeza de que um fato acontece, aconteceu ou vai acontecer.
> - **modo subjuntivo:** indica que algo pode ou não acontecer, em algum tempo, dependendo de certas condições; indica, em geral, possibilidade, dúvida, hipótese.
> - **modo imperativo:** expressa ordem, conselho, pedido, convite, orientação, proibição.

Vamos recordar agora as **formas nominais** do verbo.

4. Releia, depois compare as palavras destacadas.

> "De pé, diante do homem que o atendia, Francesco Gattai aguardava a **esperada** reação. Não **esperou** muito."

a) Em que tempo e pessoa está flexionada a forma verbal **esperou**?

b) Essa forma verbal permite identificar quem praticou a ação? Em caso positivo, quem a praticou?

c) E quanto à forma **esperada**? Podemos dizer em que tempo e pessoa ela está?

d) Considerando a resposta anterior, a palavra **esperada** refere-se à palavra **reação**. Que função ela exerce?

5. Leia este trecho de uma matéria jornalística.

> ### Palavra de tartaruga!
> *Cientistas estudam a conversa entre as tartarugas-da-amazônia*
>
> As tartarugas, eu pensava, são animais silenciosos. Fala sério: alguém já ouviu uma tartaruga **gritando** por aí? [...] "Ainda não sabemos qual é o mecanismo que as tartarugas usam para emitir os sinais sonoros", conta a bióloga Camila Ferrara, que liderou a pesquisa. "Mas sabemos que os filhotes conseguem emitir sete tipos diferentes de sons e os adultos, oito". No grupo **estudado**, a equipe identificou 11 tipos diferentes de sinais sonoros. Apesar de baixos, eles são audíveis para o ouvido humano. Se, antes, achava-se que as tartarugas não escutavam muito bem, agora já se sabe que emitir e **ouvir** sons é muito importante na vida desses bichos.
>
> Disponível em: <http://chc.cienciahoje.uol.com.br/palavra-de-tartaruga/>. Acesso em: 18 dez. 2014.

a) No caderno, anote a frase "Fala sério: alguém já ouviu uma tartaruga **gritando** por aí?". Depois substitua a forma verbal **gritando** pela locução adverbial **aos gritos**. Ela indica tempo, espaço ou modo em relação às tartarugas?

b) Em "No grupo estudado, a equipe identificou 11 tipos diferentes de sinais sonoros.":

- Por que o autor do texto teria utilizado **grupo estudado** em vez de **tartarugas**?

- Nesse trecho, a palavra **estudado** pode ser substituída por "pesquisado". Essas duas palavras são adjetivos ou verbos no contexto desta matéria?

c) Releia.

> "[...] Não sabemos qual é o mecanismo que as tartarugas usam para **emitir** os sinais sonoros."

I. No caderno, anote essa frase, trocando a palavra destacada por um substantivo que derive dela, fazendo as adaptações adequadas. Se necessário, consulte um dicionário.

II. Por que o autor teria escolhido o termo que aparece no texto e não seu correspondente, a palavra que você utilizou na pergunta anterior?

d) Nas substituições feitas nas três formas (**gritando**, **estudado**, **emitir**), houve alteração de sentido?

6. Agora leia a frase abaixo.

> "**Reciclar** é um exercício de cidadania."

Estudantes fazem alegorias para festa junina usando sucata.

a) Nesse enunciado, o verbo **reciclar** assume o papel de substantivo, em um processo denominado substantivação. Anote o enunciado no caderno, substituindo reciclar por reciclagem. O que acontece: há alteração de sentido?

b) Por que o autor do texto teria escolhido a forma verbal **reciclar** e não o substantivo **reciclagem** no enunciado?

> Além dos modos verbais (indicativo, subjuntivo e imperativo), existem as formas nominais do verbo.
>
> As três formas nominais da língua portuguesa são o **gerúndio** (**gritando**), o **particípio** (**estudado**) e o **infinitivo** (**emitir**). São chamadas nominais porque podem desempenhar em uma frase algumas funções dos nomes (advérbio, adjetivo e substantivo).

7. Releia e observe as formas nominais destacadas.

> "**Antegozando** o impacto que a provocação iria causar, saiu seu Gattai, feliz da vida, **assobiando** pelas ruas de Florença, o cartório não ficava distante de sua casa.
>
> De pé, diante do homem que o atendia, Francesco Gattai aguardava a esperada reação."

Qual das afirmações a seguir corresponde a uma afirmação verdadeira sobre o uso do gerúndio nesse trecho?

I. As ações de **antegozar** (divertir-se) e de **assobiar** ocorrem simultaneamente.

II. A ação de **antegozar** é anterior à de **assobiar**.

III. A ação de **antegozar** é posterior à de **assobiar**.

A LÍNGUA NÃO É SEMPRE A MESMA

No texto, o escrivão usa a forma de tratamento **senhor** para dirigir-se a *nonno* Gattai, com a forma verbal na 3ª pessoa do singular.
Veja.

"– Por que o senhor quer dar à sua filha o nome de um animal tão repugnante?"

Para falar com uma pessoa conhecida, usamos os pronomes **tu** ou **você**. Mas qual deles é mais usado? Leia o que diz esta pesquisa, realizada em 2012.

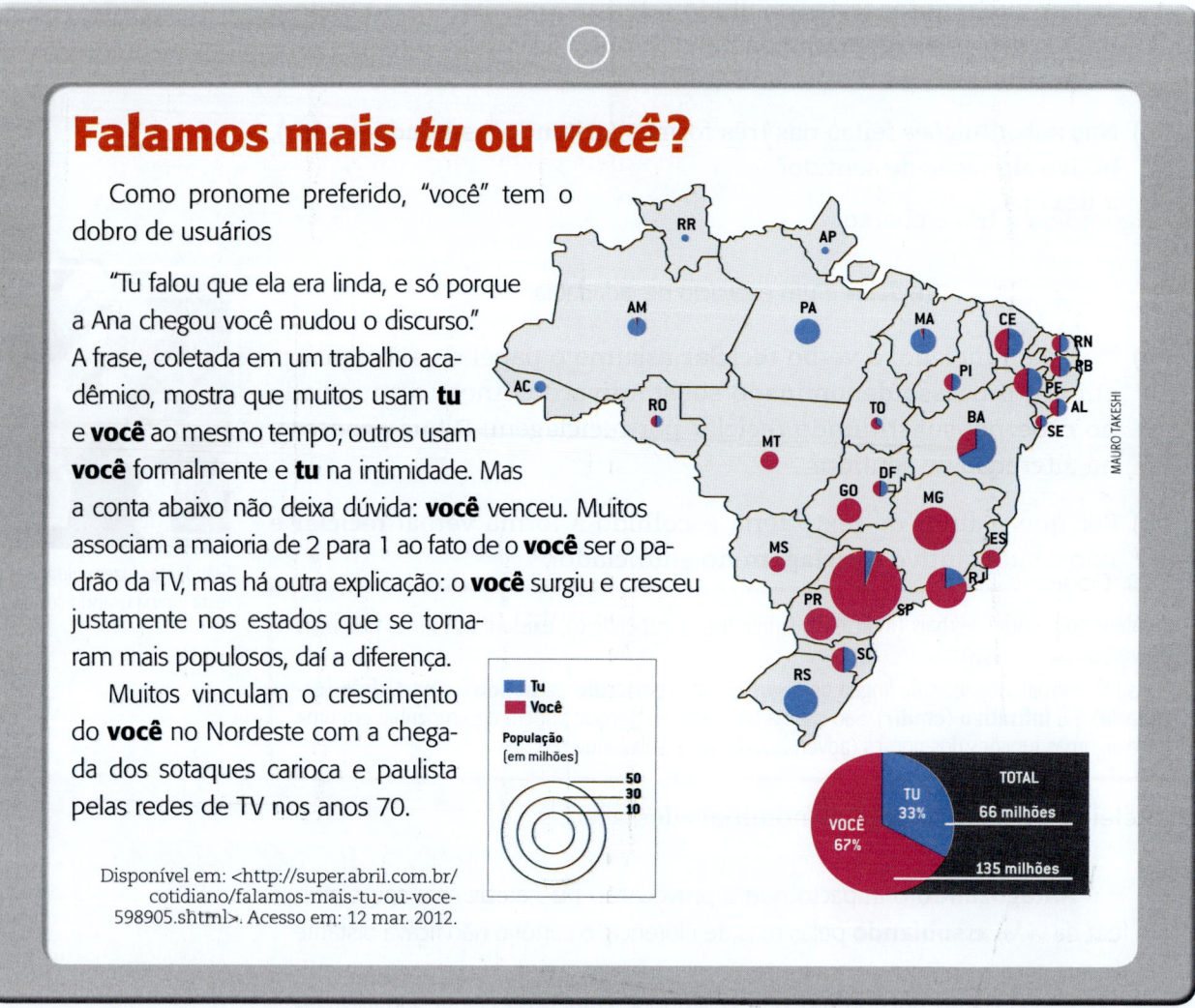

Falamos mais *tu* ou *você*?

Como pronome preferido, "você" tem o dobro de usuários

"Tu falou que ela era linda, e só porque a Ana chegou você mudou o discurso." A frase, coletada em um trabalho acadêmico, mostra que muitos usam **tu** e **você** ao mesmo tempo; outros usam **você** formalmente e **tu** na intimidade. Mas a conta abaixo não deixa dúvida: **você** venceu. Muitos associam a maioria de 2 para 1 ao fato de o **você** ser o padrão da TV, mas há outra explicação: o **você** surgiu e cresceu justamente nos estados que se tornaram mais populosos, daí a diferença.

Muitos vinculam o crescimento do **você** no Nordeste com a chegada dos sotaques carioca e paulista pelas redes de TV nos anos 70.

Disponível em: <http://super.abril.com.br/cotidiano/falamos-mais-tu-ou-voce-598905.shtml>. Acesso em: 12 mar. 2012.

Releia este enunciado que aparece no texto ao lado do infográfico.

"Tu falou que ela era linda".

1. Podemos dizer que se trata de uma construção típica da linguagem informal. Justifique essa afirmação.

2. Em uma situação de mais formalidade, como poderia ser organizado esse mesmo enunciado?

Estrutura do verbo

1. Leia.

> Cada qual **guardou** do chupa-cabra a imagem criada pela própria imaginação. Quanto a mim, como já disse, comparei-o à risonha e asquerosa hiena, com seus pelos fulvos e manchas escuras, a caminhar nas pontas de seus longos dedos, lembrança que **guardei** da minha fantasia de criança.

A hiena.

Você deve ter notado que nas formas verbais destacadas (verbo guardar) há uma parte da palavra que permanece sem alteração. Observe.

guard-ou
↓
guard-ei

a) O que indica a parte da forma verbal que se modifica?

b) Há, no trecho, a ocorrência de uma forma nominal do verbo com função de adjetivo. Qual é ela e a que verbo se refere? Como você chegou a essa conclusão?

c) Observe esta outra ocorrência de uma forma nominal: "a caminhar". De que modo ela poderia ser substituída no trecho sem alteração de significado? No caderno, anote a frase em que ela aparece, fazendo a substituição. Depois, responda: houve modificação na forma verbal?

2. Releia este trecho.

> "Os pirahãs não têm palavras para **descrever** as cores. Não usam tempos verbais que indiquem ações passadas. Não há entre eles a tradição oral de **contar** histórias. Tudo é dito no presente. A língua escrita não **existe**."

Agora compare:

1ª conjugação	2ª conjugação	3ª conjugação
cont**AR**	descrev**ER**	exist**IR**
us**AR**	nasc**ER**	ouv**IR**

O verbo *pôr*

E o verbo **pôr**? A que conjugação pertence? O verbo **pôr** e os verbos derivados dele, como **dispor**, **propor**, **compor** pertencem à **segunda conjugação**, pois, historicamente, o verbo **pôr** veio do latim *poer*, que depois acabou perdendo a vogal **e**.

Qual a diferença entre os verbos desses três tipos de conjugação? Você conhece outros verbos que se enquadram em cada uma delas? Anote-os no caderno

3. Agora observe e compare as formas verbais a seguir, que estão conjugadas em três tempos diferentes.

> Eu CONTo histórias.
> Ele CONTa lendas.
> Nós CONTamos narrativas orais.
> Os pirahãs não CONTam histórias.
>
> Eu DESCREVo as cores.
> Um pirahã não DESCREVe as cores.
> Nós DESCREVemos as cores.
> Os pirahãs não DESCREVem as cores.
>
> Uma tradição oral nunca EXISTiu.
> A escrita para eles não EXISTe.
> As histórias não EXISTirão.

a) O que você notou em relação à parte destacada das formas verbais acima (chamada radical), referentes às diferentes pessoas gramaticais?

b) Releia agora este trecho, observe as formas verbais destacadas e compare seu uso em três tempos diferentes.

> "Os pirahãs não **têm** palavras para descrever as cores."
> Os pirahãs não **tinham** palavras para descrever as cores.
> Os pirahãs nunca **tiveram** palavras para descrever as cores.

Há nessas formas verbais alguma parte que se mantém inalterada?

c) Os verbos, quando conjugados, podem apresentar-se de forma regular ou irregular. Em sua opinião, quais desses verbos (contar, descrever, existir e ter) apresentam-se de forma regular e quais de forma irregular? Por quê?

4. Releia.

> "O avô de vocês, o *nonno* Gattai, era um homem destemido. Livre-pensador, de ideias avançadas, dizia o que pensava, fazia o que achava justo e direito."

a) No caderno, adapte o trecho "Livre-pensador, fazia o que achava justo e direito" para falar de *nonno* Gattai no tempo presente e, depois, no futuro.

Em **achar**, o radical permanece o mesmo nas três formas do presente, passado e futuro? E quanto ao verbo **fazer**, acontece o mesmo? Explique sua resposta.

b) O que você conclui em relação à regularidade ou irregularidade dessas formas verbais?

5. A irregularidade de um verbo pode estar no radical (a parte que nos verbos regulares não muda) ou nas terminações. Observe as formas destacadas nestas frases e compare-as com o verbo no infinitivo.

- Verbo **ser**

    "O avô de vocês, o *nonno* Gattai, **era** um homem destemido."
    "**Foi** uma pena ele não lembrar disso."

- Verbo **ir**

    "*Nonno* Gattai **foi** registrar a filha."
    "Antegozando o impacto que a provocação **iria** causar, saiu seu Gattai, feliz da vida..."
    "Você não **ia** ver cara nenhuma."

- Verbo **dizer**

    "Como foi que o senhor **disse**?"
    "... **dizia** o que pensava..."

- Verbo **ter**

    "Minhas irmãs mais velhas **tinham** até procurado no dicionário referências sobre o animal [a hiena] [...]"
    "Curiosa, Wanda, a mais velha de minhas irmãs, **teve** a pachorra de procurar no dito dicionário o significado de digitígrado."

a) Em relação à regularidade de conjugação, você diria que os verbos ser, ir, dizer e ter são regulares ou irregulares?

b) Desses quatro verbos, qual ou quais são os que apresentam maiores modificações?

6. Reescreva os enunciados abaixo substituindo os trechos destacados por formas nominais dos verbos correspondentes. Faça outras alterações necessárias.

a) "Uma frase **que se coletou** em um trabalho acadêmico mostra que muitos usam tu e você ao mesmo tempo".

b) "Imaginação fértil de criança, eu vizualizava a hiena, **que andava** mansamente nas pontas de uns dedos longos".

Tempos do modo indicativo

Pretérito perfeito, pretérito imperfeito e pretérito mais-que-perfeito

Leia outro fragmento do livro de Zélia Gattai para responder às questões de 1 a 4. Preste atenção às formas verbais destacadas.

> Tia Hiena havia morrido e eu **chorei** ao ouvir o triste fim da menina [...]. Já **chorara** outras vezes, com a versão de mamãe, talvez ainda mais dramática. Para mim **bastava**, mas titio estava com toda a corda, **tinha** ainda o que contar [...]
>
> [...]
>
> **Quisemos** saber, eu e meus primos, se, depois, a bandeira do Brasil **fora hasteada** ao lado da bandeira anarquista. Titio **disse** que sim, mas sem nenhuma convicção. **Creio** que disso ele não **lembrava**, mas **achou** por bem agradar ao patriotismo dos filhos e da sobrinha.
>
> GATTAI, Zélia. *Città di Roma*. Rio de Janeiro: Record, 2000.

1. Anote a única forma verbal que indica o momento (presente) em que a autora escreve suas memórias.

2. Nesse trecho, a autora fala de dois episódios:
   - o episódio da morte de tia Hiena;
   - o episódio em que o tio conta sobre a morte de Hiena aos filhos e à sobrinha (Zélia).

   a) Qual deles é o mais antigo?

   b) Dos verbos destacados, qual deles a autora utilizou para expressar a ideia de uma ação que se concluiu nesse episódio?

3. Em quais destes trechos a forma verbal destacada se refere ao momento em que o tio conversa com as crianças? Anote-os no caderno.

   a) "[...] eu **chorei** ao ouvir o triste fim da menina. [...]"

   b) "Titio **disse** que sim, mas sem nenhuma convicção."

   c) "Tia Hiena **havia morrido** [...]"

   d) "**Quisemos** saber, eu e meus primos, se, depois, a bandeira do Brasil fora hasteada [...]"

4. Releia.

> "[...] a bandeira do Brasil **fora hasteada** ao lado da bandeira anarquista."

a) A bandeira foi hasteada antes ou depois do momento em que o tio conversa com as crianças sobre a morte de Hiena?

b) No trecho acima, há uma locução verbal. Qual dos dois verbos indica a noção de passado nessa locução?

Você notou que, embora as formas verbais das questões 3 e 4 estejam no passado, há diferença de uso entre elas? Conforme o momento em que ocorre o fato expresso pelo verbo, diferenciamos, no modo indicativo, três tempos verbais no passado. Leia o quadro.

Tempo	O que indica	Exemplo de uso
Pretérito perfeito	Ação iniciada e concluída no passado	"O funcionário **ficou** sem resposta, não **discutiu** mais, **registrou** a criança." "**Passei** a infância ouvindo a família – mamãe, mais do que todos"
Pretérito imperfeito	Ação não concluída no passado, interrompida por outra Ação habitual no passado Fato que ocorria no momento em que acontecia outro fato	O menino ainda **procurava** a irmã, quando lembrou do depósito de bagagens. "Nos dias de hoje, o falado chupa-cabra [...], animal misterioso que **matava** cabras e ovelhas [...]" "[...] mamãe não **abria** mão de mencionar o título da criança, *tia*."
Pretérito mais-que-perfeito	Ação passada que aconteceu antes de outra ação, também passada	"[...] saiu de casa, satisfeito da vida, imaginando o espanto do escrivão do cartório, o primeiro a se horrorizar com o nome que ele **arranjara** para a filha [...]" "Eu **perguntara** por perguntar [...]" "[...] tantas vezes **ouvira** repetir o fato."

Atualmente, é mais comum expressar o pretérito mais-que-perfeito por meio de locuções. Veja.

"Já **chorara** outras vezes, com a versão de mamãe [...]"
→ Já tinha chorado (ou havia chorado) outras vezes, com a versão de mamãe.

"Tia Hiena **havia morrido** [...]"
→ Tia Hiena morrera.

teia do saber

1. Na tira abaixo, um jovem artista apresenta suas ideias.

Quadrinho 1: RETRATO DO ARTISTA QUANDO JOVEM — "VOU SERIGRAFAR LATAS DE SOPA DE TOMATE!" — "JÁ FIZERAM ISSO!"

Quadrinho 2: "VOU PINTAR UM QUADRO COM UM RELÓGIO DERRETENDO NUMA MESA!" — "JÁ FIZERAM ISSO!"

Quadrinho 3: "E UMA ESCULTURA DUM SUJEITO SENTADO NUMA PEDRA PENSANDO?" — "JÁ FIZERAM!"

Quadrinho 4: "JÁ SEI! VOU PREGAR UMA RODA DE BICICLETA NUM BANQUINHO!" — "MEU DEUS!! DESISTO!"

ITURRUSGARAI, Adão. *Folha de S.Paulo*, 6 jun. 2008.

a) Em um dos quadrinhos da tira há uma referência a uma pintura que vimos nesta unidade. Qual é?

b) Anote os verbos e as locuções verbais que aparecem na tira e diga em que tempo estão.

c) Qual é o tempo predominante nas falas do jovem artista? E nas de seu interlocutor?

2. Leia este fragmento de outro texto de memórias, no qual o memorialista descreve a cidade onde viveu durante a infância.

> A Avenida Paulista **era** bonita, calçamento de paralelepípedos, palacetes. As outras ruas **eram** semicalçadas, cobertas de árvores, de mata. À noite, os "lampioneiros" **vinham** acender os lampiões e de madrugada **voltavam** para apagar. Minha rua **tinha** poucas casas, uma aqui, outra a quinhentos metros. Naquela época **faziam** casas bem grandes, a nossa **tinha** quintal com pé de laranja, mixirica, ameixa e abacate. Minha mãe **gostava** muito de flores e **plantava** rosas, margaridas, violetas. Todo dia de manhã cedo **ia** regar as flores com seu regadorzinho. E eu **ia** atrás dela.
> (Depoimento do Sr. Ariosto a Ecléa Bosi)
>
> BOSI, Ecléa. *Memória e sociedade*. São Paulo: Cia. das Letras, 1994.

A avenida Paulista, em 1905, quando o Sr. Ariosto tinha 5 anos.

a) Em que tempo estão as formas verbais destacadas?

b) São três os pretéritos do indicativo. Por que, nesse trecho, foi empregado esse pretérito?

c) Releia este trecho, observando as formas verbais destacadas.

"[...] os 'lampioneiros' **vinham** acender os lampiões e de madrugada **voltavam** para apagar."

Compare-o com esta frase, em que o tempo verbal foi trocado pelo pretérito perfeito.

Os lampioneiros **vieram** acender os lampiões e de madrugada **voltaram** para apagá-los.

Explique a mudança de significado provocada pela troca do tempo verbal.

3. As memórias podem também ser tema de poemas. Leia o poema e observe a pintura.

Reminiscências

Me lembro:
O lago **refletia**
A minha cidade
Em vários tons de um azul
Sempre encantado
Com toques de luz do amarelo.

Eu **morava** nos arredores
Num sítio quase jardim

Havia paz nos sorrisos
Muito verde
Muitas folhas, muitas flores
E, tempos depois, muitos frutos.

Os animais **disputavam** com a gente
O privilégio de ver a cidade no lago.

Aos domingos, missa na matriz,
Cantos, rezas, passeios e sorvetes.
Dia de pôr roupa nova e bem passada
Pra ver a cidade e sua gente
Mais de perto, de pertinho.

Tão bela como a que víamos no lago.

Mais que a cidade aos domingos,
Me **ficou** na memória muito viva
A mágica cidade vista no lago.

JOSÉ, Elias. *Mágica terra brasileira*.
São Paulo: Formato, 2006.

Reminiscências, de Meiga Vasconcelos.

a) Qual a relação entre o texto e a imagem?
b) Qual é a principal recordação que o eu poético preserva da cidade?
c) Observe os verbos destacados no poema. Nesses versos, os verbos estão em que tempo?
d) Por que, provavelmente, o poeta escolheu esses tempos verbais? Escreva no caderno a frase que responde adequadamente a essa pergunta.

  I. Porque o pretérito imperfeito exprime ações acabadas, que aconteceram uma só vez.

  II. Porque o pretérito imperfeito indica ações que eram habituais no passado ou que tiveram longa duração.

  III. Porque o pretérito perfeito indica ações acabadas, que aconteceram uma única vez.

e) Releia a última estrofe. Em que tempo está a forma verbal destacada? Qual das frases do item **d** explica o uso desse tempo verbal?

LEITURA 2

ANTES DE LER

1. O que significa a palavra **biografia**? Se não souber, pesquise ou converse com os colegas.

2. Você já leu a biografia de alguém famoso, como um artista, atleta ou político? Se sim, conte aos colegas quem era o biografado e se você gostou da leitura.

3. Para você, que pessoa pública mereceria ter a vida registrada em uma biografia? Por quê? Resposta pessoal.

Vamos conhecer um pouco mais da vida de um dos escritores mais lidos e autor de um dos livros mais publicados no mundo.

É o criador de Dom Quixote, romance escrito há mais de quatrocentos anos pelo espanhol Miguel de Cervantes, que conta a história da amizade entre um cavaleiro e seu fiel escudeiro, que empreendem uma longa andança pela Espanha no final do século XVI.

Quem foi Miguel de Cervantes?

O cavaleiro da triste figura

Ele fugiu da lei, lutou em guerras, foi refém de piratas e escreveu o primeiro romance da história

Miguel de Cervantes teve uma vida ainda mais errática que a de seu personagem mais ilustre. O criador do engenhoso fidalgo Dom Quixote de la Mancha nasceu em Alcalá de Henares, em 1547, em uma família pobre. Ainda cedo, demonstrou interesse pela literatura e pela poesia. Teria uma vida acadêmica, não fosse um duelo no qual o escritor matou um desocupado. Procurado pela Justiça, que, como punição, deveria lhe decepar a mão direita, Cervantes fugiu para Roma, em 1569. Depois de falsificar uma certidão de nobreza, foi trabalhar como camareiro de um cardeal. Em 1570, alistou-se na armada espanhola que ia combater os turcos.

Um dos retratos mais famosos de Cervantes, obra do pintor espanhol Juan de Jáuregui (1583-1641).

Dom Quixote e sua amada Dulcineia, personagens do romance mais famoso de Miguel de Cervantes, em pintura do espanhol Álvaro Reja.

Levou 3 tiros de arcabuz durante a Batalha de Lepanto, na qual sobraram apenas 12 dos 242 navios cristãos (e que ainda assim foram considerados vencedores). Dois disparos atingiram o peito e o terceiro deixou a mão esquerda de Cervantes imobilizada para sempre. Na volta para casa, sua galera se perdeu da frota de navios durante uma tempestade, foi atacada por piratas e o escritor foi feito prisioneiro em Argel. O lugar era, na época, o paraíso dos piratas, e os prisioneiros que não tinham família ou meios de pagar pela liberdade viravam escravos. Enquanto sua humilde família tentava conseguir o dinheiro, Cervantes permaneceu cativo por mais de 5 anos.

Ao retornar à Espanha, 12 anos depois de ter partido, "o maneta de Lepanto", falido, dedicou-se a produzir comédias. "O ano que é abundante em poesia costuma ser de fome", escreveu. Em 1584, teve uma filha bastarda com uma mulher casada. No final desse mesmo ano, casou com outra mulher, Catalina de Salazar, de quem se separou 3 anos depois. Tornou-se comissário de abastecimento e, em seguida, arrecadador de impostos. Em certa ocasião, confiou num amigo para guardar parte do dinheiro da Coroa e o bom homem fugiu com tudo. Em 1597, Cervantes voltou para o cárcere, acusado de desvio de dinheiro. Muitos acreditam que foi nos 3 meses em que esteve na prisão que ele começou a escrever *Dom Quixote*. Publicado em 1605, o livro foi um sucesso. Ainda assim, seu autor permanecia na miséria e, para ganhar mais uns trocos, publicou em 1615 a segunda parte de *Dom Quixote*. Miguel de Cervantes Saavedra morreu em abril de 1616.

SILVA, Cíntia Cristina da.
Disponível em:<super.abril.com.br/historia/o-cavaleiro-da-triste-figura>.
Acesso em: 8 jun. 2015.

EXPLORAÇÃO DO TEXTO

Antes de iniciar o estudo do texto, tente descobrir o sentido das palavras desconhecidas pelo contexto em que elas aparecem. Se for preciso, consulte o dicionário.

1. Retome estas informações.

> **Biografia** – (**bio**-, "vida", e -**grafia**, "escrever") – Relato oral, escrito ou visual de fatos relacionados a diferentes fases da vida de uma pessoa ou personagem. Além de recontar os eventos que compõem a vida do biografado, a biografia procura levar o leitor a recriar uma imagem dele.

> **Autobiografia** – Relato da vida de uma pessoa real redigido por ela mesma.

> **Memórias literárias** – Gênero em que o memorialista narra suas lembranças do passado, recriando-as conforme elas vão surgindo em sua mente, sem se preocupar com a ordem cronológica dos acontecimentos.

Pelo título, "Quem foi Miguel de Cervantes? O cavaleiro da triste figura", é possível saber se a Leitura 2 é um trecho de um texto de memórias, de uma biografia ou de uma autobiografia? Justifique sua resposta.

2. Ao ler o texto, você ficou sabendo muitas coisas a respeito da vida de Cervantes.

a) Qual o nome completo de Cervantes?

b) Onde e quando nasceu o criador de Dom Quixote? E quando morreu?

c) Cervantes passou a vida apenas dedicado aos livros? Explique.

3. Em sua opinião, informações como as que recuperou na atividade 2 são importantes em uma biografia? Por quê?

4. Em um texto biográfico, além de dar informações básicas – como nome, data de nascimento e morte e cidade de origem –, o autor conta fatos que marcaram a vida do biografado.

a) Conte algumas aventuras vividas pelo escritor que constam do texto.

b) Cervantes recebeu reconhecimento em vida por sua obra? Por que é possível afirmar isso?

c) Por que ele recebeu o apelido de "O maneta de Lepanto"?

A Batalha Naval de Lepanto foi travada na Grécia, em 1571. Lutaram, de um lado, europeus cristãos e, de outro, turcos muçulmanos.

5. O biógrafo poderia ter selecionado outras informações sobre Cervantes em vez das que você mencionou na atividade anterior. Em sua opinião, qual a intenção do biógrafo ao selecionar esse tipo de informação para o texto?

6. Em uma biografia, pretende-se não somente recontar os eventos que compõem a vida de seu biografado, mas também recriar a imagem dele. Depois de ler a biografia de Cervantes, com que imagem você ficou desse escritor?

7. Observe estas locuções adverbiais empregadas no texto.

em 1547	em Alcalá de Henares
ao retornar à Espanha	em Argel
12 anos depois de ter partido	na prisão

a) As locuções da coluna da esquerda indicam tempo. E as da coluna da direita, o que exprimem?

b) Identifique no texto e anote no caderno outras locuções adverbiais que indiquem tempo.

c) Por que as locuções adverbiais que indicam tempo e lugar, como as mostradas no quadro, são importantes em uma biografia?

8. Qual a finalidade principal de um texto biográfico? Anote no caderno a resposta que considerar mais adequada.

a) Influenciar o leitor.

b) Defender um ponto de vista sobre determinado assunto.

c) Divulgar conhecimentos a respeito de um assunto histórico.

d) Divulgar informações a respeito da vida de alguém.

e) Orientar ações e comportamentos.

f) Narrar uma história fictícia.

9. Que diferenças podemos estabelecer entre os gêneros memória e biografia em relação a:

a) intenção ou finalidade?
b) foco narrativo?
c) organização dos fatos?
d) pontuação?

PARA LEMBRAR

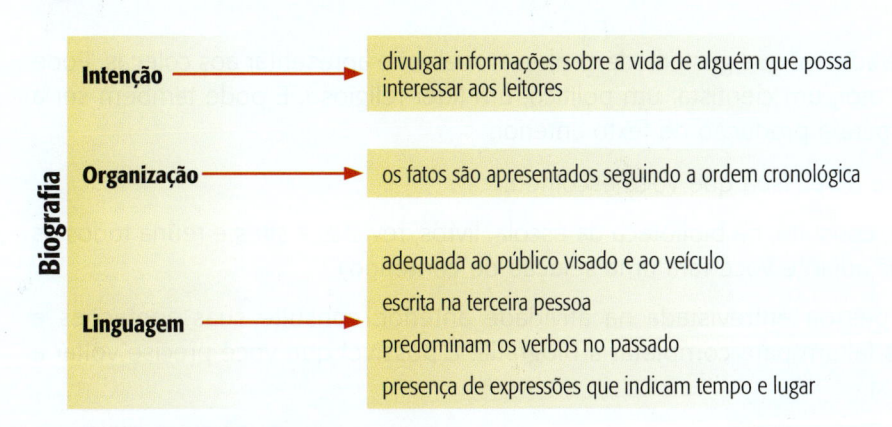

Biografia
- **Intenção** → divulgar informações sobre a vida de alguém que possa interessar aos leitores
- **Organização** → os fatos são apresentados seguindo a ordem cronológica
- **Linguagem** →
  - adequada ao público visado e ao veículo
  - escrita na terceira pessoa
  - predominam os verbos no passado
  - presença de expressões que indicam tempo e lugar

PRODUÇÃO ESCRITA

PRODUÇÃO PARA O PROJETO

BIOGRAFIA

Propomos a você que escreva uma pequena biografia para ser lida pelos colegas e, eventualmente, aproveitada no projeto do final do ano. Para se inspirar, observe a capa de algumas biografias e converse com seus colegas.

- Vocês conhecem todas essas pessoas?
- O que elas têm em comum?

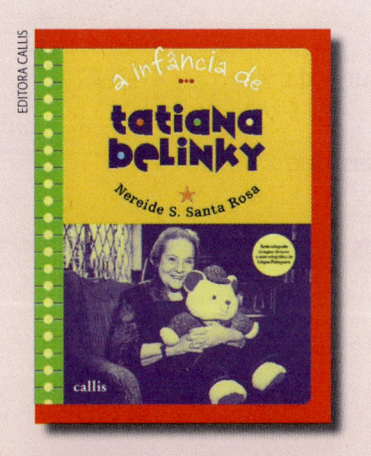

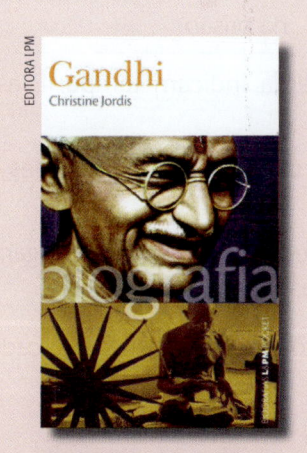

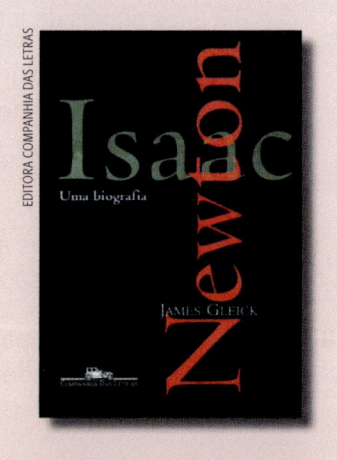

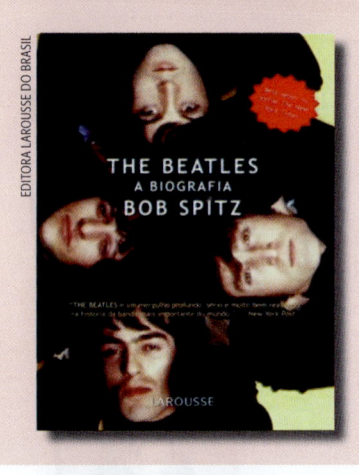

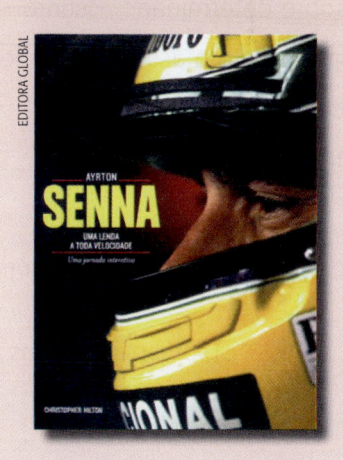

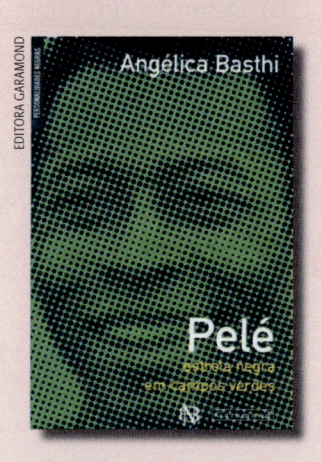

Antes de começar

1. Escolha uma pessoa que você admira, que gostaria de conhecer melhor e apresentar aos colegas. Pode ser um atleta, um cantor, um ator, um cientista, um político, um líder religioso. E pode também ser a pessoa que você entrevistou para a produção de texto anterior.

2. A forma de pesquisar depende da pessoa que você escolheu.

    a) Se for uma pessoa pública, consulte, na biblioteca da escola, livros, revistas e *sites* e reúna todos os dados que conseguir (mais adiante você fará uma seleção do conteúdo).

    b) Se seu biografado for a pessoa entrevistada na atividade anterior, consulte suas anotações e verifique que informações faltam para completar a biografia. É possível que você precise voltar a conversar com essa pessoa.

Planejando a produção

1. Terminada a pesquisa, releia suas anotações.
   - Você conseguiu informações sobre todas as fases da vida do biografado?
   - Anotou com atenção datas, nomes de pessoas e de lugares? (Lembre-se de que, em seu texto, o tempo e os lugares serão indicados por locuções adverbiais.)

2. Faça uma lista de adjetivos que caracterizem o biografado, que você poderá usar no texto.

3. Para transformar as informações de que dispõe em um texto biográfico, você precisa:
   a) primeiro, selecionar o que vale a pena dizer e deixar de lado os dados desinteressantes ou repetidos;
   b) em seguida, fazer uma breve apresentação do biografado ao leitor, pois é possível que ele não o conheça. Veja que, na biografia de Cervantes, já na segunda frase se esclarece o leitor: Cervantes é o autor do famoso romance *Dom Quixote*;
   c) depois organizar os fatos, apresentando-os ao leitor na ordem em que aconteceram e agrupando os conteúdos em parágrafos.

4. Para definir a linguagem do texto, pense em seus leitores, que serão seus colegas de classe e, talvez, também estudantes de outras turmas. Como se trata de um público jovem, você pode empregar algumas expressões mais informais, desde que não comprometam a compreensão do texto. Prefira usar palavras que possam ser entendidas por todos. Atente para o foco narrativo, em terceira pessoa.

5. Redija a biografia.

Avaliação e reescrita

1. Quando o texto estiver pronto, mostre-o a um colega para que ele observe os itens a seguir.
   - O texto foi escrito na terceira pessoa e organizado em parágrafos?
   - Cada parágrafo trata de um aspecto da vida do biografado?
   - Os fatos foram apresentados na ordem cronológica?
   - Nos trechos que relatam acontecimentos passados, predominam verbos no passado?
   - Os advérbios e locuções adverbiais ajudam o leitor a compreender quando e onde se passam os acontecimentos?

2. Reescreva seu texto, levando em conta as observações do colega que você achar pertinentes. Entregue-o ao professor.

3. Guarde uma cópia da biografia para o projeto do final do ano: o programa de rádio.

Tempos do modo indicativo

Presente

Iniciamos o estudo dos tempos do indicativo pelos pretéritos. Vamos ver agora os usos do presente e do futuro.

Leia este poema para responder às cinco primeiras questões.

Razão de ser

Escrevo. E pronto.
Escrevo porque preciso,
Preciso porque estou tonto.
Ninguém tem nada com isso.
Escrevo porque amanhece,
E as estrelas lá no céu
Lembram letras no papel,
Quando o poema me anoitece.
A aranha tece teias.
O peixe beija e morde o que vê.
Eu escrevo apenas.
Tem que ter por quê?

LEMINSKI, Paulo. Distraídos venceremos. In: GOES, Fred e MARTINS, Álvaro (Orgs). *Melhores poemas de Paulo Leminski*. São Paulo: Global, 1996.

1. No poema, o eu poético explica por que escreve. Segundo ele, quais seriam as razões?

2. Todos os verbos do poema estão conjugados no mesmo tempo. Anote no caderno as afirmações que respondem à seguinte pergunta: O que esse tempo indica no contexto do poema?
   a) Que o eu poético fala de fatos que aconteciam habitualmente no passado.
   b) Que o eu poético fala de fatos que se repetem habitualmente.
   c) Que o eu poético faz afirmações que, para ele, valem sempre, não apenas em um momento ou outro.

3. Nas frases a seguir, o verbo está no presente do indicativo. Anote-as no caderno e relacione-as com a ideia de tempo que cada uma delas exprime.

   a) Chove lá fora.
   b) Escrevo minhas memórias sempre pela manhã.
   c) O tempo muda a gente.

   Trata-se da declaração de algo que se julga uma verdade.

   A ação é habitual, repete-se sempre.

   A ação ocorre no momento em que se fala.

4. Agora leia a frase.

> Não **existe** nada tão democrático quanto o tempo. Ele **age** sobre todas as coisas de maneira igual.
>
> Bartolomeu Campos de Queirós. Disponível em: <http://www.museudapessoa.net/mdl/memoriasDaLiteratura/entrevista.cfm?autor_id=63>. Acesso em: 23 maio 2015.

a) Em que tempo estão os verbos destacados?

b) O que esse tempo expressa, no contexto dessa frase?

Veja o que podemos concluir sobre o uso do presente do indicativo. Leia o quadro.

Tempo	O que indica	Exemplo de uso
Presente	Ação que acontece no momento da fala	Vocês se **sentem** bem agora? (o fato expresso pelo verbo se dá no momento em que se fala)
	Ação habitual, que perdura no presente; estado permanente	Sempre **caminho** pelas ruas do bairro. (ação habitual) **Sou** feliz desde que vim para cá. (estado que perdura no presente)
	Fato que se considera verdadeiro, universal ou atemporal	O ser humano **é** um ser social. (fato que se julga verdadeiro ou atemporal)

Futuro do presente e futuro do pretérito

1. Leia a piada.

Promessas políticas

Depois de uma calorosa recepção feita pelos moradores de uma pequena cidade, o político subiu no palanque e começou um discurso inflamado:

— Construirei casas, darei empregos, pavimentarei ruas, construirei uma ponte...

Nisso um de seus assessores cochichou no seu ouvido:

— Mas, doutor, nessa cidade não tem rio!

E ele continuou o discurso, sem se abalar:

— Eu sei que aqui não tem rio mas, antes de fazer a ponte, eu farei o rio também!

Disponível em: <http://www.orapois.com.br/humor/piadas/piadas-de-politicos/promessas-politicas_id16821_p0_mc0.html>. Acesso em: 23 maio 2015.

a) Em sua fala, o candidato enumera obras que está realizando para a população?

b) Em que tempo estão os verbos nessa fala?

c) O candidato parece pretender cumprir suas promessas? Justifique.

> Para indicar fatos futuros em relação ao presente, utilizamos o **futuro do presente** do indicativo. Exemplo:
> "**Construirei** casas, **darei** empregos, **pavimentarei** ruas, **construirei** uma ponte."
> ↓
> futuro do presente

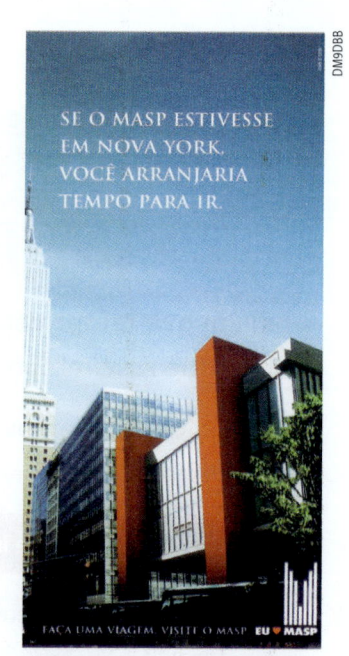

2. Observe a imagem ao lado e leia o texto principal da propaganda.
    a) Você conhece o Masp? Sabe que tipo de instituição é e onde fica?
    b) Qual o objetivo dessa propaganda?

Uma das formas verbais no texto principal da propaganda indica um fato futuro que depende de uma condição. Observe.

Fato futuro	Condição para que o fato ocorra
Você arranjaria tempo	Se o Masp estivesse em Nova York

Trata-se da forma verbal **arranjaria**, que está no **futuro do pretérito**.

Cartaz publicitário do Museu de São Paulo Assis Chateaubriand, MASP.

3. Leia a tira.

GONSALES, Fernando. Disponível em: <http://www2.uol.com.br/niquel/tiras_mes/2014/04/04.gif>. Acesso em: 18 dez. 2014.

a) Em "Vão sair do casulo" o verbo **ir** está no presente do indicativo. **Vão sair** indica tempo presente ou tempo futuro no contexto da tira?
b) A linguagem empregada pelas personagens representa um diálogo formal ou informal?
c) Compare.

discurso político → "**Construirei** casas, **darei** empregos [...]"

diálogo na tirinha → "As borboletas **vão sair** do casulo [...]"

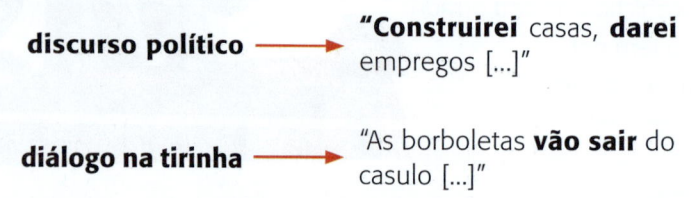

- O que você observa em relação ao uso da forma verbal no futuro do presente no discurso do político e na fala no 1º quadrinho?
- Qual dessas duas formas verbais é mais utilizada em nosso dia a dia para exprimir uma ação futura?
- Qual forma do futuro do presente você acredita que seja mais usada no dia a dia no Brasil: a do discurso ou a da tira?

1. Leia a tira.

ITURRUSGARAI, Adão. Disponível em: <http://adao.blog.uol.com.br/arch2008-09-01_2008-09-30.html>. Acesso em: 2 set. 2008.

a) Você se surpreendeu com a explicação que a personagem dá para o fato de gostar de caminhos difíceis e esburacados?

b) Quando leu o primeiro quadrinho, que razão você imaginou que o homem daria para não gostar de estradas fáceis?

c) Localize os verbos que aparecem nos dois primeiros quadrinhos da tira, anote-os no caderno e diga em que tempo estão.

d) Qual é a ideia expressa por esse tempo verbal, no contexto desses quadrinhos?

2. Leia o cartaz.

a) Este cartaz fez parte de uma campanha contra a dengue que certamente incluía muitas informações e recomendações. Qual o objetivo específico desse cartaz?

b) Em que tempo e em que pessoa está conjugada a maioria das formas verbais empregadas no cartaz?

c) Anote no caderno exemplos que comprovem sua resposta.

d) Geralmente, os textos de propaganda utilizam verbos no modo imperativo. Nesse cartaz, não se empregou o modo imperativo para dar as recomendações ao leitor. Em sua opinião, por que foi usado o tempo e a pessoa que você identificou no item b? Anote no caderno as respostas que julgar mais adequadas.

   I. Foi um erro dos autores que escreveram o cartaz.

   II. O tempo e a pessoa verbal empregados criam a impressão de que já há pessoas seguindo as recomendações e que servirão de exemplo para todos.

III. O tempo e a pessoa verbal escolhidos levam o leitor a imaginar que, para algumas pessoas, as ações de prevenção da dengue já são habituais.

IV. O tempo e o modo dos verbos não fazem diferença para a conscientização dos leitores: o importante são as informações.

3. Leia o título do filme no cartaz ao lado.

a) Observe o cartaz do filme. Pela postura das personagens, pela idade delas, pelo figurino, pelas cores, podemos deduzir se o filme é para crianças ou adultos?

b) Em que tempo foi conjugado o verbo **fazer** que aparece no título do filme?

c) Que efeito esse tempo verbal produz no título?

d) Que mudança de sentido haveria no título se fizéssemos as seguintes alterações?

I. O que você **fez**?

II. O que você **faz**?

III. O que você **fará**?

4. Leia as frases.

I. Se você aprovar, **daremos** um jantar.

II. Se você aprovasse, **daríamos** um jantar.

a) Em que tempo foram empregadas as formas verbais destacadas?

b) Qual a diferença de sentido entre as duas frases?

5. Leia.

Jim Davis. Garfield e seus amigos. Porto Alegre: L&PM, 2009.

a) Na sua opinião, Garfield leva a sério a fala do primeiro quadrinho?

b) Nessa tira, aparece uma locução verbal no futuro do presente. Qual é ela?

c) Como ficaria essa fala se usássemos apenas um verbo?

d) Considerando as respostas dos itens **b** e **c**, quais dessas formas verbais estão mais adequadas a histórias em quadrinhos, que, geralmente, empregam a linguagem do cotidiano para aproximação com o leitor? Por quê?

REVISORES DO COTIDIANO

O *Twitter*, que permite a publicação em tempo real de mensagens curtas, de apenas 140 caracteres, tornou-se um fenômeno da internet. Um de seus criadores, Biz Stone, contou, em entrevista a uma revista, o que acha do fato de tantas pessoas exporem de forma excessiva sua intimidade na internet. Leia o que ele disse.

As pessoas estão aprendendo que, quando fazem um *blog* e publicam coisas na rede, não são apenas os amigos que veem e participam de sua vida. Muitas ficam chocadas quando se dão conta de que estão realmente expondo sua vida em um ambiente público. Creio que aos poucos elas **vão aprender** a selecionar o que realmente querem compartilhar com os outros.

Revista *Veja*. São Paulo, Abril, 21 out. 2009.

Biz Stone.

Biz Stone espera que, no futuro, as pessoas consigam selecionar melhor o que publicam na internet. Mas, se ele fala de algo que vai acontecer no futuro, por que na locução **vão aprender** o verbo **ir** está no presente? Será que houve um erro na tradução da entrevista? O tradutor deveria ter escrito **aprenderão** ou **irão aprender** no lugar de **vai aprender**?

Se você trabalhasse nessa revista, faria alguma troca?

FIQUE ATENTO... À SÍLABA TÔNICA

1. Leia a piadinha.

   Na aula de **Matemática**, a **professora** pergunta ao Joãozinho:
   — Joãozinho, eu tenho sete **pêssegos** nesta mão e oito nesta. **Você** sabe o que é que eu tenho?
   — Tem mãos grandes, professora!

   Leia em voz alta as palavras destacadas. Você notou que em cada palavra há uma sílaba mais forte? Por exemplo, em **matemática**, a sílaba pronunciada com mais intensidade é a terceira: **matemática**.

   a) Quais são as sílabas pronunciadas mais fortemente nas outras palavras destacadas?
   b) Procure no dicionário o significado das palavras **tônica** e **átono**. Em seguida, anote no caderno o que você entende por **sílaba tônica** e **sílaba átona**.

   De acordo com a maior ou menor intensidade com que se pronuncia uma sílaba, temos:
   sílaba tônica: pronunciada com maior intensidade;
   sílaba átona: pronunciada com menor intensidade.

2. Vamos ver se isso ficou claro para você. Leia estas palavras.

| matemática | professora | pêssegos | você | grandes |

a) Em qual ou quais dessas palavras a sílaba tônica é a última?
b) Em quais a tônica é a penúltima sílaba?
c) Em quais a tônica é a antepenúltima sílaba?
d) Todas essas palavras apresentam o acento gráfico (´ ou ^) na sílaba tônica? Você saberia dizer por que isso acontece?

> De acordo com a posição da sílaba tônica, as palavras são classificadas como:
> **oxítonas:** a sílaba tônica é a última. Exemplos: ca**fé**, sa**ci**, so**fá**.
> **paroxítonas**: a sílaba tônica é a penúltima. Exemplos: descon**tro**le, **ou**tra, re**vól**ver.
> **proparoxítonas**: a sílaba tônica é a antepenúltima. Exemplos: **lâm**pada, **tô**nica, paralele**pí**pedo.

3. Leia em voz alta e compare as palavras de cada um dos conjuntos a seguir em relação à sílaba tônica.

a) O que estas palavras têm em comum?

| palavra | piada | lápis | álbum | perigo |

b) Das palavras abaixo, qual é a que não pertence ao conjunto? Por quê?

| América | sílaba | máximo | analise | paralelepípedo |

c) O que estas palavras têm em comum?

| você | saci | café | cristal | apagador |

Existem regras para saber quando se coloca acento gráfico na sílaba tônica de uma palavra e quando isso não é necessário. Você vai ver algumas regras ao longo deste volume.

4. Leia a tira.

Laerte. Disponível em: <http://www2.uol.com.br/laerte/tiras/>. Acesso em: 19 jan. 2011.

a) Qual é o menor número com dez dígitos?
b) O que o filho pensa sobre o passado amoroso do pai?
c) Localize a sílaba tônica de cada palavra destacada e anote no caderno se essas palavras são oxítonas, paroxítonas ou proparoxítonas.

ATIVANDO HABILIDADES

1. (Saresp) Leia o fragmento do livro de memórias escrito por Jorge Amado para responder à questão.

Nasce um escritor

O primeiro dever passado pelo novo professor de português foi uma descrição tendo o mar como tema. A classe inspirou-se, toda ela, nos encapelados mares de Camões, aqueles nunca dantes navegados, o episódio do Adamastor foi reescrito pela meninada. Prisioneiro no internato, eu vivia na saudade das praias do Pontal onde conhecera a liberdade e o sonho. O mar de Ilhéus foi o tema de minha descrição.

Padre Cabral levara os deveres para corrigir em sua cela. Na aula seguinte, entre risonho e solene, anunciou a existência de uma vocação autêntica de escritor naquela sala de aula. Pediu que escutassem com atenção o dever que ia ler. Tinha certeza, afirmou, que o autor daquela página seria no futuro um escritor conhecido. Não regateou elogios. Eu acabara de completar onze anos.

Passei a ser uma personalidade, segundo os cânones do colégio, ao lado dos futebolistas, dos campeões de matemática e de religião, dos que obtinham medalhas. [...]

AMADO, Jorge. Nasce um escritor. In: ___. *O menino Grapiúna*. Rio de Janeiro: Record, 1987.

Colagem de fotos de Jorge Amado.

Em qual trecho retirado do texto se observa a presença do narrador-personagem que conta a história?

a) "O primeiro dever passado pelo novo professor de português foi uma descrição tendo o mar como tema."

b) "A classe inspirou-se, toda ela, nos encapelados mares de Camões, aqueles nunca dantes navegados, o episódio do Adamastor foi reescrito pela meninada."

c) "Padre Cabral levara os deveres para corrigir em sua cela. Na aula seguinte, entre risonho e solene, anunciou a existência de uma vocação autêntica de escritor naquela sala de aula."

d) "Passei a ser uma personalidade, segundo os cânones do colégio, ao lado dos futebolistas, dos campeões de matemática e de religião, dos que obtinham medalhas."

2. (Saresp) Leia o texto e responda à questão.

Piadinha de escola

Professora:
– Roberto, conjugue o verbo ir no presente.
– Eu… vou, tu… vais, ele… vai…
– Mais rápido, mais rápido!
– Nós corremos, vós correis, eles correm!

Fonte: ROCHA, Ruth. *Almanaque Ruth Rocha*. Ilustrações Alberto Llinares et al. São Paulo: Ática, 2005, p. 105.

A escritora Ruth Rocha.

O efeito de humor do texto é provocado pelo fato de:

a) Roberto não saber conjugar o verbo **ir**.

b) a professora pedir para Roberto conjugar o verbo **ir**.

c) a professora pedir para Roberto falar mais rápido.

d) Roberto entender de forma equivocada o pedido da professora.

3. (Prova Brasil) Leia o texto e indique a resposta mais adequada em seu caderno.

Realidade com muita fantasia

Nascido em 1937, o gaúcho Moacyr Scliar é um homem versátil: médico e escritor, igualmente atuante nas duas áreas. Dono de uma obra literária extensa, é ainda um biógrafo de mão cheia e colaborador assíduo de diversos jornais brasileiros. Seus livros para jovens e adultos são sucesso de público e de crítica e alguns já foram publicados no exterior.

Muito atento às situações-limite que desagradam à vida humana, Scliar combina em seus textos indícios de uma realidade bastante concreta com cenas absolutamente fantásticas. A convivência entre realismo e fantasia é harmoniosa e dela nascem os desfechos surpreendentes das histórias.

Em sua obra, são frequentes questões de identidade judaica, do cotidiano da medicina e do mundo da mídia, como, por exemplo, acontece no conto "O dia em que matamos James Cagney".

Para Gostar de Ler, volume 27. *Histórias sobre Ética*. Ática, 1999.

A expressão sublinhada em "é ainda um biógrafo de mão cheia" (l. 3) significa que Scliar é:

a) crítico e detalhista.

b) criativo e inconsequente.

c) habilidoso e talentoso.

d) inteligente e ultrapassado.

Encerrando a unidade

Nessa unidade, você analisou como se compõem as memórias literárias; estudou como se transpõe textos orais para a forma escrita e, também, os usos e as funções dos verbos em diferentes gêneros. Com base no que você aprendeu, responda ao que se pede.

1. Nesta unidade, você aprendeu que o autor de memórias literárias narra suas vivências ao sabor de suas lembranças e de um jeito muito pessoal, muito próprio. Isso também ocorre no gênero biografia?

2. Você saberia dizer por que existe maior ocorrência de verbos conjugados no passado e no presente do indicativo em um texto de memórias?

3. Houve alguma dificuldade ao elaborar a entrevista para o varal das lembranças? No momento da escrita, sentiu falta de alguma informação do entrevistado? Como você avaliaria essa produção?

PROJETO DO ANO

Programa de rádio

Gravação de radionovela na Rádio Tupi, em São Paulo, c. 1950.

O projeto do ano proposto é a montagem de um programa de rádio, no final do ano, que representará uma oportunidade de apresentar a pais, colegas e toda a escola textos produzidos por vocês em diferentes momentos. E, o que é melhor, trabalhando em grupo, divertindo-se, divertindo, instruindo e emocionando os ouvintes.

Antes de mais nada, vamos conhecer melhor essa importante ferramenta de comunicação: o rádio. Leia o infográfico abaixo.

Breve história do rádio

1887 
Henrich Rudolph Hertz descobre as ondas eletromagnéticas.

1896
É fundada em Londres a primeira companhia de rádio pelo cientista italiano Guglielmo Marconi. Ele já havia demonstrado o funcionamento de seus aparelhos de emissão e recepção de sinais na própria Inglaterra, quando percebeu a importância comercial da telegrafia. E as inovações continuam... O rádio evolui rapidamente...

1897
Oliver Lodge inventa o circuito elétrico sintonizado, que permite selecionar a frequência desejada. 

1914-1918
Primeira Guerra Mundial (aparelhos de radiotransmissão começam a ser usados com fins militares).

1919 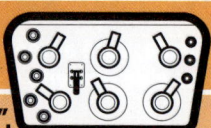
Começa a chamada "Era do rádio". Começam a surgir tentativas de transmissões privadas, não mais voltadas para a guerra. Modelo de rádio: comunicação feita de pessoa para pessoa e um único receptor, como no telefone. Só mais tarde as transmissões começaram a ser feitas para muitos receptores.

O nosso programa de rádio

O programa será produzido e apresentado apenas no final do ano, mas o planejamento precisa começar agora.

1. Primeiramente, com a orientação do professor, a classe vai conversar sobre programas de rádio. Anote no caderno as opiniões mais interessantes que surgirem e a conclusão das discussões.
2. Forme um grupo com quatro ou cinco colegas.
3. Ao trabalhar as unidades deste livro, vocês vão produzir diversos textos. Alguns deles estarão marcados com o símbolo: **PRODUÇÃO PARA O PROJETO**

   Vocês devem guardar esses textos, pois eles poderão ser selecionados para o programa de rádio.
4. Decidam se vocês vão guardar todos os textos do grupo em uma mesma pasta ou se cada um vai ter sua própria pasta.

1922
Primeira transmissão radiofônica oficial brasileira no centenário da Independência do Brasil. O transmissor foi instalado no alto do Corcovado, pela Westinghouse Electric Co.

A chegada da rádio comercial não demorou...

1932
Passam a ser autorizados nas rádios os "reclames" publicitários. A rádio aos poucos vai se popularizando.

1947
Invenção do transistor dá grande impulso ao rádio e o torna mais barato e ágil, atraindo um público cada vez maior. Transmite notícias, radionovelas, programas de humor, serviço de meteorologia, ofertas de emprego, música ao vivo.

Anos 60
Iniciam-se as transmissões por frequência modulada (FM).

Rádio digital
Com sinal de satélite, pode-se ouvir rádio pelo celular ou por qualquer equipamento portátil que sincronize com a internet.

UNIDADE 2

Fazer e acontecer

TROCANDO IDEIAS

1. Observe a cena retratada na imagem. Ao escurecer ao máximo o fundo da foto, qual o efeito criado pelo autor?
2. Onde você acha que ocorre essa cena? Você acha que essa foto foi tirada de improviso ou o garoto posou para o fotógrafo?
3. Você acha que esse é o melhor lugar para o menino fazer o que faz? Por quê?
4. Algum dia você já praticou a brincadeira retratada na imagem? Onde foi? Conte aos colegas e ao professor sua experiência.
5. Soltar pipa é uma brincadeira agradável, mas mesmo para brincadeiras existem regras. Que tipo de regras ou instruções seriam necessárias para soltar pipas?

Nesta unidade você vai:

- conhecer a organização dos gêneros recomendações de segurança e instruções de montagem
- refletir sobre os recursos linguísticos desses gêneros
- refletir sobre a função dos modos subjuntivo e imperativo em gêneros que envolvem recomendação e instrução
- produzir um texto de recomendações para a realização de uma tarefa
- ouvir instruções e executá-las

JIM SKEA

LEITURA 1

ANTES DE LER

1. Você já fez alguma leitura para obter instruções ou para saber como proceder em uma situação? Conte para os colegas.
2. Em que momentos do cotidiano deparamos com recomendações, regras e instruções a serem seguidas?

Empinar pipa é uma forma de lazer muito popular, mas que oferece alguns riscos. O que fazer para que essa prática se torne segura? Conheça algumas recomendações de segurança.

Os dez mandamentos do pipeiro

Elas são bonitas e fazem a alegria da criançada. Mas as pipas exigem espaço para serem empinadas com segurança e alguns cuidados devem ser tomados, principalmente em relação à rede elétrica.

Seguindo os dez mandamentos do bom pipeiro sua alegria estará sempre lá em cima. Afinal, brincadeira de criança tem que ser com segurança.

1. Solte pipas longe da rede elétrica, de preferência em espaços abertos. Além de evitar o risco de acidentes, você terá mais liberdade para mostrar suas habilidades sem perder a pipa. [...]
2. Aprenda a fazer e soltar pipas sem rabiolas. As pipas agarram nos fios quase sempre por causa da rabiola. [...]
3. Outra furada: utilizar papel laminado na pipa. Se ela tocar nos fios da Light vai provocar um curto-circuito que poderá atingi-lo, além de deixar um bairro inteiro sem luz.
4. Linhas metálicas no lugar da linha comum nem pensar, pois elas podem causar choques elétricos.
5. Se a pipa agarrou no fio [...], deixe para lá, é melhor fazer outra. [...] Jamais tente removê-la, muito menos utilizando canos, vergalhões e bambus.
6. Atenção: Como o assunto é eletricidade, aos primeiros sinais de tempestade recolha sua pipa. Ela funciona como para-raios, conduzindo energia.
7. Fique atento para que a linha da pipa não atravesse no caminho de ciclistas e motociclistas. Muitos acidentes acontecem porque as linhas não podem ser vistas, e lembre-se: nunca use cerol. Ele é proibido por lei.
8. Em vez de correr atrás de pipa voada, faça outra. Correr atrás de pipa é correr risco de ser atropelado.
9. [...] Não solte pipas nas lajes das casas. Qualquer distração pode resultar em choques e quedas.
10. Não se esqueça de chamar a Light imediatamente, caso você veja algum fio solto ou partido. O telefone é 0800 210 196. A ligação é gratuita.

Disponível em: <http://www.light.com.br/web/institucional/seguranca/campanhas/pipas/mandamentos/temandamentos.asp?mid=#>.
Acesso em: 6 abr. 2011.

Antes de iniciar o estudo do texto, tente descobrir o sentido das palavras desconhecidas pelo contexto em que elas aparecem. Se for preciso, consulte o dicionário.

EXPLORAÇÃO DO TEXTO

Nas linhas do texto

1. O texto enumera os principais perigos de soltar pipa perto da rede elétrica. Quais são eles?

2. O texto alerta ainda para outros perigos de soltar pipas em lugares não apropriados. Quais são esses locais e que riscos oferecem?

3. A maioria dos dez mandamentos diz respeito à segurança do próprio pipeiro.

   a) Qual deles faz referência à segurança de outras pessoas?

   b) O que é recomendado?

4. Um dos mandamentos é dirigido à população em geral.

   a) Que mandamento é esse?

   b) Que ação se espera das pessoas?

   c) O texto dá as informações necessárias para que a população possa seguir essa recomendação?

Nas entrelinhas do texto

1. Leia o verbete a seguir.

   > **mandar 1.** exigir como autoridade superior que se cumpra (algo); dar ordens; determinar, ordenar, prescrever **2.** fazer ver, mostrar como desejado, aconselhável; recomendar, sugerir.

   a) Qual é a relação entre o título "Os dez mandamentos do pipeiro", o conteúdo do texto e a informação acima?

   b) O verbete dá dois sentidos para a palavra **mandar**. No texto lido, o que se entende por **mandamentos**: exigências feitas por uma autoridade e que devem ser cumpridas ou indicações de comportamentos desejados? Justifique.

63

2. Esse texto foi publicado no *site* de uma empresa distribuidora de energia elétrica.

a) A quem ele é destinado?

b) Quem foi o responsável pela publicação do texto?

c) Em sua opinião, com a escolha do título e a apresentação dos dez mandamentos, o que a empresa Light espera do leitor do texto?

3. Ao apresentar as dez recomendações de segurança, o texto dá a entender que prevenir acidentes envolvendo a rede elétrica é papel da empresa, do pipeiro ou de ambos? Explique.

4. Releia os dois parágrafos iniciais do texto. Eles contêm recomendações? Qual o objetivo deles?

5. O fato de uma empresa distribuidora de energia elétrica divulgar um texto como esse em seu *site* permite deduzir que acidentes com pipa são frequentes ou raros?

Além das linhas do texto

1. Observe a imagem abaixo, utilizada em uma campanha de prevenção de acidentes com pipa.

Campanha Nacional de Segurança com Energia Elétrica da Associação Brasileira de Distribuidores de Energia Elétrica (Abradee).

a) A quais dos mandamentos ela está diretamente associada?

b) Que elemento da imagem deixa claro que se faz uma recomendação de segurança?

c) Em sua opinião, por que algumas pessoas empinam pipa em lugares onde há risco de sofrer e provocar acidentes?

d) De que forma isso poderia ser mudado?

2. O mandamento 7 relembra ao leitor que o uso do cerol é proibido por lei.

a) Você já viu uma linha de pipa preparada com cerol? Se viu, conte aos colegas como é.

b) Em sua opinião, o fato de existir uma lei que proíbe o uso do cerol é suficiente para eliminar os problemas acarretados por esse uso? Por quê?

COMO O TEXTO SE ORGANIZA

1. O texto que estamos analisando é estruturado em dois parágrafos iniciais e dez mandamentos. Em cada mandamento se observa um comando, um trecho que contém a recomendação, ou seja, aquilo que se diz ao leitor que faça. Observe.

> "**1.** Solte pipas longe da rede elétrica, de preferência em espaços abertos. Além de evitar o risco de acidentes, você terá mais liberdade para mostrar suas habilidades sem perder a pipa. [...]"

— comando

Identifique o comando neste mandamento.

> "**2.** Aprenda a fazer e soltar pipas sem rabiolas. As pipas agarram nos fios quase sempre por causa de rabiolas. [...]"

2. A maioria dos mandamentos contém, além da recomendação, uma justificativa, isto é, uma razão para o leitor fazer o que se aconselha. Volte ao texto e anote no caderno um trecho que contenha uma justificativa.

> Em **textos de recomendações**, **de instruções**, **de normas** ou de **regras**, aparecem **comandos**, trechos que exprimem ações a serem seguidas para atingir determinado objetivo.

3. Releia estes trechos e complete no caderno a frase a seguir.

> "**4.** Linhas metálicas no lugar da linha comum nem pensar, pois elas podem causar choques elétricos.
> **5.** Se a pipa agarrou no fio [...], deixe para lá e é melhor fazer outra. [...] Jamais tente removê-la, muito menos utilizando canos, vergalhões e bambus. [...]"

Textos como esse pretendem levar o leitor a:

a) obedecer a eles, pois são prescritos por lei.
b) levá-los em consideração, sem a necessidade de obedecer a eles.
c) levá-los em consideração e obedecer a eles.
d) obedecer a eles, para sua própria segurança.

TATI SPINELLI

4. Em sua opinião, a organização do texto "Os dez mandamentos do pipeiro" em itens curtos e numerados facilita ou dificulta a leitura? Por quê?

Soltar pipa com cerol é tão perigoso que existem campanhas nacionais para acabar com esse costume.

NÃO DEIXE DE LER

- *Mãe da rua*, de Ettore Bottini, editora Cosac Naify

  Nesse livro, o artista gráfico Ettore Bottini, além de apresentar memórias de sua infância, vivida entre os anos 1950 e 1960, ensina a construção, passo a passo, dos "jogos e armas" da época – mesa de botão, pipa, pião, carrinho de rolimã e muitos outros.

5. Os mandamentos estão numerados de 1 a 10.

a) Alterar essa ordem comprometeria o entendimento do texto? Por quê?

b) A receita de um bolo e o manual de instruções de montagem de uma bicicleta, por exemplo, também poderiam ser organizados em itens numerados. No caso desses dois textos, seria possível mudar a ordem dos itens? Explique.

6. O texto "Os dez mandamentos do pipeiro" pertence ao gênero **recomendações de segurança**. Com base no que estudou até aqui, anote no caderno as afirmações que se aplicam a esse gênero.

a) Tem como finalidade principal relatar acidentes que acontecem com os pipeiros e outros cidadãos.

b) Apresenta uma sequência de frases geralmente curtas, indicando procedimentos a serem observados.

c) Apresenta um problema e faz reclamações a respeito dele.

d) Tem como objetivo levar o leitor a agir de determinada forma.

e) Apresenta frases descritivas relacionadas ao espaço e ao tempo em que os fatos acontecem.

Menino com pipa, de Aldemir Martins.

RECURSOS LINGUÍSTICOS

1. Observe os verbos destacados nestes mandamentos do pipeiro.

"**Solte** pipas longe da rede elétrica, de preferência em espaços abertos. **Fique** atento para que a linha da pipa não atravesse no caminho de ciclistas e motociclistas."

a) Eles estão no modo indicativo, no subjuntivo ou no imperativo?

b) A quem o autor se dirige ao empregar essas formas verbais?

2. Releia.

"**Solte** pipas longe da rede elétrica, de preferência em espaços abertos."
↓
verbo no modo imperativo

Agora observe esta outra forma de fazer a mesma recomendação.

Soltar pipas longe da rede elétrica, de preferência em espaços abertos.
↓
verbo no modo infinitivo

Compare o efeito criado pelo imperativo com o produzido pelo infinitivo. Em sua opinião, qual dos modos torna a recomendação mais enfática, ou seja, torna o tom da recomendação mais próximo do tom de uma ordem?

3. Releia e compare.

Com advérbio de negação	Sem advérbio de negação
"Se a pipa agarrou no fio da Light, deixe pra lá. [...] **Jamais** tente removê-la [...]"	"Aprenda a fazer e soltar pipas sem rabiolas."
"[...] **nunca** use cerol."	"[...] aos primeiros sinais de tempestade recolha sua pipa."

As frases com advérbio de negação referem-se aos dois maiores perigos associados às pipas: choque elétrico e ferimento por cerol.

a) Em sua opinião, por que esses advérbios foram empregados justamente nesses comandos?

b) Compare estas duas maneiras de fazer uma recomendação.

"Aprenda a fazer e soltar pipas sem rabiolas."
Nunca faça nem solte pipas com rabiola.

De que forma o comando tem mais força, isto é, fica mais enfático: com ou sem o advérbio de negação? Por quê?

4. Em muitos textos organizados em comandos, são utilizadas expressões que indicam conselho ou advertência, como **é importante**, **é obrigatório** etc. Encontre no texto "Os dez mandamentos do pipeiro" uma expressão com essa função.

NÃO DEIXE DE LER

- *Como fazer pipas, papagaios e pandorgas*, de Arnaldo Belmiro, editora Ediouro

Dos modelos mais simples aos mais complexos, o autor mostra através de textos e figuras como montar diversos modelos de pipas.

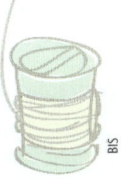

A LÍNGUA NÃO É SEMPRE A MESMA

1. Releia.

> "**3.** Outra furada: usar papel laminado na pipa."

a) Esse mandamento recomenda fazer ou não fazer algo? Como você chegou a essa conclusão?

b) A palavra **furada**, nesse mandamento, foi empregada como gíria. O que ela significa?

2. O quinto mandamento diz o seguinte:

> "Se a pipa agarrou no fio da Light, **deixe para lá, é melhor fazer outra**."

A expressão destacada é própria da linguagem informal. O que ela quer dizer?

3. O uso de gíria e de expressões próprias da linguagem informal é adequado ao público que o texto "Os dez mandamentos do pipeiro" pretende atingir? Justifique.

Meninos soltando pipa (1943), do pintor brasileiro Candido Portinari.

PARA LEMBRAR

Recomendações de segurança

Intenção principal	levar o leitor a agir de forma a evitar acidentes
Leitores	pessoas que, em determinada situação, estarão sujeitas a provocar ou a sofrer algum tipo de acidente
Organização	em comandos, geralmente numerados e acompanhados de uma justificativa
Linguagem	uso de verbos no modo imperativo; mais ou menos formal, de acordo com o público-alvo

DEPOIS DA LEITURA

COMANDOS NA LINGUAGEM NÃO VERBAL

A linguagem não verbal está muito presente em nosso dia a dia. Recomendações, instruções, ordens, proibições, regras de convivência podem nos chegar por meio dela.

1. Observe as imagens.

    a) Traduza em um comando a recomendação ou ordem dada em cada imagem. Use verbos no modo imperativo, com ou sem advérbio de negação.

    b) O que torna possível entender qual é o comando em cada imagem?

    c) O que indica o traço diagonal vermelho em algumas delas?

    d) Quais das imagens indicam proibição e quais são recomendações?

2. Entre as imagens da atividade 1, escolha uma que expresse recomendação e outra que expresse proibição. Em que locais elas poderiam ser afixadas?

3. Em sua opinião, por que em tantas situações se prefere a linguagem não verbal à linguagem verbal?

SOUSA, Mauricio de. Disponível em: <http://www.monica.com.br/comics/tirinhas/tira185.htm>. Acesso em: 30 ago. 2011.

DO TEXTO PARA O COTIDIANO

Regras a serem cumpridas, procedimentos a seguir, instruções a observar, ordens a obedecer... Vivemos às voltas com essas situações em nosso cotidiano, em casa, na escola, na rua, na biblioteca.

Sente-se com um colega. Leia com ele os textos a seguir e conversem sobre as questões. Preparem-se para compartilhar oralmente suas opiniões com os colegas e o professor.

> Viver em sociedade não é nada fácil, muito menos quando precisamos nos portar de forma diferente daquela a que estamos acostumados. É comum que em casa tenhamos atitudes mais descontraídas, despreocupadas com as regras de etiqueta, o que é normal, mas não podemos nos portar da mesma forma em todos os lugares. [...]
>
> [...]
>
> Melhor seria se todos aprendessem a conviver com as regras básicas de etiqueta desde criança, pois, dessa forma, as atitudes se tornariam mais espontâneas, comuns na vida das pessoas, facilitando as formas de se comportar no meio social.
>
> Disponível em: <http://www.brasilescola.com/sociologia/regras-etiqueta.htm>.
> Acesso em: 6 jul. 2010.

> A dificuldade de perceber e respeitar o outro acaba de ser medida por uma pesquisa da Ipsos Brasil em nove capitais brasileiras com estudantes de escolas privadas. O resultado é estarrecedor. Entre os entrevistados, 59% disseram que "fazem o que querem e não se preocupam com os outros".
>
> É um enfrentamento das regras de convivência. [...]
>
> DIMENSTEIN, Gilberto. Disponível em: <http://www1.folha.uol.com.br/folha/dimenstein/gilberto/index.htm>. Acesso em: 6 jul. 2010.

Os dois trechos falam em regras de convivência.

1. Vocês acham que regras são importantes para que as pessoas possam conviver sem problemas? Expliquem sua resposta.

2. Quais regras de convivência vocês conhecem e costumam seguir? Citem duas.

3. De acordo com a pesquisa Ipsos Brasil, 59% dos entrevistados disseram que "fazem o que querem e não se preocupam com os outros". Quais consequências para a convivência em comunidade isso pode acarretar?

4. Cada país ou comunidade possui suas próprias regras de convivência. Você acha que é possível conviver com essas diferenças ou todos deveriam seguir as mesmas regras? Por quê? Comente com seus colegas.

REFLEXÃO SOBRE A LÍNGUA

Modo subjuntivo

1. Leia.

> Seria bom se todos aprendessem as regras básicas de convivência.

a) Todos aprenderem as regras de convivência é algo que vai acontecer com certeza ou algo que se deseja que aconteça?

b) Portanto, a forma verbal **aprendessem** indica certeza ou possibilidade?

2. Leia esta notícia.

Festival de Pipas acontece domingo no Parque 24 de Maio

Neste domingo, acontece em Botucatu [cidade do Estado de São Paulo] o Festival de Pipas e Papagaios de Botucatu. [...] Durante o festival os competidores serão divididos em três categorias: originalidade e beleza (a mais trabalhada, detalhada e bonita); menor tamanho contendo toda a estrutura (papel, cabresto, vareta, linha etc.) e com no máximo 10 cm de comprimento e maior tamanho [...]

Será desclassificada a pipa que não **voar**; o concorrente que "**caçar**" a pipa de outro; quem usar cerol, linha metálica ou outro material cortante; não recolher a pipa no tempo previsto e empinar a pipa fora do horário e local de apresentação de sua categoria.

Disponível em: <http://www.acontecebotucatu.com.br/default.asp?id=noticias&codigo=3794>. Acesso em: 6 maio 2015.

a) Quais foram as categorias estabelecidas para a avaliação das pipas no festival?

b) As formas verbais destacadas no trecho indicam fatos que certamente acontecerão ou que podem vir a acontecer?

c) No caderno, anote a frase cujo conteúdo equivale ao desta:

> As pipas que não voarem, bem como os concorrentes que caçarem a pipa de outros, serão desclassificados.

I. A pipa que não voou e o concorrente que caçou a pipa de outro foram desclassificados.

II. Se a pipa não voar e se o concorrente caçar a pipa de outro, haverá desclassificação.

Ao usar um verbo no **modo subjuntivo**, o falante:
- exprime **incerteza** ou **dúvida**, ainda que haja a possibilidade de a ação ou o estado expressos pelo verbo virem a acontecer.
- exprime o **desejo** de que a ação ou o estado expressos pelo verbo se cumpram.

Tempos do modo subjuntivo

Presente

1. Leia este trecho de um poema.

   O pão de cada dia

   Que o pão encontre na boca
   o abraço da canção
   construída no trabalho.
   Não a fome fatigada
   de um suor que corre em vão.
   Que o pão do dia não chegue
   sabendo a travo de luta
   e a troféu de humilhação.
   [...]

   MELLO, Thiago de. *Faz escuro mas eu canto*. Rio de Janeiro: Bertrand Brasil, 2009.

   a) O que significa a expressão **o pão de cada dia**?
   b) Nos três primeiros versos, o eu poético exprime um desejo. Na sua interpretação, qual é esse desejo?
   c) Para expressar esse desejo do eu poético, o verbo **encontrar** foi empregado no presente do subjuntivo ("que o pão encontre"). Anote no caderno outro verso em que tenha sido empregado esse tempo do subjuntivo.

2. As formas verbais destacadas nestes trechos de notícias também estão no presente do subjuntivo. O que elas expressam em cada trecho: possibilidade ou pedido?

   a) [...] Talvez um dos principais fatores causadores dessa crise **seja** a falta de motivação da classe de professores, em virtude dos baixos salários.

   Diário do Nordeste. Disponível em: <www.jornaisdehoje.com.br/jornais_estados.htm>. Acesso em: 9 fev. 2011.

   b) A senadora e ex-ministra do Meio Ambiente Marina Silva pediu nesta quinta-feira (17) que os dirigentes mundiais não **deixem** a 15ª Conferência das Nações Unidas sobre Mudanças Climáticas (COP-15) sem o compromisso necessário para salvar o planeta.

   Portal Amazônia.com. Disponível em: <http://portalamazonia.globo.com/pscript/noticias/noticias.php?idN=97525>. Acesso em: 9 fev. 2011.

3. Leia o quadro.

Expressões	Verbos
"[...] é provável que	**tenhamos** [...]"
"Talvez	um dos principais fatores [...] **seja** [...]"
"Esperamos que	o público **abrace** [...]"
"[...] pediu que	os dirigentes não **deixem**"

   a) Observe os verbos que aparecem na segunda coluna. Em que tempo e modo verbal todos estão flexionados?
   b) Usando as expressões **é provável que, é necessário que, é preciso que** e a palavra **talvez**, escreva no caderno frases em que se use o mesmo tempo verbal que identificou acima. Por exemplo: *É necessário que* **sejamos** *responsáveis*.

4. Observe a diferença entre um fato (algo cuja existência não se discute) e uma hipótese (algo que pode ou não acontecer).

Ele só **fala** mentiras.
↓
fato > afirmação, declaração, certeza
↓
verbo no presente do indicativo

Desconfio que ele só **fale** mentiras.
↓
hipótese > suposição, dúvida, incerteza
↓
verbo no presente do subjuntivo

Transforme as afirmações a seguir em hipóteses, substituindo o presente do indicativo pelo presente do subjuntivo. Você pode iniciar as frases com uma destas expressões: **desconfio que**, **acredito que**, **suponho que**, **duvido que**, **talvez**.

a) A aula de xadrez começa às 18h.
b) Jovens gostam de música *pop*.
c) Poucas pessoas leem jornal todos os dias.
d) Ela sai da escola às 17h.
e) A escola fecha aos sábados.

5. Observe as imagens.

I.

II.

III.

IV.

a) Para cada imagem escreva no caderno uma recomendação, empregando o presente do subjuntivo. Comece com: *Pedimos que, Solicitamos que, Aconselhamos que, Recomendamos que*.

> O **presente do subjuntivo** pode expressar desejo, possibilidade, pedido, sugestão, recomendação ou ordem. A forma verbal nesse tempo pode ser precedida da palavra **que**. Exemplo:
> Esperamos **que** vocês **venham** para cá nas férias.

Pretérito imperfeito

1. Leia a tira para responder às questões.

WATTERSON, Bill. *Calvin e Haroldo*. Rio de Janeiro: Cedibra, 1987.

a) Qual é o problema de Calvin?

b) Ele pensa em algo que poderia ajudá-lo a resolver esse problema. O que é?

c) Qual é a frase que Calvin usa para expressar o que pensou? Anote-a no caderno.

d) Anote no caderno as formas verbais que se referem a ações de Susie e Haroldo.

As formas verbais **ficasse** e **aparecesse** estão no pretérito imperfeito do subjuntivo. Elas indicam uma hipótese, ou seja, uma possibilidade em que Calvin pensou.

2. Leia.

Seria bom se todos aprendessem as regras básicas de convivência.

Veja como essa frase poderia ser dividida.

<u>**Seria** bom</u> / se todos **aprendessem** as regras básicas de convivência.
ser bom ou não é algo incerto que depende de uma condição (todos aprenderem)

a) A forma verbal **aprendessem** está no pretérito imperfeito do subjuntivo. Em que tempo e modo está a forma verbal destacada na primeira parte da frase?

b) O pretérito imperfeito do subjuntivo aparece nestas outras construções.

O convívio social se tornaria mais pacífico, se **agíssemos** com polidez.

Caso as regras **fossem** respeitadas, os times sairiam ganhando.

Em que tempo e modo estão as formas verbais **tornaria** e **sairiam**?

c) Complete a frase a seguir no caderno, dando sua opinião. Empregue um verbo no pretérito imperfeito do subjuntivo.

O convívio social **seria** mais pacífico, se ■.

d) Qual destas palavras poderia substituir o **se** na frase que você acabou de escrever: mas, enquanto, caso, porque ou portanto?

> O **pretérito imperfeito do subjuntivo** expressa um fato incerto que depende de uma condição ou possibilidade. Muitas vezes, a forma verbal nesse tempo é precedida das palavras **se** ou **caso**. Exemplo:
> **Se** vocês não **dissessem** nada, o problema se agravaria.

Futuro

Facebook: rede social virtual por meio da qual pessoas que se conhecem podem se conectar. No Facebook, é possível trocar mensagens em tempo real, publicar textos, fotos e vídeos.

1. Leia este trecho de uma entrevista com um dos criadores da rede social **Facebook**.

O que tanto atrai o Facebook ao Brasil?

Zuckerberg – O que estamos fazendo é mostrar que todos podem compartilhar informações com amigos e família, não importa onde eles estejam. É nossa missão global. [...] Todos querem estar conectados com seus amigos e família. Se **conseguirmos** construir um produto que torne isso muito fácil, será ele que as pessoas irão adotar.

Revista Galileu. Disponível em: <http://revistagalileu.globo.com/Revista/Common/0, ,EMI111284-17770,00-O+QUE+O+FACEBOOK+ESPERA+DO+BRASIL.html>. Acesso em: 10 fev. 2011.

a) De acordo com o entrevistado, qual é a missão do *Facebook*?

b) Além da forma verbal, destacada, há o uso de uma conjunção que reforça a ideia de possibilidade ou hipótese. Qual é?

2. Leia esta tira do cartunista Quino.

QUINO. *Mafalda* 9. São Paulo: Martins Fontes, 2002.

Idiossincrasia: comportamento peculiar (próprio) de uma pessoa ou de um grupo de pessoas.

a) Releia a pergunta de Miguelito no terceiro balão. Suponha que fossem dadas estas respostas:

  I. Eu o acendo e queimo o dedo.
  II. Se eu o acendesse, queimaria o dedo.

Em qual das duas frases há certeza da consequência de acender o fósforo?

b) Veja esta outra frase: Se eu o **acender**, queimarei meu dedo.
O verbo destacado foi empregado no futuro do subjuntivo. Essa frase indica:

  I. que se prevê a possibilidade de Miguelito queimar o dedo se fizer o que está querendo.
  II. que Miguelito certamente queimará o dedo se fizer o que está querendo.
  III. que se espera certamente que se acenda e que se queime o dedo.

O **futuro do subjuntivo** expressa a possibilidade de algo vir a realizar-se ou uma condição para algo que se realizará no futuro. Muitas vezes, esse tempo verbal é precedido das palavras **quando** ou **se**. Exemplo:

Quando você o vir, dê meu recado.

teia do saber

1. Leia esta pergunta, publicada em uma revista.

E se... o mundo falasse a mesma língua?

Você **poderia** tomar um avião no Brasil, descer no Japão e se entender com todo mundo.

Disponível em: <http://super.abril.com.br/cultura/se-mundo-falasse-mesma-lingua-443082.shtml>.
Acesso em: 14 fev. 2011.

a) O que você acha que aconteceria se o mundo inteiro falasse a mesma língua?

b) De acordo com o texto, qual seria o resultado se a ação expressa pela forma verbal **falasse** acontecesse?

c) Em que tempo e modo estão conjugadas as formas verbais **falasse** e **poderia**?

d) Por que são usadas essas formas verbais nesse tempo e modo?

2. Os trechos a seguir indicam possibilidade de algo vir a acontecer. Anote-os no caderno, trocando o verbo no infinitivo por uma forma verbal que expresse hipótese.

a) E se... nós não (sonhar)?

b) Caso o homem não (ter) a capacidade de sonhar, você não (estar) lendo esta revista, pois provavelmente [nós] ainda (estar) na Pré-História – na melhor das hipóteses.

Disponível em: <http://super.abril.com.br/ciencia/se-nao-sonhassemos-446672.shtml>.
Acesso em: 14 fev. 2011. Adaptado.

c) E se... a Lua não (existir)?

d) Sem a Lua, as mulheres se (livrar) da tensão pré-menstrual e todos nós (viver) dentro da água, como na mítica Atlântida.

Disponível em: <http://super.abril.com.br/tecnologia/se-lua-nao-existisse-441531.shtml>. Acesso em: 14 fev. 2011.

e) E se... (reviver) pessoas congeladas?

f) O que (acontecer) se fosse descoberta uma resposta para isso?

Disponível em: <http://super.abril.com.br/superarquivo/2003/conteudo_270383.shtml>.
Acesso em: 14 fev. 2011.

3. O futuro do subjuntivo é geralmente precedido das palavras **quando** ou **se**.

> **Quando** Miguelito riscar o fósforo, vai queimar o dedo.
> **Se** Miguelito riscar o fósforo, vai queimar o dedo.

Explique a diferença de sentido entre as frases.

4. Leia este poema.

Se o poeta falar num gato

Se o poeta falar num gato, numa flor,
num vento que anda por descampados e desvios
e nunca chegou à cidade...
se falar numa esquina mal e mal iluminada...
numa antiga sacada... num jogo de dominó...
se falar naqueles obedientes soldadinhos de chumbo que morriam de verdade...
se falar na mão decepada no meio de uma escada de caracol...
Se não falar em nada
e disser simplesmente tralalá... Que importa?
Todos os poemas são de amor!

QUINTANA, Mário. *Quintana de bolso.*
Porto Alegre: L&PM, 2010.

a) Segundo o eu poético, sobre o que um poeta pode falar?

b) Para o eu poético, o assunto do poema tem importância? Por quê? Anote o(s) verso(s) que justifique(m) sua resposta.

c) Nos trechos em que se apresentam as várias possibilidades de assunto de um poema, que tempo do subjuntivo foi usado? Anote no caderno os versos em que aparecem formas verbais nesse tempo.

d) Em sua opinião, ao falar dessas possibilidades, o eu poético faz seu poema ou só menciona a possibilidade de fazê-lo? Explique.

e) Que sinal de pontuação foi utilizado para mostrar que há mais possibilidades de assunto, além das mencionadas?

A LÍNGUA NÃO É SEMPRE A MESMA

No uso cotidiano da língua, é comum empregarmos tempos verbais diferentes dos que são recomendados pela norma-padrão. Leia três das perguntas de um teste para pré-adolescentes.

Qual é o seu pique?

1. Se está hospedado numa casa que fica a quatro quarteirões da praia, você:
- ☾ pede a seus pais que o levem de carro, porque o sol está forte.
- ★ não leva muitos brinquedos para a praia, pois é chato carregar muita coisa por um caminho tão longo.
- ▲ vai correndo e leva sua bola para brincar.

2. Se morasse perto da escola, na hora de ir à aula, você:
- ☾ convenceria seus pais a levá-lo de carro, pois chegaria atrasado se tivesse de caminhar.
- ★ iria de bicicleta ou a pé nos dias em que estivesse mais animado.
- ▲ curtiria ir a pé todos os dias.

3. Quando chega da escola, você:
- ☾ dorme e depois vê um pouco de televisão.
- ★ brinca fora de casa um pouco e logo vai jogar *videogame*.
- ▲ pratica esportes e se diverte com a turma.

Resultado

Se marcou mais ☾

Ops! Parece que a preguiça está tomando conta de você. Isso não é nada legal! Todo mundo precisa de movimento para ter uma vida saudável. E você pode se divertir mais se conseguir deixar a TV de lado e curtir atividades mais agitadas com a turma.

Se marcou mais ★

Em alguns momentos, você está no maior pique e curte brincadeiras agitadas e passeios ao ar livre. Mas, em outros, prefere ficar mais quieto, curtir jogos, navegar na internet. [...].

Se marcou mais ▲

Uau, que pique! Você é agitado, gosta de esportes e de brincadeiras ao ar livre. Isso é muito legal! Aproveite esse ânimo e tente convidar outros amigos para participar de brincadeiras com você. [...]

Revista *Recreio*. São Paulo: Abril, 26 fev. 2008.

a) Observe de onde foi tirado esse texto. Quem seriam os leitores dessa publicação?

b) Anote a(s) resposta(s) no caderno. Percebemos o uso de uma linguagem mais informal em:
   I. "[...] você não leva muitos brinquedos para a praia, pois é chato carregar muita coisa por um caminho tão longo."
   II. "Se morasse perto da escola, na hora de ir à aula, você iria de bicicleta ou a pé nos dias em que estivesse mais animado."
   III. "Se morasse perto da escola, na hora de ir à aula, você curtiria ir a pé todos os dias."
   IV. "Quando chega da escola, você pratica esportes e se diverte com a turma."

c) Em sua opinião, por que, nesse texto, optou-se por uma linguagem mais informal?

d) Observe que na questão 2 do teste há a ocorrência de verbos no futuro do pretérito (**chegaria**, **iria**) e no pretérito imperfeito do subjuntivo (**morasse**, **tivesse**). Por que nesse contexto foram usados esses tempos verbais?

e) Responda ao teste, anotando as respostas no caderno. Será que você tem pique?

LEITURA 2

ANTES DE LER

1. Leia o título do texto a seguir. As palavras **sustentável** e **sustentabilidade** têm aparecido muito na mídia (jornais, revistas, etc.). O que você entende por **vida sustentável**?

2. Você sabe o que acontece com as embalagens vazias de refrigerantes, doces, ovos, sucos, leite etc. depois que elas são jogadas no lixo?

3. Em nosso dia a dia tomamos contato com textos dos mais variados gêneros e com as mais diversas finalidades. Você conhece textos cuja finalidade seja orientar a executar algo ou dar instruções de uso? Cite alguns.

Você leu, nesta unidade, "Os dez mandamentos do pipeiro", que traz recomendações para que pipeiros possam brincar sem o risco de acidentes. O que o texto a seguir pode ter em comum com um texto de recomendações de segurança? Vamos descobrir?

Vida sustentável

Saiba como fazer uma horta caseira reutilizando garrafa PET

Postado em 19/1/2011 às 11h50

Com a facilidade das compras em supermercados e feiras livres, deixou-se de cultivar hortaliças e temperos dentro de casa. Para voltar às origens e descobrir o prazer que esse *hobby* pode nos proporcionar, o [site] CicloVivo [...] dá a dica de como se construir uma horta caseira suspensa, reutilizando garrafas PET.

A ideia é reaproveitar materiais que iriam para o lixo para cultivar suas próprias hortaliças. Além disso, a horta caseira é decorativa e deixa um aroma agradável no ambiente. O espaço pode ser pequeno, mas precisa ser ensolarado. Você pode aproveitar pequenos espaços em casa, como quintais ou varandas. É importante escolher as espécies certas para o espaço disponível em sua casa.

JORGE ZAIBA

Material

- tesoura;
- alicate;
- arame;
- garrafa PET;
- isopor;
- manta de drenagem;
- terra preparada;
- hortaliças.

Métodos

Com auxílio da tesoura, faça furos grandes em cada uma das saliências do fundo da garrafa. Em seguida, corte uma janela na lateral do recipiente na parte intermediária. Para preparar o substrato que fica no fundo, vários materiais podem ser utilizados como, por exemplo, argila expandida e pedra britada, mas, como a sugestão é um vaso suspenso, a escolha do material é importante. Neste caso usaremos isopor para ficar mais leve.

Cubra o fundo da garrafa com pedaços de isopor; em seguida corte em círculo a manta de drenagem e coloque sobre o isopor cobrindo-o totalmente. O círculo deve ter o diâmetro um pouco maior que o diâmetro da garrafa.

Em um recipiente separado, prepare a terra. Para esse tipo de plantio, ela deve ser composta por 50% de terra comum e 50% de terra preta. Preencha a garrafa PET até a metade com o preparado. Coloque sua hortaliça e ajeite bem e a seguir, adicione um pouco de terra. Para que o solo fique firme, dê uma leve batidinha sobre a mesa; este movimento fará a terra se assentar. Complete com mais um punhado até ficar um dedo abaixo da altura da "janela". Esse espaço é importante para que a água não transborde quando a hortaliça for regada. Para finalizar, faça um gancho com o arame e amarre-o no gargalo da garrafa.

Disponível em: <http://ciclovivo.com.br/noticia.php/1860/saiba_como_fazer_uma_horta_caseira_reutilizando_garrafa_pet/>. Acesso em: 11 maio 2011.

Vaso com tempero cultivado em um horta caseira feita com PET.

Manta de drenagem é uma espécie de tapete de poliéster ou outro material que, em vasos e floreiras, serve para melhorar o escoamento da água, evitando a asfixia das raízes.

Argila expandida: material em forma de pequenas bolinhas de cerâmica, leves e arredondadas.

Pedra britada: pedra quebrada, manual ou mecanicamente, em pequenos fragmentos de tamanhos variados.

Antes de iniciar o estudo do texto, tente descobrir o sentido das palavras desconhecidas pelo contexto em que elas aparecem. Se for preciso, consulte o dicionário.

EXPLORAÇÃO DO TEXTO

1. Qual a finalidade do texto e quem podem ser seus leitores?

2. Os dois parágrafos iniciais fazem uma introdução às instruções de montagem da horta caseira. Releia-os.
   Qual a importância dessa introdução para o leitor?

3. Após essa introdução, o texto é dividido em duas partes.
   a) Quais são elas?
   b) O que a primeira parte contém?
   c) O que a segunda parte contém?

4. A parte "Métodos" é formada por diversos comandos, ou seja, trechos em que são dadas as instruções.
   Alguns dos comandos são acompanhados por uma justificativa ou uma explicação.
   a) Identifique neste trecho os comandos e as justificativas.

   > "[...] dê uma leve batidinha sobre a mesa; este movimento fará a terra se assentar. Complete com mais um punhado até ficar um dedo abaixo da altura da 'janela'. Esse espaço é importante para que a água não transborde quando a hortaliça for regada."

   b) Volte ao texto e identifique nele pelo menos mais dois comandos.
   c) Em que modo estão os verbos destacados nos trechos abaixo?

   > "[...] **faça** furos grandes em cada uma das saliências do fundo da garrafa[...]"

   > "[...] **corte** uma janela na lateral do recipiente na parte intermediária[...]"

   > "**Cubra** o fundo da garrafa com pedaços de isopor; [...] coloque sobre o isopor [...]"

   > "[...] **prepare** a terra [...]"   "**Preencha** a garrafa PET."

   d) Identifique no texto outros verbos nesse modo.
   e) Qual é a relação entre o predomínio desse modo verbal e o gênero do texto (instruções de montagem)?

5. No texto, há vários advérbios e locuções adverbiais. Veja alguns deles, destacados nos trechos a seguir.

I	"[...] coloque sobre o isopor cobrindo-o **totalmente** [...]"
II	"[...] corte uma janela **na lateral do recipiente** [...]"
III	"**Em um recipiente separado**, prepare a terra."
IV	"Coloque sua hortaliça e ajeite **bem**."

a) Entre os advérbios e locuções adverbiais acima, quais indicam modo e quais indicam lugar?

b) Qual é a função de advérbios e locuções adverbiais de modo e lugar no texto de instruções de montagem da horta?

6. Releia.

I	"[...] faça furos grandes em cada uma das saliências do fundo da garrafa."
II	"Cubra o fundo da garrafa com pedaços de isopor."
III	"Em um recipiente separado, prepare a terra."
IV	"Preencha a garrafa PET até a metade com o preparado."
V	"Coloque sua hortaliça e ajeite bem."
VI	"[...] faça um gancho com o arame e amarre-o no gargalo da garrafa."

a) Nesses trechos, há uma sequência de instruções. Se essa sequência fosse mudada, o leitor ainda conseguiria fazer a horta? Por quê?

b) Volte ao texto e identifique locuções adverbiais que ajudam a marcar a sequência de ações necessária para montar a horta.

7. Releia o texto e responda.

a) Você conhecia todas as palavras e expressões usadas no texto?

b) Que palavras ou expressões empregadas estão relacionadas à horticultura (arte ou técnica de cultivar hortas e jardins)?

c) Se o leitor não tiver nenhum conhecimento sobre horticultura, ele entenderá perfeitamente todas as instruções dadas?

d) Pelo assunto e pela linguagem do texto, você diria que ele foi escrito para crianças, jovens ou adultos?

8. Releia o título e o subtítulo do texto: "Vida sustentável – Saiba como fazer uma horta caseira reutilizando garrafa PET". Por que fazer uma horta caseira é parte de uma vida sustentável?

Garrafas demais

As chamadas garrafas PET são feitas de um plástico resistente e leve, o politereftalato de etileno.

Esse material começou a ser desenvolvido em 1941 e, nos anos 1970, passou a ser utilizado em embalagens; a partir de 1993, o PET firmou-se como o material mais usado nas embalagens de refrigerante.

Apesar de práticas, as garrafas PET representam um problema, por não serem biodegradáveis. Elas permanecem no ambiente durante até 400 anos, poluindo solo, rios e mares. A redução no consumo, a reutilização das garrafas e a reciclagem são possíveis soluções para o problema.

Flores de garrafas PET.

ATIVIDADE DE ESCUTA

Você sabe seguir instruções para ir de um lugar a outro? Seu professor vai reproduzir o mapa dessa página na lousa, de forma simplificada. Você vai copiá-lo no caderno. Depois, o professor lerá em voz alta instruções para chegar a um dos pontos turísticos da cidade de Mariana, MG. No caderno, trace a lápis, sobre o mapa, o percurso descrito. Quando terminarem, o professor traçará, na lousa, setas indicando o caminho sugerido.

CRISTIANO CASSIMIRO/PREFEITURA MUNICIPAL DE MARIANA

Para lembrar

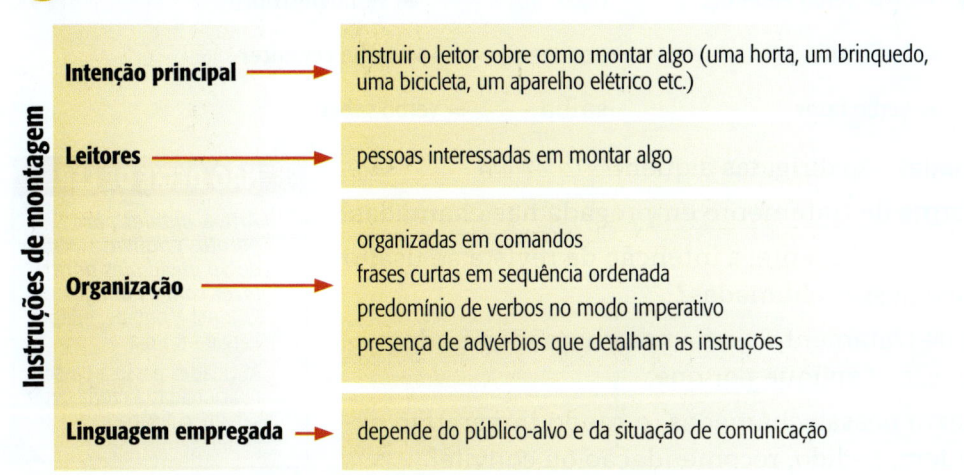

Instruções de montagem

Intenção principal →	instruir o leitor sobre como montar algo (uma horta, um brinquedo, uma bicicleta, um aparelho elétrico etc.)
Leitores →	pessoas interessadas em montar algo
Organização →	organizadas em comandos frases curtas em sequência ordenada predomínio de verbos no modo imperativo presença de advérbios que detalham as instruções
Linguagem empregada →	depende do público-alvo e da situação de comunicação

REFLEXÃO SOBRE A LÍNGUA

Modo imperativo

1. **Chamada** é o resumo de uma notícia, na capa ou no sumário de um caderno de jornal ou revista (impressos ou *on-line*), indicando a localização da respectiva matéria. Leia estas chamadas do sumário de uma revista *on-line*.

A fonte secou

Entenda a crise de água que afeta o Brasil e o mundo

Jogo da memória

Una os heróis e vilões das séries de TV

O segredo de ser você

Faça o teste de personalidade e descubra quem é você

Teste do amor

Conheça seu perfil e saiba qual é seu par ideal

---

a) Qual é a função das chamadas?

b) Nas chamadas acima, há diversas formas verbais no imperativo. Veja.

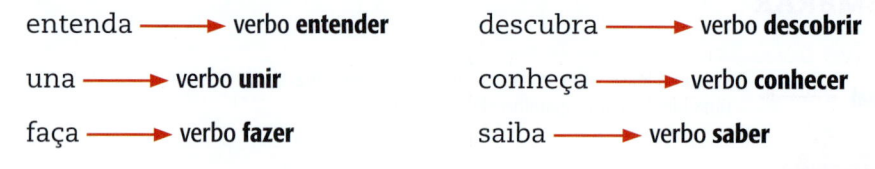

    entenda ⟶ verbo **entender**   descubra ⟶ verbo **descobrir**

    una ⟶ verbo **unir**   conheça ⟶ verbo **conhecer**

    faça ⟶ verbo **fazer**   saiba ⟶ verbo **saber**

Essas chamadas são dirigidas a quem?

c) Qual a forma de tratamento empregada nas chamadas?

d) Qual foi, provavelmente, a intenção da revista ao usar o imperativo nessas chamadas?

e) A forma de tratamento usada nas chamadas é adequada à situação? Explique por quê.

f) No contexto dessas chamadas, o modo imperativo exprime ordem, pedido, recomendação ou convite?

NÃO DEIXE DE LER

- *Arte & manias para garotas criativas – Mais de 50 atividades para fazer com as amigas,* de Colonel Moutade, editora Vergara & Riba

Atividades passo a passo relacionadas a moda, artesanato, culinária e jardinagem.

2. Releia.

"**Faça** o teste de personalidade e **descubra** quem é você."

Essa chamada poderia ser redigida de outra forma:

Queremos que você **faça** o teste de personalidade e que **descubra** quem é você.

a) Os verbos **fazer** e **descobrir** estão conjugados no mesmo modo nas duas frases? Explique.

b) Se a revista usasse a segunda frase em vez da primeira, o efeito, para o leitor, seria o mesmo? Explique.

> O pronome de tratamento você, apesar de referir-se à segunda pessoa (aquela com quem se fala), leva o verbo para a terceira pessoa.

3. Leia a tira.

DAVIS, Jim. *Garfield – O rei da preguiça*. Porto Alegre: L&PM, 2010.

a) Releia o que a "consciência" diz a Garfield: "Tudo bem, vá em frente e não ligue para mim". Ao dizer isso, a "consciência" quer realmente que o gato vá embora e não ligue para ela? Explique.

b) Que formas verbais empregadas na tira estão no imperativo?

c) Observe:

"**Vá** em frente." ⟶ imperativo (afirmativo)

"**Não ligue** para mim." ⟶ imperativo (negativo)

O imperativo pode expressar recomendação, ordem, pedido, convite, proibição. Nesses dois enunciados, o que expressa o imperativo?

d) Releia o que a consciência diz a Garfield.

"Não ligue para mim."

Seria possível Garfield fazer esse pedido a ele mesmo, usando o imperativo negativo na 1ª pessoa? Por quê?

> O **modo imperativo** pode ser **afirmativo** ou **negativo**. Exemplos:
> Se quer ser um bom juiz, **ouça** o que cada um diz.
> **Não deixe** para amanhã o que pode fazer hoje.

4. Leia a quadrinha.

> Menina, **toma** esta uva
> Da uva **faça** seu vinho
> Seus braços serão gaiola
> Eu serei seu passarinho
>
> Tradição popular.

a) A quem se dirige o autor da quadrinha?

b) Agora observe a conjugação, no imperativo afirmativo, dos verbos **tomar** e **fazer**.

toma (tu)	faz (tu)
tome (você)	faça (você)
tomemos (nós)	façamos (nós)
tomai (vós)	fazei (vós)
tomem (vocês)	façam (vocês)

A que pessoa gramatical (tu, você, nós, vocês) correspondem as formas verbais usadas na quadrinha (toma e faça)?

c) Os pronomes possessivos **seu** e **seus** referem-se à terceira pessoa. Como ficaria a quadrinha se os verbos no imperativo estivessem na mesma pessoa dos pronomes possessivos?

A LÍNGUA NÃO É SEMPRE A MESMA

De acordo com a norma-padrão, ao empregar o imperativo, temos de buscar a uniformidade: se decidimos usar a segunda pessoa para nos dirigir a nosso interlocutor, devemos mantê-la em todo o texto; se optamos pela terceira pessoa, continuamos com ela. Leia mais esta quadrinha.

> Cravo branco na janela
> É sinal de casamento
> Menina tira seu cravo
> Inda não chegou seu tempo.
>
> Tradição popular.

• Na quadrinha, o eu poético dirige-se a uma menina: "Menina, tira seu cravo".

a) Em que pessoa gramatical (2ª ou 3ª pessoa) estão o verbo e o pronome empregados no imperativo?

b) Se fosse empregada uma linguagem mais formal, de acordo com a norma-padrão nesse verso, para uniformizar verbo e pronome, como ele ficaria?

c) O sentido do verso seria alterado? Explique.

d) No português do Brasil, principalmente na linguagem informal, é comum no mesmo enunciado aparecerem a segunda e a terceira pessoas do imperativo. Em sua opinião, nessas quadrinhas é importante manter a norma-padrão?

1. Leia a tira.

> AAA
>
> FUJAM!!
>
> CÃO RAIVOSO!
>
> NÃO SE PODE MAIS ESCOVAR OS DENTES SOSSEGADO!

GONSALES, Fernando. Disponível em: <http://www2.uol.com.br/niquel/seletas_mundocao.shtml>. Acesso em: 16 fev. 2011.

a) Qual o significado de **raivoso** nesse contexto?

b) Por que a personagem emprega o imperativo "Fujam!!!" no primeiro quadrinho?

c) A recomendação e o medo das personagens são justificados? Por quê?

d) Em que modo está o verbo usado no primeiro quadrinho?

e) Como você chegou a essa conclusão?

2. Leia este poema e as informações do quadro ao lado.

A rosa de Hiroshima

Pensem nas crianças
Mudas telepáticas
Pensem nas meninas
Cegas inexatas
Pensem nas mulheres
Rotas alteradas
Pensem nas feridas
Como rosas cálidas
Mas oh não se esqueçam

Da rosa da rosa
Da rosa de Hiroshima
A rosa hereditária
A rosa radioativa
Estúpida e inválida
A rosa com cirrose
A antirrosa atômica
Sem cor sem perfume
Sem rosa sem nada.

MORAES, Vinicius de. *Nova antologia poética*.
São Paulo: Companhia das Letras, 2005.

A primeira bomba atômica

Em 1945, no final da Segunda Guerra Mundial, a cidade japonesa de Hiroshima foi destruída por uma bomba atômica lançada pelos Estados Unidos. A bomba causou cerca de 100 mil mortes e deixou 35 mil feridos. A radioatividade contaminou os sobreviventes, provocando morte e doenças até a terceira geração.

A nuvem em forma de cogumelo deixada pela explosão da bomba atômica estadunidense.

a) Com que adjetivos e locuções adjetivas é caracterizada a rosa de Hiroshima?

b) Sabendo da tragédia vivida pelos japoneses em 1945, responda: a que o eu poético se refere quando fala da rosa de Hiroshima?

c) Releia.

> **Pensem** nas crianças
> Mudas telepáticas [...]
> Mas oh **não se esqueçam**
> Da rosa da rosa
> Da rosa de Hiroshima [...]

As formas verbais **Pensem** e **não se esqueçam** estão no imperativo. Com que intenção o eu poético as empregou nesse modo?

d) Anote no caderno os versos iniciados pela forma verbal **pensem**. Para você, que efeito a repetição dessa forma cria no leitor?

3. Leia esta piada.

> A família toda reunida janta, e, depois de pagar a conta, o pai fala para o garçom:
> — Embrulhe essa carne que sobrou que vamos levar para o cachorro.
> — Oba! – gritam em coro as crianças. – Papai vai comprar um cachorro pra gente!
>
> TADEU, Paulo. *Proibido para maiores*: as melhores piadas para crianças. São Paulo: Matrix, 2007.

a) Na fala do pai, foi empregado o imperativo. Essa frase expressa ordem ou pedido?

b) Por que a fala do pai no imperativo dá origem à reação das crianças?

c) O que produz o humor da piada?

4. O desperdício de alimentos no Brasil é preocupante. Leia esta informação:

> Uma família de classe média desperdiça cerca de meio quilo de comida por dia.
>
> Disponível em: < https://plus.google.com/115640029153217888002/posts/Y2Zrm93emof>. Acesso em: 7 maio 2015.

a) Você sabe se na sua casa há desperdício de comida? Procure se inteirar sobre como os adultos de sua casa procedem com relação ao aproveitamento dos alimentos.

b) Que conselhos você daria às pessoas para que o desperdício de comida diminuísse? Escreva no caderno duas frases com esses conselhos: em uma delas, use o imperativo afirmativo, em outra, o imperativo negativo.

REVISORES DO COTIDIANO

Leia a letra deste *jingle*, produzido para a Caixa Econômica Federal. Ele se tornou muito conhecido, mas sofreu algumas críticas por empregar o verbo **vir** em desacordo com a norma-padrão.

> *Jingles* são mensagens publicitárias em forma de música, veiculadas em comerciais de rádio ou televisão e em campanhas políticas.

Vem pra Caixa e tudo bem
Vem pra Caixa você também
Vem!

1. Por que o verbo está em desacordo com a norma-padrão?

2. A propaganda em que esse *jingle* era tocado tinha um público-alvo bem amplo: pessoas adultas de diversas idades, níveis de escolaridade e regiões do Brasil. Qual a relação entre esse público e o emprego do verbo dessa forma, e não de acordo com a norma-padrão?

3. Se você fosse o autor desse *jingle*, empregaria o verbo como está (**vem**) ou mudaria a forma verbal? Por quê?

FIQUE ATENTO... À ACENTUAÇÃO DOS MONOSSÍLABOS TÔNICOS

1. Releia em voz alta este provérbio e observe como você pronuncia os monossílabos destacados, lembrando que monossílabo é a palavra formada por uma única sílaba.

> "Quando **a** cabeça não pensa, **o** corpo padece."

a) De que maneira você pronunciou, por exemplo, o trecho "quando a cabeça"? E o trecho "não pensa, o corpo padece"?

b) Levante uma hipótese: por que a leitura acontece dessa forma?

c) E o monossílabo **não**, como você o pronunciou? A pronúncia dele foi apoiada em uma das palavras vizinhas (**cabeça** ou **pensa**)?

d) Por que a pronúncia do **não** acontece dessa forma?

e) Com base no que observou, o que você pode concluir sobre a pronúncia dos monossílabos?

> Os **monossílabos átonos** são pronunciados sem intensidade, ou seja, não têm acento tônico próprio, e se unem, na fala, à palavra que vem antes ou depois deles. Exemplos: **o**, **me**, **lhe**, **e**, **nem**, **mas** etc.
>
> Os **monossílabos tônicos** são pronunciados com intensidade e, na fala, não se unem às palavras vizinhas. Exemplos: **só**, **pé**, **pá**, **tu** etc.

2. Leia estes ditos populares.

Tome **lá**, me **dê cá**.
Dá a **teu** filho **bom** nome e **bom** ofício.
Faça o **bem** sem olhar a **quem**.
Papagaio **só** larga do **pé** estando seguro pelo bico.
Casa onde **não** entra **sol** entra o médico.

a) No caderno, faça uma tabela separando os monossílabos tônicos destacados em dois grupos: os que levam e os que não levam acento gráfico.

b) Compare as colunas e observe a vogal com que termina cada monossílabo. O que você nota em relação à terminação dos monossílabos acentuados?

c) Que regra de acentuação é possível deduzir dessas observações?

d) Você conhece outros monossílabos tônicos acentuados terminados com essas vogais? Anote-os no caderno.

3. Passe para o plural estes monossílabos tônicos acentuados.

| só | pá | pé | má | nó |

a) O acento gráfico permanece quando esses monossílabos recebem a terminação **-s** do plural?

b) Existem monossílabos tônicos acentuados que, mesmo não estando no plural, terminam em vogal seguida de **-s**. Descubra dois deles lendo as frases abaixo. Escreva-os no caderno.
  I. Vem depois do dois.
  II. Indica cada divisão do ano.

c) Escreva no caderno outros monossílabos tônicos acentuados que terminam em **-s** estando no singular.

4. Leia com atenção este provérbio.

"O silêncio **e** de ouro **e** muitas vezes **e** resposta."

a) Você conseguiu entendê-lo? Por quê?
b) Há algum ou mais de um monossílabo que deve receber acento gráfico? Por quê?
c) No caderno, anote estes ditos populares, acentuando adequadamente os monossílabos tônicos que aparecem.
  I. **Tres e** a conta que Deus **fez**.
  II. O macaco ve o rabo da cutia e **não ve** o **seu**.
  III. Contra a força não **ha** resistência.
  IV. Antes **so** do que **mal** acompanhado.

As definições a seguir correspondem a monossílabos tônicos acentuados. No caderno, desenhe um esquema como este a seguir, com os números. Descubra quais são os monossílabos e complete o diagrama no caderno.

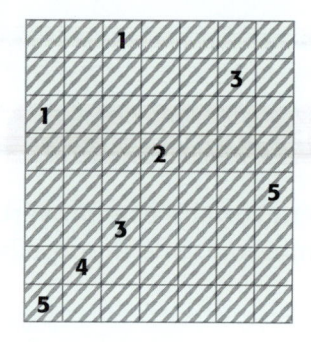

Horizontais
1. Quem não está acompanhado está...
2. O mesmo que pena.
3. Existe.
4. Malvada.
5. Combustível utilizado em fogões domésticos.

Verticais
1. Amarra um fio no outro.
2. Bebida preparada com a infusão de folhas (plural).
3. O mesmo que poeira.
5. Passado do verbo pôr, na 3ª pessoa do singular.

PRODUÇÃO ESCRITA

PRODUÇÃO PARA O PROJETO

Texto de instruções de pesquisa

Em dupla com um colega, você vai produzir um **texto de instruções** sobre como fazer algo que sempre se solicita aos estudantes: pesquisas.

Depois, com a orientação do professor, a classe vai selecionar as instruções mais importantes e organizá-las em cartazes para serem afixados na sala de aula e lidos toda vez que um professor, de qualquer disciplina, pedir uma pesquisa a vocês. Guardem também uma cópia para nosso programa de rádio.

Antes de começar

Sente-se com um colega. Leiam o texto e respondam às questões.

Você sabe pesquisar?

[...] Planeje a realização de sua pesquisa de acordo com o tempo que você tem para trabalhar.

[...] Leia e releia sobre o assunto e procure o que você precisa, com concentração. A seguir, escreva tudo com suas palavras. Não caia na tentação de simplesmente copiar o que leu. E, atenção: as informações que constarem no seu trabalho devem ser fruto de um fato verificável, isto é, não vale expressar opiniões pessoais, ou seja, o que você acha, e, sim, informações baseadas no material que você pesquisou.

Trabalho quase pronto, nunca se esqueça de citar suas fontes, isto é, quem criou as ideias, imagens e informações que você usou, pois elas não são suas. Forneça, no seu trabalho, o nome do autor; o título da publicação (livros, enciclopédias ou endereços eletrônicos consultados por você); a cidade onde a obra foi publicada; a editora; a data de publicação. De olho na data de entrega, com o material organizado e as informações sob controle, você percebe que está aprendendo muita coisa interessante.

Revista *Ciência Hoje das Crianças*.
Rio de Janeiro, SBPC, dez. 2007.

1. Segundo o texto, quais são as fontes não escritas que podem ser consultadas quando se faz uma pesquisa?

2. O que não se pode deixar de fazer quando um trabalho de pesquisa está praticamente pronto?

3. Quando fazem uma pesquisa, vocês seguem as recomendações dadas no texto? Quais delas vocês consideram as mais importantes para conseguir um bom resultado?

Planejando o texto

O texto de vocês deverá ter as instruções numeradas e organizadas de modo a oferecer ao leitor um passo a passo da pesquisa. As frases devem ser curtas, pois cartazes, em geral, destinam-se a uma leitura rápida.

Ainda com seu colega, siga estas etapas.

1. Releiam o texto "Você sabe pesquisar?".

2. Localizem e selecionem, ao longo dos parágrafos, os comandos mais importantes e anotem-nos no caderno, em forma de lista numerada. Não transcrevam as justificativas e explicações que acompanham os comandos.

3. Empreguem os verbos no imperativo ou no infinitivo.

4. Decidam se seria interessante acrescentar à lista mais alguma instrução de como fazer pesquisas. Por exemplo, há algo que você e seu colega sempre fazem, ao pesquisar, e que torna a busca de informações mais eficiente?

5. Quando a relação de instruções estiver pronta, cuidem da linguagem. Para isso, tenham em mente o leitor do cartaz: você e seus colegas de turma.

    - Adaptem a linguagem do texto: vocês podem dar uma nova redação às instruções, para que fiquem mais simples de se compreender.

    - Vocês podem resumir duas ou mais instruções do texto "Você sabe pesquisar?" em uma única frase. E também podem desdobrar uma frase em duas, se isso tornar a instrução mais clara.

Avaliação e reescrita

1. Finalizado o texto, façam uma avaliação conjunta, verificando os seguintes itens.

    - As instruções estão claras para o leitor?

    - Para dizer aos leitores o que fazer, usou-se o modo imperativo ou infinitivo?

    - As ações estão na ordem que os leitores devem seguir para fazer uma boa pesquisa?

    - A linguagem está adequada à idade e ao nível de conhecimento dos leitores?

2. Reescrevam o que for necessário e passem a limpo o texto, dando um título a ele.

3. Ajudem o professor a montar, na lousa, um único texto de instruções sobre como fazer uma boa pesquisa e, depois, a escrever essas instruções em uma ou duas folhas de cartolina para afixar na classe.

ATIVANDO HABILIDADES

(Saresp) Leia o texto para responder à questão.

Uso racional da água

Gastar mais de 120 litros de água por dia é jogar dinheiro fora e desperdiçar nossos recursos naturais. Veja algumas dicas de como economizar água – e dinheiro – sem prejudicar a saúde e a limpeza da casa e das pessoas.

Na cozinha

Ao lavar a louça, primeiro <u>limpe</u> os restos de comida dos pratos e panelas com esponja e sabão e, só aí, abra a torneira para molhá-los. <u>Ensaboe</u> tudo que tem que ser lavado e, então, <u>abra</u> a torneira novamente para novo enxágue. Só ligue a máquina de lavar louça quando ela estiver cheia.

Lavar louça num apartamento, com a torneira meio aberta em 15 minutos, são utilizados 243 litros de água. Com economia, o consumo pode chegar a 20 litros. Uma lavadora de louças com capacidade para 44 utensílios e 40 talheres gasta 40 litros. O ideal é utilizá-la somente quando estiver cheia.

Na higienização de frutas e verduras, utilize cloro ou água sanitária de uso geral (uma colher de sopa para um litro de água, por 15 minutos). Depois, coloque duas colheres de sopa de vinagre em um litro de água e deixe por mais 10 minutos, economizando o máximo de água possível.

Fonte: Sabesp. Uso racional da água. Disponível em: <www.sabesp.com.br/CalandraWeb/CalandraRedirect/?temp=2&temp2=3&proj=sabesp&pub=T&nome=Uso_Racional_Agua_enerico&db=&docid=DAE20C6250A162698325711B00508A40>. Acesso em: 31 jul. 2008.

Considerando o uso do imperativo afirmativo dos verbos sublinhados, pode-se afirmar que o texto estabelece uma comunicação:

a) direta com o leitor, que pode ser identificado pelo pronome de tratamento senhores.

b) indireta com o leitor, que pode ser identificado por qualquer pronome de tratamento.

c) indireta com o leitor, que só pode ser identificado pelo pronome de tratamento ele.

d) direta com o leitor, que pode ser identificado pelo pronome de tratamento você.

Encerrando a unidade

Nesta unidade, você trabalhou com os gêneros "recomendações de segurança" e "instruções de montagem", refletiu sobre os seus recursos linguísticos, inclusive sobre a função dos modos subjuntivo e imperativo na produção desses gêneros. A partir do que você aprendeu, responda:

1. Você analisou um texto de recomendações de segurança e um de instruções de montagem. Conseguiria identificar outros textos pertencentes a esses gêneros? É capaz de dizer quais as principais características desses gêneros?

2. Você compreendeu em que contextos se empregam os modos subjuntivo e imperativo? Conseguiria empregar esses tempos verbais em qualquer pessoa e número, de acordo com a norma-padrão?

3. Que avaliação você faz de sua produção escrita (texto de instruções)?

Objetos que contam histórias

Há muitas formas de saber como era a vida das pessoas em outros tempos e lugares, quais eram os costumes e diversões. Podemos, por exemplo, ler relatos biográficos, ler diários de determinada época, ouvir relatos orais de pessoas mais velhas, ler documentos, enfim, temos uma vasta fonte de informação histórica à nossa disposição em documentos orais e escritos.

Mas não são somente as fontes orais e escritas que nos revelam dados sobre o passado. Os objetos, por exemplo, também podem revelar histórias e, por meio deles, podemos recuperar e preservar a memória, pois frequentemente guardam lembranças, experiências e marcas de identidade pessoal.

Quando olhamos com atenção para uma coleção de objetos, podemos conhecer um pouco da história de uma pessoa, de uma comunidade, de um lugar, de um determinado período e modo de vida. Isso também acontece quando visitamos museus, espaços que preservam o patrimônio cultural de um povo.

Museu do Brinquedo, em Istambul, na Turquia.

Museu de Artes e Ofícios, em Paris, França.

1. Você coleciona algum tipo de objeto? Qual? Por que motivo esse objeto foi escolhido por você? Conte para seus colegas como sua coleção começou. Caso não tenha nenhuma coleção, diga quais objetos antigos sua família guarda como lembrança e qual é o valor desse objeto para seus familiares.

Assim como existem objetos que possuem história em sua família, há também os que são significativos para toda uma comunidade, merecendo, por isso, ser preservados. Os museus preservam o patrimônio cultural e o modo de vida dos povos e servem como meios de compreensão da atualidade e do futuro.

Os objetos e manifestações culturais que produzimos no presente vão servir para que, no futuro, as pessoas possam entender como era a vida no século XXI.

2. Que tipo de museu você conhece? Quais objetos fazem parte dos acervos desses espaços?

3. Observe os objetos a seguir. Eles fazem parte de diferentes museus.

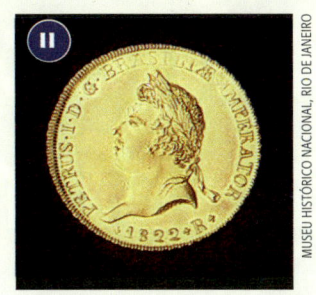

Telefone de 1890.

Moeda feita para a coroação de D. Pedro I, em 1822.

Carro antigo da marca Ford.

a) A que tipo de museu poderia pertencer cada um desses objetos?

b) Que outros objetos poderiam fazer parte do acervo desses museus?

4. Qual objeto, que representa o modo de vida dos jovens do século XXI, você escolheria para ser guardado em um museu? Justifique a sua escolha.

Visita ao museu com um clique

Com os avanços da tecnologia, os museus ampliaram suas fronteiras físicas e se tornaram também virtuais. Os museus ganharam mais interatividade e mais popularidade, pois, com apenas um clique, e sem sair de casa, as pessoas têm acesso a acervos do mundo inteiro, explicações, visitas guiadas etc.

Tecnologia estimula acesso aos museus

Espaços de ciência apostam na internet e nas novidades tecnológicas para estreitar sua relação com o público

O principal objetivo dos museus é a comunicação com o público. Para isso, esses espaços têm apostado na tecnologia como aliada, seja para uma maior interação do público com acervos, seja para extrapolar fronteiras, permitindo visitas virtuais.

De acordo com o professor do Instituto de Física da Universidade de Campinas (Unicamp) Marcelo Knobel, a tecnologia é uma eficaz ferramenta de auxílio à compreensão de conceitos científicos.

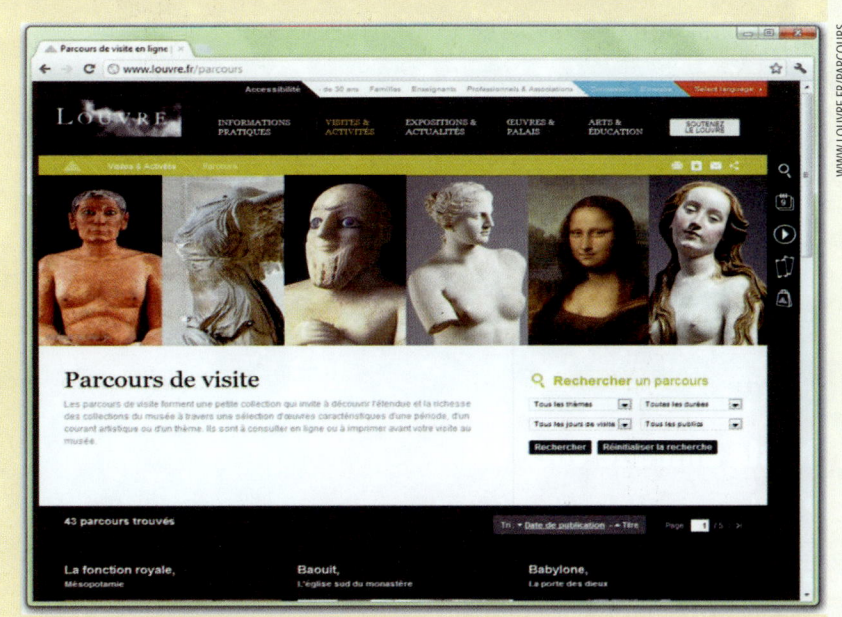

Página do *site* do Museu do Louvre, Paris, França. Nos museus virtuais, as pessoas podem percorrer os acervos fazendo a busca por tema ou por obras.

Disponível em: <www.coletiva.org/site/index.php?option=com_k2&view=item&id=55:tecnologia-estimula-acesso-aosmuseus&tmpl= component&print=1>. Acesso em: 20 fev. 2015.

5. Você acredita que em um futuro próximo o acesso aos museus físicos será substituído pelos virtuais? Explique.

6. Organize com seus colegas de classe uma exposição de objetos de coleção ou que se refiram a uma história familiar. Em dia combinado com seu professor, cada estudante apresenta um objeto e justifica a escolha.

UNIDADE

3

O começo foi assim...

Nesta unidade você vai

- conhecer as características dos mitos e lendas, gêneros da tradição oral
- refletir sobre a organização desses gêneros e sobre os recursos linguísticos neles presentes
- desenvolver a habilidade de escuta atenta
- planejar e realizar uma exposição oral
- refletir sobre organização e estrutura de frases
- analisar o sentido das relações estabelecidas na frase no emprego de preposições

TROCANDO IDEIAS

1. Para você, o que é retratado nesta imagem?

2. Se alguém lhe dissesse que "quando olhamos para o céu vemos o passado", o que você lhe responderia?

3. O ser humano sempre se voltou para o céu em busca de respostas para perguntas que sempre intrigaram a humanidade.

    a) Para você, quais são as grandes perguntas que a humanidade, ao longo de séculos, já se colocou?

    b) Você acha que as respostas encontradas são sempre as mesmas?

4. Em sua opinião, como sem grandes telescópios e sem uma tecnologia avançada os primeiros seres humanos explicavam a origem do homem, do universo e das coisas que o rodeavam?

LEITURA 1

ANTES DE LER

1. Você conhece alguma lenda? Qual?
2. Se tivesse de explicar a alguém o que é uma lenda, o que você diria?
3. Você conhece alguma história que fale sobre a origem do ser humano, dos animais, das plantas, das cidades, do nome de algum lugar? Se conhecer, conte-a aos colegas.

O texto a seguir é uma lenda dos indígenas bororos, que vivem no leste do Mato Grosso. Quem escreveu esta versão foi Clarice Lispector, uma das mais importantes escritoras brasileiras. Leia a lenda e conheça um pouco da visão de mundo do indígena brasileiro e de seu modo de viver.

Como nasceram as estrelas

Pois é, todo mundo pensa que sempre houve no mundo estrelas pisca-pisca. Mas é erro. Antes os índios olhavam de noite para o céu escuro — e bem escuro estava esse céu. Um negror. Vou contar a história singela do nascimento das estrelas.

Era uma vez, no mês de janeiro, muitos índios. E ativos: caçavam, pescavam, guerreavam. Mas nas tabas não faziam coisa alguma: deitavam-se nas redes e dormiam roncando. E a comida? Só as mulheres cuidavam do preparo dela para terem todos o que comer.

Uma vez elas notaram que faltava milho no cesto para moer. Que fizeram as valentes mulheres? O seguinte: sem medo enfurnaram-se nas matas, sob um gostoso sol amarelo. As árvores rebrilhavam verdes e embaixo delas havia sombra e água fresca.

Quando saíam de debaixo das copas encontravam o calor, bebiam no reino das águas dos riachos buliçosos. Mas sempre procurando milho porque a fome era daquelas que as faziam comer folhas de árvores. Mas só encontravam espigazinhas murchas e sem graça.

— Vamos voltar e trazer conosco uns curumins. (Assim chamavam os índios as crianças.) Curumim dá sorte.

E deu mesmo. Os garotos pareciam adivinhar as coisas: foram retinho em frente e numa clareira da floresta – eis um milharal viçoso crescendo alto. As índias maravilhadas disseram: toca a colher tanta espiga. Mas os garotinhos também colheram muitas e fugiram das mães voltando à taba e pedindo à avó que lhes fizesse um bolo de milho. A avó assim fez e os curumins se encheram de bolo que logo se acabou. Só então tiveram medo das mães que reclamariam por eles comerem tanto. Podiam esconder numa caverna a avó e o papagaio porque os dois contariam tudo. Mas – e se as mães dessem falta da avó e do papagaio tagarela? Aí então chamaram os colibris para que amarrassem um cipó no topo do céu. Quando as índias voltaram ficaram assustadas vendo os filhos subindo pelo ar. Resolveram, essas mães nervosas, subir atrás dos meninos e cortar o cipó embaixo deles.

Aconteceu uma coisa que só acontece quando a gente acredita: as mães caíram no chão, transformando-se em onças. Quanto aos curumins, como já não podiam voltar para a terra, ficaram no céu até hoje, transformados em gordas estrelas brilhantes.

Mas, quanto a mim, tenho a lhes dizer que as estrelas são mais do que curumins. Estrelas são os olhos de Deus vigiando para que corra tudo bem. Para sempre. E, como se sabe, "sempre" não acaba nunca.

LISPECTOR, Clarice. *Doze lendas brasileiras*. Rio de Janeiro: Rocco, 2000.

EXPLORAÇÃO DO TEXTO

Antes de iniciar o estudo do texto, tente descobrir o sentido das palavras desconhecidas pelo contexto em que elas aparecem. Se for preciso, consulte o dicionário.

Nas linhas do texto

1. Que personagens aparecem nessa lenda?

2. O que levou as mulheres a se embrenharem no mato?

3. Por que as mulheres chamaram os curumins?

4. Releia.

> "Mas os garotinhos também colheram muitas e fugiram das mães voltando à taba e pedindo à avó que lhes fizesse um bolo de milho. A avó assim fez e os curumins se encheram de bolo que logo se acabou. Só então tiveram medo das mães que reclamariam por eles comerem tanto."

a) Por que os curumins ficaram com medo das mães?

b) Que ideia tiveram para fugir delas?

c) O que as mães fizeram quando viram os filhos subindo pelo ar?

5. Além da origem das estrelas, o texto explica também a origem de qual outro elemento da natureza? Explique.

Nas entrelinhas do texto

1. Releia este trecho.

> "Aconteceu uma coisa que **só acontece quando a gente acredita**: as mães caíram no chão, transformando-se em onças."

a) O trecho destacado revela o que o narrador pensa sobre aquilo que vai contar em seguida. Para ele, as mães se transformarem em onças ao cair no chão é algo fantasioso ou que poderia acontecer na vida real?

b) Todos os fatos narrados antes de as mães se transformarem em onças poderiam acontecer na vida real? Explique.

2. O que pode ser considerado real nesta lenda por revelar o modo de vida e a cultura desse povo indígena?

3. Na lenda, o que a atitude dos curumins tem a ver com a origem das estrelas?

4. Ao ser transformados em estrelas, os curumins foram castigados ou premiados? Explique.

5. As lendas contêm **ensinamentos morais**, uma vez que certos comportamentos das personagens são punidos e outros, recompensados. Na sua opinião, que ensinamento essa lenda transmite?

6. Releia o final da lenda.

"Mas, quanto a mim, tenho a lhes dizer que as estrelas são mais do que curumins. Estrelas são os olhos de Deus vigiando para que corra tudo bem. Para sempre. E, como se sabe, 'sempre' não acaba nunca."

a) Quem é que, nesse trecho, afirma que as estrelas são mais do que curumins, são "os olhos de Deus vigiando para que tudo corra bem"?

b) Você diria que o narrador concorda com a explicação dos bororos para o surgimento das estrelas? Explique.

Menino bororo de aldeia no Mato Grosso.

Além das linhas do texto

Releia este trecho da lenda.

"Era uma vez, no mês de janeiro, muitos índios. E ativos: caçavam, pescavam, guerreavam. Mas nas tabas não faziam coisa alguma: deitavam-se nas redes e dormiam roncando. E a comida? Só as mulheres cuidavam do preparo dela para terem todos o que comer."

Leia agora estas informações sobre a divisão de tarefas entre homens e mulheres indígenas.

É bastante comum, entre os povos indígenas, uma divisão das tarefas entre homem e mulher. Isso significa que existem atividades que são feitas somente pelas mulheres e outras, somente pelos homens.
[...] as atividades feitas por cada um dos gêneros (feminino ou masculino) se completam, pois juntas garantem a qualidade de vida de toda a comunidade.
Você já imaginou o que seria da refeição de uma família sem o trabalho realizado pelos homens que saíram para caçar ou pescar? E como esta seria sem o trabalho das mulheres que prepararam toda a comida?
[...]

Disponível em: <http://pibmirim.socioambiental.org/como-vivem/quem-faz-o-que>.
Acesso em: 24 maio 2011.

1. De acordo com esses textos, a divisão de atividades entre homens e mulheres contribui para a qualidade de vida nas tabas.

a) Em sua cidade ou na comunidade onde você vive, existe divisão de tarefas entre homens e mulheres? E em sua casa?

b) Como é organizada a divisão de tarefas em sua casa?

2. Em sua opinião, há tarefas que só devem ser realizadas por homens e outras que só podem ser realizadas por mulheres? Explique.

Clarice

Clarice Lispector (1920-1977) nasceu na Ucrânia, mas veio para o Brasil ainda criança, com a família. Morou em Maceió, em Recife e no Rio de Janeiro. Formada em Direito, escreveu contos e romances, sendo considerada uma das mais importantes escritoras brasileiras. Leia o que ela diz de si mesma: "[...] Quando criança, e depois adolescente, fui precoce em muitas coisas. Em sentir um ambiente, por exemplo, em apreender a atmosfera íntima de uma pessoa. Por outro lado, longe de precoce, estava em incrível atraso em relação a outras coisas importantes. Continuo, aliás, atrasada em muitos terrenos. Nada posso fazer: parece que há em mim um lado infantil que não cresce jamais".

COMO O TEXTO SE ORGANIZA

1. Assim como os contos, as histórias em quadrinhos e as fábulas, as lendas são narrativas e têm a seguinte estrutura.

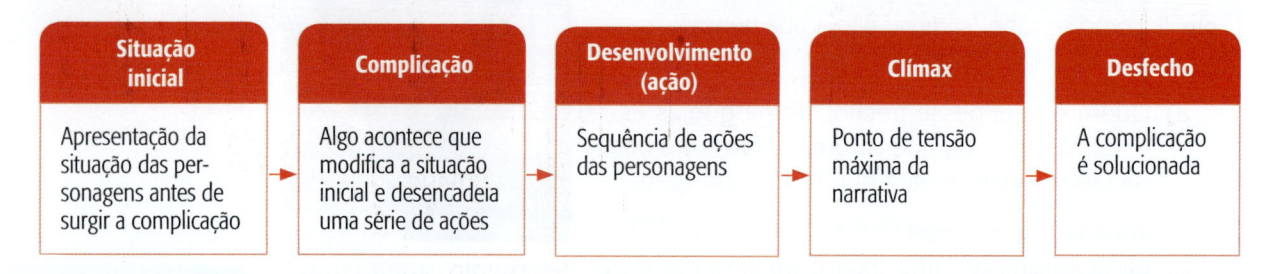

Situação inicial	Complicação	Desenvolvimento (ação)	Clímax	Desfecho
Apresentação da situação das personagens antes de surgir a complicação	Algo acontece que modifica a situação inicial e desencadeia uma série de ações	Sequência de ações das personagens	Ponto de tensão máxima da narrativa	A complicação é solucionada

Identifique esses momentos na narrativa lida, relacionando as duas colunas no caderno.

a. Situação inicial

b. Complicação

c. Ações

d. Clímax

e. Desfecho

1. As índias chamam os curumins para que as ajudem a encontrar milho. Eles encontram um milharal viçoso, pegam muitas espigas, pedem à avó que lhes faça um bolo e comem-no todo. Aí, ficam com medo das mães.

2. Os curumins começam a subir por uma corda amarrada no topo do céu; as mães vão atrás deles.

3. As índias resolvem buscar milho para moer.

4. As mães viram onças e os curumins, estrelas.

5. À noite, o céu era completamente escuro. Os índios caçavam, pescavam, guerreavam; as mulheres cuidavam do preparo da comida.

Mulheres do grupo Aiha, etnia Kalapalo, descascando mandioca. Parque do Xingu, MT.

2. Uma narrativa desenvolve-se por meio de fatos ou ações que dão origem a outros fatos ou ações. Observe.

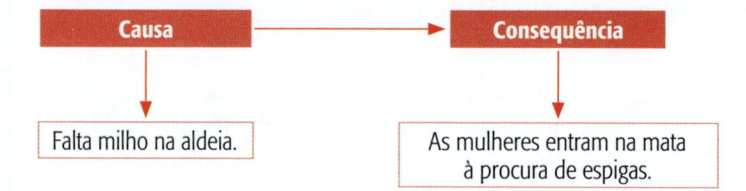

Causa	→	Consequência
Falta milho na aldeia.		As mulheres entram na mata à procura de espigas.

Anote no caderno as consequências de cada fato mencionado a seguir.

a) As mulheres indígenas acham que os curumins dão sorte.

b) Os curumins encontram muitas espigas.

c) Os curumins voltam para a taba e pedem à avó que faça um bolo com as espigas.

d) Os curumins sentem medo das mães.

e) As mães sobem atrás dos filhos e cortam o cipó.

3. Quais das características a seguir estão presentes na lenda que lemos nesta unidade? Anote as frases que considerar adequadas para montar em seu caderno uma caracterização desse gênero textual.

a) Nas lendas, aparecem ensinamentos morais quando os comportamentos considerados impróprios ao convívio são punidos.

b) Nesse gênero textual, há uma explicação mágica para a origem de fenômenos da natureza, de animais ou plantas, de fatos acontecidos com pessoas ou povos.

c) As lendas fazem parte da tradição oral e vêm sendo contadas ao longo do tempo, de geração a geração.

d) Apresentam um final maravilhoso ou um acontecimento sobrenatural, extraordinário.

e) O narrador, na lenda, participa dos fatos e os transmite para outras gerações.

f) Misturam fatos reais e acontecimentos produzidos pela imaginação do povo que as criou.

g) Assim como as fábulas, contêm sempre um ensinamento explícito, expresso na moral que finaliza o texto.

h) Apresentam seres que se transformam, isto é, que, no final da narrativa, não são mais os mesmos.

4. Releia os dois primeiros parágrafos da lenda e responda.

a) Quando se passam os acontecimentos narrados?

b) O leitor tem informações exatas e detalhadas da época em que aconteceu essa história?

> As lendas se passam em um **tempo antigo**, não especificado.
> Elas têm existência no passado e nas tradições de um povo e foram contadas e recontadas, sofrendo várias modificações através dos tempos. Por isso, dizemos que essas histórias têm **autoria desconhecida**.

5. Uma característica das lendas é que nelas pode acontecer algum fato sobrenatural e as personagens podem sofrer transformações. Em "Como nasceram as estrelas", os elementos mágicos aparecem em qual parte: situação inicial, complicação, desenvolvimento, clímax ou desfecho?

> As lendas apresentam uma **explicação mágica** para a origem de um fenômeno da natureza, um animal, uma planta, um povo, uma cidade etc.

NÃO DEIXE DE LER

- *Literatura oral para a infância e a juventude,* Henriqueta Lisboa, editora Peirópolis

Contos populares, lendas, fábulas e mitos brasileiros recolhidos pela poeta mineira modernista Henriqueta Lisboa.

NÃO DEIXE DE OUVIR

- *Doze lendas brasileiras,* de Clarice Lispector, editora Luz da Cidade

Esse audiolivro traz lendas contadas por Clarice Lispector na interpretação de doze atrizes brasileiras, entre elas, Camila Pitanga e Luana Piovani.

RECURSOS LINGUÍSTICOS

1. Releia.

   > "Antes os índios olhavam de noite para o céu escuro – e bem **escuro** estava esse **céu**."

   a) Que efeito a repetição das palavras céu e escuro produz?

   b) Além disso, que efeito a palavra **bem** (um advérbio) acrescenta à frase?

2. Releia o trecho a seguir e observe o narrador e o foco narrativo desse texto. Depois, responda às questões.

   > "Os garotos **pareciam** adivinhar as coisas: **foram** retinho em frente [...]. As índias maravilhadas **disseram**: toca a colher tanta espiga. Mas os garotinhos também **colheram** muitas e **fugiram** das mães voltando à taba e pedindo à avó que lhes **fizesse** um bolo de milho. A avó assim **fez** e os curumins se **encheram** de bolo que logo se **acabou**."

   a) O narrador da lenda conta o que observa ou participa dos acontecimentos narrados como uma das personagens?

   b) Em que pessoa estão conjugados os verbos destacados?

   c) Anote no caderno outras formas verbais do texto conjugadas nessa pessoa.

   d) De qual forma a pessoa em que os verbos estão conjugados relaciona-se com o tipo de narrador do trecho? Explique.

3. Releia o terceiro parágrafo, depois faça o que se pede.

   a) Nesse parágrafo, há um trecho que narra as ações das mulheres e, ao mesmo tempo, descreve o lugar onde se passa a história. Anote-o no caderno.

   b) Qual a importância dessa descrição para o leitor?

   c) Anote as palavras usadas nesse trecho para caracterizar os elementos do cenário.

   d) Essas palavras são substantivos ou adjetivos? Por que são importantes em uma caracterização?

4. Nas lendas, há palavras e expressões que marcam o tempo e o espaço onde acontece a história: são os advérbios e locuções adverbiais.

   a) Identifique na lenda advérbios e locuções adverbiais de tempo. Anote-os no caderno.

   b) Faça o mesmo para os advérbios e locuções adverbiais de lugar.

Língua e identidade dos povos indígenas

Entre as sociedades indígenas que vivem no Brasil, existe uma enorme diversidade de línguas, costumes, rituais. E, na época da chegada dos portugueses, essa variedade era ainda maior: havia por volta de mil línguas e dialetos indígenas no país – atualmente, são cerca de 180.

As escolas voltadas para as populações indígenas excluíram por muito tempo as línguas nativas, pois se acreditava que os indígenas deveriam aprender o português.

Dominar a língua portuguesa é importante para que os indígenas possam defender seus direitos, mostrar sua cultura e se fazer conhecer, mas sem perder sua identidade. Por isso, hoje em dia existem várias iniciativas dos próprios indígenas, do governo e de ONGs, para manter vivas a cultura e as línguas nativas.

Crianças indígenas em aula de guarani. Aldeia guarani Tenonde Porã, etnia Guarani Mbyá. São Paulo, 2011.

5. Você viu no livro do 6º ano o que é uma metáfora. Leia para recordar.

> **Metáforas** são comparações abreviadas em que termos comparativos (**tal qual, como, que nem, assim como**) não aparecem, mas estão subentendidos.
> Por exemplo, em "Essa menina é uma onça", temos uma metáfora: diz-se que a menina é uma onça porque ela é brava, e as onças também são bravas.

a) Qual é a metáfora empregada no trecho a seguir?

> "Estrelas são os olhos de Deus vigiando para que corra tudo bem. Para sempre. E, como se sabe, 'sempre' não acaba nunca."

b) Quais são os dois elementos comparados nessa metáfora? O que eles têm em comum?

Para lembrar

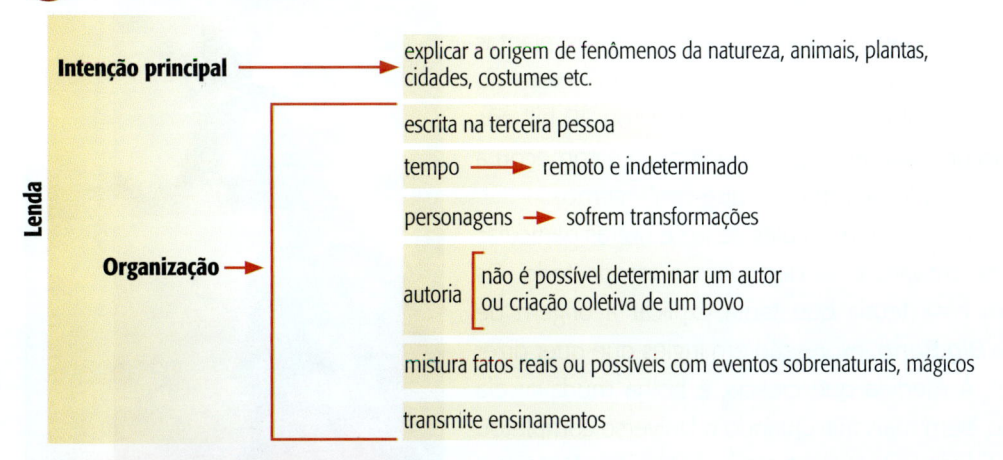

Lenda

- **Intenção principal** → explicar a origem de fenômenos da natureza, animais, plantas, cidades, costumes etc.
- **Organização**:
  - escrita na terceira pessoa
  - tempo → remoto e indeterminado
  - personagens → sofrem transformações
  - autoria: não é possível determinar um autor ou criação coletiva de um povo
  - mistura fatos reais ou possíveis com eventos sobrenaturais, mágicos
  - transmite ensinamentos

ORALIDADE

Releia o início da lenda.

> "Pois é, todo mundo pensa que sempre houve no mundo estrelas pisca-pisca. Mas é erro. Antes os índios olhavam de noite para o céu escuro — e bem escuro estava esse céu. Um negror. Vou contar a história singela do nascimento das estrelas. Era uma vez, no mês de janeiro, muitos índios. [...]"

TATI SPINELLI

> Em sua origem, as lendas eram histórias **contadas oralmente**. Por isso, quando são registradas por escrito, elas têm linguagem próxima da linguagem falada informal.

1. No primeiro parágrafo, o narrador apresenta a história que vai contar aos leitores como se estivesse conversando com eles. Que expressões, nesse parágrafo, são mais comuns nas conversas informais que na linguagem escrita?

2. Observe a expressão destacada nesta frase: "**Pois é**, todo mundo pensa que sempre houve no mundo estrelas pisca-pisca". Quando usamos a expressão "pois é"?

3. Que expressão o narrador usa para iniciar a lenda propriamente dita? Ela em geral aparece em textos orais ou escritos?

4. Essa expressão remete a um mundo real ou irreal? Com que intenção os narradores a utilizam?

DEPOIS DA LEITURA

MITO E CIÊNCIA

A lenda dos bororos apresenta uma explicação mágica para o surgimento das estrelas. Você conhece a explicação que a ciência dá para a origem dos astros? Leia o texto a seguir.

Big Bang: como tudo começou

*Conheça a teoria do **Big Bang**, que explica a origem dos planetas, do Sol e das estrelas!*

Você já deve ter olhado para o céu e perguntado: de onde vieram os planetas, o Sol, as estrelas? Ou olhado para a Terra e perguntado de onde vieram as rochas, os animais, as plantas e os seres humanos. Para os cientistas, tudo o que existe no Universo veio de uma bolha que, há cerca de 10 ou 20 bilhões de anos, surgiu em um tipo de "sopa" quentíssima e começou a crescer, dando origem a toda a matéria que conhecemos.

Essa bolha era formada de partículas de luz e outras partículas minúsculas, que se criavam e se destruíam o tempo todo. Os cientistas chamam essa teoria que tenta explicar a origem de todas as coisas de *Big Bang*, expressão em inglês que quer dizer "grande explosão". À medida que crescia, a bolha mudava: ela ficou, por exemplo, bem mais fria. Quando o Universo completou 500 mil anos de idade, a temperatura da bolha era de 10 mil graus Celsius! [...]

Os primeiros átomos a surgir foram os de hidrogênio, elemento mais simples que existe na natureza, e os de hélio. Esses elementos se misturaram, formaram nuvens e uma parte delas gerou estrelas. [...] Outra parte dessa nuvem que produziu as estrelas formou um tipo de "disco", girando em torno delas. Nesses discos, surgiram "pelotas" que cresceram até virarem planetas e seus satélites.

Inicialmente, os planetas eram muito quentes. A Terra, por exemplo, não tinha água líquida quando se formou. Foram necessários milhões de anos para que se resfriasse. Isso permitiu a formação de rios e oceanos, nos quais os cientistas acreditam que surgiram as primeiras formas de vida, e a partir das quais vieram os bichos, as plantas e o homem.

Mas nem todos os cientistas concordam sobre detalhes do *Big Bang*. [...]

Há outras teorias para explicar a origem do Universo, mas por enquanto o *Big Bang* é a teoria mais aceita. [...]

A Nebulosa da Águia, que está a 7 000 anos-luz da Terra: imensa nuvem de gás e poeira, na qual se formam novas estrelas.

SODRÉ JUNIOR, Laerte. *Ciência Hoje das Crianças*. Disponível em: <http://chc.cienciahoje.uol.com.br/big-bang-como-tudo-comecou/>. Acesso em: 6 maio 2015.

1. Responda no caderno.

    a) O objetivo principal do texto "*Big Bang*: como tudo começou" é explicar o surgimento das estrelas? Justifique.

    b) Em que parágrafo se fala sobre a origem das estrelas?

    c) De acordo com esse texto, como as estrelas se formaram? Explique resumidamente.

O texto "*Big Bang*: como tudo começou" é um **artigo de divulgação científica**. Ele apresenta ao leitor leigo, ou seja, que não é cientista, uma teoria científica bastante complexa, a teoria do *Big Bang*, de maneira mais acessível.

O artigo de divulgação científica é uma espécie de "tradução" de textos produzidos por cientistas para especialistas.

2. Releia este trecho da lenda. Observe que ele contém a expressão de opiniões.

    "Que fizeram as valentes mulheres? O seguinte: sem medo enfurnaram-se nas matas, sob um gostoso sol amarelo."

    a) Que opinião sobre as mulheres o texto exprime?

    b) E sobre o Sol, que avaliação é feita?

    c) A que classe gramatical pertencem as palavras **valentes**, **gostoso** e **amarelo**?

> **Adjetivos** podem exprimir avaliações, opiniões e sentimentos.

3. Agora releia este parágrafo do artigo de divulgação científica.

    "Os primeiros átomos a surgir foram os de hidrogênio, elemento mais simples que existe na natureza, e os de hélio. Esses elementos se misturaram, formaram nuvens e uma parte delas gerou estrelas. [...] Outra parte dessa nuvem que produziu as estrelas formou um tipo de "disco", girando em torno delas. Nesses discos, surgiram "pelotas" que cresceram até virarem planetas e seus satélites."

    Representação artística de átomo.

    a) Que adjetivos aparecem nesse trecho?

    b) Esses adjetivos exprimem avaliações pessoais do autor do texto ou servem para tornar a explicação mais precisa?

Átomos são pequenas unidades que formam todas as coisas no Universo. Há cerca de 2,5 mil anos, o filósofo grego Demócrito disse que, se pegássemos as coisas e fôssemos partindo em pedaços cada vez menores, chegaríamos a uma partícula indivisível. Ele chamou essa unidade minúscula de átomo. No começo do século XX, os cientistas descobriram que os átomos eram formados por partículas ainda menores. Atualmente, são conhecidas centenas dessas partículas. [...]

4. Compare estas frases, uma da lenda e outra do artigo.

> "Mas, quanto a mim, tenho a lhes dizer que as estrelas são mais do que curumins."

> "Inicialmente, os planetas eram muito quentes."

a) O que é apresentado como opinião pessoal: as estrelas serem mais do que curumins ou os planetas terem sido muito quentes no início?

b) Que palavras ou expressões você observou para responder?

c) Em qual das frases o conteúdo é apresentado como uma verdade cientificamente comprovada?

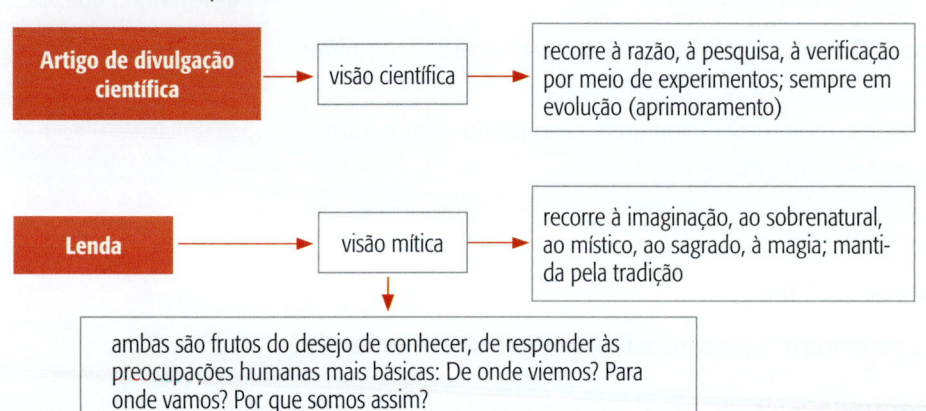

Artigo de divulgação científica → visão científica → recorre à razão, à pesquisa, à verificação por meio de experimentos; sempre em evolução (aprimoramento)

Lenda → visão mítica → recorre à imaginação, ao sobrenatural, ao místico, ao sagrado, à magia; mantida pela tradição

ambas são frutos do desejo de conhecer, de responder às preocupações humanas mais básicas: De onde viemos? Para onde vamos? Por que somos assim?

5. Como foi visto anteriormente, o texto "Como tudo começou" é um **artigo de divulgação científica**. Em sua opinião, para que público esse texto foi escrito e com que intenção?

João Garcia. Revista eletrônica Com Ciência. Disponível em: <www.comciencia.br/comciencia/?>. Acesso em: 10 fev. 2010.

NÃO DEIXE DE LER

- *George e o segredo do Universo*, de Lucy e Stephen Hawking, editora Ediouro

Escrito pelo físico Stephen Hawking e por sua filha, esse livro é uma combinação de aventuras com explicações científicas sobre o Universo e os planetas, incluindo as ideias mais recentes de Hawking sobre os buracos negros.

ATIVIDADE DE ESCUTA

1. Ouça a lenda que seu professor vai ler para a classe.

2. Fique atento, pois, após a escuta, você deverá responder oralmente às seguintes questões.

   a) Em que continente surgiu a lenda que você acabou de ouvir?
   b) O que essa lenda explica?
   c) Esse povo acreditava em um criador do mundo e de todas as coisas. Quem era?
   d) Quem era Hongolo?
   e) Quando os homens povoaram a terra, como se comportavam em relação aos animais?
   f) Como Hongolo ajudou as cobras a se defender?
   g) Como as cobras adquiriram o poder mortal que têm hoje?

3. Prepare-se para expor oralmente suas respostas.

   a) Formule mentalmente as respostas e organize sua fala antes de expô-la aos colegas.
   b) Levante a mão para pedir a palavra.
   c) Ouça o professor e as respostas dos colegas sem interrompê-los.
   d) Use linguagem adequada à situação de sala de aula; evite gírias, já que elas podem não ser compreendidas por todos.

NÃO DEIXE DE ASSISTIR

- *Kiriku e a feiticeira* **(França)**, direção de Michel Ocelot

  Kiriku, um garoto minúsculo, mas muito inteligente, tem a missão de derrotar a feiticeira Karaba, que secou a fonte de água da aldeia e engoliu os homens que tentaram enfrentá-la. História baseada em uma lenda da África Ocidental.

PRODUÇÃO ESCRITA

PRODUÇÃO PARA O PROJETO

Reconto de uma lenda

Você vai **recontar uma lenda.** Para isso, vai pesquisar uma lenda e reescrevê-la com suas palavras. Sua produção fará parte de um livro para pequenos leitores do ensino fundamental I e, no projeto do final do ano, poderá ser apresentada no programa de rádio da turma.

Antes de começar

Vamos exercitar a habilidade de identificar e organizar os diversos momentos de uma narrativa.

1. O texto a seguir faz parte de uma crônica e está escrito em primeira pessoa.

   > Estou dormindo no antigo quarto de meus pais. As duas janelas dão para o terreiro onde fica o imenso pé de fruta, a cuja sombra eu cresci. [...] A tarde está quente. Deito-me um pouco para ler, mas deixo o livro, fico a olhar pela janela.
   >
   > BRAGA, Rubem. *A casa dos Braga*: memórias de infância. Rio de Janeiro: Record, 1997.

   Imagine que você seja o autor do texto acima e esteja narrando os fatos vividos pela personagem (homem ou mulher). Reescreva o trecho no caderno, utilizando a terceira pessoa. Faça as alterações necessárias. Se quiser, dê um nome à personagem.

2. A lenda indígena a seguir explica a origem do mar, porém, para esta atividade, os parágrafos foram intencionalmente colocados fora de sequência. Reordene-os no caderno, de forma que os acontecimentos narrados sigam a ordem cronológica.

   ### Lenda da criação do mar

   No dia seguinte, o saudoso pai foi visitar o túmulo do filho. Ficou assombrado com o que viu. Da sepultura do ente amado, um volumoso caudal brotara, e nas águas borbulhantes nadavam enormes peixes.

   O desventurado pai resolveu, então, dar-lhe uma sepultura diferente das em uso. Mandou vir uma gigantesca abóbora e nela colocou o seu filho, cercando-o de todos os rituais e usos do costume. A noite caiu como um véu fúnebre.

   Foi assim que o mar nasceu.

   Em remotas eras existiu um poderoso chefe chamado Yaia cujo filho falecera.

   As águas com violência se alastravam, inundando a terra. Os homens para se salvarem foram obrigados a subir às árvores.

   Disponível em: <http://vida-de-indio.blogspot.com/2009/07/lenda-da-criacao-do-mar.html>. Acesso em: 6 maio 2011.

Planejando o texto

1. Pesquise uma lenda, de origem indígena ou não. Veja algumas possibilidades de lendas:

   da mandioca   do guaraná   do fogo   do Sol

   Escolha uma história que possa atrair a atenção de seu leitor (crianças do ensino fundamental I).

NÃO DEIXE DE LER

- **Lendas brasileiras para jovens**, de Luís da Câmara Cascudo, editora Globo

  Dezesseis lendas brasileiras, agrupadas por região. Entre elas, a de Cobra Norato, a do Barba Ruiva, a da cidade encantada de Jericoacoara, a da gralha-azul e outras.

2. Identifique no texto cada parte da estrutura da narrativa: situação inicial, complicação, desenvolvimento, clímax e desfecho.

3. Anote no caderno:
   - o nome das personagens;
   - onde e quando se passa a história;
   - como ela começa;
   - quais são os acontecimentos principais;
   - como a história termina.

   Anote que povo criou a lenda, se você dispuser dessa informação.

4. Reescreva a lenda usando uma linguagem adequada ao gênero e a seus leitores, crianças do ensino fundamental I.
   - Use vocabulário simples e, quando tiver de empregar vocábulos menos conhecidos ou em outra língua, dê o significado deles entre parênteses ou em um glossário no final do texto.
   - Se houver diálogos, introduza cada fala com um travessão.
   - Mantenha a narração na terceira pessoa (o narrador não participa dos acontecimentos, apenas conta o que observa).
   - Use adjetivos para caracterizar o cenário.
   - Lembre-se de marcar o tempo (antes, depois, de manhã, à noite, no outro dia etc.) e o espaço (com advérbios adequados ao local onde se passa a história).

5. Escreva o título da lenda.

Lembre-se
Dê ao leitor todas as informações de que ele vai precisar para compreender quem são as personagens, onde e quando se passa a história, como ela começa, se desenvolve e termina.

Avaliação e reescrita

1. Peça a um colega que leia seu texto e avalie os seguintes pontos:
   - A lenda selecionada pode interessar ao público a que se destina?
   - O texto está escrito na terceira pessoa?
   - Os parágrafos apresentam os fatos em ordem cronológica?
   - A linguagem utilizada é adequada aos leitores?

2. Considerando as opiniões do colega, produza a versão final do texto.

3. Após a correção do professor, passe seu texto a limpo com bastante capricho ou digite-o no computador. Se quiser, ilustre-o para torná-lo mais atraente para seus futuros leitores.

4. Com a ajuda do professor, montem um livro de lendas com as produções de todos vocês.

   Em um dia combinado, sua turma pode entregar um exemplar do livro a uma turma do ensino fundamental I ou doá-lo à biblioteca de sua escola. Lembre-se de guardar uma cópia de seu texto para o projeto do ano.

NÃO DEIXE DE LER
- *Contos e lendas da África*, de Yves Pinguilly, editora Cia. das Letras
Dezessete histórias da literatura oral africana, acompanhadas de um mapa e de um glossário de palavras africanas.

Preposição

1. Leia estes trechos de uma notícia, na qual trocamos algumas palavras por números.

> **A menina Thayara conta mitos indígenas 1 escolas públicas 2 Manaus**
>
> [...]
> Curitibana e neta de índios guaranis, a menina vive atualmente 3 Manaus, onde se diverte narrando histórias 4 escolas públicas.
>
> Mas as apresentações têm uma pitada especial. Honrando o sangue 5 seus ancestrais, Thayara mostra a magia das lendas e dos mitos indígenas 6 as crianças da Amazônia.
>
> [...]
> "Os povos indígenas passam as lendas 7 geração 8 geração. A gente não faz isso e acaba perdendo nossa história."
>
> MOLINERO, Bruno. Disponível em: <http://www1.folha.uol.com.br/folhinha/822448-a-menina-thayara-conta-mitos-indigenas-em-escolas-publicas-de-manaus.shtml>. Acesso em: 6 maio 2015.

A menina Thayara, em foto de 2010, aos 12 anos.

   a) Mesmo com a retirada de algumas palavras, é possível entender o sentido geral desse texto. Resuma em uma frase o assunto da notícia.

   b) Que palavras poderiam ser colocadas no lugar de cada número?

2. Indique no caderno a resposta certa. As palavras trocadas por números no texto da questão 1:

   a) atribuem características aos substantivos.
   b) indicam estado ou ação.
   c) ligam duas outras palavras.
   d) substituem ou acompanham substantivos.

3. Leia e compare.

   > As crianças conversavam com Thayara.
   > As crianças conversavam sobre Thayara.

   a) Se você tivesse de explicar a alguém a diferença de sentido entre essas frases, o que diria?

   b) Que palavras, nessas frases, são responsáveis pela diferença de sentido entre elas?

4. Leia.

   > Thayara é curitibana e neta de índios guaranis.

   O **de** liga as palavras **neta** e **índios** e estabelece entre elas uma relação de origem.

   Leia estas frases, em que o **de** também estabelece relação entre a palavra que vem antes e a que vem depois.

   I. Onde está o livro **de** histórias?
   II. Onde está o livro **de** Thayara?

a) Na frase I, o **de** estabelece entre livro e histórias uma relação de lugar, tempo, posse ou assunto?

b) Complete no caderno com uma das palavras entre parênteses.

Na frase II, **de** liga **livro** a **Thayara**, estabelecendo entre essas palavras uma relação de ■ (lugar/tempo/posse/assunto).

> As palavras que você acrescentou no texto da questão 1, assim como as palavras **com**, **sobre** e **de**, são **preposições**. Nas frases, as preposições têm a função de ligar outras duas palavras, estabelecendo uma relação entre elas.

5. Observe as preposições destacadas neste trecho da lenda.

> "Uma vez elas notaram que faltava milho no cesto **para** moer. Que fizeram as valentes mulheres? O seguinte: **sem** medo enfurnaram-se nas matas, **sob** um gostoso sol amarelo."

a) Qual dessas preposições expressa ausência?

b) Qual estabelece relação de lugar?

c) Qual estabelece relação de finalidade?

6. Leia esta frase, em que aparece a preposição **de**.

> As mulheres bebiam a água **de** um riacho buliçoso.

a) Reescreva-a no caderno, passando os substantivos **água** e **riacho** para o plural. Faça as adaptações necessárias.

b) Que outras palavras, além de **água** e **riacho**, também passaram para o plural? A que classe gramatical elas pertencem?

c) Reescreva mais uma vez a frase, agora trocando **riacho** (substantivo masculino) por **cachoeira** (substantivo feminino).

d) Que outras palavras também passaram para o feminino?

e) Observe a preposição **de** nas duas frases que você reescreveu. Ela sofreu alguma alteração em sua forma?

Algumas classes de palavras, como os artigos, os substantivos e os adjetivos, mudam de forma para indicar, por exemplo, flexão de gênero e número. Já as preposições têm sempre a mesma forma. Por isso, elas são chamadas de palavras **invariáveis**.

Vamos, então, completar a definição de preposição.

> **Preposição** é a palavra invariável que liga duas outras palavras, estabelecendo uma relação de sentido entre elas. São preposições: **a**, **ante**, **após**, **até**, **com**, **contra**, **de**, **desde**, **em**, **entre**, **para**, **perante**, **por**, **sem**, **sob**, **sobre**, **trás** etc.

Palavras variáveis e invariáveis

Palavras **invariáveis** são aquelas cuja forma é fixa, não se flexiona. Já palavras **variáveis** são aquelas cuja forma se flexiona para mostrar mudança de gênero (**curitiban*o*/curitiban*a***), de número (**crianç*a*/crianç*as***), de tempo (**contav*a*/cont*ará***), de modo (**sa*ir*/sa*indo***).

Locução prepositiva

1. Leia mais este trecho da notícia sobre a contadora de histórias Thayara.

   > Os pequenos ouvintes, por sua vez, não têm uma preferida. Eles querem ouvir **sobre** o irmão bagunceiro do Sol, os espíritos da floresta, a anta que mora no céu...
   >
   > MOLINERO, Bruno. Disponível em: <http://www1.folha.uol.com.br/folhinha/822448-a-menina-thayara-conta-mitos-indigenas-em-escolas-publicas-de-manaus.shtml>.
   > Acesso em: 6 maio 2015.

   a) Que relação a preposição **sobre** estabelece entre o verbo **ouvir** e as expressões "o irmão bagunceiro do Sol, os espíritos da floresta, a anta que mora no céu": de lugar, assunto, companhia ou finalidade?

   b) Qual das expressões a seguir poderia substituir **sobre** sem modificar a relação de sentido que essa preposição estabelece na frase? Anote-a no caderno.

   > a partir de   a respeito de   a fim de   de acordo com

2. Leia o título de uma notícia.

   > Para fugir do calor, estudantes têm aulas **embaixo de** árvores
   >
   > *Folha de Boa Vista*, 11 abr. 2011.

   No caderno, troque a expressão destacada por uma preposição, sem modificar o sentido da frase.

   > Quando duas ou mais palavras têm o mesmo valor de uma preposição, elas formam uma **locução prepositiva**. Nas locuções prepositivas, a última palavra é sempre uma preposição. Exemplos: **abaixo de**, **de acordo com**, **depois de**, **em cima de**, **em frente a**, **perto de**, **por causa de**, **por dentro de**, **por meio de**.

Combinação e contração

1. Leia esta notícia publicada na versão *on-line* de uma revista para adolescentes.

   > ### Avril Lavigne pode retornar ao Brasil este ano
   >
   > Avril Lavigne veio ao Brasil em 2005 e agora prometeu aos fãs que gostaria de voltar pra cá. TDB!
   > No programa de TV norte-americano chamado *The View*, ao ser perguntada quando ela viria ao Brasil, Avril revelou: "Eu tenho que ir lá!".
   > Ela também falou que percebeu pelas mensagens dos fãs no Twitter que os sul-americanos esperam seu retorno.
   > Quem gostaria de ver a Avril no Brasil? [...]
   >
   > Disponível em: <http://todateen.uol.com.br/teenweek/avril-lavigne-pode-retornar-ao-brasil-este-ano/?utm=nav_crono>.
   > Acesso em: 6 maio 2015.

a) O texto não informa quem é Avril Lavigne ou qual sua profissão. No entanto, há indícios que permitem levantar hipóteses. Converse com os colegas: Quais são esses indícios e o que permitem supor sobre ela?

b) Observe.

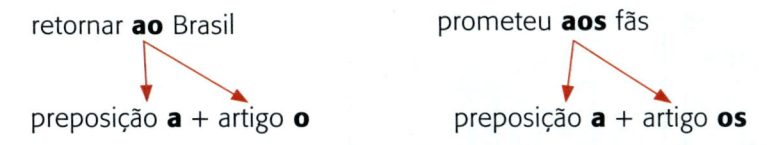

retornar **ao** Brasil   prometeu **aos** fãs

preposição **a** + artigo **o**   preposição **a** + artigo **os**

A preposição **a** pode unir-se ao artigo **o(s)**, formando a palavra **ao(s)**. Há perda de algum fonema nessa união?

> **Fonema** é o menor elemento sonoro, em uma palavra, que permite diferenciá-la de outra.

2. Anote no caderno os provérbios em que há a união de uma preposição com outra palavra sem perda de fonema. Diga quais são as duas palavras unidas.

   a) Quem tem boca vai **a** Roma.
   b) De tostão em tostão, vai-se **ao** milhão.
   c) Na terra **aonde** for, faça como todos fazem.

3. Leia a tira.

> **Rabicho** é a ponta de um balão de fala, que liga o texto à personagem que o diz.

LAERTE. Disponível em: <www.laerte.com.br>. Acesso em: 28 abr. 2009.

a) Observe o **rabicho** dos três primeiros balões de fala. De onde vem o som e quem, provavelmente, diz essas falas?

b) O que significa a cadeira vazia na tira?

c) No último quadrinho, como a personagem fala e por quê? Que elementos mostram isso?

d) Observe.

leitura **da** luz   leitura **do** gás

de + a   de + o

Que som se perde na união da preposição **de** com os artigos **a** e **o**?

e) Compare:

- Leitura **da** luz • Leitura **da** água
- Leitura **do** gás • Leitura **do** livro

A que se deve a variação das combinações destacadas?

4. Leia esta HQ.

LAERTE. Disponível em: <http://verbeat.org/blogs/manualdominotauro/assets_c/2010/08/Carol-re05-thumb-600x796-7296.jpg1>. Acesso em: 8 ago. 2010.

a) A qual assunto Gabriel se refere quando diz **nesse assunto**, no último quadrinho?

b) Em "nesse assunto", temos uma combinação. Quais são os termos que se juntaram nela?

c) A fala de Gabriel "Ele [o professor] disse que é impossível fazer uma bicicleta voar." revela uma contradição entre o que disse o professor e o assunto de que fala o menino. Qual é ela?

Crase

Existe um caso especial de contração, chamado de **crase**, que é a junção da preposição **a** com o artigo **a** ou com os pronomes **aquele**(a) ou **aquilo**. Na escrita, a crase é marcada por um acento grave (`) no a. Veja.

"Mas os garotinhos [...] fugiram das mães voltando à taba [...]"

à = preposição a + artigo a (com perda de um fonema)

Elas voltaram **àquele** ponto da mata.

àquele = preposição a + pronome **aquele** (com perda de um fonema)

As preposições podem unir-se a outras palavras, formando **combinações** ou **contrações**.

• Na **combinação**, as palavras se juntam sem perder nenhum som. Exemplos: Pretendo assistir **ao** jogo do Botafogo. (preposição **a** + artigo **o**)Não sei **aonde** ir no feriado. (preposição **a** + advérbio **onde**)

• Na contração, algum fonema se perde ou se transforma. Exemplos: Não gosto **dessa** história. (preposição **de** + pronome **essa**) Sempre me interessei **pela** sua vida. (preposição **por** + artigo **a**)

Relações de sentido estabelecidas pelas preposições

Como você viu nas atividades anteriores, as preposições estabelecem relação entre duas palavras. Vamos agora observar como as preposições ajudam a criar diferentes sentidos em um texto.

1. Leia a tira.

ZIRALDO. Disponível em: <http://www.meninomaluquinho.com.br/PaginaTirinha/PaginaAnterior.asp?da=01102008>. Acesso em: 28 fev. 2011.

   a) O humor da tira é produzido por uma troca de palavras. Qual?
   b) O que a mãe quer dizer, no primeiro quadrinho, quando explica que o menino "está de cama"?
   c) No segundo quadrinho, ela faz uma correção em sua fala. Que correção é essa?
   d) Por que ela teria feito essa correção?
   e) O que justifica essa avaliação da mãe?

2. Ao ler as manchetes a seguir, você poderá perceber algumas das relações estabelecidas pelas preposições destacadas. No caderno, indique quais são essas relações, levando em conta as opções do quadro a seguir.

FINALIDADE	COMPANHIA	TEMPO	LUGAR	ASSUNTO	MODO	AUSÊNCIA	OPOSIÇÃO	MOVIMENTO	CAUSA

   a) Sobem para quatro as suspeitas de morte **por** frio em São Paulo
   Disponível em: http://www1.folha.uol.com.br/cotidiano/2013/07/1317028-sobem-para-quatro-as-suspeitas-de-morte-por-frio-em-sao-paulo.shtml>. Acesso em: 20 dez. 2014.

   b) Pai conta a saga **para** conseguir tratar filho com doença metabólica rara
   Disponível em: <http://www1.folha.uol.com.br/equilibrioesaude/2014/06/1463087-pai-conta-a-saga-para-conseguir-tratar-filho-com-doenca-metabolica-rara.shtml>. Acesso em: 20 dez. 2014.

   c) É possível educar **sem** palmada? Cartilha lançada no Dia Mundial Contra a Agressão Infantil afirma que sim
   Disponível em: <http://sites.correioweb.com.br/app/50,114/2014/06/04/noticia_saudeplena,148906/e-possivel-educar-sem-palmada-cartilha-lancada-no-dia-mundial-contra.shtml>. Acesso em: 20 dez. 2014.

   d) Termina hoje prazo de envio das fotos do concurso **sobre** o nascer do sol
   Disponível em: <www.correiobraziliense.com.br/app/noticia/cidades/2014/02/17/interna_cidadesdf,413148/termina-hoje-prazo-de-envio-das-fotos-do-concurso-sobre-o-nascer-do-sol.shtml>. Acesso em: 20 dez. 2014.

   e) Em Brasília, feriado terá sol **com** muitas nuvens
   Disponível em: <http://noticias.r7.com/distrito-federal/noticias/em-brasilia-feriado-tera-sol-com-muitas-nuvens-20120501.html>. Acesso em: 20 dez. 2014.

   f) Governo lança campanha e aplicativo para coibir violência **contra** mulheres
   Disponível em: <http://g1.globo.com/politica/noticia/2014/05/governo-lanca-campanha-e-aplicativo-para-coibir-violencia-contra-mulheres.html>. Acesso em: 20 dez. 2014.

117

teia do saber

1. Releia este trecho de "Como nasceram as estrelas".

> "As árvores rebrilhavam verdes e embaixo delas havia sombra e água fresca."

a) Nessa frase, há uma locução prepositiva que estabelece relação com valor de lugar. Qual é ela?

b) Qual destas preposições poderia substituí-la sem alteração de sentido: **com**, **entre**, **sem**, **sob** ou **sobre**?

c) Essa substituição tornaria a linguagem da frase mais formal ou mais informal? Explique.

d) Considerando que lendas são expressões da tradição popular oral, a escolha da autora do texto é adequada? Por quê?

Desalento: desânimo, abatimento.
Passeio: calçada.

2. Leia estes versos.

Além da imaginação

Tem gente passando fome.
E não é a fome que você imagina
entre uma refeição e outra.
Tem gente sentindo frio.
E não é o frio que você imagina
entre o chuveiro e a toalha.
Tem gente muito doente.
E não é a doença que você imagina
entre a receita e a aspirina.
Tem gente sem esperança.
E não é o desalento que você imagina
entre o pesadelo e o despertar.
Tem gente pelos cantos.
E não são os cantos que você imagina
entre o passeio e a casa.
[...]

TAVARES, Ulisses. *Viva a poesia viva*. São Paulo: Saraiva, 2007.

a) O eu poético compara a vida de pessoas que vivem mal com a de pessoas que vivem bem. Como ele descreve a vida dos que vivem mal?

b) O eu poético dirige-se várias vezes a seu interlocutor, usando o pronome **você**. A qual dos grupos esse interlocutor pertence?

c) A preposição **entre**, que indica "posição entre dois limites", é repetida várias vezes nos versos. Que efeito de sentido essa repetição causa?

d) Que preposição empregada no texto estabelece relação de ausência entre as palavras que liga?

3. Observe as informações agrupadas em cada item. No caderno, use-as para compor uma frase. Para relacioná-las entre si, empregue uma preposição ou locução prepositiva conforme indicado entre parênteses. Por exemplo: Falamos – você (assunto). Falamos sobre você ontem.

a) menina – problema no estômago (causa)

b) chave – gaveta (lugar)

c) filme – colegas (companhia)

d) café – leite (associação)

e) xarope – tosse (finalidade)

f) não saia – consentimento (ausência)

g) moro – praia (lugar)

h) livro – carteira (lugar)

4. Leia com atenção este trecho de um verbete de enciclopédia e observe as preposições e a locução destacadas.

Boto-cor-de-rosa

Não existe levantamento preciso **sobre** a população total de botos. Com base em estudos feitos da Reserva de Desenvolvimento Sustentável de Mamirauá, no município de Tefé (AM), a população estimada de 11 a 13 mil indivíduos entrou em declínio nos últimos oito anos **por causa da** caça.

Outra ameaça à espécie são as redes dos pescadores armadas em rios e lagoas e a poluição das águas, em especial pela contaminação por mercúrio usado **para** extrair ouro nos garimpos.

Disponível em: <http://redeglobo.globo.com/sp/eptv/terra-da-gente/platb/fauna/boto-cor-de-rosa-inia geoffrensis>. Acesso em: 20 jan. 2015.

a) Do que trata o trecho?

b) Qual a preposição empregada para indicar o assunto que será abordado?

c) Substitua, no caderno, essa preposição pela locução **acerca de**. Faça adaptações, se necessário. Houve mudança de sentido? Por quê?

d) Qual das preposições destacadas indica relação de finalidade? No caderno, faça a substituição dessa preposição por uma locução de igual valor.

e) Qual é a locução que expressa o motivo do declínio no número de botos-cor-de-rosa?

f) Uma das locuções a seguir teria o mesmo sentido se fosse empregada na frase. Qual é?

| A PARTIR DE | DE ACORDO COM | DEVIDO A | A RESPEITO DE |

5. Observe e compare as duas colunas. No caderno, forme frases escolhendo e unindo um segmento a outro de cada coluna. Atenção ao sentido da preposição que deverá empregar!

I. Aquela senhora **escreve**...
II. Aquele seu amigo **fala**...
III. **Colocaram** o material...
IV. **Gosto** de sair...
V. Meu pai sempre **caminhava**...
VI. Os convidados deverão **chegar**...
VII. **Passamos**...
VIII. **Passamos** as férias...

com meus amigos.
com muita dificuldade.
em Salvador.
em duas horas.
por diversas aldeias.
por estas ruas.
sobre tudo.
sobre a mesa.

a) Após compor as frases, identifique o sentido que cada preposição estabelece entre as palavras destacadas nos dois segmentos.

b) Quais são as frases em que uma mesma preposição estabelece o mesmo sentido?

c) Ao trabalhar com essas frases, o que você conclui a respeito das relações que as preposições podem estabelecer?

REVISORES DO COTIDIANO

Algumas expressões causam tantas dúvidas que até mesmo na mídia encontramos diferentes versões delas. Acabamos sem saber qual forma é a correta.

Os textos a seguir, por exemplo, foram tirados da internet e mostram escritas diferentes de duas expressões. Afinal, como é que se diz: **sob medida** ou **sobre medida**? **Sob controle** ou **sobre controle**?

1

Camisaria sob medida

Tecidos nacionais e importados
Agende uma visita e atenderemos no local de sua conveniência. [...]

Disponível em: <http://www.barmaksobmedida.com.br/>. Acesso em: 6 maio 2015.

2

Epidemia de sarampo está sobre controle

Conforme a Secretária de Saúde, não havia casos da doença no estado há mais de 11 anos.

Disponível em: <http://www.clictribuna.com.br/noticias/epidemia-de-sarampo-esta-sobre-controle-/>. Acesso em: 6 maio 2015.

3

Móveis sobre medida com excelente acabamento com profissionais de mais de 30 anos de experiência.

Disponível em: <http://garopaba.olx.com.br/moveis-sobre-medida-iid-13684366>. Acesso em: 1º jul. 2011.

4

Sob controle

Para que a pessoa com diabetes possa ter uma vida normal e reduzir ao máximo o risco de desenvolver uma complicação, é necessário ter a doença sob controle [...].

Disponível em: <http://www.diabetes.org.br/prevencao-e-tratamento/409>. Acesso em: 6 maio 2015

Considerando o sentido das preposições **sob** e **sobre**, responda: quais dos textos acima precisam ser revistos? Por quê?

FIQUE ATENTO... À ACENTUAÇÃO DAS PROPAROXÍTONAS

1. Leia este trecho da música "Construção", de Chico Buarque de Hollanda.

Amou daquela vez como se fosse a última

Beijou sua mulher como se fosse a última

E cada filho seu como se fosse o único

E atravessou a rua com seu passo tímido

Subiu a construção como se fosse máquina

Ergueu no patamar quatro paredes sólidas

Tijolo com tijolo num desenho mágico

Seus olhos embotados de cimento e lágrima

Sentou pra descansar como se fosse sábado

Comeu feijão com arroz como se fosse um príncipe

Bebeu e soluçou como se fosse um náufrago

Dançou e gargalhou como se ouvisse música

E tropeçou no céu como se fosse um bêbado

E flutuou no ar como se fosse um pássaro

E se acabou no chão feito um pacote flácido

Agonizou no meio do passeio público

Morreu na contramão atrapalhando o tráfego

[...]

HOLLANDA, Chico Buarque de. In: ___. CD *Construção*, Phonogram, 1971.

a) Resuma em uma frase o assunto desse trecho da canção.

b) Qual destas frases poderia traduzir o sentido do último verso? Anote-a no caderno.

   I. O transtorno causado no trânsito tem mais importância do que a morte do operário.

   II. A morte do operário atrapalha o tráfego, pois as pessoas que passam pelo corpo, de carro ou a pé, ficam tristes e chocadas.

   III. O poema mistura realidade e fantasia, ao dizer que o corpo do operário morto é como um pacote flácido.

c) Essa letra contém diversas palavras proparoxítonas. Anote-as no caderno.

d) Anote a resposta certa no caderno. O uso das proparoxítonas nesse poema cria:

   I. um ritmo desencontrado porque é difícil pronunciar essas palavras.

   II. um som marcado e repetitivo que lembra o som ouvido em construções: martelos, marretas, máquinas.

   III. um som que lembra o ritmo de pesssoas pelas ruas da cidade: passos, vozes, gritos, risadas.

e) O que as proparoxítonas que você copiou têm em comum quanto à acentuação?

2. Você já assistiu a algum destes filmes? Em todos os títulos, algumas palavras não foram acentuadas.

a) Anote o nome destes filmes no caderno, colocando o acento gráfico onde for necessário.

   I. *Harry Potter e o calice de fogo*

   II. *Harry Potter e a camara secreta*

   III. *Os queridinhos da America*

   IV. *Ace Ventura – Um maluco na Africa*

   V. *O enigma da piramide*

   VI. *Compramos um zoologico*

   VII. *Doutor Fantastico*

   VIII. *O ultimo samurai*

b) Quais foram as palavras que precisaram de acento gráfico e por que você as acentuou?

Cena do segundo filme baseado nas aventuras de Harry Potter, personagem criada por J. K. Rowling.

3. Leia em voz alta as frases a seguir em que há pares de palavras semelhantes.

   I. Carlos ainda não fez a analise do texto.

   II. Carlos, analise este poema.

   III. A pratica nos ensina a alfabetizar crianças pequenas.

   IV. Ela pratica esportes há vários anos.

   V. Já prometi que publico seu livro ainda este ano.

   VI. O publico aplaudia todo o elenco da peça.

a) No caderno, anote as frases nas quais há palavras proparoxítonas que devem receber acento gráfico.

b) Observe agora, nas frases, o termo que vem antes das palavras que você acentuou no caderno; trata-se de um artigo. O que se pode concluir acerca do uso do acento nessas palavras semelhantes?

LEITURA 2

Muitas sociedades que hoje explicam o surgimento do Universo, dos seres e das coisas de uma forma científica nos seus primórdios explicavam de outra forma, que hoje nos parece mágica, fantástica. Leia, a seguir, a explicação para a criação do mundo dada pelos maias, que construíram na América Central uma sociedade vibrante e avançada, muito antes de os espanhóis chegarem à região.

ANTES DE LER

1. O que lhe vem à mente quando ouve a palavra mitologia?
2. Você já ouviu falar da civilização maia? O que sabe sobre esse povo?
3. Leia o título do texto. Que relação você acha que há entre os países mencionados no título e a civilização maia?

Guatemala, Honduras e México: os maias

Os maias têm uma maneira marcante de relatar a criação do mundo. Isso é contado no livro sagrado desse povo que se chama **Popol Vuh**, o *Livro dos Príncipes*.

Está escrito no **Popol Vuh** que no início de tudo havia um grande silêncio, um enorme vazio onde podiam ser encontrados sete deuses. O deus maior era Hurakán, o coração do céu que vivia em meio às águas inferiores e superiores, nos mares e nos céus. Ao seu redor havia seis deuses: Tzacol, o criador; Bitol, o formador; Tepeu, o soberano; Gucumatz, a serpente de penas verdes; Alon, a deusa-mãe; e Cajolon, deus-pai.

Após a formação do Primeiro Mundo, os deuses começaram a povoá-lo com animais de todos os tipos, com montanhas, árvores e outros seres viventes. Criavam e olhavam. Paravam, pensavam, observavam e criavam novamente. Entretanto, não ficavam satisfeitos. Nenhum daqueles seres era capaz de agradecer aos seus criadores o fato de existir e estar vivo. Os deuses então resolveram destruir aquele mundo e criar outro.

Ruínas maias em Palenque, no México.

O Segundo Mundo trazia como novidade os seres humanos. Eles eram feitos de uma mistura de barro e água. Sabiam falar, mas não demonstravam alegria nem tristeza; não sentiam emoção nenhuma. Também não pensavam. Além do mais, viviam muito pouco, pois, quando se molhavam, desfaziam-se como lama. Os deuses olharam novamente e mais uma vez não gostaram. Começaram tudo de novo.

Eles se reuniram, debateram e decidiram povoar o Terceiro Mundo com homens de madeira, mais resistentes à água. Porém estes ainda não entendiam o que se passava ao redor. Não sabiam amar nem cantar, tampouco tinham memória. Andavam sem direção, como zumbis. O pior de tudo é que eram incapazes de agradecer a seus criadores pelo milagre de sua existência. Os deuses estavam intrigados e contrariados, mas não desistiam tão facilmente de seus planos. E mais uma vez começaram tudo de novo.

Mas, antes que isso acontecesse, um semideus vaidoso e arrogante falou que também iria criar um mundo. Esse semideus, chamado Vucub-Caquix, adorava metais e pedras preciosas. Com tantas joias e brilhos, julgava-se superior a todos e dizia aos quatro ventos: "Agora eu sou o senhor dos homens. Eu sou o sol, a lua, sou o que brilha!". E assim envaidecido não enxergou o sol, a lua e as estrelas que já existiam. Foi então que dois jovens deuses planejaram matá-lo, pois temiam que Vucub-Caquix se tornasse o Todo-Poderoso.

Ocorreu uma guerra sem precedentes entre deuses e semideuses. Após batalhas sangrentas, os semideuses foram derrotados e deportados para o céu, onde passaram a brilhar como estrelas. Os verdadeiros deuses reassumiram o controle e passaram a criar o Quarto Mundo.

Hurakán, o deus maior, assumiu a responsabilidade pela criação. Fez o homem e a mulher a partir do milho. Dessa vez deu certo. Surgiram seres humanos capazes de sentir, pensar e agradecer o dom da vida a seus criadores. O deus Hurakán, agora, estava feliz. A criação estava completa!

PRADO, Zuleika de Almeida. *Mitos da criação*. São Paulo: Callis, 2005.

Fontes: *História do Mundo*. Disponível em: <www.historiadomundo.com.br/maia/>. Acesso em: 4 abr. 2012.
CALDINI, Vera; ÍSOLA, Leda. *Atlas geográfico Saraiva*. São Paulo: Saraiva, 2009.

Os maias ocuparam a área que hoje corresponde ao sul do México e a alguns países da América Central: Guatemala, El Salvador, Honduras e Belize.

EXPLORAÇÃO DO TEXTO

Antes de iniciar o estudo do texto, tente descobrir o sentido das palavras desconhecidas pelo contexto em que elas aparecem. Se for preciso, consulte o dicionário.

1. O texto que você leu é um mito que pertence a uma civilização extinta: os maias. Com base nas informações do texto, explique como pudemos ter acesso a essa narrativa.

2. Conheça algumas características do gênero mito.

> **Mitos** são histórias sagradas criadas por um povo e contadas oralmente de geração em geração para explicar fatos e fenômenos naturais, como o surgimento do mundo e a existência dos seres vivos. Têm como personagens divindades dotadas de poderes extraordinários, superiores aos dos humanos, que atuam interferindo na origem e destino da humanidade.

Observe, na narrativa mítica maia, como essas características se apresentam.

a) Esse mito maia fornece uma explicação para que acontecimento?

b) Quem são as personagens principais desse mito?

c) Que poderes sobrenaturais as personagens apresentam no mito maia?

d) Os mitos, que inicialmente eram transmitidos oralmente, mais tarde foram registrados por escrito. Você considera a linguagem utilizada no mito maia informal ou formal?

> Os **mitos** têm como **personagens** seres sobrenaturais, como deuses e semideuses.
> Já nas **lendas**, as personagens são humanos, ainda que muitas vezes sofram transformações mágicas ou encontrem seres fantásticos, monstros etc.

3. Releia o início do texto.

a) O primeiro parágrafo não contém, ainda, o início da narrativa mítica. Qual é a função desse primeiro parágrafo?

b) A narrativa propriamente dita começa no segundo parágrafo. Quando e onde acontece a história contada?

> As **narrativas míticas** acontecem em um **tempo** primitivo, o tempo do início do mundo, em um **espaço** sobre-humano, onde vivem deuses e semideuses.

4. De acordo com o mito maia, "ocorreu uma guerra sem precedentes entre deuses e semideuses".

a) O que você entende pela expressão **uma guerra sem precedentes**? Trata-se de uma guerra como nunca houve antes ou de uma guerra como nunca mais aconteceu?

b) Qual foi o motivo do conflito entre deuses e semideuses?

Que fim teria levado o livro sagrado *Popol Vuh*?

O original do livro sagrado dos maias, o *Popol Vuh*, parece ter sido destruído em um incêndio. Porém os maias sabiam de cor as narrativas do livro, e assim ele pôde ser reescrito por um autor anônimo, em uma língua local, mas com caracteres latinos, provavelmente entre 1554 e 1558. Esse manuscrito foi posteriormente traduzido para o espanhol e depois para outras línguas.

Fonte das informações disponível em: <http://encontrosliterarios.ufc.br/>

Capa da tradução para o espanhol das histórias do *Popol Vuh*.

Deuses e semideuses

Na mitologia, deuses são divindades superiores aos humanos e que têm o poder de influir nos destinos do Universo.

Semideuses são personagens inferiores aos deuses, mas superiores aos humanos.

Estátua representando sacerdote de Chac, deus maia da chuva.

5. Existem vários tipos de mito. Os que falam da origem do mundo e dos seres humanos são chamados de **mitos da criação**. Nesse mito maia, não foi criado apenas um, mas quatro mundos diferentes.

   a) De acordo com o texto, por que isso aconteceu?

   b) O que os deuses criadores esperavam de suas criaturas?

6. Reescreva no caderno as frases a seguir, organizando-as na ordem em que os fatos são narrados no mito.

   a) Os deuses formaram o Primeiro Mundo e o povoaram com animais, montanhas, árvores e outros seres.

   b) Descontentes com o resultado, os deuses criam um novo mundo, desta vez acrescentando seres humanos formados de água e barro.

   c) No início de tudo, havia sete deuses.

   d) Deuses e semideuses guerrearam, e os semideuses foram derrotados.

   e) Novamente descontentes, os deuses resolveram criar homens feitos de madeira.

   f) O deus maior fez o homem e a mulher a partir do milho.

   g) Um semideus vaidoso e arrogante resolveu criar um mundo e tornar-se o senhor dos homens.

7. Com base na atividade anterior, podemos dizer que as narrativas míticas são feitas na ordem cronológica? Justifique sua resposta.

8. Qual o foco narrativo do mito? A história é narrada na primeira ou na terceira pessoa? Anote no caderno um trecho que justifique sua resposta.

NÃO DEIXE DE LER

- *Os gêmeos do Popol Vuh*, Jorge Lujan, editora SM

  Compilação de lendas que revelam a cultura e o sistema religioso das civilizações que ocupavam o que hoje é a Guatemala e o sul da península de Iucatã.

Mito x lenda

Os mitos assemelham-se às lendas. É possível, porém, apontar algumas diferenças: as lendas falam não apenas de deuses, seres fantásticos e monstros, mas também de fatos históricos, pessoas reais, heróis populares e santos; lendas em geral se relacionam a determinadas regiões (por exemplo, algumas são contadas apenas no Norte, outras são mais conhecidas no Sul, e assim por diante), enquanto o mito pertence a uma civilização.

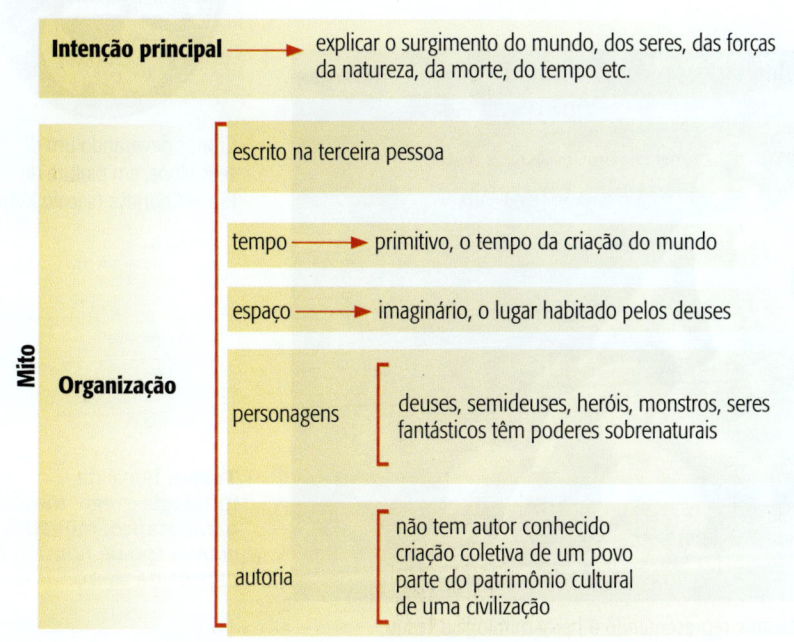

Para lembrar

Mito

- **Intenção principal** → explicar o surgimento do mundo, dos seres, das forças da natureza, da morte, do tempo etc.
- **Organização**
  - escrito na terceira pessoa
  - tempo → primitivo, o tempo da criação do mundo
  - espaço → imaginário, o lugar habitado pelos deuses
  - personagens: deuses, semideuses, heróis, monstros, seres fantásticos têm poderes sobrenaturais
  - autoria: não tem autor conhecido; criação coletiva de um povo; parte do patrimônio cultural de uma civilização

DO TEXTO PARA O COTIDIANO

No livro *O ladrão de raios*, um romance infantojuvenil que mescla mitologia com aventuras no século XXI, há um momento em que o garoto Percy Jackson, o protagonista, está respondendo às perguntas do professor sobre mitologia grega quando ouve uma colega dizer:

— Como se fôssemos usar isso na vida real. Como se fossem falar em nossas entrevistas de emprego "Por favor, explique por que Cronos comeu seus filhos?".

RIORDAN, Rick. *O ladrão de raios*. Rio de Janeiro: Intrínseca, 2009.

Será que as diferentes mitologias são importantes na vida real? Releia um fragmento do mito maia da criação do mundo e, na sequência, conheça o mito grego do gigante Procusto.

"[...] antes que isso acontecesse, um semideus vaidoso e arrogante falou que também iria criar um mundo. Esse semideus, chamado Vucub-Caquix, adorava metais e pedras preciosas. Com tantas joias e brilhos, julgava-se superior a todos e dizia aos quatro ventos: "Agora eu sou o senhor dos homens. Eu sou o sol, a lua, sou o que brilha!". E assim envaidecido não enxergou o sol, a lua e as estrelas que já existiam. Foi então que dois jovens deuses planejaram matá-lo, pois temiam que Vucub-Caquix se tornasse o Todo-Poderoso."

[...]

Um desses malfeitores chamava-se Procusto e tinha um leito de ferro, no qual costumava amarrar todos os viajantes que lhe caíam nas mãos. Se eram menores que o leito, ele lhes espichava as pernas e, se fossem maiores, cortava a parte que sobrava. Teseu castigou-o, fazendo com ele o que ele fazia com os outros.

BULFINCH, Thomas. *O livro de ouro da mitologia*. Rio de Janeiro: Ediouro, 2008.

Estátua do Museu de História da Arte de Viena, Áustria, representando o herói mitológico Teseu.

Na mitologia grega, **Cronos** era filho de Urano (o céu) e de Gaia (a terra). Irritada com o marido, que devolvia a seu ventre cada filho que nascia, Gaia incitou Cronos a tomar o poder do pai. Ele assim fez e, ocupando o lugar de Urano, casou-se com a irmã, Reia, e tornou-se o primeiro rei dos deuses. Seu reinado, porém, foi ameaçado por uma profecia segundo a qual ele seria destronado por um de seus filhos. Temendo que a profecia se realizasse, Cronos devorava todos os filhos que nasciam – assim como o tempo devora todos os instantes –, até que Reia o enganou e conseguiu salvar Zeus. Quando cresceu, Zeus expulsou Cronos do Olimpo (a morada dos deuses).

Cronos devorando um de seus filhos, em pintura de Pierre Courteys (século XVI).

Teseu: herói da mitologia grega; matou o minotauro, monstro com corpo de homem e cabeça de touro.

1. Sobre o mito maia, reflita e responda.

    a) Que sentimentos ou comportamentos humanos Vucub-Caquix simboliza?

    b) Que comportamento das pessoas em nossa sociedade poderia ser comparado ao desse semideus, que, cobrindo-se de joias e brilhos, acreditava ser mais do que era?

    c) No mito, Vucub-Caquix é premiado ou punido?

    d) O que esse mito ensina?

2. E quanto a Procusto, que, à força, fazia pessoas das mais diferentes medidas caberem na mesma cama?

    a) Essa tentativa de pôr em uma mesma fôrma aquilo que é diverso poderia ser comparada a quais destas atitudes?

       I. Impor aos outros nossa forma de falar, como se fosse a única válida.

       II. Controlar a vida das outras pessoas, para que elas façam o que nós achamos certo.

       III. Imitar o jeito de falar, de se vestir e de se comportar das outras pessoas.

       IV. Não tolerar as pessoas que agem e pensam diferentemente de nós.

    b) Qual o fim do gigante Procusto no mito?

3. Após essas análises, o que você diria à colega de Percy Jackson sobre a importância da mitologia na vida real?

NÃO DEIXE DE ASSISTIR

- *Percy Jackson e os olimpianos* (Canadá/EUA, 2010), direção de Chris Columbus

   Percy Jackson é um jovem que vive com a mãe e o padrasto e enfrenta problemas na escola. Após ser atacado em uma excursão, Percy recebe a revelação de que é um semideus, filho do deus Poseidon.

O cartum de Daniel Piraro faz humor com a previsão atribuída aos maias de que o mundo acabaria no ano 2012.

EXPERIMENTE FAZER

▶ Como preparar um roteiro para apresentação oral

Fazer apresentações orais, participar efetivamente de seminários ou de outras oportunidades de falar em público são uma competência útil no ambiente escolar e de trabalho. Para que uma apresentação seja bem-sucedida, é necessário se preparar e dominar o assunto sobre o qual se vai falar. Nessas ocasiões, elaborar um roteiro de apoio torna-se uma ajuda importante. Você pode preparar um cartaz, uma transparência em retroprojetor, uma apresentação de *slides* ou simplesmente escrever em um quadro ou na lousa. Veja como preparar um roteiro.

1. Um roteiro consiste na relação dos tópicos que serão apresentados. Eles poderão ser numerados ou marcados com pequenos símbolos. Essa relação deve ser simples e objetiva para funcionar como ponto de apoio.

2. O texto do roteiro deve ser sintético. Não escreva tudo aquilo que você vai falar. Se escrever demais, seus ouvintes poderão se concentrar na leitura e deixar de prestar atenção em sua fala. Registre apenas os pontos principais e complemente as explicações com sua fala.

3. Atenção ao tamanho da letra que vai usar. Letras muito pequenas podem dificultar a leitura; evite também letra cursiva. Se for escrever na lousa, tente usar letras de forma.

4. No caso de transparências, cartazes e *slides*, evite usar fundos coloridos, pois eles atrapalham a leitura. Prefira fundos neutros ou simplesmente brancos. Evite imagens que não colaborem para o sentido do texto. Se usar alguma, certifique-se de que ela complementa a informação a que se refere.

5. Revise seu roteiro, evitando erros de grafia ou concordância.

Atividade

Observe o quadro. Na coluna da esquerda, você tem trechos de um texto sobre mito e mitologia dispostos aleatoriamente e, na da direita, o tópico referente a cada trecho. Sua tarefa será colocá-los na sequência correta. No caderno, anote os tópicos na ordem em que devem aparecer em um roteiro para uma apresentação oral. Observe como cada tópico sintetiza o que vai ser dito.

Mito e mitologia	
Existem muitos mitos, provenientes de diferentes culturas: os mitos sobre deuses gregos, africanos, indígenas, egípcios, maias, entre outros, o mito de Excalibur, a famosa espada do Rei Artur, o mito da criação do mundo, o mito da Torre de Babel.	Exemplos
Alguns dos objetivos do mito eram transmitir conhecimento, dar sentido a fenômenos desconhecidos, explicar a origem do mundo ou expor aspectos sagrados vinculados a determinada comunidade.	Finalidade de um mito
Mitos são narrativas de caráter fantástico que procuram explicar fatos da realidade e fenômenos da natureza que não eram compreendidos pelos seres humanos na época em que foram criados.	O que é mito
Mitologia é o estudo dos mitos, suas origens e significados em diferentes culturas.	O que é mitologia
Deuses e semideuses, figuras fantásticas.	As personagens

Disponível em: <http://www.significados.com.br/mito/>. Acesso em 25 maio 2015.

PRODUÇÃO ORAL

EXPOSIÇÃO ORAL — PRODUÇÃO PARA O PROJETO

Por que o planeta vermelho se chama Marte? Qual a origem da palavra **música** e da expressão **calcanhar de aquiles**? O que o clube de futebol Ajax, da Holanda, tem a ver com a mitologia?

A resposta a essas perguntas e histórias de seres incríveis, como mulheres com uma cabeleira feita de cobras e cavalos alados, estão na mitologia greco-romana. Para que você a conheça, propomos uma viagem ao mundo dos mitos gregos.

Antes de começar

1. Escolha um mito grego que gostaria de conhecer. Seu professor vai apresentar algumas possibilidades.

2. Pesquise esse mito seguindo as instruções dadas na unidade 2.

3. Leia mais de uma vez o material que conseguiu, até estar seguro de ter compreendido quais são as informações fundamentais e quais são as secundárias.

4. Anote o tópico principal de sua exposição, selecione outros pontos de interesse e elabore um roteiro de apoio.

Planejando a exposição

1. Ao pesquisar o mito, você adquiriu vários conhecimentos sobre ele. O objetivo de sua exposição oral será permitir que os colegas também o conheçam e entendam. Para isso, você precisa organizar a sequência de sua fala.

2. Anote as informações mais importantes em uma folha à parte para montar seu roteiro.
   - os dados essenciais sobre o mito (registre-os na ordem em que pretende apresentá-los aos ouvintes);
   - os dados sobre a sociedade que criou esse mito;
   - o nome de deuses e outras personagens e de lugares;
   - a presença de elementos do mito em nosso cotidiano;
   - curiosidades

   Essas anotações serão o roteiro de apoio para sua exposição oral; você deve tê-lo à mão ao se apresentar. Importante: não deixe de mencionar as fontes em que você pesquisou o mito.

3. Organize a sequência da exposição oral:
   1º) a **introdução**, o momento em que você apresentará seu roteiro e dirá aos colegas qual mito vai ser apresentado e a que povo ele pertence;

você pode usar frases como: "Vou apresentar a vocês o mito sobre..." ou "O mito sobre o qual vou falar..." ou outras semelhantes. Pode também iniciar a apresentação com uma pergunta: "Vocês sabiam que...?" Aqui você também pode, se quiser, dizer por que escolheu esse mito.

2º) a **exposição** propriamente dita, a parte da apresentação em que você compartilhará com a classe seus conhecimentos sobre o mito, apresentando as informações que coletou; apoie-se em seu roteiro.

3º) o **encerramento**, momento em que, ao finalizar a exposição, você pode se colocar à disposição dos ouvintes para esclarecer eventuais dúvidas.

> **ATENÇÃO**
> Durante a exposição dos colegas, colabore mantendo-se em silêncio, mas atento ao que eles estiverem expondo.

No momento da exposição

1. Fale em voz alta, pronunciando claramente as palavras.

2. Faça algumas pequenas pausas: se notar que algo não foi compreendido, explique novamente, com outras palavras, dê exemplos, faça comparações.

3. Adote uma postura descontraída e simpática para estabelecer uma boa comunicação com seus ouvintes.

4. Se perder o fio da meada, consulte seu roteiro e suas anotações e prossiga na exposição normalmente. Algumas expressões podem ajudá-lo nesse momento; por exemplo: Como expliquei antes..., Como eu ia dizendo... ou outras semelhantes.

5. Utilize linguagem adequada.

> **Lembre-se**
> - as narrativas míticas acontecem em um tempo indefinido. Portanto, ao expor o mito pequisado, evite expressões que marcam uma data ou um lugar definidos;
> - a narração deve ser feita em 3ª pessoa.

Avaliação

Terminadas as apresentações, avalie as exposições orais com seu professor e colegas. Veja alguns itens para serem avaliados.

1. O texto da exposição foi claro e entendido por todos?

2. A sequência de cada exposição estava bem organizada?

3. O tom de voz e a fluência da fala foram bons?

4. Os colegas puderam entender perfeitamente o mito apresentado?

5. O que poderia ser melhorado?

Circulação

Reveja seu roteiro e suas notas, organize-as e, com elas, monte um pequeno texto para ser apresentado em nosso Programa de rádio. Você pode seguir a mesma ordem da apresentação.

REFLEXÃO SOBRE A LÍNGUA

Frase, oração e período

Você viu nesta unidade que as preposições ligam palavras, estabelecendo uma relação de sentido entre elas. Vamos agora conhecer uma classe de palavras que tem função semelhante. Para isso, precisaremos antes entender o que é frase, oração e período.

1. Observe a imagem.

   a) Com as informações não verbais contidas nessa imagem, é possível compreender o que essas pessoas estão fazendo?

   b) Releia o texto formado pelos cartazes.

IGUAIS NA DIFERENÇA.
Campanha pela inclusão das pessoas com deficiência.

Pessoas com deficiência são como todo mundo. Elas têm habilidades, limitações e o mesmo direito que qualquer um tem de trabalhar, estudar, passear, se divertir e sonhar com um futuro melhor. Faça parte dessa campanha. Com oportunidades iguais, todo mundo tem condição de ser feliz.

www.direitoshumanos.gov.br

CORDE Secretaria Especial dos Direitos Humanos

BRASIL — UM PAÍS DE TODOS — GOVERNO FEDERAL

Revista *Veja*. São Paulo, Abril, 21 jan. 2009.

Qual o objetivo da campanha de que essa propaganda faz parte?

c) Segundo o texto embaixo da imagem, à esquerda, as pessoas são "iguais na diferença". A que tipo de diferença a propaganda se refere, especificamente?

d) As pessoas não são iguais umas às outras: temos gostos, opiniões, condições físicas diferentes. O que é que a propaganda propõe que seja igual para todos?

Para convencer as pessoas de que podem viver melhor quando não estão isoladas, a propaganda mostra cartazes que, separados, não têm sentido: eles precisam se juntar para formar um texto. É assim com as palavras de uma língua: elas se relacionam entre si para estabelecer conjuntos com sentido, as **frases**.

> Qualquer palavra ou conjunto de palavras com sentido completo recebe o nome de **frase**. As frases sempre terminam com ponto final, ponto de exclamação, ponto de interrogação ou reticências.

2. Releia estas frases do texto.

I. "Campanha pela inclusão das pessoas com deficiência."

II. "Pessoas com deficiência são como todo mundo."

III. "Faça parte dessa campanha."

Há verbo nessas frases?

> As frases podem ter verbo ou não.
> A frase que não apresenta verbo é chamada de **frase nominal**.
> A frase que se organiza em torno de um verbo é chamada de **frase verbal** ou **oração**.

3. Leia.

As pessoas com deficiência têm os mesmos direitos que todo mundo e devem ter oportunidades iguais.

a) Que verbos ou locuções verbais aparecem nessa frase?

b) Sabendo que cada verbo ou locução verbal corresponde a uma oração, responda: quantas orações há na frase acima?

c) Leia este trecho de uma notícia.

> **Rayssa tem nove anos, vai à escola de manhã e todas as tardes faz ginástica acrobática, judô, natação e basquete.** [...] a única coisa que diferencia Rayssa de outras crianças é uma prótese na perna direita.
>
> "Não acho que isso torna a minha vida muito diferente", diz Rayssa. Ela gosta muito de estudar e diz que quer ser pediatra (médico que cuida de crianças) quando crescer. [...]
>
> MORAES, Alexandra. *Folha de S.Paulo*, 30 abr. 2005. Folhinha.

O caso de Rayssa pode ser considerado exemplo do que a campanha "Iguais na diferença" propõe? Por quê?

d) Quantas orações há na frase destacada? Como você as identificou?

Prótese: dispositivo implantado no corpo para suprir a falta de um órgão ou para restaurar uma função comprometida (como andar, por exemplo).

4. Leia.

"Pessoas com deficiência são como todo mundo."

a) Quantas orações há nessa frase?

b) E na frase abaixo, quantas orações aparecem?

Pessoas com deficiência são como todo mundo e precisam das mesmas oportunidades.

> A frase expressa por uma ou mais orações e que termina em ponto final, ponto de exclamação, de interrogação ou reticências constitui um **período**.

5. Leia estes períodos e observe as formas verbais destacadas.

oração

Todo mundo **quer** as mesmas oportunidades.

um verbo / uma oração / um período

oração | oração

Cada pessoa **é** de um jeito, mas todas **têm** os mesmos direitos.

dois verbos / duas orações / um período

a) Qual é a relação entre a presença de um verbo ou locução verbal e a existência de uma oração?

b) De quantas orações pode ser formado um período?

> O período formado por uma oração é chamado de **período simples**, e o formado por duas ou mais orações é chamado de **período composto**.

Conjunção

1. Leia a tira.

> VOU DEIXAR A VIDA DE PLANTADOR.
>
> NÃO É POSSÍVEL CRER QUE UM CARVALHO SAIA DE DENTRO DE UMA SEMENTE PEQUENA ASSIM.
>
> ISSO SERIA UM MILAGRE...
>
> E A CIÊNCIA GARANTE QUE MILAGRES NÃO EXISTEM.

SALVADOR. *Tiras de letra*. Rio de Janeiro: Virgo, 2004.

a) No primeiro quadrinho, a personagem resolve abandonar a vida de plantador. No segundo, ela explica sua decisão. No caderno, una as duas falas em um único período, usando uma palavra que faça a ligação entre elas.

b) Releia as falas do terceiro e do quarto quadrinhos e observe a divisão entre as três orações.

"Isso **seria** um milagre.../ e a ciência **garante**/ que milagres não **existem**."

Quais são as palavras que ligam essas orações entre si?

c) No quarto quadrinho, as duas últimas orações dessa fala da personagem mostram uma contradição em relação ao que acontece no quadrinho, provocando humor. Qual é essa contradição?

Na língua portuguesa, palavras como **e** e **que**, empregadas nas falas da personagem, cuja função é ligar uma oração a outra, classificam-se como **conjunções**.

> **Conjunção** é a palavra que une duas orações. Exemplos de conjunções: **e**, **que**, **mas**, **porque**, **portanto** etc.
> As conjunções também podem unir duas palavras ou expressões que têm a mesma função em uma oração.

2. Releia este período de "Como nasceram as estrelas".

   "Podiam esconder numa caverna a avó e o papagaio/ porque os dois contariam tudo."

   a) Quantos verbos ou locuções verbais há nesse período? E quantas orações?

   b) Qual é a conjunção que liga essas orações?

   c) Aparece também nesse período a conjunção **e** na expressão: a avó e o papagaio. Essa conjunção também liga duas orações?

3. Agora leia mais este trecho da lenda.

   expressão que liga as orações

   "Aí então chamaram os colibris **para que** amarrassem um cipó no topo do céu."

   primeira oração — segunda oração

   a) Com que objetivo os curumins chamaram os colibris?

   b) A expressão **para que** é uma locução. Ela indica causa ou finalidade?

> Quando duas ou mais palavras têm o mesmo valor de uma conjunção, elas formam uma **locução conjuntiva**. Exemplos: **para que**, **visto que**, **antes que**, **à medida que**.

Relações estabelecidas pelas conjunções

1. Observe a propaganda ao lado.

   a) Baseando-se no texto verbal e no não verbal, explique o objetivo dessa propaganda.

   b) Os sinais matemáticos e os desenhos, no lado esquerdo da imagem, compõem uma fórmula que resume o que se diz na propaganda. Traduza em uma frase o significado dessa fórmula.

   c) Releia a oração em destaque na propaganda.

   "Sujeira e água não combinam."

   Se você fosse transformá-la em uma fórmula matemática, que sinal poderia usar no lugar da conjunção **e**?

   d) Podemos concluir que a conjunção **e** estabelece entre **sujeira** e **água** uma relação de exclusão, conclusão, soma ou oposição?

Revista *Veja*. São Paulo, Abril, 14 jan. 2009.

2. Nesta manchete, a conjunção **e** liga duas orações ("embarque no passado", "conheça a história de Minas em seus museus"), estabelecendo entre elas uma relação de adição.

Embarque no passado e conheça a história de Minas em seus museus

Correio Braziliense, 27 abr. 2011.

Museu da cidade de Santa Luzia, MG.

As conjunções podem estabelecer vários tipos de relação entre as orações, além da relação de adição. Por exemplo: conclusão, condição, explicação, finalidade e tempo.

Qual dessas relações a conjunção ou locução destacada estabelece entre as orações em cada frase?

a) Embarque no passado **a fim de** conhecer a história de Minas em seus museus.

b) Embarque no passado **se** quiser conhecer a história de Minas em seus museus.

c) Embarque no passado **quando** quiser conhecer a história de Minas em seus museus.

d) A história de Minas está em seus museus, **portanto** embarque nesse roteiro.

Veja o quadro com algumas das principais conjunções e os sentidos que podem estabelecer entre duas orações ou entre duas palavras ou expressões que têm a mesma função dentro de uma oração.

Conjunção	Relação de sentido que estabelece
e, nem	adição, soma
mas, porém	oposição
ou	alternância
porque	explicação
portanto	conclusão
porque, pois	causa
se	condição
quando, enquanto	tempo
como	comparação

1. Leia a tira.

> VOCÊ NÃO É COMO OS OUTROS MENINOS VIKINGS.
>
> VOCÊ É GENTIL... EDUCADO... POLIDO...
>
> MAS GOSTO DE VOCÊ ASSIM MESMO!

BROWNE, Dik. *O melhor de Hagar, o Horrível*. Porto Alegre: L&PM, 2005. v. 1.

a) Você se surpreendeu ao ler o último quadrinho? Por quê?

b) O que você esperava que a menina dissesse no terceiro quadrinho?

c) Reescreva no caderno a última fala de modo que ela apresente a conclusão mais óbvia para o que foi dito antes, isto é, de forma que não surpreenda.

d) Que conjunção ou locução conjuntiva você usou no lugar da conjunção **mas**?

e) Em "Você é gentil... educado... polido... Mas gosto de você assim mesmo!", a conjunção **mas** estabelece que tipo de relação entre as orações?

2. Observe a tira para responder às questões.

> VOCÊ O DISTRAI, ENQUANTO EU DOU UMA LIMPADA NA JAULA.

LAERTE. Disponível em: <http://www2.uol.com.br/laerte/tiras/>. Acesso em: 7 jun. 2011.

a) O que provoca humor na tira?

b) Quantas orações há na fala da personagem?

c) Que conjunção liga as orações?

d) O funcionário queria que o colega distraísse a onça por algum tempo. Qual é a palavra, em sua fala, que expressa a noção de tempo?

3. Releia estas frases do mito maia que explica a criação do mundo.

"[...] Sabiam falar, mas não demonstravam alegria nem tristeza [...]"

"[...] Os deuses estavam intrigados e contrariados, mas não desistiam tão facilmente de seus planos. [...]"

a) Em ambos os trechos, aparecem duas ideias que se opõem. Quais são elas?

b) Qual é a palavra que estabelece a oposição de sentido entre essas ideias nas duas frases?

c) Que outra(s) palavra(s) poderia(m) substituir a que você indicou acima sem perda de sentido nas duas frases?

4. Leia estes títulos de notícias. Identifique a conjunção que aparece em cada um e escreva no caderno que relação ela estabelece entre as orações (adição, oposição, alternância, explicação, conclusão, tempo etc.).

a) Vá, mas não me convide

Revista Veja, 21 jan. 2009.

b) Quando o Carnaval passar, um antigo subúrbio carioca continuará respirando samba

Revista National Geographic Brasil. São Paulo: Abril, mar. 2011.

c) Nova explosão estrelar é descoberta e pode ajudar cientistas

Jornal do Brasil, 9 jun. 2011.

ATIVANDO HABILIDADES

1. (SAEB)

Câncer
As novas frentes de ataque

A ciência chega finalmente à fase de atacar o mal pela raiz sem efeito colateral.

A luta contra o câncer teve grandes vitórias nas últimas décadas do século 20, mas deve-se admitir que houve também muitas esperanças de cura não concretizadas. Após sucessivas promessas de terapias revolucionárias, o século 21 começou com a notícia de uma droga comprovadamente capaz de bloquear pela raiz a gênese de células tumorais. Ela foi anunciada em maio deste ano, na cidade de San Francisco, no EUA, em uma reunião com a presença de cerca de 26 mil médicos e pesquisadores. A genética, que já vinha sendo usada contra o câncer em diagnósticos e avaliações de risco, conseguiu, pela primeira vez, realizar o sonho das drogas "inteligentes": impedir a formação de tumores. Com essas drogas, será possível combater a doença sem debilitar o organismo, como ocorre na radioterapia e na quimioterapia convencional. O próximo passo é assegurar que as células cancerosas não se tornem resistentes à medicação. São, portanto, várias frentes de ataque. Além das mais de 400 drogas em testes, aposta-se no que já vinha dando certo, como a prevenção e o diagnóstico precoce.

Revista Galileu. Julho de 2001, p. 41.

O conectivo "portanto", (l. 11), estabelece com as ideias que o antecedem uma relação de

a) adversidade.

b) conclusão.

c) causa.

d) comparação.

e) finalidade.

2. (SARESP)

Conferência confirma que Plutão deixa de ser planeta

da Folha On-line

A União Astronômica Internacional excluiu, nesta quinta-feira, Plutão como um planeta do Sistema Solar, após longas e intensas controvérsias sobre a resolução. A decisão foi votada hoje no plenário da 26ª Assembleia Geral da entidade, realizada em Praga. O Sistema Solar passa assim a ter oito planetas em vez de nove. Segundo a definição estabelecida pela União Astronômica Internacional, um planeta é aquele que tem massa suficiente para ficar isolado em sua órbita, o trajeto que percorre em volta do Sol. "Em sua formação e evolução o planeta 'limpa' a região a sua volta", explica o astrônomo do Laboratório Nacional de Astrofísica, Carlos Torres. "Em torno da órbita de Plutão há vários outros corpos, por isso ele não é mais um planeta", acrescenta. Especialistas afirmam que em poucos anos deverão ser catalogados vários planetas-anões no Sistema Solar.

(*Folha de S. Paulo*. Disponível em: <www1.folha.uol.com.br/folha/ciencia/ult306u15073.shtml>. Acesso em: ago. 2008)

Segundo o texto, Plutão foi excluído do Sistema Solar porque

a) ele é um planeta-anão.

b) sua órbita foi alterada.

c) inexistem corpos celestes à sua volta.

d) há outros corpos celestes em torno da sua órbita.

Encerrando a unidade

Nesta unidade, você refletiu sobre a organização e estruturação dos gêneros da tradição oral, o mito e a lenda, analisou o sentido e relações estabelecidas nos textos no emprego de preposições. Com base no que você aprendeu, responda:

1. Lendas e mitos são gêneros que têm pontos em comum. Você saberia apontar diferenças entre eles?
2. Verifique se compreendeu o que é frase, oração e período criando um exemplo de cada uma dessas construções.
3. Ficou clara a regra de acentuação das palavras proparoxítonas? Explique-a.
4. Que avaliação você faz de sua produção escrita (reconto de uma lenda)?

UNIDADE 4
Em verso e prosa

TROCANDO IDEIAS

1. A gravura ao lado é uma xilogravura. Você sabe o que é xilogravura e onde se encontram ilustrações como essa?
2. Descreva a figura.
3. O que chama mais atenção na imagem?
4. Observe as cores utilizadas. Por que algumas figuras estão coloridas e as demais em preto e branco?
5. O título da gravura é *Cantoria de viola*. Quem toca viola é chamado de violeiro. Você já teve oportunidade de ouvir ou ver um violeiro tocando ou cantando? Se sim, conte para os colegas onde e como foi.

Nesta unidade você vai

- conhecer alguns gêneros da tradição oral brasileira
- compreender as características e a organização dos gêneros cordel e causo
- observar os recursos poéticos utilizados no cordel e no repente
- refletir sobre variedades linguísticas existentes no país
- reconhecer os graus de formalidade presentes em determinadas situações de uso da língua
- planejar, organizar e apresentar a dramatização de um causo

J. BORGES. CANTORIA DE VIOLA

LEITURA 1

ANTES DE LER

No Brasil, há uma tradição de narradores e poetas que, em prosa e verso, falam do povo, de seu cotidiano, seus problemas, suas tristezas e alegrias. Nesta unidade, vamos tratar de literatura popular, começando pelos folhetos de cordel, manifestação cultural que se desenvolveu de um modo muito rico principalmente no Nordeste, sendo ainda hoje conhecida e praticada, inclusive pela internet.

1. Pedro Malasartes é uma personagem de contos populares: astucioso, faz-se de tolo para enganar quem tenta enganá-lo. Em outros países, também existem histórias com essa personagem, que aparece com nomes diferentes: Malas Artes, Urdemalas, Urdimale. Você conhece alguma história do Malasartes? Conte-a aos colegas.

2. Outra personagem da cultura popular portuguesa e brasileira é João Grilo. Herói diferente, miúdo e sem instrução, ele vence as dificuldades um pouco pela sorte, um pouco pela esperteza. Você já ouviu alguma história de João Grilo? Qual?

A hora da morte

[...]
O sujeito teve um sonho
Do dia em que morreria
Seria na terça-feira
Vinte oito era o dia
Do primeiro fevereiro
Já estava em janeiro
Começou sua agonia.

No dia seguinte do sonho
Procurou a cartomante
Que confirmou a história
Ele mudou de semblante
Dizendo-lhe até o horário
Marcando no calendário
Ali naquele instante.

Seria às vinte e três horas
Reafirmou com certeza
O cara saiu dali
Carregado de tristeza
Murmurando repetia
Meu Deus mas que agonia
Mostre-me sua grandeza.

E com o passar dos dias
Aumentava a aflição
Ele cheio de saúde
E naquela situação
Meu Deus o que faço agora
Passava outra aurora
E nada de solução.

Quando chegou fevereiro
Seu peito alto batia
Procurou um hospital
E na cardiologia
Naquela dúvida infame
Fez tudo o que é exame
Até radiografia.

[...]

A saúde era perfeita
Não tinha nem dor de dente
Ficou um pouco animado
Mais ou menos sorridente
Outra semana passou
O calendário voou
Deixando-lhe impaciente.

Até que chegou o dia
Daquela interrogação
Foi então dormir mais cedo
Mas sua imaginação
Resolveu naquele instante
Tomar um duplo calmante
Haja, haja coração.

O relógio despertador
Em cima de uma banqueta
Ele embaixo do lençol
Aquela triste faceta
Um minuto era um mês
Olha o relógio outra vez
Batendo feito o capeta.

Depois, se passar das onze
Ele estaria salvo
Daquela situação
Não seria mais o alvo
Mas o tempo é assim
Quando quer fazer pantim
Não dá nem um intervalo.

Passava das dez e meia
Quando chegou o destino
Bateu na sua cabeça
Feito badalo de sino
Ali naquele momento
Veio no seu pensamento
Sair daquele pepino.

Pegou o despertador
Atrasou em quatro horas
Em seguida adormeceu
Feito anjos na aurora.
Isto já faz vinte anos
Vivinho e cheio de planos
Nem pensa em ir embora.

Fazer pantim: dar notícias alarmantes; espalhar boatos.

SALLES, Chico. Disponível em:
<www.chicosalles.com.br.postagem.php?id=10>.
Acesso em: 7 maio 2015.

EXPLORAÇÃO DO TEXTO

Antes de iniciar o estudo do texto, tente descobrir o sentido das palavras desconhecidas pelo contexto em que elas aparecem. Se for preciso, consulte o dicionário.

Nas linhas do texto

1. Qual é o assunto do texto?

2. Após o sonho, de quanto tempo de vida a personagem dispunha antes do dia previsto para sua morte?

3. Que sentimentos foram tomando conta da personagem à medida que os dias passavam? Anote no caderno versos que comprovem sua resposta.

4. Qual foi a providência tomada pelo homem quando chegou fevereiro e o que ele ficou sabendo?

5. No tão temido dia, a profecia se cumpriu? O que a personagem fez para "sair daquele pepino"?

Nas entrelinhas do texto

1. A personagem é supersticiosa? Que atitudes dela mostram isso?

2. O narrador da história mostra-se crítico em relação à maneira como a personagem enfrenta seu problema? Explique.

3. A previsão não se realizou. O texto deixa claro se isso aconteceu porque o homem conseguiu enganar o destino? Explique.

Além das linhas do texto

1. A literatura de cordel é geralmente publicada em folhetos. Veja a capa de alguns deles.

O autor

O paraibano Chico Salles é cordelista, cantor e compositor. Em suas composições, mescla samba e música nordestina, procurando sempre resgatar suas raízes nordestinas. É membro e diretor cultural da Academia Brasileira de Literatura de Cordel.

O cordelista Chico Sales.

Responda no caderno. Qual ou quais desses cordéis:

a) tem (têm) tema da cultura popular?

b) fala(m) de problemas vividos em todas as partes do mundo?

c) fala(m) de um sentimento universal?

d) traz(em) a biografia de alguém conhecido?

e) conta(m) histórias do cangaço?

2. Neste poema, o próprio cordelista explica sua arte.

Literatura de cordel
É poesia popular
É história contada em versos
Em estrofes a rimar
Escrita em papel comum
Feita pra ler ou cantar.

[...]

Os folhetos de cordel
Nas feiras eram vendidos
Pendurados num cordão
Falando do acontecido,
De amor, luta e mistério,
De fé e do desassistido.

A minha literatura
De cordel é reflexão

Sobre a questão social
E orienta o cidadão
A valorizar a cultura
E também a educação.

Mas trata de outros temas:
Da luta do bem contra o mal,
Da crença do nosso povo,
Do hilário, coisa e tal
E você acha nas bancas
Por apenas um real.

O cordel é uma expressão
Da autêntica poesia
Do povo da minha terra
Que luta pra que um dia
Acabe a fome e miséria
Haja paz e harmonia.

DINIZ, Francisco Ferreira Filho. Disponível em: <http://literaturadecordel.vilabol.uol.com.br/projetocordelnaescola.htm>. Acesso em: 15 jun. 2011.

a) Segundo o poema, de quais assuntos um cordel pode falar?

b) O eu poético diz: "A minha literatura/De cordel é reflexão/Sobre a questão social". A que ele se refere quando fala em questão social?

A impressão do cordel

A literatura de cordel costuma ser impressa em papel barato, em pequenos folhetos produzidos, em geral, com uma só folha dobrada de modo a formar oito páginas. Atualmente, também se encontram livros com antologias de cordéis, vendidos não em feiras, mas em livrarias e *sites* dedicados a essa literatura.

Importância social

A leitura de folhetos de cordel para grupos de pessoas não alfabetizadas é comum desde que essa literatura se difundiu no Nordeste. E a curiosidade pelas histórias narradas nos folhetos representou, principalmente na zona rural, um estímulo para que muitas pessoas desejassem aprender a ler.

Origem

A literatura de cordel chegou ao Brasil trazida pelos portugueses. Os primeiros folhetos editados no Brasil são da segunda metade do século XIX.
O cordel se desenvolveu bastante no interior do Nordeste, onde tinha não apenas a função de entreter com suas narrativas mas também de levar notícias. Em um tempo em que não existia TV nem internet e os jornais e rádios não chegavam ao interior, o cordelista fazia o papel de repórter, andando de feira em feira e levando à população os acontecimentos da semana.

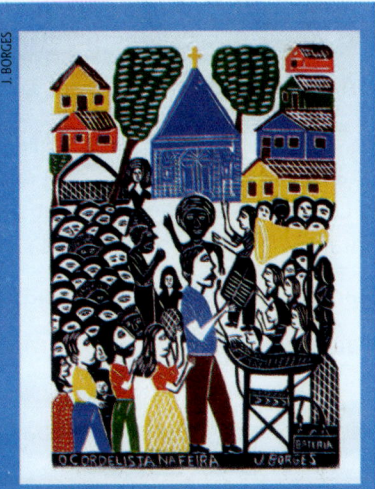

Xilogravura representando um cordelista na feira.

Temas da literatura de cordel

Alguns temas são muito abordados na literatura de cordel: contos maravilhosos, histórias de animais, peripécias, tradição religiosa, amores contrariados, cangaço, dificuldades enfrentadas na região (seca, carestia, pobreza), festas, crítica e sátira, biografias, histórias de astúcia e de esperteza, acontecimentos atuais e críticas a personalidades, principalmente políticos.

COMO O TEXTO SE ORGANIZA

1. O cordel "A hora da morte" é uma narrativa. O narrador é também personagem ou ele apenas conta o que observa?

2. "A hora da morte" é narrado na ordem cronológica? Explique.

3. Releia o texto "A hora da morte".

    a) Quantos versos cada estrofe do poema tem?

    b) Todas as estrofes têm o mesmo número de versos?

> Nos **poemas de cordel** são mais frequentes as **estrofes** de seis versos (sextilhas), mas também aparecem estrofes de sete e dez versos.

> **Verso** é cada linha de um poema.
> **Estrofe** é um grupo de versos separado dos demais por um espaço.

4. Rima é a repetição de sons no final de dois ou mais versos. Trata-se de um recurso muito empregado em textos poéticos. Releia a primeira estrofe.

    a) Quais são as palavras em final de verso que rimam?

    b) Há algum verso, nessa estrofe, que não rime com nenhum outro?

    c) Agora releia a segunda estrofe, observando o esquema de rimas.

    O segundo verso rima com o quarto e o sétimo versos; o quinto verso rima com o sexto. O primeiro e o terceiro versos não entram nesse esquema.

    Escolha outras duas estrofes do poema e verifique se elas também seguem o esquema de rimas XAXABBA.

"No dia seguinte do sonho	X	X
Procurou a cartom**ante**	A	A
Que confirmou a história	X	X
Ele mudou de sembl**ante**	A	A
Dizendo-lhe até o hor**ário**	B	B
Marcando no calend**ário**	B	B
Ali naquele inst**ante**."	A	A

5. Observe a divisão das sílabas neste verso.

    A/ sa/ú/de/ e/ra/ per/fei/ta.
    1   2 3 4 5 6   7   8 9

    O verso tem nove sílabas ao todo. Porém, quando o lemos em voz alta, unimos o som de duas vogais que estão em palavras diferentes. Veja.

    A/ sa/ú/**de e**/ra/ per/fei/ta
    um som apenas

    Na construção e na análise dos poemas, é assim que se contam as sílabas dos versos: as sílabas cujos sons se unem na fala são contadas como uma só. Além disso, só contamos até a sílaba tônica da última palavra do verso.

    a) No caso do verso acima, qual é a última sílaba tônica?

    b) Sendo assim, quantas sílabas poéticas tem o verso "A saúde era perfeita"?

    c) Escolha outra estrofe do poema e conte as sílabas poéticas de cada verso.

> **Métrica** de um poema é o número de sílabas de cada um de seus versos.

Na década de 1950, tornou-se comum a capa dos folhetos de cordel ser ilustrada com xilogravura, uma gravura feita com uma espécie de carimbo de madeira. Observe, na foto, uma matriz de madeira recebendo a tinta.

6. Com a orientação do professor, leia com os colegas todo o cordel em voz alta. Atente para a métrica e as rimas. Qual é o principal efeito produzido pelo fato de os versos terem o mesmo número de sílabas poéticas e de haver repetição de sons?

> O cordel é literatura escrita, mas destinada à declamação, à leitura oral. Esse gênero emprega recursos poéticos como a **rima** e a **métrica**, que dão **ritmo** à leitura, aproximando-a da música.

Pendurados

A palavra **cordel** se origina do costume de expor os folhetos para a venda presos em um cordel (corda fina) nas feiras. Hoje quase não se encontram folhetos pendurados em cordéis: eles são mais vendidos empilhados ou em caixotes, ou mesmo pela internet.

RECURSOS LINGUÍSTICOS

1. Identifique no texto e anote no caderno:

a) advérbios ou locuções adverbiais que indiquem ao leitor o espaço onde as ações acontecem;

b) advérbios ou locuções adverbiais que indiquem tempo.

2. A presença dos advérbios e locuções adverbiais de tempo contribui para criar um aumento de tensão nessa narrativa. Explique por que, com base no assunto do texto.

3. Os poemas de cordel são produzidos para serem lidos oralmente. Por isso, a métrica e a rima são mais importantes que a pontuação, ainda que essa não seja uma regra a ser seguida por todos os poetas. Releia.

> "Meu Deus mas que agonia"
> "Meu Deus o que faço agora"

a) A quem se dirige a personagem nesse momento e com que finalidade?

b) Considerando sua resposta anterior, com qual entonação (interrogativa, afirmativa, exclamativa ou imperativa) pode ser lida cada frase?

c) A falta da pontuação na escrita impede que se compreenda o que a personagem expressa? Por quê?

4. Um dos versos do cordel diz que "o calendário voou".

a) Um calendário é um impresso onde se indicam os dias, as semanas e os meses do ano. O substantivo concreto **calendário** foi usado no lugar de qual substantivo abstrato?

b) Quando diz que "o calendário voou", o narrador dá a entender que o calendário passou muito rápido ou muito devagar?

> O verbo **voar**, nesse contexto, foi usado com **sentido conotativo**, ou seja, diferente daquele sentido mais usual ("mover-se por meio de asas").
>
> Ao dizer que "o calendário voou", o narrador faz uma comparação: o tempo passou tão rápido como se voasse. Esse tipo de construção chama-se metáfora.

NÃO DEIXE DE LER

- *Minhas rimas de cordel,* de César Obeid, editora Moderna

Ditados populares, narrativas engraçadas e brincadeiras em forma de cordel.

Metáforas são comparações abreviadas. Por exemplo: "Seus olhos são vaga-lumes" (= Seus olhos são brilhantes como os vaga-lumes).

5. O homem atrasou o despertador e "adormeceu feito anjos na aurora".

a) Que efeito essa comparação cria, ou seja, de que modo se imagina que o homem tenha dormido?

b) Anote no caderno outras comparações empregadas no poema.

6. Enquanto esperava a morte, o homem achava que "um minuto era um mês". Trata-se de um exagero, já que um minuto são apenas 60 segundos. Que sensação da personagem esse exagero exprime? Explique.

> A palavra ou frase empregada com sentido exagerado para enfatizar uma ideia ou um sentimento constitui uma **hipérbole**.

> A literatura de cordel faz uso de recursos expressivos que são comuns nos poemas, como **metáforas**, **comparações** e **hipérboles**.

A LÍNGUA NÃO É SEMPRE A MESMA

Releia.

> Ali naquele momento
> Veio no seu pensamento
> **Sair daquele pepino**.

1. O que significa a expressão "sair de um pepino"?

2. Essa expressão é típica da linguagem informal, isto é, aquela que é usada no dia a dia. Você conhece expressões semelhantes a essa, usadas em seu cotidiano?

3. Anote no caderno outras palavras ou expressões típicas da fala informal que ocorrem no texto do cordel.

4. Anote no caderno: quais destas características do gênero cordel explicam a presença de expressões coloquiais no texto?

a) O cordel é um gênero de origem oral.
b) É literatura popular.
c) Foi trazido de Portugal.
d) Geralmente retrata situações do cotidiano.

NÃO DEIXE DE LER

- *Mitos e lendas do Brasil em cordel,* de Nireuda Longobardi, editora Paulus

  Histórias que fazem parte do patrimônio cultural do país – sobre o saci, o boto, a iara, o lobisomem, o curupira, a mula sem cabeça e outros – contadas em forma de cordel.

PARA LEMBRAR

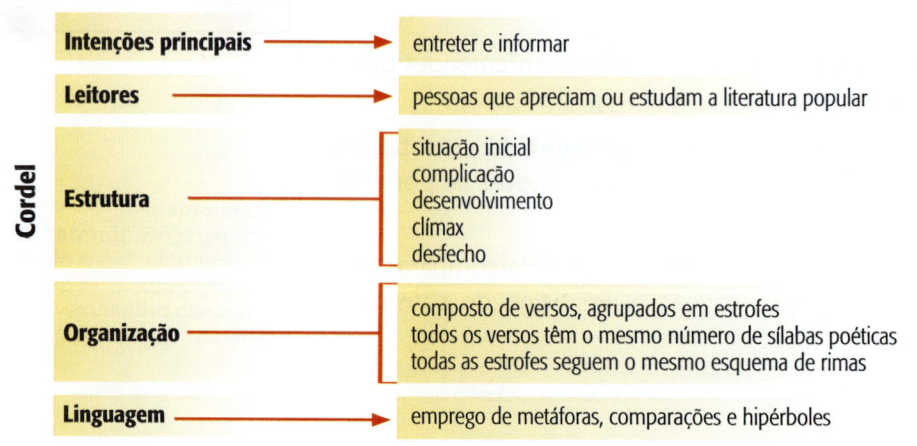

Cordel

Intenções principais	entreter e informar
Leitores	pessoas que apreciam ou estudam a literatura popular
Estrutura	situação inicial complicação desenvolvimento clímax desfecho
Organização	composto de versos, agrupados em estrofes todos os versos têm o mesmo número de sílabas poéticas todas as estrofes seguem o mesmo esquema de rimas
Linguagem	emprego de metáforas, comparações e hipérboles

ORALIDADE

Como você viu, os poetas do cordel costumam apresentar seus poemas oralmente. Contando a história, o cordelista dá ao texto a entonação que ele imaginou ao escrever. Desse modo, o ouvinte compreende a intenção de cada verso e também o sentido geral do poema.

Leia com atenção as frases a seguir e anote-as no caderno, pontuando como você preferir. Depois, sente-se com um colega e leia cada uma delas para ele, dando a cada frase a entonação adequada, conforme a pontuação que você usou. Seu colega terá de dizer qual foi sua intenção: pedir uma informação, expressar admiração, informar. Em seguida, ele fará a leitura das frases para que você reconheça a intenção de cada uma delas.

1. O sujeito teve um sonho
2. Seria às vinte e três horas
3. A saúde era perfeita
4. Pegou o despertador
5. Atrasou em quatro horas

DEPOIS DA LEITURA

REPENTE

Outro gênero da literatura popular, próximo da tradição nordestina do cordel, porém na modalidade oral, é o **repente** (chamado de **cantoria**, quando acompanhado de **viola**).

O repente é uma mescla de poesia e música na qual os versos são criados de improviso, "num repente", mas precisam ter rima e métrica. Um dos gêneros do repente é o desafio, um combate poético entre dois cantadores, os repentistas. A partir de um tema sugerido por um deles ou pelo público, começa a "luta" poética. Cada repentista procura convencer os ouvintes de que é um poeta mais hábil e inspirado que o companheiro, e o desafio só termina quando um dos dois desiste.

Veja a diferença entre repente e cordel, explicada por um cordelista.

> O cordel é diferente
> Do repente improvisado
> O cordel é sempre escrito
> Em folheto e declamado
> O repente é improviso
> Sem ter nada decorado.
>
> OBEID, César. *Vida rima com cordel*. São Paulo: Salesiana, 2007.

Como são produzidos oralmente, a maioria dos repentes se perde, mas alguns são recuperados e registrados por escrito. E há poetas que criam poemas reproduzindo disputas fictícias entre cantadores.

Um exemplo disso é o desafio entre Zé Tingó e Bertulino, poema de Patativa do Assaré (1909-2002), um dos maiores poetas populares do Brasil.

Antonio Gonçalves da Silva (1909-2002), conhecido como Patativa do Assaré, nasceu na cidade de Assaré, CE. Foi cantor, compositor e improvisador.

O violeiro

"Talvez a figura mais popular do Nordeste brasileiro seja o cantador, o violeiro. Por muitos anos, o repente serviu como o único meio de comunicação em terras áridas e inóspitas. Fazia as vezes de rádio, de tevê, de revistas. E não era só isso: as notícias vinham em forma de versos, rimados, ritmados, poéticos. [...]"

Disponível em: <http://almanaque.folha.uol.com.br/musicapop1.htm>. Acesso em: 7 maio 2015.

Bertulino e Zé Tingó

Zé Tingó:
– Meu bom dia, Bertulino,
como vai meu camarada?
Já faz uns pouco de dia
que eu ando em sua pisada.
Com muito cuidado e pressa,
fiz até uma promessa
pra não vortá sem lhe vê.
E vou logo lhe avisando,
eu ando lhe precurando
mode proseá com você.

Bertulino:
– Pois não, amigo Tingó,
agora nóis vamo a ela
vai já encontrá um texto
que dê na sua panela.
Vô preguntá pra você
e tem que respondê,
se é poeta porfundo,
e rima sem **quebra pé**,
vá me dizendo qual é
a coisa maió do mundo.

Zé Tingó:
– Bertulino, essa pregunta
te respondo muito bem.
Das coisa que anda sem fôrgo
a mais maió é o trem,
mas porém de bicho vivo,
vou lhe falá positivo,
do que eu conheço hoje em dia
e agora tô lembrado,
é o boi zebu raciado
do Coroné Malaquia.

Bertulino:
– Zé Tingó, eu nunca vi
tão tolo assim como tu.
A coisa maió do mundo
não é trem nem boi zebu
Colega, a coisa maió
e também a mais mió
eu vou lhe dizê qual é,
sem demorá um segundo:
a coisa maió do mundo
é o grande amô da muié.
[...]

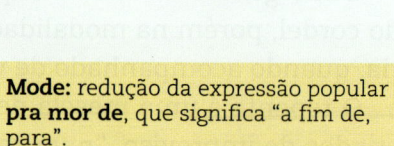

ASSARÉ, Patativa do et alii. *Feira de versos*: poesia de cordel. São Paulo: Ática, 2005.

> **Mode:** redução da expressão popular **pra mor de**, que significa "a fim de, para".
>
> **Quebrar pé**, nesse contexto, é "fazer versos de pé quebrado, ou seja, com sílabas de mais ou de menos, malfeitos".

1. De quantos versos cada estrofe é composta?

2. Observe a contagem das sílabas poéticas do primeiro verso.

última sílaba tônica do verso ←

Meu/ bom/ di/a,/ Ber/tu/**li**/no,
  1   2   3 4 5   6 7

Confira se os outros versos também têm sete sílabas poéticas.

3. Que palavras rimam na primeira estrofe?

4. A grafia das palavras destacadas não segue a norma-padrão. Observe.

> "a coisa **maió** do mundo
> é o grande **amô** da muié."

Que efeito essa forma de escrever as palavras produz?

5. Quanto à forma, que semelhanças você vê entre o desafio de repentistas inventado por Patativa do Assaré e o cordel de Chico Salles?

6. O cordel "A hora da morte" é uma narrativa. O texto "Bertulino e Zé Tingó" também conta uma história? Explique.

DO TEXTO PARA O COTIDIANO

A cultura popular de uma região pode acabar se tornando uma fonte de renda para a população quando atrai o interesse de turistas. Isso pode fazer com que ela sofra modificações, até mesmo na intenção com que é produzida.

Em certas cidades do Nordeste, são apresentados espetáculos de repente aos turistas, e algumas pessoas imaginam que essa arte se limite a tais espetáculos. Veja o esclarecimento enviado pelo repentista cearense Edmilson Ferreira a um *site* que havia dado informações incompletas sobre a atuação dos artistas do repente.

Sou repentista e, como tal, gostaria de parabenizá-los pelo interesse de falar sobre a nossa atividade. Lamento, no entanto, que as informações não estejam nem um pouco abrangentes como deveriam, pois os repentistas de quem falam são apenas uma pequena parcela que canta nas praias do Nordeste. Foi omitido, portanto, o papel dos vários cantadores que se apresentam em cantorias, em grandes Festivais de Repentistas do Brasil e que por muitas vezes já representaram o nosso país em outros países, como: Portugal, França, Espanha, Alemanha e Estados Unidos. Esses cantadores a que me refiro representam a cantoria do Nordeste com a manutenção de suas características. Os nossos colegas que, por uma questão de mercado, trabalham nas praias, infelizmente, têm a sua dignidade maculada pela situação a que são expostos. [...]

Gostaria, portanto, que fosse feita essa correção no sentido de deixar claro que as informações passadas não correspondem à realidade da categoria [dos repentistas] como um todo, e sim de uma pequena parcela. [...] "Esses cantadores a que me refiro representam aí sim a cantoria do Nordeste com a manutenção de suas características."

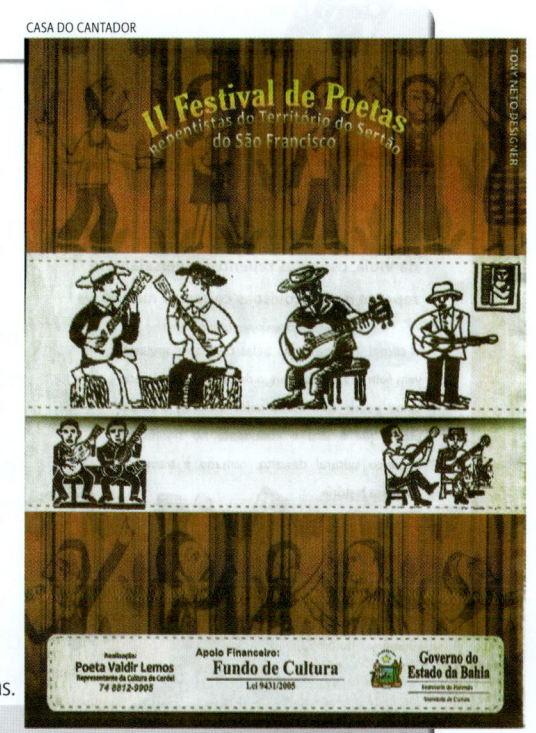

Cartaz de encontro de repentistas.

1. Releia o que afirma Edmilson Ferreira a respeito dos cantadores de repente.

   "Esses cantadores a que me refiro representam 'aí sim' a cantoria do Nordeste com a manutenção de suas características."

   a) A quais cantadores de repente se refere o pronome **esses**?
   b) Nesse contexto, o uso da expressão **aí sim** revela que avaliação a respeito dos repentistas que cantam nas praias?

2. O cordel e o repente são mais comuns no Nordeste que no restante do país, mas outras regiões também têm manifestações da cultura popular.

   a) Existe algum tipo de literatura, música, dança, artesanato ou festa que seja característico de sua cidade ou de sua região? Se um turista viesse conhecer sua cidade, o que você apresentaria a ele como arte popular típica do lugar?
   b) O que você acha da atitude de pessoas que julgam manifestações artísticas de regiões diferentes da sua como algo de pouco valor?

PRODUÇÃO ESCRITA

PRODUÇÃO PARA O PROJETO

Acróstico

É comum as últimas estrofes de um cordel formarem um acróstico com o nome do autor. Trata-se de uma maneira original e disfarçada de assinar o texto. Veja como José Costa Leite encerrou seu folheto "Tudo agora levantou".

> [...]
> **C**aro leitor vou dizer
> **O** livrinho terminou
> **S**e o leitor se agradou,
> **T**enho aqui para vender
> **A** todos quero atender.
>
> **L**eve um que não é chato
> **E**u vendo, mesmo, de fato
> **I**nda digo sem desdém,
> **T**udo levantou, porém
> **E**u só quero vender barato.

Acróstico é uma composição poética em que as letras iniciais de cada verso, lidas na vertical, formam um nome ou uma frase.

Nossa proposta, nesta seção, é que você produza um **acróstico** para homenagear uma pessoa a quem admire e que o entregue a ela.

Planejando o texto

1. Escreva no caderno o nome da pessoa, colocando as letras na vertical, em uma coluna à esquerda da página.
2. Crie versos começados com cada letra do nome. Neles, fale sobre as qualidades da pessoa, de talentos dela ou de coisas boas que faz ou fez e de como ela influencia sua vida.
3. Crie metáforas, comparações e hipérboles para exprimir seus sentimentos e enfatizar as qualidades do homenageado.
4. Se tiver dificuldades para encontrar palavras adequadas começadas com as letras do nome, consulte um dicionário.
5. Você pode tentar rimar alguns dos versos e fazer os versos com número parecido de sílabas poéticas, como fazem os poetas de cordel.

Avaliação e reescrita

1. Mostre seu texto a um colega, para que ele verifique se:
   - as letras iniciais dos versos, lidas na vertical, formam o nome de uma pessoa;
   - os versos elogiam e homenageiam essa pessoa.
2. Reescreva o que achar necessário e entregue o acróstico ao professor.

NÃO DEIXE DE LER

- ***A pedra do meio-dia ou Artur e Isadora***, de Bráulio Tavares, editora 34

  Em forma de cordel, esse livro conta as aventuras de Isadora, que precisa salvar seu reino do feitiço de um gigante, e Artur, um andarilho valente. No final do livro, o autor explica as origens e características do gênero cordel.

REFLEXÃO SOBRE A LÍNGUA

Variedades linguísticas I

1. Leia esta pequena crônica, chamada "A língua".

> Conta-me Cláudio Mello e Souza. Estando em um café de Lisboa a conversar com dois amigos brasileiros, foram eles interrompidos pelo garçom, que perguntou, intrigado:
> — Que raio de língua é essa que estão aí a falar, que eu percebo tudo?
>
> BRAGA, Rubem. *Recado de primavera*. Rio de Janeiro: Record, 1998.

Perceber, nesse contexto, é "compreender, entender".

a) A qual língua o título do texto se refere?

b) O que pode ter levado o garçom a pensar que se falava uma língua diferente da sua?

É fato bem conhecido que existem muitas diferenças entre a Língua Portuguesa falada em Portugal e a falada no Brasil. Porém, não é apenas entre o português europeu e o brasileiro que ocorrem variações. Por ser falada em diferentes contextos sociais e culturais, em diferentes regiões, por pessoas de diferentes idades e grupos sociais e em diferentes momentos históricos, até mesmo dentro do território brasileiro a língua portuguesa apresenta variações.

> As variações que uma língua apresenta em razão das diferentes condições sociais, culturais, regionais e históricas vividas por seus falantes são chamadas de **variedades linguísticas**.

País de muitas línguas

Além do português – o idioma oficial do Brasil –, existem no país cerca de 150 línguas indígenas. Entre os cerca de 240 povos indígenas que vivem no Brasil, há aqueles que falam e entendem mais de uma língua (incluindo o português) ou que entendem muitas línguas, mas só falam uma ou algumas delas.

(*) Disponível em: <http://pib.socioambiental.org/pt/c/no-brasil-atual/quem-sao/povos-indigenas>. Acesso em: 22 dez. 2014. Adaptado.

Variedades regionais

Português brasileiro e de outros países lusófonos

A língua portuguesa é a língua oficial de Angola, Brasil, Cabo Verde, Guiné-Bissau, Moçambique, Portugal e São Tomé e Príncipe. É também uma das línguas oficiais da Guiné Equatorial, do Timor-Leste e da cidade de Macau, na China. Por terem como idioma oficial o português, esses países e a cidade de Macau são chamados de **lusófonos** (veja o mapa).

PAÍSES LUSÓFONOS

Fonte: IBGE. *Atlas geográfico escolar*. 6. ed. Rio de Janeiro: IBGE, 2012.

O português do Brasil e o português de Portugal

1. As HQs da personagem Calvin são escritas originalmente em inglês. A história a seguir foi tirada de uma edição portuguesa desses quadrinhos e, por isso, está traduzida no português de Portugal.

WATTERSON, Bill. Disponível em: <http://static.publico.pt/calvin_and_hobbes/indexie4-dhtml.asp>. Acesso em: 14 jan. 2011.

a) Entre o penúltimo e o último quadrinho, a história dá um salto no tempo. O que provavelmente aconteceu nesse período não mostrado ao leitor?

b) A linguagem utilizada nessa HQ tem diferenças em relação ao português brasileiro. Dê exemplos de expressões e frases que não são comuns no Brasil.

c) Como essas expressões e frases provavelmente seriam escritas em uma tradução brasileira da história?

As diferenças entre o português europeu e o brasileiro são o tema de uma crônica de Rubem Braga. Leia um trecho.

> São notas de minha última viagem a Portugal. "Devido ao rebentamento dum pneu de uma das rodas da retaguarda, despistou-se um autocarro..." – é assim que se conta, em Portugal, a história de um ônibus que derrapou. Ele pode ter colhido um peão (pedestre) na berma (acostamento) da estrada, ou "um miúdo (menino) que estava a jogar à bola". [...]
>
> BRAGA, Rubem. Em Portugal se diz assim. In: *Recado de primavera*. Rio de Janeiro: Record, 1998.

O português do Brasil e o português de países africanos (lusófonos)

Nos países africanos lusófonos, a língua portuguesa é utilizada na mídia, em documentos, no ensino, em parte da literatura e nas relações internacionais. Na vida cotidiana, na família, na oralidade, são utilizadas também línguas locais. Essa convivência vem causando um distanciamento entre o português desses países e o de Portugal.

> **Crioulo** é o nome que se dá à língua mista, nascida do contato de um idioma, geralmente europeu, com a língua nativa de um país e que pode se tornar, ao longo do tempo, a língua materna de uma comunidade.

1. Em Cabo Verde, convivem duas línguas: o crioulo cabo-verdiano, a língua de comunicação na família, da oralidade e das situações informais, e o português, língua oficial e do ensino, da literatura, da mídia e das situações formais. Leia esta notícia, tirada de um jornal cabo-verdiano *on-line*.

Condutores "roubam" passeios aos peões

O desrespeito pelas regras de trânsito é, alegadamente, "normal" na Cidade da Praia, assim como o é estacionar em cima dos passeios, impedindo que as pessoas possam caminhar em segurança. […]

É habitual encontrarmos carros estacionados em cima dos passeios em zonas como o Palmarejo, Platô e Achada de Santo António, entre outras. Um facto que se deve, em grande parte, à falta de civismo dos condutores, mas também, muitas vezes, devido à falta de estacionamento que responda à demanda do excesso de viaturas, por exemplo, em zonas como o Platô. […]

Os condutores estacionam em cima dos passeios, muitas vezes, encostados até à porta de casa das pessoas, impedindo os peões de circularem em segurança, nas infraestruturas que foram construídas para o efeito.

Assim, os peões são obrigados, na maioria dos casos, a circularem na estrada. Isto pode constituir um perigo não só para os peões mas também para os próprios condutores, que surpreendidos por um peão na estrada podem provocar um acidente ao desviarem-se dos mesmos. […]

A Nação. Cabo Verde, 28 jun. 2011.

Rua na Cidade da Praia, em Cabo Verde.

a) No português brasileiro, que palavras usaríamos, no contexto da notícia, no lugar de **peão**, **passeio**, **condutor**, **estrada** e **viatura**?

b) Sabendo que Cabo Verde foi colônia de Portugal do século XV até 1975, explique as diferenças entre o português cabo-verdiano e o do Brasil.

2. Agora leia a letra, em crioulo, de uma canção do repertório de Cesária Évora – cantora cabo-verdiana conhecida no mundo todo – e compare-a com a versão em português (à direita). Identifique no texto em crioulo palavras que comprovam que essa língua local é de base portuguesa.

Sorte

Trinta e cinco óne despôs
El tchega na mim
El rodeá na bêra d'muto
caboverdeano
Moda borleta
El sentá na mim
Li el otchá mel el otchá fel
Qu'm tava ta guardá'l
El otchá-me pronto pá el
Sorte di nha vida
'M tava ta esperó-be
Já bô tchega, dali bô ca tá bai
[...]

SICITE, Nika e CHANTRE, Teofilo. Disponível em: <http://letras.terra.com.br/cesaria-evora/128324/traducao.html>. Acesso em: 29 jun. 2011.

Sorte

Trinta e cinco anos depois
Ela chegou a mim
Ela girava em torno dos
cabo-verdianos
Qual uma borboleta
Ela pousou em mim
Ela aspergiu em mim mel e fel
Eu estava a guardá-la
E estava pronta para ela
Sorte de minha terra
Eu a estava esperando
Você já chegou e agora você
não sairá mais daqui
[...]

Cesária Évora.

Variação linguística entre as regiões do Brasil

Em um país com as dimensões do Brasil, é natural que existam diferenças entre os modos de falar das pessoas das diversas regiões. Embora o amplo acesso da população aos meios de comunicação de massa tenha diminuído muitas distinções, uma pessoa do Norte ou Nordeste não fala como uma do Sul; quem é da área rural não fala como o morador de uma grande cidade, e até entre cidades do mesmo estado se percebem diferenças de pronúncia, vocabulário etc.

1. Os trechos a seguir apresentam termos e expressões típicos de algumas variedades regionais. Procure identificar a que região pertencem e tente deduzir seu significado pelo contexto. Se necessário, consulte o dicionário.

Parece que foi ontem!... Era por fevereiro; eu vinha **abombado** da **troteada**.
– Olhe, ali, na **restinga**, à sombra daquela mesma **reboleira** de mato, que está nos vendo, na beira do passo, desencilhei; e estendido nos **pelegos**, fiz uma **sesteada morruda**.
Despertando, ouvindo o ruído manso da água tão limpa e tão fresca rolando sobre o pedregulho, tive ganas de me banhar, até para quebrar a **lombeira**, e fui-me à água que nem **capincho**! [...] E **solito** e no silêncio, tornei a vestir-me, **encilhei** o **zaino** e montei.

NETO, Simões Lopes. *Contos gauchescos e lendas do Sul*. Porto Alegre: L&PM, 2004.

Só porque meu casamento foi triste [...], foi mesmo que eu ter comprado cartilha pra outro ler.

ASSARÉ, Patativa do. Apud: ARAGÃO, Maria do Socorro Silva de. *Relações língua sociedade e cultura na linguagem popular do Ceará*. Universidade Federal do Acre.

Variedades históricas

Com o passar do tempo, o avanço da tecnologia e da ciência e as mudanças nos costumes, vemos, a cada dia, surgirem novos aparelhos e objetos que cumprem novas funções ou a função de outros, que caem em desuso, como a **caneta de bico de pena** e o **mata-borrão**.

Da mesma forma, também palavras podem deixar de ser usadas, num processo que acontece em qualquer língua viva, inclusive em português: o tempo todo criam-se palavras, enquanto outras vão desaparecendo.

Assim, a variação regional não é a única possível: existem também variedades decorrentes da época, do momento histórico.

> **Língua viva** é aquela usada por uma comunidade linguística e que, por isso, está sujeita a mudanças. **Língua morta** é a língua que não está mais em uso e só é conhecida por meio de documentos, como o latim e o grego antigo, por exemplo.

Caneta com bico de pena de metal e vidro de tinta.

Mata-borrão.

1. Leia um trecho da crônica "Antigamente", de Carlos Drummond de Andrade. Depois, leia o mesmo texto reescrito na linguagem atual.

> Acontecia o indivíduo apanhar constipação; ficando perrengue, mandava o próprio chamar o doutor e, depois ir à botica para aviar a receita, de cápsulas ou pílulas fedorentas. Doença nefasta era a phtysica, feia era o gálico. Antigamente, os sobrados tinham assombrações, os meninos lombrigas, asthmas os gatos […]
>
> ANDRADE, Carlos Drummond de. "Antigamente".
> IN: *Caminhos de João Brandão*. Rio de Janeiro: Record, 2002.

> Acontecia o indivíduo apanhar um resfriado; ficando mal, mandava o próprio chamar o doutor e, depois, ir à farmácia para comprar o remédio, de cápsulas ou pílulas fedorentas. Doença terrível era a tuberculose, feia era a sífilis. Antigamente, os sobrados tinham assombrações, os meninos, vermes, asma, os gatos.

Esse texto permite concluir que a linguagem de "antigamente" é diferente da de hoje em dia em relação a vocabulário, ortografia ou pontuação?

2. Leia esta notícia publicada no jornal *O Estado de S. Paulo* em 1911.

> A Índia é annualmente visitada pelo peor dos flagellos – a peste bubônica. Agora mesmo chegam noticias telegraphicas de que o mal está alli se alastrando cada vez mais.
>
> Como está estabelecido scientificamente que os ratos são os mais perigosos vehiculos da infecção, na India se faz uma verdadeira guerra encarniçada contra os terríveis roedores.
>
> E as estatísticas demonstram que a epidemia assume caracter decrescente na razão directa da destruição dos ratos.
>
> Tempos atraz, os médicos se limitavam a aconselhar que se exterminassem os ratos, e assim a sua destruição prosseguia muito lentamente [...] Hoje, porém, a batalha é dirigida pelo departamento geral de sanidade e é conduzida segundo os critérios mais modernos e sem olhar as despesas.
>
> Para avaliar-se todo o mal que a peste tem causado á India basta lembrar que, no espaço de quatorze annos, só na cidade de Bombaim foram victimadas pela peste cerca de 169 000 pessoas. [...]
>
> O Estado de S. Paulo, 11 fev. 1911.

a) Qual o assunto do texto?

b) Observe a data em que ele foi publicado. A notícia é de quantos anos atrás?

c) Esse texto não contém palavras que caíram em desuso, mas há nele outras marcas que indicam uma variedade linguística antiga. Explique essa afirmação e justifique-a com palavras do texto.

A norma-padrão e as variedades urbanas de prestígio

Como vimos, a língua varia de acordo com fatores como região e época. Então, como fazer para que ela não vá se transformando de tal maneira que seus falantes deixem de se entender?

Para garantir à língua uma relativa estabilidade, existe a chamada **norma-padrão**, uma espécie de modelo ideal de língua, que pode orientar os falantes quando precisam usar a língua de modo mais formal e lhes permite acessar um universo de informações registradas em livros, jornais, documentos oficiais etc.

> **Norma-padrão** é um modelo ideal da língua, um conjunto de regras que garante a ela uma relativa estabilidade.

As inúmeras variedades da língua portuguesa, faladas pelos milhões de brasileiros de diferentes regiões, idades e grupos sociais, fazem parte do patrimônio cultural brasileiro, atestando a diversidade de nossa cultura.

Entre tantas variedades, algumas são socialmente mais prestigiadas. Trata-se das variedades faladas pelas pessoas mais escolarizadas, em geral pertencentes às classes economicamente privilegiadas e de maior influência social, cultural e política. Essas variedades, que são próximas da norma-padrão, recebem o nome de **variedades urbanas de prestígio**.

E se estiver fora do padrão?

Leia o que diz um linguista a respeito do português que não segue a norma-padrão.

"[...] o fato de não ser um padrão, de não ser um modelo a ser imitado por quem se considera instruído, não significa que esta variedade do português [o português não padrão] seja "errada", "pobre de recursos", "insuficiente para a expressão"... Muito pelo contrário, [...] ela tem uma clara lógica linguística, tem regras que são coerentemente obedecidas, e serve de material para uma literatura popular muito rica".

BAGNO, Marcos. A língua de Eulália: novela sociolinguística. São Paulo: Contexto, 2006.

> **Variedades urbanas de prestígio** são as variedades linguísticas utilizadas pelos falantes urbanos que desfrutam de maior prestígio político, social e cultural. As demais variedades são consideradas não padrão.

O fato de algumas variedades serem mais prestigiadas que outras tem relação com a forma como a sociedade se organiza: prestigia-se a linguagem dos grupos considerados mais influentes. Porém, todas as variedades da língua têm recursos suficientes para desempenhar sua função de comunicação e, sendo assim, não se justifica o preconceito linguístico, isto é, o preconceito contra quem não domina as variedades urbanas de prestígio.

O poeta e intelectual brasileiro Oswald de Andrade (1890-1954), que lutou pelo reconhecimento de uma língua portuguesa do Brasil, diferente da falada em Portugal, aborda essa questão no poema "Vício na fala". Leia-o para responder às questões de 1 e 2.

1. Leia o poema.

Vício na fala

Para dizerem milho dizem mio
Para melhor dizem mió
Para pior pió
Para telha dizem teia
Para telhado dizem teiado
E vão fazendo telhados.

ANDRADE, Oswald de. *Poesia reunida*. Rio de Janeiro: Civilização Brasileira, 1978.

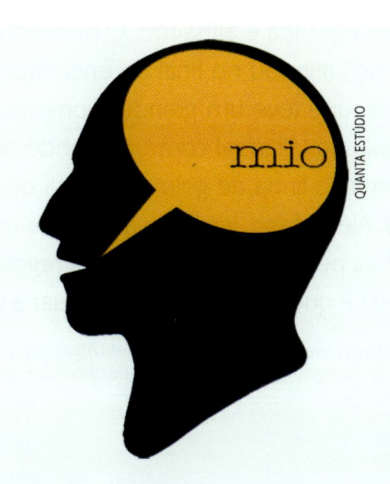

a) Que palavras no poema não estão escritas de acordo com a norma-padrão?

b) Podemos supor que os trabalhadores que dizem teiado e constroem telhados simbolizam, no poema, uma parcela ampla da população brasileira. Qual?

2. Releia.

> "E vão fazendo telhados."

a) Fazer telhados é algo que exige habilidades? Explique.

b) Pode-se entender que o eu poético critica ou respeita as pessoas que falam mio, mió, pió e constroem telhados? Por quê?

c) Indique no caderno apenas a(s) conclusão(ões) autorizada(s) pelo poema.

I. Todos os trabalhadores deveriam dominar a norma-padrão.

II. O valor de uma pessoa está naquilo que ela é e realiza, não na variedade linguística que emprega.

III. O valor de uma pessoa está na variedade linguística que ela emprega, e não naquilo que realiza.

Por que estudar a norma-padrão na escola?

Se todas as variedades linguísticas são igualmente válidas na interação comunicativa, por que estudar a norma-padrão na escola?
Há mais de um motivo. Um deles é que falantes de variedades desprestigiadas com frequência deixam de utilizar serviços a que têm direito por não compreenderem a linguagem empregada pelos órgãos públicos, nos contratos, nos documentos jurídicos.
Outros motivos: dominar a norma-padrão permite acessar o conhecimento acumulado por muitas gerações; permite compreender e redigir textos literários, didáticos, técnicos, científicos, jornalísticos; permite sair-se bem em situações relativas a trabalho, concursos e provas.

teia do saber

1. Leia o fragmento de uma notícia publicada em um jornal de Portugal.

Carvajal: "O Barça também perdeu três pontos"

Futebolista de 23 anos lamentou má finalização dos "merengues" e lembrou que o Villarreal é uma equipa de qualidade

Por SAPO Desporto sapodesporto@sapo.pt

O lateral Dani Carvajal foi titular no encontro entre Real Madrid e Villarreal (1-1) e, no final do encontro, justificou o empate com a falta de sorte.

"Acho que não estivemos bem na finalização, falhámos muitos golos durante o jogo. É o futebol, muitas vezes as coisas não saem bem e não consegues marcar. O nível em Espanha é altíssimo. O nível do futebol está no máximo", afirmou no final do encontro.

O espanhol, que teve um grande momento quando evitou o golo do Villarreal com um grande corte de cabeça em cima da linha de golo, realçou a qualidade do adversário. Além disso, lembrou ainda que o Barcelona, rival na luta pelo título, também escorregou frente ao Getafe (1-0) e que é necessário continuar a vencer.

Disponível em: <http://desporto.sapo.ao/futebol/liga_espanhola/artigo/2015/03/02/carvajal-o-barca-tambem-perdeu-tres-pontos>. Acesso em: 2 mar. 2015.

Carvajal viu Cristiano Ronaldo marcar diante do Villarreal.

a) Procure no texto e anote no caderno palavras que tenham sido utilizadas de forma diferente daquela como são utilizadas no Brasil, em relação à grafia ou à acentuação.

b) Reescreva-as da forma como são escritas no português do Brasil.

c) No português brasileiro, a frase "[...] falhámos muitos golos durante o jogo." Seria dita de outra forma. Qual?

2. Será que você consegue "traduzir" na linguagem de hoje este outro trecho da crônica "Antigamente"? Vale consultar pessoas mais velhas, dicionários, professores.

> Embora sem saber da missa a metade, os presunçosos queriam ensinar padre-nosso ao vigário, e com isso metiam a mão em cumbuca. Era natural que com eles se perdesse a tramontana. A pessoa cheia de melindres ficava sentida com a desfeita que lhe faziam, quando, por exemplo, insinuavam que seu filho era artioso. Verdade seja que às vezes os meninos eram mesmo encapetados; chegavam a pitar escondido, atrás da igreja. As meninas, não: verdadeiros cromos, umas teteias.

ANDRADE, Carlos Drummond de. *Caminhos de João Brandão*. Rio de Janeiro: Record, 2002.

3. Leia a letra de "Açum-Preto", de Luiz Gonzaga e Humberto Teixeira, considerada um clássico da música popular brasileira (MPB).

> Tudo em vorta é só beleza
> Sol de abril e a mata em frô
> Tudo em vorta é só sol de abril e a mata em frô
> Mas açum-preto, cego dos oio
> Num vendo a luz, ai, canta de dor (bis)
> Tarvez por ignorança
> Ou mardade das pió
> Furaro os oio do açum-preto
> Pra ele assim, ai, cantá mió (bis)
> Açum-preto veve sorto
> Mas num pode avuá
> Mil vez a sina de uma gaiola
> Desde que o céu, ai, pudesse oiá (bis)
> Açum-preto, o meu cantar
> É tão triste como o teu
> Também roubaro o meu amor
> Que era a luz, ai, dos oios meus
> Também roubaro o meu amor
> Que era a luz, ai, dos óios meus.
>
> GONZAGA, Luiz e TEIXEIRA, Humberto. In: GONZAGA, Luiz e GONZAGUINHA. *A vida do viajante.* EMI-Odeon, 1981.

O açum-preto, também conhecido por outros nomes, como graúna, pássaro-preto e arranca-milho etc.

a) O eu poético diz ao açum-preto: "[...] o meu cantar/É tão triste como o teu". Por que o cantar do açum-preto é triste? E o do eu poético?

b) Preservar tradições contribui para manter a identidade cultural de um povo. Em certas regiões do sertão nordestino, existe a crença de que cegar o açum-preto faz com que seu canto se torne ainda mais bonito. Essa é uma tradição que deve ser mantida? Por quê?

c) O eu poético expressa-se em uma variedade linguística socialmente prestigiada? Justifique sua resposta com trechos do texto.

d) Que efeito a variedade linguística empregada cria no texto?

4. Você viu que variedades urbanas de prestígio são as variedades linguísticas utilizadas pelos falantes urbanos que desfrutam de maior prestígio político, social e cultural. Em quais destes gêneros você esperaria encontrar uma variedade considerada de prestígio?

a) Notícia de um jornal impresso de circulação nacional.

b) Notícia de um telejornal.

c) Conversa informal de adolescentes.

d) Discurso de posse de um político.

e) Anedota.

f) Verbete de dicionário.

FIQUE ATENTO... À ACENTUAÇÃO DAS OXÍTONAS

1. Leia o título de alguns folhetos de cordel.

> **Aventuras de Pedro Malasartes e o urubu adivinhão,** de Antônio Klévisson Viana

> **O amor que venceu a morte,** de Manoel d'Almeida Filho

> **O último e glorioso voo – Morre Patativa do Assaré,** de Gonçalo F. da Silva

> **João Bocó e o ganso de ouro,** de Arievaldo Viana Lima

> **O rapaz que virou bode no estado do Paraná,** de H. Renato

> **Faleceu Mané Garrincha – O fabricante de Joãos,** de Gonçalo F. da Silva

> **A briga do rapa com o camelô,** de Gonçalo F. da Silva

a) Localize nos títulos palavras oxítonas e anote-as no caderno.
b) Todas as oxítonas que você copiou são acentuadas graficamente?

> Nas palavras **oxítonas**, o acento **tônico** recai na última sílaba, mas nem todas as oxítonas recebem acento **gráfico**.

NÃO DEIXE DE ACESSAR

- www.ablc.com.br
  Site da Academia Brasileira de Literatura de Cordel.
- www.casaruibarbosa.gov.br/cordel
  O maior acervo de literatura popular em versos da América Latina, formado a partir da década de 1960.
- www.camarabrasileira.com/cordel.htm
  Espaço da Câmara Brasileira de Jovens Escritores reservado é literatura de cordel. Nesse site, você poderá ler cordéis tradicionais e contemporâneos.

Oxítonas: palavras com mais de uma sílaba cuja sílaba tônica é a última.

2. Todas as palavras do quadro são oxítonas. Leia-as.

atriz	guaraná	pomar
urubu	paletó	caracol
mandacaru	jabuti	café
patrão	você	metrô

Responda no caderno.
a) Com que letra elas terminam?
b) Com que letra terminam as oxítonas que recebem acento gráfico?
c) Passe essas oxítonas acentuadas para o plural. O acento gráfico se mantém?
d) Como essas observações podem orientá-lo a acentuar corretamente oxítonas com essas terminações?

3. Leia este trecho de uma notícia.

O projeto de lei [...] que institui uma alimentação mais saudável nos colégios das redes pública e privada de todo o País, da educação infantil ao ensino médio, é bem recebido pelos dirigentes de escolas em Manaus, que prometem implantá-lo caso se torne lei.

A Crítica. Manaus, 23 maio 2011.

a) A que se refere a forma pronominal **lo**, em **implantá-lo**?
b) Por que **implantá**(**-lo**) leva acento gráfico?

4. Anote no caderno a segunda frase de cada trecho, empregando as formas **lo**, **la**, **los**, **las** para substituir os trechos destacados e fazendo as adaptações necessárias.
   a) Podemos fazer pesquisas consultando textos de outras pessoas. Mas não devemos copiar **esses textos**, devendo citar os autores.
   b) Na maioria dos zoológicos, os animais ficam em cercados protegidos por um guarda-corpo. Quando visitar um zoo, cuidado para não transpor **o guarda-corpo**.
   c) A página da Internet dos artistas que se apresentaram no festival mudou e está cheia de novidades! O endereço para acessar **essa página**, porém, continua o mesmo.
   d) Ontem o técnico teve de ir à empresa por causa de várias máquinas que não estavam funcionando. Levou três horas para fazer **as máquinas** funcionarem.

5. Leia estas palavras.

além	parabéns	Santarém	amém	também
mantém	Belém	vinténs	porém	xerém

a) Identifique outra regra de acentuação das oxítonas.
b) Agora, retome o item **d** da questão 2 e complete, no caderno, a regra de acentuação das palavras oxítonas.

LEITURA 2

ANTES DE LER

1. O texto a seguir começa com "Diz que, um belo dia…". Quando você ouve ou lê essa expressão ou outra parecida, que texto espera ler: uma notícia, um conto popular, uma biografia…?

2. Quando estamos diante de um texto escrito, antes mesmo de começar a ler, já levantamos hipóteses sobre ele, com base em certas pistas. Leia o título do texto abaixo, veja se no texto há falas de personagens, observe o tamanho do texto e a ilustração. O que você acha que vai ler?

Como vimos, embora falem a mesma língua, os brasileiros não falam da mesma maneira em todas as regiões do país. Há diferenças de pronúncia, de vocabulário, no modo de construir as frases. Leia o texto abaixo.

Barbeiro

Diz que, um belo dia, um índio bem alegre chegou numa barbearia juntamente com um menino, os dois para cortar o cabelo.

O barbeiro, gente mui buena, fez um belo corte no índio, que já aproveitô pra aparar a barba, enfim deu trato geral. Depois de pronto o índio, chegou a vez do guri. Nisso o índio disse pro barbeiro:

— Tchê, enquanto tu corta as melena do guri, vou dar um pulo até o bolicho da esquina comprar um cigarrito e já tô de volta.

Índio, no Rio Grande do Sul, é "peão, cara, homem pobre".

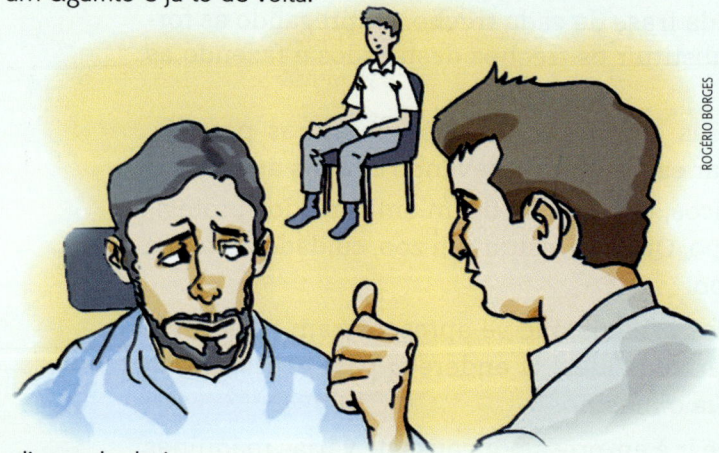

— Tá bueno! – disse o barbeiro.
Só que o barbeiro terminou de cortar o cabelo do guri e o índio não apareceu.
— Senta aí e espera que teu pai já vem te buscar.
— Ele não é meu pai! – disse o moleque.
— Teu irmão, teu tio, seja lá o que for, senta aí.
— Ele não é nada meu! – falou o guri.
Aí o barbeiro perguntou intrigado:
— Mas quem é o animal então?
— Não sei! Ele me pegou ali na esquina e perguntou se eu queria cortar o cabelo de graça!

Disponível em: <www.paginadogaucho.com.br/caus/s-barb.htm>. Acesso em: 7 maio 2015.

Antes de iniciar o estudo do texto, tente descobrir o sentido das palavras desconhecidas pelo contexto em que elas aparecem. Se for preciso, consulte o dicionário.

EXPLORAÇÃO DO TEXTO

1. As hipóteses que você havia levantado sobre o texto se confirmaram?

2. O texto lido é uma narrativa. Vamos refletir sobre alguns de seus aspectos.

   a) Quantas personagens há na história e como o narrador se refere a elas? Ele as chama pelo nome?

   b) O narrador caracteriza detalhadamente as personagens? O que se sabe sobre elas?

   c) Há informações sobre a situação das personagens antes e depois do episódio narrado?

   d) O texto informa quando e onde aconteceu esse episódio?

3. Releia a primeira frase do texto.

   a) A princípio, qual se imagina que seja a relação entre o homem e o menino?

   b) Até que ponto do texto essa impressão se mantém?

   c) Você achou o final engraçado? Surpreendente? Por quê?

   d) A história é narrada em ordem cronológica, do fato mais antigo ao mais recente. Essa organização contribui para o efeito criado pelo final do texto? Explique.

   O texto que você acabou de ler pertence ao gênero causo.

4. O contador de causos, em geral, não presenciou as histórias que conta, mas quer que os ouvintes acreditem que elas são verdadeiras. Assim, utiliza alguns recursos para transmitir credibilidade, como dizer quem lhe contou a história e afirmar que ela se passou num lugar que os ouvintes conhecem.

   a) Algum desses recursos foi empregado no causo do barbeiro?

   b) Leia o início de três outros causos. Verifique qual desses recursos foi empregado em cada um deles.

   > Lá na minha terra tinha um caboclo que vivia reclamando de uma dor na perna. [...]
   >
   > BOLDRIN, Rolando. *Dois caboclos em uma enfermaria*. Disponível em: <www.almanaquebrasil.com.br>. Acesso em: 24 jun. 2011.

   > Esta aconteceu lá pelos idos de 1900 [...], na localidade de Ulha Negra, até então município de Bajé. [...]
   >
   > BRITO, Ruy. *Sobretudo do seu Nascimento*. Disponível em: <www.paginadogaucho.com.br/caus/s-sobretudo.htm>. Acesso em: 7 maio 2015.

   > Esse causo quem me contou foi o cumpadi Ranchinho, da dupla Alvarenga e Ranchinho. Conto aqui com as palavras dele. [...]
   >
   > BOLDRIN, Rolando. *A lagoa das piaparas*. Disponível em: <www.almanaquebrasil.com.br>. Acesso em: 24 jun. 2011.

5. Muitas vezes, o contador dá espaço para que o ouvinte acompanhe o diálogo entre as personagens, ou seja, utiliza **discurso direto**. Vamos relembrar:

> **Discurso direto** é a transcrição das falas das personagens da maneira como teriam sido ditas por elas.
>
> As falas podem ser apresentadas entre aspas ou introduzidas por um travessão.

a) No causo do barbeiro, foi empregado esse recurso? Confirme com um trecho do texto.

b) Qual o efeito obtido pelo emprego do discurso direto em uma narrativa?

6. A personagem do cordel "A hora da morte" atrasa o relógio e, assim, consegue se livrar da morte.

a) Que semelhança se pode notar entre a atitude dela e a do homem que vai com o menino ao barbeiro?

b) Qual destas características a personagem do cordel e a do causo têm em comum?

> alegria   avareza   medo
> astúcia   desonestidade

7. Leia os itens abaixo. Anote no caderno apenas as características que são comuns ao gênero cordel e ao gênero causo. Baseie-se nos textos lidos nesta unidade.

a) Origem oral.

b) Texto em prosa.

c) Texto organizado em versos.

d) Autoria desconhecida.

e) Presença de regionalismos.

NÃO DEIXE DE ASSISTIR

- **O lobisomem e o coronel** (Brasil), direção de Elvis K. Figueiredo e Ítalo Cajueiro

  Nessa animação de 10 min de duração e premiada em diversos festivais, um violeiro cego dedilha um repente e conta uma história passada na fazenda de um rico coronel da região. Disponível em: <www.portacurtas.com.br>.

> **Causos** são narrativas de origem oral, mas que hoje em dia também encontramos registradas por escrito em livros e *sites*. Não têm autoria conhecida.
>
> Os causos são parte da cultura popular oral e, passados de geração a geração, contados em rodas de conversa por contadores, contribuem para manter viva a cultura de uma comunidade.

8. Retome as partes de uma narrativa: situação inicial, complicação, desenvolvimento (ações) e desfecho. Qual a importância do desfecho no causo?

O contador de causos e músico, Rolando Boldrin.

A LÍNGUA NÃO É SEMPRE A MESMA

1. Releia este trecho.

   "O barbeiro, gente mui buena, fez um belo corte no índio, que já aproveitô pra aparar a barba, enfim deu trato geral. Depois de pronto o índio, chegou a vez do guri. Nisso o índio disse pro barbeiro […]"

   a) Que palavras desse trecho foram grafadas de maneira a reproduzir sua pronúncia na fala informal?
   b) A expressão **dar um trato** é típica da fala do dia a dia. O que ela quer dizer, nesse contexto?

2. O homem diz ao barbeiro:

   "[…] enquanto **tu corta as melena** do guri, vou dar um pulo até o bolicho da esquina […]"

   a) O que são **melenas**?
   b) Na norma-padrão, como o trecho destacado seria escrito?
   c) No lugar do homem, como você diria esse trecho?
   d) É importante para o leitor que a fala do homem tenha sido escrita da forma como ele a disse? Explique.

3. O texto não diz claramente em que lugar aconteceu essa história, mas algumas palavras e expressões, típicas de uma região do Brasil, levam o leitor a imaginar onde foi.
   a) Quais são essas palavras e expressões?
   b) Em que região do Brasil se pode imaginar que o causo tenha acontecido?

Para lembrar

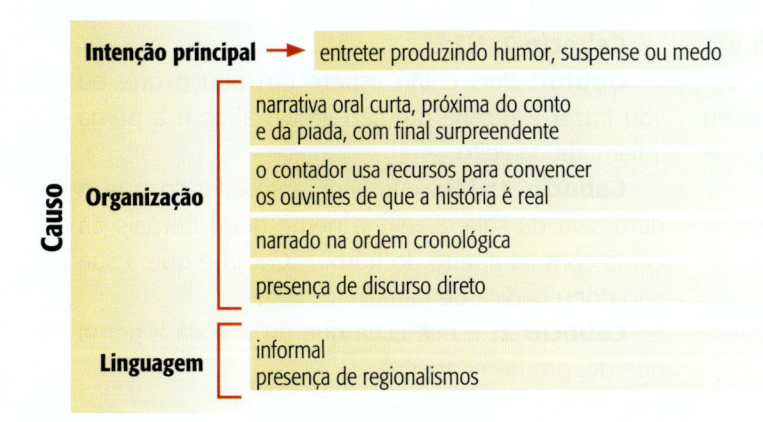

Causo		
Intenção principal	→	entreter produzindo humor, suspense ou medo
Organização		narrativa oral curta, próxima do conto e da piada, com final surpreendente
		o contador usa recursos para convencer os ouvintes de que a história é real
		narrado na ordem cronológica
		presença de discurso direto
Linguagem		informal
		presença de regionalismos

PRODUÇÃO ORAL E ESCRITA

PRODUÇÃO PARA O PROJETO

Dramatização de causo

Nesta atividade, você vai **dramatizar um causo** e, para isso, deverá primeiro reescrevê-lo, transformando as informações mais importantes da história em discurso direto. A dramatização será apresentada aos colegas e ao professor, em um dia previamente combinado.

Antes de começar

1. Leia, na coluna da esquerda, um divertido causo registrado por Rolando Boldrin e, na coluna da direita, uma versão do texto em que toda a ação foi transformada em diálogo e dividida em duas cenas.

Dois caboclos na enfermaria

Lá na minha terra tinha um caboclo que vivia reclamando de uma dor na perna. E, coincidentemente, um compadre dele tinha também a mesma dor na perna, e também tava sempre reclamando da danada. Só que nenhum deles tinha coragem de ir ao médico. Ficavam mancando, reclamando da dor, mas não iam ao hospital de jeito nenhum. Até que um deles teve uma ideia:

– Ê, compadre. Nóis véve sofrendo muito com a danada dessa dor na perna... Por que é que nóis num vamos junto no dotô? Vamos lá. A gente faz a consulta, tal, se interna no mesmo quarto... Daí fazemo o tratamento e vemo o que acontece. Se curar, tá bom demais!

O compadre gostou da ideia, tomou coragem e lá foram os dois. Quando chegaram ao hospital, o médico pediu para o primeiro deitar na cama e começou a examinar. Fez algumas perguntas e foi apertando a perna do caboclo:

Doutor: Dói aqui?
Caboclo 1: Aiiiii!
Doutor: Está?
Caboclo 1: Aii, aii, aii! Dói demais! E o outro só olhando. Quando chegou a vez dele, o médico foi cutucando, apertando, mas nada de ele gemer. Ficou quieto o tempo todo. Aí o médico foi embora e o compadre estranhou:
Caboclo 1: Mas cumpadi, a minha perna doeu demais da conta com os aperto do hómi... Como é que a sua não doeu nadica de nada?!
Caboclo 2: E ocê acha que eu vou dá a perna que dói pro hómi apertá?!

BOLDRIN, Rolando. *Dois caboclos na enfermaria.*
Disponível em: <www.almanaquebrasil.com.br/>.
Acesso em: 28 jun. 2011.

Primeira cena
Caboclo 1: Ai, que dor nesta minha perna!
Caboclo 2: Ai, ai, meu cumpadi! Eu tô que também não me aguento de dor na perna! Num sei o que acontece, nóis dois sempre com a perna doendo! Deve de ser de tanto trabaiá no campo!
Caboclo 1: Ê, compadre. Nóis véve sofrendo muito com a danada dessa dor na perna... Por que é que nóis num vamos junto no dotô? Vamos lá. A gente faz a consulta, tal, se interna no mesmo quarto... Daí fazemo o tratamento e vemo o que acontece. Se curar, tá bom demais!
Caboclo 2: Gostei da ideia. Vamo lá.
Segunda cena
Caboclo 1: Chegamo. Vamo vê o que fala o médico.
Doutor: Deitem aí. Vou examinar vocês. Dói aqui?
Caboclo 1: Aiiiii!
Doutor: E aqui, como é que está?
Caboclo 1: Aii, aii, aii! Dói demais!
Doutor: Está doendo tanto assim? Vamos ver se o mesmo acontece com seu amigo... Agora é sua vez... Está doendo?
Caboclo 2: Nadica de nada...
Doutor: Mesmo apertando e cutucando, você nem geme?
Caboclo 2: Não...
Doutor: Pois então espere um pouco que eu vou trazer a receita pro seu amigo aí com a perna inflamada. Já volto.
Caboclo 1: Mas cumpadi, aproveitando que o dotô saiu da sala, a minha perna doeu demais da conta com os aperto do hómi... Como é que a sua não doeu nadica de nada?!
Caboclo 2: E ocê acha que eu vou dá a perna que dói pro hómi apertá?

2. Seguindo a orientação do professor, faça uma leitura oral expressiva do texto da coluna da direita.

Planejando o texto escrito

1. Forme um grupo com alguns colegas. Com a ajuda do professor, selecionem um causo interessante, divertido, e que possa ser dramatizado em classe.

2. Leiam o causo escolhido e anotem no caderno: onde e quando se passa a história, quem são as personagens, o que acontece.

3. Reescrevam o causo no caderno, em forma de conversa, como na adaptação que lemos; aproveitem as falas que já existem e criem outras.

4. Utilizem o discurso direto; usem aspas ou travessão anotando o nome da personagem antes de cada fala.

5. Lembrem-se de usar a pontuação adequada para orientar as falas de quem vai fazer a dramatização.

Planejando a dramatização

1. Com o texto pronto, dividam os papéis entre vocês e comecem a ensaiar.

Caso não haja personagens para todos os componentes do grupo, alguns de vocês podem se encarregar do cenário e dos adereços.

2. Memorizem os diálogos e voltem a ensaiar a(s) cena(s), desta vez representando sem ler as falas escritas no papel. Façam a entonação adequada, levando em conta a intenção de cada fala das personagens.

> **Adereço** é o acessório, objeto (uma luminária), instrumento ou enfeite (um chapéu, uma bolsa) que complementa o figurino de uma personagem ou o cenário de um filme, uma peça teatral etc.

No momento da apresentação

1. Usem a voz de acordo com as características de cada personagem.

2. Falem pausadamente, em voz alta, pronunciando bem cada palavra.

3. Tornem clara a intenção de cada fala: exprimir surpresa, revelar medo ou alegria, disfarçar, mentir, tentar obter uma resposta etc. Orientem-se pela pontuação.

4. Movimentem-se pelo espaço para que a cena fique dinâmica.

5. Gesticulem, usem o corpo e o rosto para exprimir os sentimentos e as intenções das personagens.

Avaliação

1. Terminadas as apresentações, a classe fará uma avaliação da dramatização de cada grupo, verificando os seguintes aspectos.

- A reescrita do causo resultou em diálogos compreensíveis?
- Foi possível entender qual era a graça ou a surpresa da(s) cena(s) representadas?
- Os componentes do grupo falaram com clareza e expressividade? Usaram bem o corpo, os adereços e o espaço?
- O grupo conseguiu prender a atenção da plateia durante toda a apresentação?

Variedades linguísticas II

Variações socioculturais

As variações socioculturais ocorrem de acordo com a classe ou grupo social a que pertencem os usuários da língua. Entre elas, há aquelas que estão ligadas a fatores como idade, sexo, escolaridade e grupo social do falante.

Variações decorrentes da idade dos falantes

Uma dessas variações é a que decorre das diferenças entre o modo de falar de pessoas de idades diferentes (jovens, adultos, pessoas idosas). Com o passar do tempo, as experiências de vida nos levam a ter contato com outras falas, o que vai modificando nossa própria linguagem.

Leia este trecho da crônica "Modos de xingar", que narra uma discussão em que a diferença de linguagem entre gerações fica bem clara.

1. O senhor idoso se dirige ao jovem usando as palavras **biltre**, **sacripanta**, **charro** e **onagro**.

> — BILTRE!
>
> — O quê?
>
> — Biltre! Sacripanta!
>
> — Traduz isso para o português.
>
> — Traduzo coisa nenhuma. Além do mais, charro! Onagro!
>
> Parei para escutar. As palavras jorravam de um Ford de bigode. Quem as proferia era um senhor idoso, terno escuro, fisionomia respeitável, alterada pela indignação. Quem as recebia era um garotão de camisa esporte, dentes clarinhos emergindo da floresta capilar, no interior de um fusca. Desses casos de toda hora: o fusca bateu no Ford. Discussão. Bate-boca. O velho usava o repertório de xingamento de seu tempo e de sua condição [...]
>
> ANDRADE, Carlos Drummond de. *Poesia e prosa*. Rio de Janeiro: Nova Aguilar, 1979.

   a) Você conhecia essas palavras?
   b) Escreva no caderno o significado delas. Se necessário, consulte o dicionário.

2. O jovem do fusca pede ao homem mais velho que traduza para o português o que disse.

   a) Por que ele pede uma "tradução", se ambos falam a língua portuguesa?
   b) Para o jovem, qual das variedades seria a "verdadeira" língua portuguesa: a dele ou a do senhor idoso?

Jargão e gíria

1. Leia este trecho de um artigo publicado em uma revista *on-line*.

> A terapia imunossupressora utilizada no transplante de órgãos apresentou importantes avanços nas duas últimas décadas. Ao outrora chamado protocolo clássico com prednisona e azatioprina acrescentou-se a ciclosporina no início dos anos 80 e posteriormente diversas drogas hoje incorporadas à prática clínica: o tacrolimus, os micofenolatos (mofetil e sódico) e as rapamicinas (sirolimus e everolimus). Agentes biológicos foram aprimorados [...] e outros, usando a tecnologia de produção de anticorpos monoclonais, foram desenvolvidos [...].
>
> Disponível em: <www.medonline.com.br/manfro1.html>. Acesso em: 17 maio 2015.

a) A qual destas áreas esse texto se relaciona?

    Engenharia química   Psicologia   Filosofia   Medicina

b) Em que você se baseou para responder à pergunta anterior?
c) O que torna difícil às pessoas que não são especialistas nessa área compreender o texto?
d) Pela linguagem do texto, a que tipo de leitor ele se dirige?

> O conjunto de termos específicos usados por pessoas que compartilham a mesma atividade profissional chama-se **jargão profissional**.

2. Os trechos a seguir apresentam o jargão de quais grupos profissionais?

a)
> Em um jogo marcado por polêmicas, Bahia e Atlético-MG empataram em 1 a 1 [...]
> Souza marcou o tento do Bahia, aos 3 min da segunda etapa. Neto Berola, aos 31 min, empatou o duelo. Com esse resultado, o Bahia continua sem vencer na competição e soma seu segundo ponto. O Atlético-MG chegou ao sete pontos. [...]
> No segundo tempo, aos 3 min, Lulinha chutou de fora da área, a bola bateu nas costas de Leonardo Silva e o árbitro marcou pênalti, convertido por Souza. [...]
>
> *Folha de S.Paulo*, 12 jun. 2011.

b)
> Neste artigo vamos explanar o gerenciamento de pacotes RPM, utilizando o Shell (Terminal) do Linux [...] A distro Linux que estou utilizando é a CentOS 5.6, uma distro classe empresarial baseada na distroRed Hat Enterprise Linux 5.6, com a qual mantém 100% de compatibilidade binária.
>
> Disponível em: <http://imasters.com.br/artigo/20746/linux/gerenciamento-de-pacotes-rpm-em-modo-texto-em-distros-red-hat-e-compativeis>. Acesso em: 17 maio 2015.

Não apenas os profissionais usam linguagens que os leigos não entendem. Alguns grupos sociais (os adolescentes, os universitários, os *rappers*, os ciclistas etc.) também têm uma linguagem própria que, teoricamente, apenas seus componentes entendem: a **gíria**.

Falando de forma diferente da empregada pela maioria, os integrantes desses grupos afirmam sua identidade e mostram que são diferentes de outros setores da sociedade.

A maioria das gírias tem existência curta, mas algumas acabam sendo incorporadas permanentemente à língua e usadas pela população em geral.

> **Gírias** são termos não convencionais utilizados em lugar de outras palavras correntes da língua. Trata-se de uma linguagem restrita de alguns grupos sociais, cujo uso afirma a identidade de seus usuários e marca sua diferença em relação ao restante da sociedade.

Variação situacional (variação de registro)

Observe que você não se expressa da mesma forma em todas as situações de sua vida: algumas vezes você é totalmente informal, outras vezes procura certa formalidade, cria frases mais cuidadas etc. Além disso, note que sua fala não é igual à sua escrita.

Às variações que ocorrem quando **uma mesma pessoa** usa a língua de modos diferentes, conforme a situação de comunicação, chamamos de variações de **registro**.

Formalidade e informalidade

Esquipático: esquisito, extravagante.
Aturdir: estontear, atordoar.

Leia o poema "Aula de português", reproduzido a seguir.

A linguagem
na ponta da língua, tão fácil de falar
e de entender.

A linguagem
na superfície estrelada de letras,
sabe lá o que ela quer dizer?

Professor Carlos Góis, ele é quem sabe,
e vai desmatando
o amazonas de minha ignorância.
Figuras de gramática, esquipáticas,
atropelam-me, aturdem-me, sequestram-me.

Já esqueci a língua em que comia,
em que pedia para ir lá fora,
em que levava e dava pontapé,
a língua, breve língua entrecortada
do namoro com a prima.

O português são dois; o outro, mistério.

ANDRADE, Carlos Drummond de. *Poesia completa*. Rio de Janeiro: Nova Aguilar, 2002.

1. Releia o último verso, depois anote no caderno a frase que explica adequadamente a afirmação do eu poético de que "o português são dois".

    a) Para o eu poético, há uma língua portuguesa que se fala no dia a dia, simples e espontânea, e outra que se aprende na escola.

    b) Para o eu poético, a linguagem simples das crianças tem menos valor que a usada pelas pessoas que aprenderam gramática.

    c) O português ensinado pelo professor fez com que o eu poético deixasse de ser ignorante como quando falava com a prima.

2. Na primeira estrofe, o eu poético se refere à linguagem de sua infância.

    a) Qual é a característica dessa linguagem?

    b) Em qual das outras estrofes ele volta a se referir a esse português?

A linguagem espontânea que o eu poético usava quando criança é uma linguagem **informal**. A linguagem ensinada pelo professor, que ele acha tão distante da que usa no dia a dia, é **formal**.

> A **formalidade** ou **informalidade** da linguagem dependem da situação comunicativa: uma mesma pessoa, ao redigir um documento oficial, em uma palestra ou em um congresso, fala e escreve utilizando uma linguagem mais **formal** e cuidada. Já em uma conversa entre amigos, em bilhetes ou mensagens eletrônicas, ela usa uma linguagem mais **informal** e espontânea.
>
> É importante conhecermos também a linguagem formal, para que possamos usar sempre a linguagem adequada a nossas intenções e a nosso interlocutor.

Fala e escrita

Leia o texto a seguir, do escritor e humorista Jô Soares e responda ao que se pede.

Pois é. U purtuguêis é muinto fáciu de aprender, purqui é uma língua que a genti escrevi ixatamenti cumu si fala. Num é cumu inglêis qui dá até vontadi di ri quandu a genti discobri cumu é qui si iscrevi algumas palavras. Im purtuguêis não. É só prestátenção. U alemão pur exemplu. Qué coisa mais doida? Num bate nada cum nada. Até nu espanhol, qui é parecidu, si iscrevi muinto diferenti. Qui bom qui a minha língua é u purtuguêis. Quem soubé falá sabi iscrevê.

SOARES, Jô. Revista *Veja*. São Paulo, Abril, 28 nov. 1990.

1. O português é mesmo uma língua que se escreve exatamente como se fala?

2. A ironia consiste em dizer o oposto do que se pretende dar a entender. O texto acima é irônico? Explique.

3. A grafia das palavras, na norma-padrão, é sempre a mesma, mas a pronúncia varia. Entre as particularidades da pronúncia dos brasileiros, quais o autor retratou no texto?

    a) O **e** final é pronunciado como **i**, e o **o** final é pronunciado como **u** (**sabi, comu, nu**).

    b) Na fala, há ditongos que não aparecem na escrita (**bẽim, portuguêis**).

    c) Muitas vezes, na fala eliminamos o **r** final (**corrê, levá**).

    d) Palavras que são separadas na escrita muitas vezes são pronunciadas como se fossem uma só (**prestatenção, osóculos**).

    e) Alguns ditongos nasais só existem na fala (**muinto**).

    f) Alguns ditongos existem na escrita, mas desaparecem na fala (**pexe, caxa**).

4. Você acha que todos os brasileiros falam da forma como Jô Soares tentou reproduzir? Explique.

> **Fala** e **escrita** são diferentes modalidades da língua. Mas, tanto a fala como a escrita podem ser formais ou informais, conforme a situação de comunicação. A fala costuma conter frases mais curtas, interrupções, hesitações e repetições, e o falante pode recorrer a gestos e diferentes entonações etc. A escrita, que pode ser planejada e refeita, compõe-se de frases mais longas e complexas; a pontuação é empregada para criar efeitos de sentido etc.

O que determina quando uma pessoa usa a modalidade falada e quando usa a escrita são as situações que ela vivencia. Na escola, é preciso empregar a modalidade escrita com frequência, mas também a oral (nas interações com os colegas e o professor, em exposições orais, dramatizações, no intervalo etc.).

Não se pode afirmar que a fala seja sempre mais informal que a escrita, pois a palestra de um especialista, por exemplo, exige linguagem oral formal. Também não se pode dizer que a fala seja sempre espontânea, e a escrita sempre planejada, pois, na palestra, é preciso planejar o que vai ser falado, e um *e-mail* pessoal ou uma mensagem via celular podem ser escritos, sem qualquer planejamento, em linguagem espontânea e informal.

REVISORES DO COTIDIANO

Um professor leu o seguinte causo para sua turma.

O trem costumava passar pela estação por volta de 15 h, todos os dias. Desta vez, em pleno mês de dezembro, o calor era insuportável. Seu Nascimento, porém, estava vestindo um capote de lã. Chegou então um conhecido de seu Nascimento e perguntou:

— Pelo amor de Deus, seu Nascimento, o senhor não está com calor?
— Tô que não me aguento mais, índio veio.
— E por que então não tira o capote?
— Não posso. É ordi.

Puxou do bolso então uma circular da viação férrea e entregou ao amigo, que leu:

"Fica determinado que, a partir desta data, todo funcionário e agente ferroviário deverá usar uniforme, **sobretudo** em horário de passageiros."

BRITO, Ruy. Disponível em: <www.paginadogaucho.com.br/caus/s-sobretudo.htm>. Acesso em: 7 maio 2015.

Depois de ouvir o caso, um estudante perguntou: "Onde está a graça? Não entendi. Além disso, há muitas palavras erradas no texto".

1. Como você responderia à pergunta e ao comentário desse estudante?
2. Como seria possível escrever a última frase de modo a eliminar o duplo sentido?

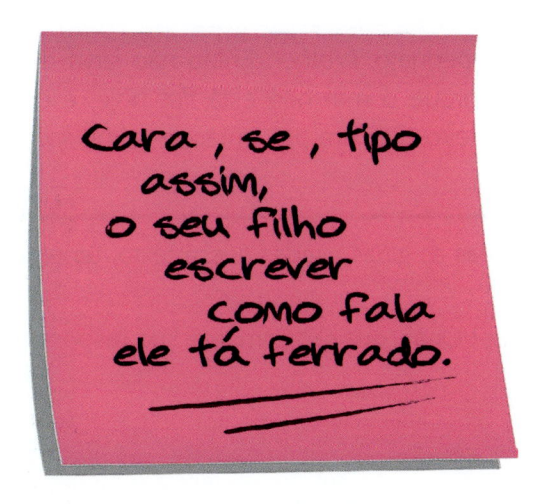

1. Observe a linguagem utilizada nesta frase tirada de uma propaganda.

> Cara, se, tipo assim, o seu filho escrever como fala ele tá ferrado.

a) Identifique as gírias que aparecem na frase manuscrita.

b) Como você escreveria essa frase sem usar gíria?

c) A propaganda de onde esse texto foi tirado anuncia um guia de redação. A quem ela deseja atingir?

d) Que efeito o emprego de gíria cria na frase principal da propaganda?

2. Imagine que uma adolescente escrevesse este *e-mail* para o diretor da escola, pedindo providências para um campeonato esportivo.

> Ó meu, vc precisa dar um gás no campeonato de vôlei e fazer algo maneiro para os mano da escola. Não fique bolado, deixe de ser presepeiro, senão vai pagar mico. Tá ligado?
>
> Falô, broder.
> Má

E, para o namorado, enviasse a seguinte mensagem.

> Prezado senhor,
> Temos em nossa agenda muitas datas sem compromisso marcado, motivo pelo qual manifestamos interesse em acompanhá-lo em sua próxima ida ao cinema. Caso haja interesse de sua parte, colocamo-nos à disposição para novos contatos, nos quais possamos detalhar nossa proposta. Atenciosamente,
>
> Maria Margarida de Sousa Leite

Comente a linguagem dos textos acima e explique a reação que provavelmente causariam aos destinatários.

3. Leia.

> Está *show* este campeonato, *brother*. Então não sirva de boia nem seja prego. E não fique cabrero, porque o mar não está *flat* hoje, e os *drops* estão sinistros. É isso aí: não seja maroleiro, seja um pro, irmão, e vai no *lip*.

a) Mesmo que você não conheça todas as gírias usadas nesse texto, tente identificar o grupo que utiliza esse vocabulário.

b) Você conhece alguma(s) das gírias? Qual (quais)? Compare sua resposta com a dos colegas.

ORALIDADE

Abaixo há dois textos. O primeiro é o trecho de uma narrativa, o segundo é a transcrição da conversa entre algumas crianças e, ainda que seja um registro escrito, reproduz a fala com bastante fidelidade. Aponte elementos, em cada um deles, que revelem características das modalidades oral e escrita.

a)

> Era uma vez três porquinhos que viviam juntos, unidos pelo respeito mútuo e em plena harmonia com o meio ambiente. Usando matérias nativas daquela região, cada um deles construiu uma linda casa. Um porquinho construiu uma casa de palha, o outro uma casa de madeira e o terceiro, uma casa de alvenaria, com tijolos feitos com fibras naturais e rampas de acesso a deficientes físicos na calçada. Quando terminaram, os porquinhos ficaram satisfeitos e se instalaram para viver em paz e autonomia.
>
> Mas esse idílio foi logo quebrado. Um dia veio um lobo [...] disfarçado de entregador de *pizza* e tocou a campainha. Quando eles abriram a porta, anunciou: "Olha a *pizza*"!
>
> Mas os porquinhos responderam: "Não comemos *pizza*. *Pizzas* são muito gordurosas e têm muito amido, o que vai contra qualquer dieta saudável." [...]

GARNER, James. *Contos de fadas politicamente corretos*: uma versão adaptada aos novos tempos. Rio de Janeiro: Ediouro, 1996.

b)

> Cláudio: Qué brincá de três porquinhos?
> Sofia: Quero.
> Cláudio: Então tá. me busca – busca – busca ãh, cimento. Aqui é a minha casa. Aqui é a minha casa de madeira. Eu preciso de tijolo.
> Sofia: (cantando) Pra casa agora eu vou. Eu vou. Pra casa agora eu vou. [...]
> [...]
> Vanessa: Que que tu vai fazê?
> Cláudio: Eu vi uma coisa. Viu?
> Sofia: (cantando) Pra casa agora eu vô. Eu vô.
> Cláudio: Vamo ficá mais.
> Sofia: Aqui é a nossa casa.
> Katarina: Eu também tô brincando.
> Sofia: Tá. Tem que sentá ali.
> [...]

Disponível em: <www.entrelinhas.unisinos.br/index.php?e=2&s=9&a=12>. Acesso em: 4 jul. 2011. Texto adaptado para fins didáticos.

ATIVANDO HABILIDADES

1. SARESP (2007) Leia o poema abaixo.

Lampião e Lancelote

[...]
Agora eu lhes apresento
Um grande cangaceiro
Nascido em nosso país
Leal e bom companheiro
Para uns foi criminoso
Para outros justiceiro
Criado nas terras secas
Vaqueiro trabalhador
Cuidava de um ralo gado
Com coragem e com valor
Seu nome era Virgulino
Mas um dia veio a dor
Ao ver seu pai baleado
Ele partiu pra vingança
À frente dos cangaceiros
Se pôs logo em liderança
Bando de cabras armados
Ao inimigo com ganância*!
Com este bando temido
Atirava igual canhão
Com seu rifle poderoso
Tornava a noite um clarão
Por isso todo orgulhoso
Se chamou de lampião
[...]

(*Ganância significa um desejo grande de alcançar algum objetivo)

VILELA, Fernando. *Lampião e Lancelote*.
São Paulo: Cosac Naify, 2006.

I. O que levou a personagem do poema a se tornar um líder de cangaceiros foi
   a) sua coragem e seu valor.
   b) a morte de seu pai.
   c) um bando de cabras armados.
   d) seu apelido de Lampião.

II. "Para uns foi criminoso
    Para outros justiceiro"
    A palavra "**justiceiro**" foi utilizada para mostrar que a personagem era vista como alguém que
    a) respeitava muito a justiça.
    b) julgava bandidos no tribunal.
    c) fazia justiça com as próprias mãos.
    d) justificava seus atos de vingança.

III. "Ao inimigo com ganância!"
     O ponto de exclamação ao final desse verso é utilizado para
     a) enfatizar a força da vingança.
     b) assustar o leitor com a situação criada.
     c) revelar surpresa com o desejo de vingança.
     d) expressar preocupação com a situação do inimigo.

IV. "Com **seu** rifle poderoso"
    A palavra seu, grifada na frase acima, refere-se ao(s)
    a) bando de Lampião.
    b) cangaceiros.
    c) pai.
    d) Virgulino.

Encerrando a unidade

Nesta unidade, você conheceu alguns gêneros da tradição oral brasileira, estudou as características e a organização dos gêneros cordel e causo e refletiu sobre variedades linguísticas existentes no país. Com base no que você aprendeu, responda:

1. Cite algumas características dos gêneros cordel e causo. Aponte semelhanças entre eles.
2. O estudo desta unidade modificou sua forma de encarar a cultura popular brasileira? Explique.
3. Você entendeu o que são variedades linguísticas? Você diria que já tem bom domínio das variedades urbanas de prestígio? Por quê?

Conhecimento Interligado

Mitologia e arte: a representação do herói na literatura e no cinema

Cada cultura tem uma maneira própria de narrar e explicar, de modo simbólico, aspectos da vida e da natureza, o que constitui a mitologia de um determinado grupo. Os mitos procuram explicar, por exemplo, a origem do dia, da noite e do Sol, a existência de entidades sobrenaturais, a origem do mundo e do ser humano etc.

Veja alguns exemplos.

Yebá Buró, a criadora do mundo, divindade indígena da tribo Desana (Alto Xingu).

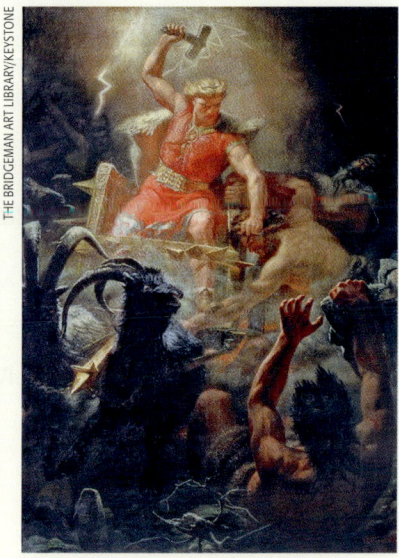

Thor, deus nórdico que representa a força da natureza (o trovão).

Zeus (grego), o deus dos deuses.

Deuses e divindades povoam a mitologia de diferentes culturas. Muitos são antropomórficos, isto é, semelhantes aos seres humanos, quer nas virtudes, quer nos defeitos. Mas são imortais, possuem poderes e atributos que os humanos não possuem, podem trazer o bem e o mal às pessoas, podem protegê-las ou ameaçá-las. São ligados à força da natureza e estão frequentemente associados a vários aspectos da vida.

Na mitologia grega, além dos deuses, existem os heróis, considerados semideuses, porém mortais. Um dos heróis mais famosos dessa mitologia é Hércules, filho de Zeus, com uma mortal, Alcmena.

Suas aventuras foram contadas em filmes, livros, HQs, desenho animado.

Iemanjá, divindade africana das águas.

Observe a capa do livro e do DVD, que são adaptações da história desse semideus.

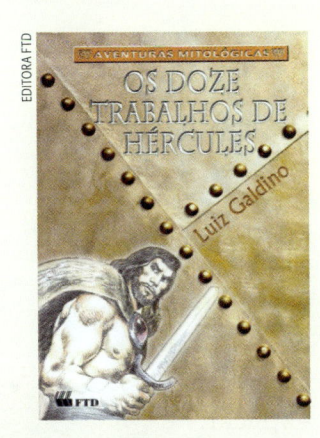

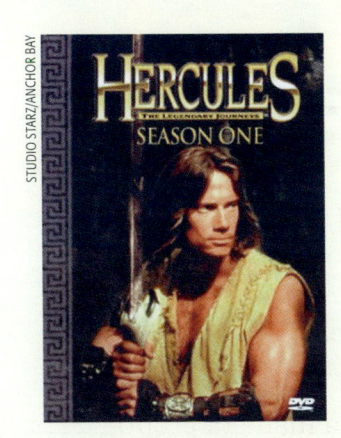

1. Que características do herói é possível identificar nessas imagens? Como essas características contribuem para a ação desse semideus?

2. Faça uma pesquisa, em livros de mitologia e em *sites* que tratam de mitos gregos, sobre os doze trabalhos de Hércules. Qual era o desafio em cada trabalho? Quem eram seus inimigos? Como ele enfrentou esses obstáculos? Que forças precisou usar? Reúnam-se em doze grupos, de forma que cada um se encarregue de pesquisar uma das façanhas do herói. Registrem as informações pesquisadas e, em dia combinado com o professor, apresentem o resultado para a classe.
Vocês podem ilustrar sua pesquisa com imagens de obras de arte, pintura, escultura e objetos que retratem a missão desse herói.

3. *Os doze trabalhos de Hércules* foram adaptados em obras contemporâneas. Veja ao lado a capa de um DVD em que Héracles (nome grego do herói) é um jovem que vive na periferia de São Paulo.
    a) Que tipo de atributos um herói valente precisaria possuir hoje em dia?
    b) No filme, Héracles está procurando emprego. Por indicação de um primo, passa a trabalhar como motoboy. Em seu período de experiência, ele precisa realizar doze tarefas pela cidade de São Paulo. Que tipo de tarefas seriam essas para serem consideradas verdadeiros "trabalhos de Hércules"?

4. Como seria a representação de um herói nos dias de hoje? Você e seus colegas irão, em pequenos grupos, criar uma galeria de heróis modernos.
    a) Para isso, planejem como será esse herói.

    - Quais serão as características físicas?
    - Que poderes terá?
    - Quais serão os inimigos e quais desafios irá enfrentar?

    b) Façam um desenho ou uma colagem do herói que vocês imaginaram.
    c) Escrevam em poucas palavras uma aventura vivida por esse herói moderno. Onde se passa essa aventura? Contra quem ele lutará?
    d) Organizem em uma ficha as informações sobre o herói, a aventura e o desenho. Em dia combinado com o professor, os grupos irão expor para a classe suas criações.

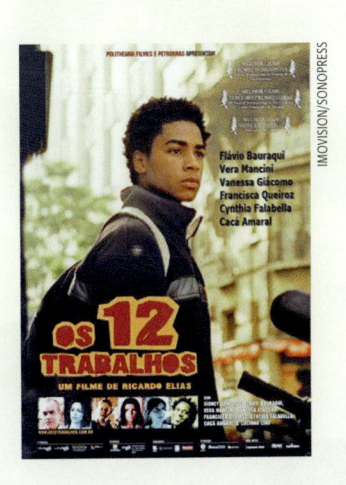

UNIDADE 5
O fato em foco

Nesta unidade você vai:
- compreender a finalidade de um dos gêneros da esfera jornalística: a notícia
- conhecer a organização desse gênero e os recursos linguísticos presentes no texto
- planejar, produzir e apresentar uma notícia de rádio
- realizar atividade de escuta atenta
- reconhecer as propriedades do sujeito na organização das orações
- refletir sobre a acentuação das paroxítonas observando as ocorrências na língua

TROCANDO IDEIAS

Estas fotografias fazem parte de uma propaganda que anunciava um serviço de telefonia celular e que ocupou uma dupla de páginas de uma revista de circulação nacional.

1. Observe a imagem da esquerda.
   a) O que mais chama a atenção do leitor?
   b) Supõe-se que o que está acontecendo seja algo comum ou extraordinário? Por quê?

2. Na revista, as imagens que você vê aqui não aparecem junto da primeira, e sim nas páginas seguintes. Sendo assim, o leitor lê primeiro a frase "Alguma coisa está acontecendo", sem saber a que ela se refere.
   a) Que efeito isso cria?
   b) O que pode haver de inovador na informação dada na segunda imagem e por que isso é apresentado na propaganda como uma novidade?

3. Releia as duas frases:

   "Alguma coisa está acontecendo."
   "Qualquer pessoa pode carregar sua própria rede."

   Apenas uma delas poderia ser o título de uma notícia de jornal. Você sabe por quê? Levante hipóteses.

LEITURA 1

ANTES DE LER

1. Em sua opinião, o que é necessário para um fato transformar-se em notícia de jornal?
2. Leia o título do texto abaixo. Ele é capaz de chamar a atenção do leitor? Explique.

Nesta unidade, vamos falar de um gênero de texto que tem como objetivo informar o leitor de fatos que aconteceram recentemente ou que estão acontecendo na cidade, na região ou no mundo: a notícia.

Antiga nau é descoberta nas areias de Ilhabela

Ruínas de madeira foram achadas na Praia de Castelhanos; análise definirá sua idade

As fortes chuvas que atingiram o litoral norte de São Paulo recentemente revelaram um achado histórico na Praia de Castelhanos, em Ilhabela. As águas da chuva formaram um "lago" na areia, de aproximadamente um metro de profundidade, e desenterraram ruínas de uma embarcação que pesquisadores acreditam ser uma antiga nau. A descoberta da estrutura, perto do Canto da Lagoa, foi divulgada na semana passada.

Segundo os moradores mais antigos da praia, a embarcação já teria sido vista em diferentes épocas, mas ninguém havia dado importância. O madeiramento usado na construção do navio está em bom estado de conservação. Porém, os pesquisadores não sabem afirmar se a parte exposta representa toda a embarcação ou parte dela.

Ainda de acordo com eles, parte da madeira aparenta estar queimada, mas estudos deverão concluir se a avaria foi provocada por balas de canhão ou se moradores a queimaram acidentalmente ao fazer fogueira na areia. O que leva os pesquisadores a crer que o navio seja uma nau são as grandes pranchas de pinho de riga, madeira muito resistente que era usada na construção de naus, galeões e caravelas.

A arqueóloga Cintia Bendazzoli, responsável pelo Instituto Histórico e Arqueológico de Ilhabela, está realizando um levantamento do local e estudando uma forma de preservação do achado. "Veremos se é viável desenterrá-la, o que exigiria um considerável investimento, ou se a mantemos do jeito que está."

Ela orientou os moradores a impedir que o local sofra intervenções, pois trata-se de um possível bem de natureza histórica e arqueológica protegido pelo Instituto do Patrimônio Histórico e Artístico Nacional (Iphan). A Praia de Castelhanos é a mais procurada por turistas em Ilhabela, e só se chega a ela por uma estrada de terra de 24 km. Lá moram cerca de 200 caiçaras, que sobrevivem da pesca, sem energia elétrica ou água encanada.

[...]

A descoberta foi mantida sob sigilo enquanto os procedimentos técnicos eram feitos conforme as regras do Iphan. O objetivo era evitar um grande número de visitas ao local onde está a nau, o que poderia prejudicar o material encontrado. Hoje as ruínas do navio estão novamente cobertas pela areia.

Prancha é uma peça de madeira plana e maciça mais longa do que larga usada na construção de barcos e para outros fins.

Preservação. Pesquisadores analisam se é possível retirar a nau ou se ela continuará na praia.

Histórias

Ilhabela é muito conhecida pelas histórias de corsário, e a Baía dos Castelhanos se tornou famosa por ter ficado marcada como refúgio de piratas e ponto estratégico de navios negreiros que traficavam escravos mesmo após a abolição.

Ainda não há evidências de que o navio encontrado tenha sido usado realmente por corsários, uma vez que diversas embarcações, em diferentes períodos, transportavam escravos, bens de consumo, materiais de construção, madeira e itens de exportação, como açúcar e café.

As fontes sobre a história da comunidade local se baseiam nos depoimentos dos moradores mais velhos, transmitidos de geração em geração, pois pouco se escreveu sobre o local e raros são os documentos oficiais do início da povoação.

PUPO, Reginaldo. *O Estado de S. Paulo*, 30 maio 2011.
Caderno Metrópole.

EXPLORAÇÃO DO TEXTO

Antes de iniciar o estudo do texto, tente descobrir o sentido das palavras desconhecidas pelo contexto em que elas aparecem. Se for preciso, consulte o dicionário.

Nas linhas do texto

1. Releia o primeiro parágrafo e responda.
   a) Qual é o achado histórico a que o texto se refere?
   b) Como e quando ele foi descoberto?

2. O segundo parágrafo apresenta informações fornecidas por pessoas envolvidas com o fato noticiado. Quem são elas?

3. O que leva os pesquisadores a crer que o navio seja uma antiga nau?

4. Por que a descoberta da nau não foi divulgada imediatamente?

5. Qual é a relação entre o navio encontrado e os piratas?

6. Qual é a fonte dos conhecimentos de que se dispõe hoje sobre a história da comunidade da Baía dos Castelhanos?

A arqueóloga Cintia Bendazzoli estuda o achado.

Nas entrelinhas do texto

1. O lugar onde os restos da embarcação foram encontrados contribuiu para que se pensasse tratar-se de uma nau usada por corsários? Explique.

2. Compare o que se diz no título da notícia com a informação dada neste trecho.

   "As águas da chuva [...] desenterraram ruínas de uma embarcação que pesquisadores acreditam ser uma antiga nau."

   Anote no caderno a conclusão possível.
   a) O título está totalmente de acordo com o que se diz na notícia.
   b) O título afirma algo totalmente diferente daquilo que se diz na notícia.
   c) O título afirma algo que a notícia apresenta como uma possibilidade.

3. Agora releia o **título** e o **subtítulo** (também chamado de **linha fina**).

   Antiga nau é descoberta nas areias de Ilhabela
   Ruínas de madeira foram achadas na Praia de Castelhanos; análise definirá sua idade

Caravelas e naus

Em suas viagens de descobrimento, nos séculos XV e XVI, os portugueses fizeram grande uso das **caravelas**, embarcações a vela, com um a quatro mastros, relativamente rápidas e fáceis de manobrar. As **naus**, navios grandes, arredondados e com grande capacidade de carga, foram muito usadas nas viagens portuguesas à Índia e a outras regiões do Oriente.

Caravelas de Cristóvão Colombo em pintura do século XVII.

a) Qual das informações traduz com mais exatidão o fato ocorrido em Ilhabela: a do título ou a do subtítulo? Explique sua resposta.

b) Qual das duas informações lhe parece mais atraente e capaz de despertar o interesse dos leitores? Por quê?

Além das linhas do texto

1. Você acha válido que o título de uma notícia deixe de apresentar com exatidão uma informação a fim de tornar-se mais atraente e impactante para o leitor? Por quê?

2. A notícia apresenta a possibilidade de a nau encontrada ser um antigo navio pirata. Os piratas são tema de inúmeras obras de ficção. Que livros e filmes de piratas você conhece? Cite alguns.

3. Leia estes títulos e trechos de notícias e as informações do quadro com informações sobre a Somália para responder às questões.

O ator Johnny Depp no filme *Piratas do Caribe* (EUA, 2007).

Entenda os ataques de piratas na Somália

As recentes capturas de navios de grande porte por piratas da Somália chamaram a atenção para o problema que atinge a região conhecida como Chifre da África. [...]

Trata-se de uma das mais importantes vias de navegação do mundo e também a mais perigosa, com 30% de todos os ataques de piratas do planeta. [...]

Folha de S. Paulo. Disponível em: <http://www1.folha.uol.com.br/bbc/2009/04/548392-entenda-os-ataques-de-piratas-na-somalia.shtml>. Acesso em: 7 maio 2015.

Pirata somali foi condenado

Um pirata somali foi condenado, ontem, a 15 anos de prisão pela justiça da Coreia do Sul por ter sequestrado um navio sul-coreano no mar da Arábia [...].

Jornal de Angola, 2 jun. 2011.

Somália

Como resultado de sua história, que inclui a colonização por nações europeias, a Somália, na África, é hoje um dos países mais pobres do mundo e com uma das maiores taxas de mortalidade infantil; não há emprego e faltam alimentos para grande parte da população. A situação agravou-se em 1991, quando, após conflitos, o país deixou de ter um governo central. A costa somali, importante para a navegação internacional, tornou-se alvo de pesca ilegal, crimes ecológicos e contrabando. Antigos pescadores, arruinados, uniram-se a grupos armados e passaram a atacar navios. Esses novos piratas atuam em alto-mar, sequestrando embarcações e exigindo resgate para devolver navios e cargas.

Piratas somalis libertam dois navios após pagamento de resgate

Folha de S.Paulo, 10 dez. 2010.

a) Qual é o local do mundo onde ocorrem mais ataques de piratas hoje em dia?

b) Aponte uma das explicações possíveis para esse fato.

4. Existe um tipo de pirataria que ocorre em terra, muito perto de nós. Leia.

> O ato de copiar um produto (programa de computador, DVD, CD etc.) sem a autorização do autor ou detentor dos direitos autorais, para comercialização ilegal ou uso pessoal, tem sido chamado de pirataria.

a) Qual é a semelhança entre essa atividade e os saques e sequestros promovidos pelos piratas do mar?

b) A pirataria está relacionada ao crime organizado, ao tráfico de armas e drogas e ao contrabando. Ainda assim, faz parte do cotidiano de milhares de brasileiros, que consomem os produtos piratas, mais baratos que os originais. Qual sua opinião sobre consumir produtos piratas? Explique.

Chifre da África

COMO O TEXTO SE ORGANIZA

1. Todos os dias, acontecem muitos fatos no mundo. No entanto, apenas alguns viram notícia. Por que a descoberta das ruínas em Ilhabela foi considerada algo que deveria ser tornado público?

2. Reproduza o quadro a seguir no caderno e complete-o com informações retiradas do primeiro parágrafo da notícia "Antiga nau é descoberta nas areias de Ilhabela".

O que aconteceu?	
Onde?	
Quando?	
Como?	

> O primeiro parágrafo de uma notícia é chamado de **lide** ou **lead** (em inglês). Em geral, ele oferece resumidamente as informações que serão desenvolvidas no corpo da notícia: o que aconteceu, com quem, onde, quando, como e por quê.

3. A notícia lida foi publicada em um jornal. A leitura de um jornal é algo que as pessoas em geral fazem com certa rapidez, passando os olhos pelos textos e detendo-se no que lhes interessa mais. Que relação pode haver entre o pouco tempo dispensado à leitura das notícias e o fato de elas trazerem as informações essenciais logo no início?

4. Os parágrafos que vêm depois do lide, isto é, o corpo da notícia, dão mais detalhes sobre o fato noticiado. Lendo o corpo da notícia "Antiga nau é descoberta nas areias de Ilhabela", o que ficamos sabendo sobre:

   a) o local onde se deu a descoberta, a Praia de Castelhanos?

   b) os moradores dessa praia?

   c) as providências que serão tomadas em relação à embarcação?

   d) a situação atual das ruínas da embarcação?

5. Releia os três últimos parágrafos da notícia. Se um leitor resolvesse interromper a leitura da notícia antes desse final, ele deixaria de ter as informações essenciais sobre o fato? Explique.

> A técnica de apresentar as informações mais significativas logo no início da notícia e as secundárias em seguida, em ordem decrescente de importância, é chamada de **pirâmide invertida**.

Em jornais, revistas e *sites*, o texto de uma notícia não costuma aparecer sozinho na página. Ele é acompanhado de recursos que complementam as informações e guiam o leitor, chamando a atenção dele para os aspectos que o jornalista ou os responsáveis pela publicação consideram mais importantes. Um desses recursos é o título.

> A função do **título** de uma notícia é oferecer ao leitor um resumo do que encontrará no texto. Além de curto e informativo, ele deve ser atraente o bastante para despertar no leitor o interesse em ler o texto.

6. Sugira outro título para a notícia "Antiga nau é descoberta nas areias de Ilhabela".

7. Outros recursos para guiar a leitura de uma notícia são o sobretítulo e o subtítulo (ou linha fina). Leia o início de uma notícia.

> **Sobretítulo** é a palavra ou frase colocada antes do título de uma notícia e que serve para situá-la ou complementá-la.

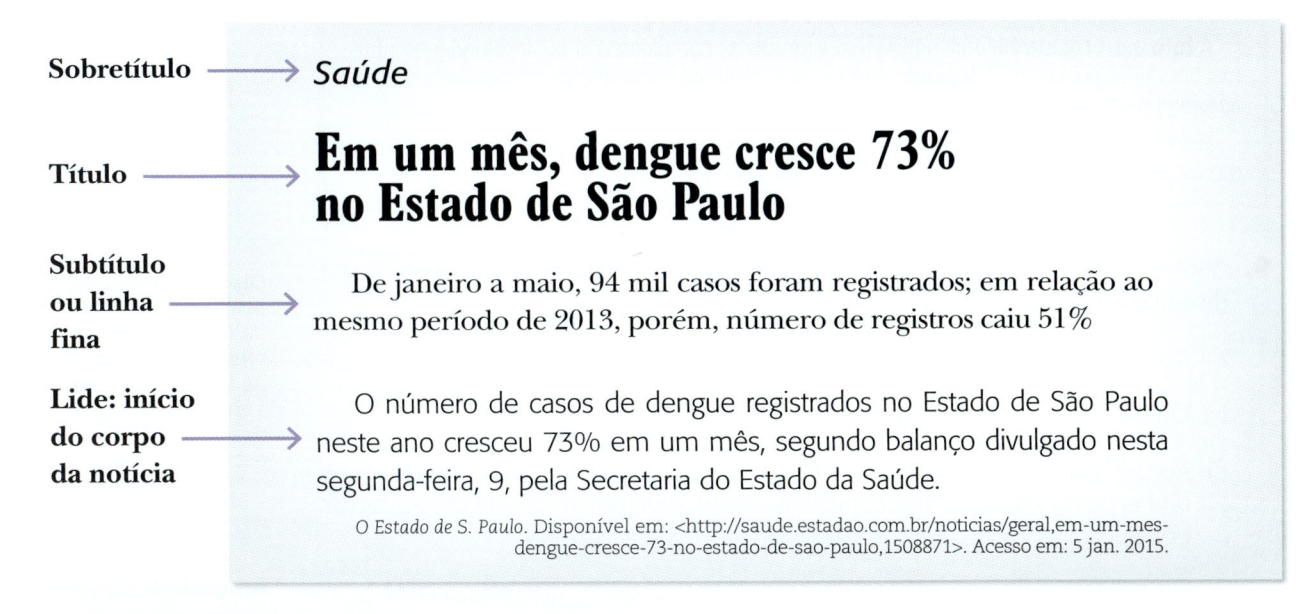

Sobretítulo → *Saúde*

Título → **Em um mês, dengue cresce 73% no Estado de São Paulo**

Subtítulo ou linha fina → De janeiro a maio, 94 mil casos foram registrados; em relação ao mesmo período de 2013, porém, número de registros caiu 51%

Lide: início do corpo da notícia → O número de casos de dengue registrados no Estado de São Paulo neste ano cresceu 73% em um mês, segundo balanço divulgado nesta segunda-feira, 9, pela Secretaria do Estado da Saúde.

O Estado de S. Paulo. Disponível em: <http://saude.estadao.com.br/noticias/geral,em-um-mes-dengue-cresce-73-no-estado-de-sao-paulo,1508871>. Acesso em: 5 jan. 2015.

a) A notícia acima tem sobretítulo. Qual é ele?

b) Qual é o objetivo do sobretítulo na notícia acima?

c) Volte à notícia sobre a embarcação descoberta em Ilhabela e releia seu título e subtítulo. Qual é a função do subtítulo nela?

> O **sobretítulo** e o **subtítulo** (ou **linha fina**) de uma notícia são recursos usados para ampliar as informações dadas ao leitor no título. Além disso, eles ajudam a direcionar a atenção do leitor para aspectos do fato que se deseja ressaltar.

8. Agora observe novamente a foto que acompanha a notícia sobre a nau em Ilhabela.

Preservação. Pesquisadores analisam se é possível retirar a nau ou se ela continuará na praia.

a) O leitor poderia ter a mesma compreensão do fato noticiado sem essa imagem da embarcação? Explique.

b) O texto que acompanha uma foto é chamado de legenda. No caso dessa notícia, a legenda repete algo dito no texto ou contém uma informação nova?

c) Pense em um leitor que não esteja lendo o corpo da notícia, apenas passando os olhos por ela, buscando informações rápidas. Que outra legenda você criaria para essa foto?

> A **foto** que acompanha uma notícia tem a função de complementar ou aprofundar as informações dadas pelo texto. A **legenda**, por sua vez, explica a imagem e pode complementar ou aprofundar o que se diz no texto.
>
> Tanto as fotos como as legendas devem conter informações relevantes, pois muitas vezes esses são os únicos elementos da notícia em que o leitor se detém.

9. Anote no caderno o trecho da notícia que contém um depoimento transcrito em discurso direto.

a) Como você conseguiu localizar esse trecho?

b) Quem fez essa declaração?

c) Apresentar a fala de uma arqueóloga contribui para tornar as informações dadas pelo jornalista mais confiáveis, isto é, para dar credibilidade ao texto? Por quê?

d) E a presença do sobrenome da pessoa entrevistada, que efeito cria?

Discurso direto é a transcrição de falas da maneira como teriam sido ditas. As falas podem ser apresentadas entre aspas ou introduzidas por um travessão.

Arqueólogo é o cientista que estuda povos antigos por meio de material deixado por eles (fósseis, artefatos, monumentos etc.).

> As notícias podem trazer o **depoimento** de pessoas entrevistadas. Isso contribui para dar credibilidade às informações.

10. Observe a primeira página do jornal que publicou a notícia sobre a nau.

a) Qual é o nome do jornal?

b) A primeira página dos jornais sempre apresenta uma manchete, isto é, o título da matéria a que se quer dar mais destaque naquela edição. Qual era a manchete do jornal nesse dia?

c) Abaixo reproduzimos a capa de alguns dos cadernos desse jornal. Em qual deles a notícia sobre a antiga nau pode ter sido publicada?

Capas das seções do jornal *O Estado de S. Paulo*.

RECURSOS LINGUÍSTICOS

1. A notícia sobre o achado em Ilhabela segue a norma-padrão. Lembrando-se de que ela foi publicada em um jornal distribuído em todo o país, explique a opção por essa linguagem, e não por uma variedade linguística regional.

2. Releia o título da notícia.

> **Antiga nau é descoberta nas areias de Ilhabela**

   a) Em que tempo está o verbo **ser**?

   b) Em que tempo estão os verbos nestes outros títulos de notícias?

   > **Bancos do interior estão novamente na mira do crime**
   > *Diário do Nordeste, 2 mar. 2009.*

   > **Horário eleitoral atrai só 53% dos brasilienses**
   > *Correio Braziliense, 6 set. 2010.*

   c) Por que foi escolhido esse tempo verbal se, no momento em que as notícias foram publicadas, os fatos já haviam acontecido?

   d) Verifique se há artigos definidos ou indefinidos junto aos substantivos que iniciam esses três títulos de notícia. A que conclusão podemos chegar quanto a esse uso?

   e) Reescreva os três títulos acima no caderno, iniciando-os pelo verbo. Depois compare: de que forma eles ficam mais fáceis de entender, começando pelo verbo ou por substantivo?

3. Observe agora a linha fina e um trecho do corpo da notícia.

   > *Ruínas de madeira foram achadas na Praia de Castelhanos; análise definirá sua idade.*
   >
   > As fortes chuvas que atingiram o litoral norte de São Paulo recentemente revelaram um achado histórico na Praia de Castelhanos, em Ilhabela. […]

A linha fina e o corpo da notícia apresentam verbos no mesmo tempo que o título? Explique.

Os **títulos** de notícia em geral têm verbo no presente do indicativo e não se iniciam pelo verbo. Os artigos costumam ser omitidos, desde que isso não prejudique a compreensão da frase.

No **corpo da notícia**, os verbos estão no pretérito perfeito – de modo a indicar que o fato já ocorreu – ou no futuro – se a notícia menciona algo que irá acontecer.

4. Para dar a impressão de objetividade e imparcialidade e passar a ideia de que o autor conta os fatos como se deram, sem manifestar opinião, nas notícias os verbos são empregados na terceira pessoa, evitando-se a primeira pessoa. Anote no caderno um trecho da notícia que exemplifique essa afirmação.

5. Releia o início do lide.

> "As fortes chuvas que atingiram o litoral norte de São Paulo recentemente revelaram um achado histórico na Praia de Castelhanos, em Ilhabela."

a) Que adjetivo foi usado para qualificar o achado em Ilhabela?

b) Imagine que a frase tivesse sido escrita desta outra forma:

> "As fortes chuvas que atingiram o litoral norte de São Paulo recentemente revelaram um achado incrível na Praia de Castelhanos, em Ilhabela."

Nessa versão, que adjetivo qualifica **achado**?

c) Qual dos dois adjetivos que você apontou mostra ao leitor uma opinião pessoal do autor do texto sobre o achado? E qual apenas especifica a área do conhecimento a que ele se refere?

d) Volte à notícia e releia-a. Verifique se há adjetivos que revelem opinião pessoal do autor.

> As notícias têm **linguagem objetiva**. O jornalista procura manter-se imparcial, sem demonstrar posição pessoal, de modo a não influenciar diretamente o público leitor.

FIQUE ATENTO... À PONTUAÇÃO NA NOTÍCIA

1. Releia os títulos das notícias. Esses títulos terminam com algum tipo de pontuação?

2. Que tipo de ponto predomina no gênero notícia? Por que isso acontece?

3. Observe estes outros sinais de pontuação usados no corpo da notícia. Explique a função de cada um deles.

a) As águas da chuva formaram um **"**lago**"** na areia, de aproximadamente um metro de profundidade.

b) **"**Veremos se é viável desenterrá-la [...].**"**

c) "[...] trata-se de um possível bem de natureza histórica e arqueológica protegido pelo Instituto do Patrimônio Histórico e Artístico Nacional **(**Iphan**)**."

PARA LEMBRAR

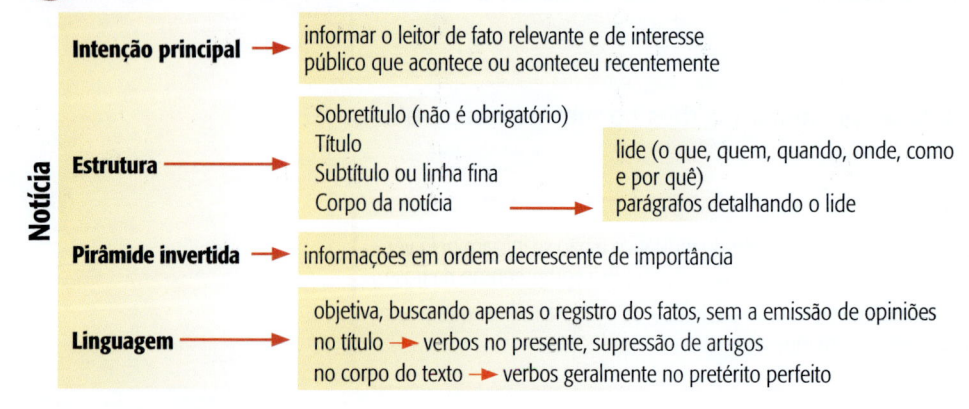

Notícia

- **Intenção principal** → informar o leitor de fato relevante e de interesse público que acontece ou aconteceu recentemente

- **Estrutura** →
  - Sobretítulo (não é obrigatório)
  - Título
  - Subtítulo ou linha fina
  - Corpo da notícia → lide (o que, quem, quando, onde, como e por quê)
  - parágrafos detalhando o lide

- **Pirâmide invertida** → informações em ordem decrescente de importância

- **Linguagem** → objetiva, buscando apenas o registro dos fatos, sem a emissão de opiniões
  - no título → verbos no presente, supressão de artigos
  - no corpo do texto → verbos geralmente no pretérito perfeito

192

DEPOIS DA LEITURA

FAITS DIVERS

Leia a notícia abaixo.

Mulher com 100 anos retorna à escola para aprender a escrever

Isolina Campos, de Londrina, matriculou-se no curso noturno de alfabetização de adultos "para não ficar parada"

Entre os 20 alunos do curso noturno de alfabetização de jovens e adultos da Escola Municipal Moacyr Camargo Martins, em Londrina (PR), uma se destaca pela dedicação e perseverança. Aos 100 anos de idade, completados em 25 de maio, Isolina Mendes Campos decidiu aprender a ler e a escrever.

Mineira de Felicina, Isolina conta que começou a estudar em 1998, mas acabou abandonando o curso por problemas de saúde. Voltou agora para não ficar em casa à noite sem fazer nada. "Não gosto de ficar parada. Essa aposentadoria é muito cansativa", diz. "E quero dar o exemplo a quem quer voltar a estudar."

Isolina – que, quando moça, fazia rapadura com os irmãos enquanto o pai cortava cana – é, entre todos os alunos, a que mais exige atenção. "Ela quer saber a toda hora o que significa determinada letra", conta a diretora da escola, Regina Pierotti. Segundo ela, embora Isolina ainda não leia, já aprendeu a escrever seu nome completo. "Ela está sempre sorridente. Só falta às aulas quando está doente."

A aula é a última atividade diária de Isolina [...]. Ela levanta às 7 horas e faz, diariamente, o serviço da casa. No tempo que resta, costura tapetes com retalhos que recolhe em costureiras.

Isolina Campos escrevendo aos 100 anos.

FISCHER, Rogério. *O Estado de S. Paulo*, 2 jun. 2011.

1. Por que a volta de Isolina à escola mereceu ser objeto de uma notícia?
2. Que tipo de leitor se interessaria por essa notícia?
3. Além da vontade de aprender a ler, o que mais levou Isolina à escola?
4. Que imagem de Isolina o texto leva o leitor a construir?
5. Se você fosse jornalista, publicaria a notícia sobre Isolina Mendes Campos em algum dos cadernos a seguir? Em qual e por quê?

política | saúde | economia | esporte | policial | infantil | classificados | turismo | tecnologia | agrícola | cultura e entretenimento | meio ambiente

Notícias curtas e leves, difíceis de serem classificadas e cujo foco maior é o entretenimento, no jargão jornalístico são chamadas de **faits divers** (em francês, "fatos diversos, diferentes"; pronuncia-se *fé divér*). Despertam interesse por apresentar acontecimentos inusitados, curiosos ou pitorescos e dão equilíbrio aos noticiários, contrapondo-se aos assuntos mais graves.

DO TEXTO PARA O COTIDIANO

Leia o início de uma notícia publicada no *site* do jornal *Tribuna do Ceará*.

Pesquisa mostra que mais de 60% dos alunos de escola pública têm computador

Foram entrevistados professores de português e matemática, alunos dos ensinos fundamental e médio, além de coordenadores pedagógicos e diretores

A maioria dos alunos de escolas públicas do país (62%) tem computador em casa, aponta a pesquisa Tecnologias de Informação e Comunicação (TIC) Educação 2012, divulgada nesta quinta-feira (23) pelo Comitê Gestor da Internet no Brasil (CGI.br). O número é crescente desde 2010, primeiro ano do levantamento, quando o percentual era 54%. No ano passado, essa proporção entre estudantes da rede pública já tinha avançado para 56%.

Disponível em: <http://tribunadoceara.uol.com.br/noticias/geral-2/pesquisa-mostra-que-mais-de-60-dos-alunos-de-escola-publica-tem-computador/>. Acesso em: 5 jan. 2015.

Essa notícia chama a atenção para o fato de um grande número de estudantes de escolas públicas, hoje, ter computador. Mas ela não se refere ao uso que os estudantes fazem da internet em seus computadores. Com que intenção será que acessam a rede?

Leia o quadro abaixo, que faz parte de uma pesquisa cujo objetivo é mostrar o perfil de pessoas que usam a internet.

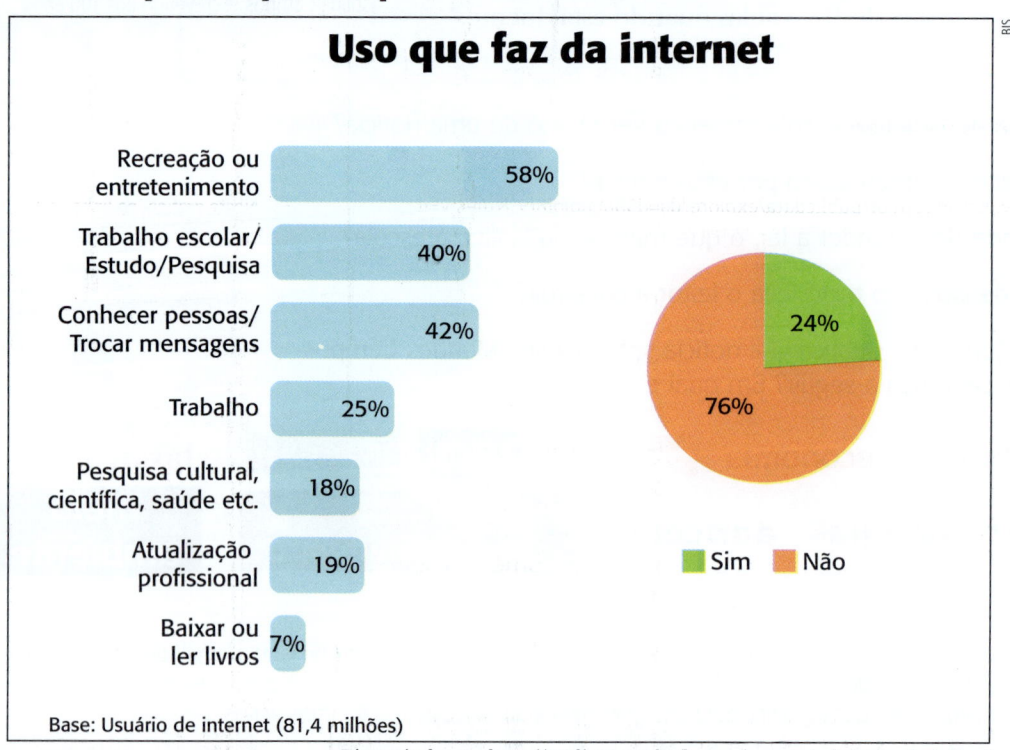

Uso que faz da internet

- Recreação ou entretenimento: 58%
- Trabalho escolar/Estudo/Pesquisa: 40%
- Conhecer pessoas/Trocar mensagens: 42%
- Trabalho: 25%
- Pesquisa cultural, científica, saúde etc.: 18%
- Atualização profissional: 19%
- Baixar ou ler livros: 7%

Sim: 24% | Não: 76%

Base: Usuário de internet (81,4 milhões)

Disponível em: <http://prolivro.org.br/home/images/relatorios_boletins/3_ed_pesquisa_retratos_leitura_IPL.pdf>. Acesso em: 6 jan. 2015.

1. Nesse quadro, o que quer dizer o sinal **%**? Explique.

2. Para obter os dados que resultaram nesses gráficos foram feitas duas perguntas aos entrevistados. Uma delas já aparece no gráfico desta página. Você saberia dizer qual foi a outra, observando o gráfico da página anterior?

3. Se você fosse um dos entrevistados nessa pesquisa, em que parte do gráfico da direita estaria? E em qual faixa estaria no gráfico da esquerda?

4. Há mais de uma razão para acessar a internet. Para você, qual delas é a mais importante? Por quê?

5. Leia e observe outro tipo de gráfico.

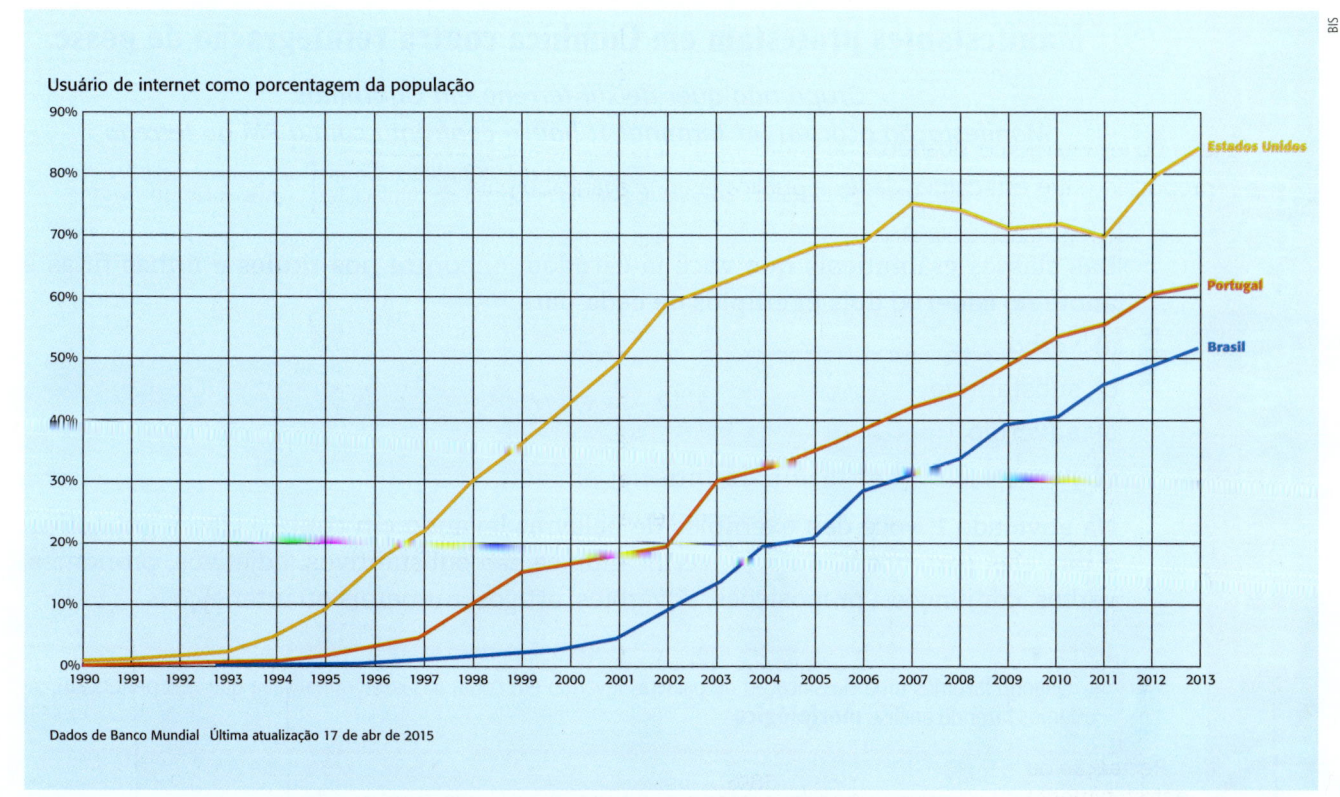

Usuário de internet como porcentagem da população

(Gráfico com linhas mostrando Estados Unidos, Portugal e Brasil de 1990 a 2013)

Dados de Banco Mundial Última atualização 17 de abr de 2015

Disponível em: <http://www.google.com.br/publicdata/explore?ds=d5bncppjof8f9_&met_y=it_net_user_p2&idim=country:BRA:USA:PRT&hl=pt&dl=pt>. Acesso em 6 jan. 2015.

Neste gráfico, na linha vertical à esquerda, estão os números em percentuais. Do lado direito, as linhas ascendentes, que indicam os países em que foi feita a pesquisa.

a) Em um universo de mais de 200 milhões de habitantes, segundo o Instituto Brasileiro de Geografia e Estatística (IBGE), qual era a porcentagem de usuários de internet no Brasil no ano de 2013, de acordo com esse gráfico? Isso equivale a quantos habitantes?

b) O primeiro gráfico mostra que 40% dos entrevistados usam a internet para trabalho escolar/pesquisa/estudo. A quantos brasileiros, usuários da internet, corresponde esse percentual?

c) Observe que a linha azul, correspondente ao Brasil, começa a subir a partir do ano 2000. A que você atribuiria esse fato?

6. Diga se concorda com a afirmação a seguir e por quê.

Ter acesso à internet é uma das formas de estar bem informado sobre os fatos importantes que acontecem no mundo, o que pode levar uma pessoa a agir de modo mais crítico e responsável em seu dia a dia.

Sujeito e predicado: contexto e funções

REFLEXÃO SOBRE A LÍNGUA

1. Observe estes títulos e linhas finas.

I

Lava-Bois, em São José de Ribamar, encerrou ontem festejos juninos no estado

Tradicional encontro de grupos de bumba meu boi foi aberto no sábado e reuniu brincadeiras como bois da Maioba e Ribamar

O Estado do Maranhão, 7 jul. 2014

Manifestantes protestam em Cumbica contra reintegração de posse

Grupo não quer deixar terreno em Guarulhos. Manifestação ocorreu no Terminal 1; houve confronto com a PM no terreno

Disponível em: <http://g1.globo.com/sao-paulo/noticia/2015/02/manifestantes-ocupam-saguao-do-aeroporto-de-cumbica.html>. Acesso em: 10 fev. 2015.

Das classes gramaticais que você já estudou, encontre nos títulos e linhas finas e anote no caderno dois exemplos de cada para:

a) verbo
b) substantivo
c) advérbio
d) preposição

Na atividade 1, você deu exemplos de palavras levando em conta a classe gramatical a que elas pertencem, ou seja, verificando se são substantivos, adjetivos, pronomes, verbos, conjunções, preposições, advérbios, artigos, numerais ou interjeições.

> Quando fazemos uma classificação de palavras levando em conta a classe gramatical a que elas pertencem, estamos fazendo análise **morfológica**.

2. Observe e compare agora, nestas orações, a palavra destacada.

O **teatro** é imenso.   Tenho saudade do **teatro**.   Ainda não conheço o **teatro** da Praça do Colégio.

termo sobre o qual se fala   termo que completa o sentido de um nome (o substantivo **saudade**)   termo que completa o sentido de um verbo (**conhecer**)

Nessas orações, a palavra **teatro** ocupa diferentes posições em relação aos outros termos. Ela tem a mesma função nas três orações? Por quê?

As palavras podem combinar-se de diversas maneiras, exercendo diferentes papéis em cada uma das orações.

Vamos, a partir de agora, entrar no campo da sintaxe, a parte da gramática que estuda a combinação das palavras, formando enunciados com sentido.

> Quando observamos o papel que as palavras desempenham na oração, isto é, a função que exercem quando se combinam com outras palavras do enunciado, estamos trabalhando com a sintaxe.

Para começar o trabalho com a sintaxe, vamos recordar alguns conceitos básicos que vimos na unidade 3.

3. Leia estes títulos de livros.

> *Não se esqueçam da rosa*
> *O joelho Juvenal*
> *Nem namoro nem amizade*
> *Mania de explicação*
> *Nó na garganta*
> *Quando papai foi pra guerra*
> *Num pequeno planeta*
> *O fantástico mistério de Feiurinha*

a) O que é possível observar nesses títulos em relação ao uso de verbos?

b) Frases nominais são aquelas que não contêm verbos, enquanto as frases verbais – também chamadas de orações – contêm verbos. Pelo que você observou nessa lista, em títulos de livros predominam frases nominais ou verbais? Em sua opinião, por que isso acontece?

> **NÃO DEIXE DE ASSISTIR**
>
> • *As aventuras de Tintim* (Estados Unidos, boxe com sete DVDs), animação baseada nas histórias em quadrinhos de Hergé.
>
> Na companhia de Milu, seu inseparável cão, o jovem e incansável jornalista Tintim percorre o planeta em busca da verdade e da justiça.

4. Leia esta tira.

GONSALES, Fernando. Disponível em: <http://www2.uol.com.br/niquel/tiras_mes/2013/10/20.gif>. Acesso em: 6 jan. 2015.

a) Nesses quadrinhos, temos frases variadas que formam um diálogo. Qual é a diferença entre elas?

b) Observe a pontuação empregada nas frases. Ela é sempre a mesma? Por que isso acontece?

c) Mesmo com a diferença entre as frases, você conseguiu entender o sentido delas com clareza? Por que isso foi possível?

5. Releia oralmente cada uma dessas frases nos quadrinhos.

a) Que entonação você deu a cada uma? Explique.

b) Pelas atividades acima, o que se pode concluir sobre o que é uma frase?

6. Releia o título desta notícia.

> ## Índice de leitura no Brasil cresce mais de 150% em dez anos, mas ainda é pequeno segundo editores

a) Quantos verbos temos nesse título? O que você conclui sobre o número de orações nesse texto?

b) De acordo com sua resposta, temos nesse trecho um período simples ou um período composto? Temos um período composto.

c) Em sua opinião, títulos de notícias devem ser organizados em períodos simples ou compostos? Por quê?

7. Leia a tira abaixo.

WATTERSON, Bill. *Os dez anos de Calvin e Haroldo*. São Paulo: Best News, 1996.

a) De quem Calvin fala no primeiro quadrinho?

b) O que ele diz dela?

c) Em uma oração temos, geralmente, uma informação a respeito de algo ou alguém de que falamos. O termo que exprime essa ideia recebe o nome de sujeito. Qual é o sujeito da fala de Calvin?

d) A parte da oração que contém uma informação sobre esse sujeito é denominada predicado. Qual é o predicado na primeira fala de Calvin?

e) O predicado organiza-se em torno de um verbo. Qual é o verbo que centraliza a informação no predicado dessa oração?

f) Pelo que lemos nos três primeiros quadrinhos, é possível imaginar o que a mãe de Calvin pensa dos gibis? Explique.

8. Desenhe no caderno um quadro como este. Leia as orações a seguir e complete o quadro de acordo com o que se pede.

O sujeito (sobre o que ou sobre quem se fala)	O predicado (a informação a respeito de o que ou de quem se fala)
Os super-heróis	enfrentam dilemas morais difíceis.

a) Gibis não são só fantasias escapistas.

b) Eles são críticas sociais sofisticadas.

c) Todos eles podem fazer isso.

Concordância do verbo com o sujeito

1. Leia.

> Mamãe não entende os gibis.
> Os super-heróis enfrentam dilemas morais difíceis.

a) Nas orações acima, os verbos **entender** e **enfrentar** referem-se a quem?

b) Em que pessoa e número estão esses verbos?

c) **Mamãe** e **os super-heróis** são o sujeito dessas orações e os verbos dessas orações concordam com esses sujeitos. O que podemos concluir a respeito das formas verbais usadas em relação ao sujeito a que se referem?

> O verbo da oração **concorda** em número (singular ou plural) e pessoa (primeira, segunda ou terceira) com o sujeito a que se refere.

2. Leia.

GONSALES, Fernando. *Folha de S.Paulo*, 23 ago. 2010.

a) O que provoca humor na tira? Explique.

b) As falas do primeiro quadrinho não contêm verbo, mas ele pode ser subentendido, isto é, entendido pelo contexto. Que verbo é esse?

CONTAR	SER	CRESCER	FALAR

c) Anote no caderno as duas falas, porém acrescentando as formas do verbo subentendido. Você usou duas formas verbais iguais ou diferentes? Por quê?

d) Se houvesse mais de uma menina fazendo aquelas perguntas a Bumbo, como ficaria a fala da avó no último quadrinho?

> Importante! O verbo concorda com o sujeito, mesmo quando esse verbo está subentendido.

3. Leia o título e a chamada da matéria de destaque na revista.

COMO PENSAM OS BEBÊS

Eles têm noções de matemática, são prodígios da psicologia e conseguem diferenciar o bem do mal. Nossos filhos nascem sabendo muito mais do que imaginamos. Entenda o que se passa na cabeça deles.

Capa da revista Superinteressante.

a) Qual é o sujeito da oração que dá título à matéria?
b) Esse sujeito é retomado, na chamada, por outra palavra. Qual é essa palavra e a que classe gramatical pertence?
c) Por que, possivelmente, foi feita essa substituição?
d) Quais as formas verbais que concordam com o sujeito da primeira frase da chamada?
e) Como é possível saber que esses verbos se referem ao mesmo sujeito?

4. Leia e observe.

substantivo → pronome →

I. **Os bebês** têm noção de matemática. **Eles** conseguem diferenciar o bem do mal.
↓ ↓
sujeito   sujeito

II. **Os bebês** têm noção de matemática. **Conseguem** diferenciar o bem do mal.
↓ ↓
sujeito   supressão do sujeito, que está subentendido

> Para deixar um texto conciso, é possível **suprimir o sujeito** quando ele pode ser subentendido pelo contexto.

a) No exemplo I, o sujeito é o mesmo nas duas orações: Qual é a palavra que substituiu o sujeito na 2ª oração?
b) No exemplo II, o pronome **eles** (que é sujeito da 2ª oração) foi suprimido. Essa supressão altera o sentido e a relação entre as duas orações?
c) Com a supressão do sujeito, como é possível saber que ele permanece o mesmo nessa oração?

A posição do sujeito na oração

Sujeito posposto

1. Leia.

ZIRALDO. *As melhores tiradas do Menino Maluquinho*. São Paulo: Melhoramentos, 2000.

a) Como é comum nas tiras, aqui o humor é provocado por um final inesperado. Explique.

b) Maluquinho apresenta algumas "notícias" aos pais. Leia esta.

> Professora dá prova surpresa [...]!

Nessa oração, o que vem primeiro: a informação dada (o predicado) ou a pessoa de quem se fala (o sujeito)?

c) Esse sujeito aparece antes ou depois do respectivo verbo?

2. Leia agora esta outra "notícia" apresentada por Maluquinho.

> SOBEM O PICOLÉ E O CHICLETE! ESTAS E OUTRAS NOTÍCIAS VOCÊ VAI VER NO...

ZIRALDO

a) Na frase "Sobem o picolé e o chiclete", o que vem primeiro: o assunto de que se fala (o sujeito) ou a informação dada (o predicado) sobre esse assunto?

b) Em sua opinião, por que Maluquinho emprega o sujeito nessa posição?

> O sujeito pode aparecer antes ou depois do predicado. Quando aparece antes do predicado, dizemos que a oração está na **ordem direta**; quando aparece no meio ou depois do predicado, dizemos que o sujeito é **posposto** e que a oração está na **ordem indireta**. Nesse caso, o termo que aparece antes, em uma oração, é o que recebe maior destaque. Foi o que aconteceu, por exemplo, quando o Menino Maluquinho começou a oração com o verbo: "**Sobem** o picolé e o chiclete!".

3. Estamos mais habituados às orações em ordem direta, ou seja, aquelas em que o sujeito vem antes da forma verbal. Leia este trecho que tem uma oração com sujeito posposto.

> Ruas foram alargadas, surgiram grandes edifícios e Belém ganhou água encanada e luz elétrica.
>
> ZENTI, Luciana. Ciclo da Borracha: Paris tropical. Revista *Aventuras na História*. Disponível em: <http://guiadoestudante.abril.com.br/aventuras-historia/ciclo-borracha-paris-tropical-434959.shtml>. Acesso em: 7 jan. 2015.

a) Qual é o verbo que concorda com o sujeito **grandes edifícios**?

b) Está no plural ou no singular? Por quê?

FIQUE ATENTO... À PONTUAÇÃO ENTRE SUJEITO E PREDICADO

Devemos usar vírgula entre o sujeito e o predicado?

1. Leia esta piada e observe os destaques coloridos.

> A **mãe pergunta** ao Juquinha:
> — Por que **você está chegando** tão tarde da escola, meu filho?
> O **menino responde**:
> — O **motorista do ônibus enguiçou**!

a) Localize o sujeito e o predicado dessas orações. Foram empregadas vírgulas entre sujeito e predicado?

b) Observe agora a posição que o sujeito ocupa nestas orações.

> Sobem **os preços do picolé e do chiclete**!
> Voam **as andorinhas** à procura de temperaturas mais altas.

No caso de o sujeito ser posposto ao predicado, poderia haver vírgula entre o predicado e o sujeito?

2. A presença de uma vírgula pode fazer diferença no sentido de um enunciado. Observe os trechos destacados nas orações a seguir e avalie se deve haver uma vírgula entre eles. Lembre-se de que isso vai depender da intenção de quem fala.

a) Leia as frases em voz alta e, no caderno, pontue-as adequadamente para que tenham o sentido indicado entre parênteses.

   I. **Pedro anda** mais rápido. (Fazer uma recomendação a alguém.)
   II. **Alfredo acha** que o celular está quebrado. (Perguntar algo à pessoa.)
   III. **João está perdendo** a memória. (Dar uma informação a alguém.)
   IV. **Antônio mostra** no mapa onde fica a Austrália. (Solicitar algo a alguém.)

b) Em qual das orações não foi usada a vírgula? Explique.

1. Leia a piada.

— Joãozinho, um rapaz roubou dois pêssegos e duas maçãs. Onde está o sujeito?
— Na cadeia, professora.

a) O humor desse texto se baseia no duplo sentido de uma palavra. Explique essa afirmação.
b) O que a professora esperava que Joãozinho respondesse?
c) Qual é o predicado dessa mesma oração?
d) Como você reformularia a fala da professora para evitar ambiguidade?

2. Leia, observando o termo destacado.

Você acha que sabe tudo sobre seu cãozinho? Um cientista vem demonstrando que **seu cãozinho** pode lhe trazer surpresas.

a) Reescreva o trecho no caderno, trocando o termo destacado pelo pronome **ele**.
b) Reescreva novamente o trecho, agora suprimindo o sujeito **seu cãozinho**.
c) As frases ficaram claras da forma como você as reescreveu? Explique.

3. O texto da notícia a seguir foi adaptado para esta atividade, tornando-se bastante repetitivo. Reescreva-o no caderno, suprimindo o sujeito de algumas das orações ou trocando-o por um pronome. Lembre-se de preservar a clareza do texto.

Homem vai a casamento e descobre que é o noivo

O casal tem dois filhos e o casal vive junto há 25 anos

No último sábado, o operador de máquinas Carlos Henrique de Jesus, 41, chegou à igreja para ser padrinho de um casamento e Carlos saiu como o noivo.

Isso porque sua mulher, a doméstica Marilene Batista Lima, 41, preparou toda a cerimônia sem que Carlos soubesse da surpresa.

Carlos e Marilene vivem juntos há 25 anos, Carlos e Marilene têm dois filhos e Carlos e Marilene se casaram no civil em 2005, durante um casamento coletivo, mas a falta de dinheiro impossibilitava a cerimônia religiosa.

Com a ajuda de amigos e do pastor João Machado, o sonho se realizou. Marilene teve que mentir ao marido para manter seu casamento em segredo.

"Dissemos a Carlos que era o casamento de uma amiga e que Carlos seria o padrinho. Na hora da noiva entrar, o pastor contou que era o nosso casamento", diz Marilene.

Carlos, mesmo assustado, disse "sim" e Carlos gostou da surpresa. "Fiquei muito feliz."

Agora, 2 jun. 2011. (Adaptado).

4. Leia, a seguir, o título e a linha fina de dois artigos de divulgação científica. Indique no caderno o sujeito de cada verbo destacado.

a) **Foi daqui que saiu o meteorito marciano**
Acharam a cratera de onde **saiu** o pedaço de pedra jogado na Terra.

Disponível em: <http://super.abril.com.br/superarquivo/1997/conteudo_45129.shtml>. Acesso em: 25 maio. 2015.

b) **Existe uma ordem no Universo?**
Por que até hoje a física dos grandes corpos não se **entendeu** com a física das partículas?

Disponível em: <http://super.abril.com.br/tecnologia/existe-ordem-universo-447003.shtml>. Acesso em: 25 maio. 2015.

5. Leia.

Incêndio em área protegida sobe 124%

De janeiro até agora **foram registrados** 4 045 focos de queimadas em locais como parques e reservas contra 1 803 no ano passado; Estação Ecológica Serra Geral do Tocantins perdeu extensão equivalente a São Bernardo do Campo.

Disponível em: <http://www.estadao.com.br/estadaodehoje/20100718/not_imp582779,0.php>. Acesso em: 25 maio 2015.

a) Qual é o sujeito correspondente à locução verbal destacada?

b) Esse sujeito está posposto ou anteposto ao verbo?

c) Reescreva esta oração na ordem direta.

"De janeiro até agora foram registrados 4 045 focos de queimadas em locais como parques e reservas contra 1 803 no ano passado [...]"

d) O sentido dessa frase mudou quando o sujeito foi trocado de posição? Justifique sua resposta.

6. Leia esta tira.

GONSALES, Fernando. Disponível em: <http://www2.uol.com.br/niquel/tiras_mes/2010/06/15.gif>. Acesso em: 15 ago. 2011.

a) Alfred parece ser uma pessoa que não se interessa pelos problemas de sua casa. Observe o último quadrinho. O que o gesto de amassar o jornal exprime?

b) A leitura atenta dos dois primeiros quadrinhos já oferece ao leitor uma avaliação sobre a personagem Alfred. No último, a atitude de Alfred confirma ou desmente a imagem que o leitor criou a respeito dele? Explique.

c) Nos dois primeiros balões, o sujeito da locução verbal **estão comendo** é **os cupins**. No terceiro balão, quando a personagem diz "Já sei! O assoalho!", a quem ela está se referindo?

d) A repetição do sujeito colabora para criar o humor da tira? Explique.

ATIVIDADE DE ESCUTA

Você aprendeu que o primeiro parágrafo de uma notícia é chamado de **lide** ou *lead* (em inglês) e que, em geral, ele oferece rapidamente as principais informações que serão desenvolvidas na notícia: o que aconteceu, com quem, onde, quando, como e por quê.

1. Ouça o trecho de duas notícias que seu professor vai ler. Fique atento para identificar as informações que constam do lide, pois, após a escuta, você deverá apresentá-las oralmente.

2. O professor lerá o título, a linha fina, quando houver, e, depois, o lide. Sua tarefa será identificar o que aconteceu, com quem, como, onde, quando e por que aconteceu.

FIQUE ATENTO... À ACENTUAÇÃO DAS PAROXÍTONAS

Em toda palavra com duas ou mais sílabas, há uma que é pronunciada com mais intensidade – a sílaba tônica –; as demais são átonas.

Vamos ver um pouco mais sobre a acentuação gráfica.

1. Leia o título e subtítulo dos livros e responda: a sílaba tônica das palavras sempre recebe acento gráfico? Justifique sua resposta com palavras das capas.

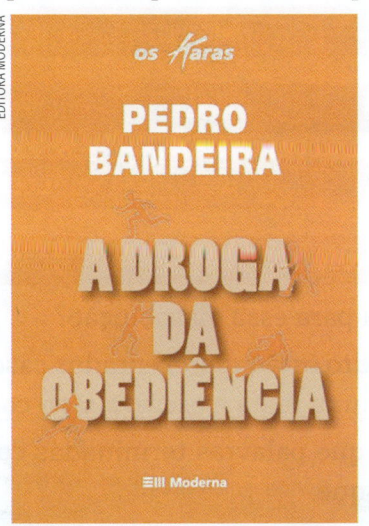

2. As palavras podem ser oxítonas, paroxítonas ou proparoxítonas. As palavras que receberam acento gráfico nesses títulos e subtítulo são paroxítonas ou oxítonas?

3. Leia a tira.

GONSALES, Fernando. *Níquel Náusea* – A perereca da vizinha. São Paulo: Devir, 2005.

a) Segundo a tira, elefantes não são bons no jogo da memória. Que razão se apresenta para esse fato?

b) Essa é a verdadeira razão de os elefantes não serem bons no jogo da memória? Explique.

c) Observe estas palavras paroxítonas do texto.

| MEMÓRIA | ELEFANTES | INCRÍVEL | ENTANTO | ELES | JOGADORES | CARTELAS | NOVO |

Como você pode observar, nem todas são acentuadas graficamente: apenas **memória** e **incrível** recebem acento gráfico. Observe que **memória** termina com o ditongo **IA** e **incrível** termina na consoante **L**.

Você conhece outras palavras com essas terminações, que recebem acento gráfico? Escreva no caderno as que conhecer, acentuando-as adequadamente.

4. Como saber quais paroxítonas recebem acento gráfico? É preciso uma regra que nos oriente.

   a) Encontre, no quadro a seguir, as paroxítonas e escreva-as no caderno. Depois, organize-as em dez grupos, colocando no mesmo grupo palavras que tenham alguma semelhança na sílaba final. Exemplo: **tórax** e **fênix**.

SOFÁ	INGLÊS	ÓRGÃO	TÓRAX	HORTIFRÚTI	HÍFEN
AÇÚCAR	IMÓVEL	ÚNICO	JACARÉ	FÊNIX	GLÚTEN
PODERÁ	ÚTIL	ÓRFÃS	VÊNUS	BÊNÇÃO	ÁLBUM
CARÁTER	CAFÉ	ÍMÃ	ÓCULOS	TÁXIS	ALÉM
BÍCEPS	FÓRCEPS	FUBÁ	VÍRUS	IANOMÂMI	PÊNALTI

   b) Que critérios você utilizou para essa distribuição?

   c) Considerando que no quadro estão representados casos de paroxítonas que devem ser acentuadas, tente estabelecer uma regra e escreva-a no caderno.

   d) No quadro acima, vemos que palavras terminadas com a mesma letra ora são acentuadas, ora não são. Explique por quê.

5. Nos itens a seguir, reconheça as paroxítonas e verifique quais devem ser acentuadas. Em seguida, anote no caderno a sequência em que todas as paroxítonas devem ser acentuadas.

   a) provavel, imovel, imã, vogal, polen
   b) juri, taxi, tenis, saci
   c) benção, virus, saci, bonus
   d) nectar, dolar, carater, hamburguer

6. As palavras a seguir terminam em **ditongo**. Leia-as.

> **Ditongo** é o encontro de dois sons vocálicos em uma única sílaba.

| SÉRIE | HISTÓRIA | MÁGOA | PÁTIO | SECRETÁRIOS | ÍNDIA |
| RÉGUA | IMUNDÍCIE | CIÊNCIA | SÍRIO | CÁRIE | ARMÁRIO |

Com base nas palavras do quadro, redija mais uma regra para a acentuação gráfica das paroxítonas.

LEITURA 2

A primeira notícia que lemos nesta unidade foi tirada de um jornal impresso. Vamos ler agora uma notícia postada em um portal da internet.

1. No mundo fictício de Harry Potter, personagem da série de livros de J. K. Rowling, existe um jornal impresso, o *Profeta Diário*, em que as fotos se movem para mostrar os acontecimentos, e as notícias mudam magicamente, à medida que os fatos acontecem. No mundo real, existe um tipo de jornal que é atualizado em tempo real e tem imagens "que se movem". Onde o encontramos?

Estudantes raspam o cabelo para apoiar colega com câncer em Minas

Três diretores da escola também aderiram à ação. "Não dá pra explicar, não. Me senti acolhido", falou aluno com câncer

Estudantes do ensino médio de uma escola em Governador Valadares, na Região do Vale do Rio Doce de Minas Gerais, rasparam o cabelo para apoiar um colega de sala que faz tratamento para curar um câncer. Eles organizaram uma surpresa para o garoto de 17 anos, que acabou de passar pelas primeiras sessões de quimioterapia. A ação foi filmada nesta segunda-feira (30) e postada na internet.

"Fiquei meio sem ação. Só consegui rir. Quem não ficaria?", disse Arthur Gonçalves, contando o que sentiu ao abrir a porta da sala e encontrar os amigos com os cabelos raspados. Ele elogiou a atitude da turma e disse que se sentiu muito acolhido pelos amigos. "Não dá pra explicar, não. Me senti acolhido", completou, dizendo que a surpresa trouxe motivação e força para continuar o tratamento.

Gonçalves está no terceiro ano e vai tentar vestibular para Engenharia na Universidade Federal de Minas Gerais (UFMG). Ele enfrenta a doença com o apoio da família e da namorada.

O gesto foi emocionante, segundo a mãe dele. "A atitude dos meninos não foi comum. Foi uma coisa tão alto-astral. Fizeram para que ele não se sentisse excluído por estar careca", disse a mãe. Ainda segundo ela, as garotas da sala também se mobilizaram e acompanharam os colegas até o salão onde cortaram o cabelo.

O câncer, segundo a família, foi descoberto por acaso [...]. O tratamento começou há 21 dias.

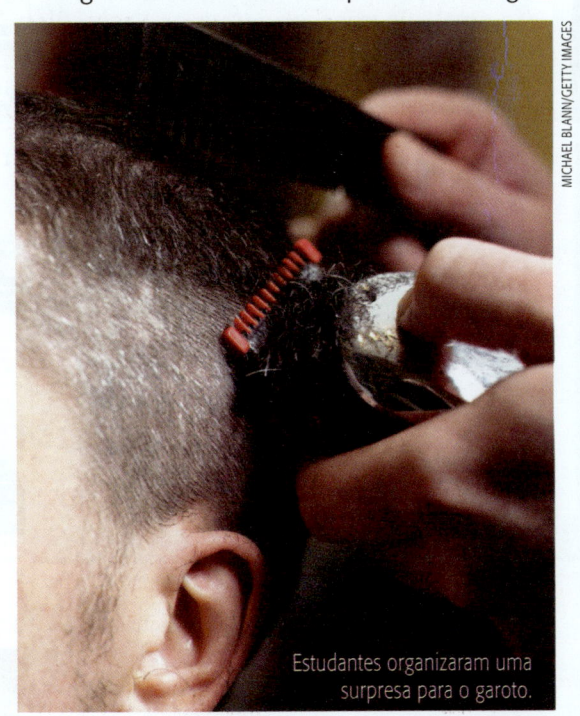

Estudantes organizaram uma surpresa para o garoto.

A ação do corte de cabelo coletivo foi toda idealizada pelos estudantes, segundo o diretor da escola Rodrigo Cunha. Mas ele e mais dois diretores também resolveram cortar os cabelos. "Resolvemos entrar pelo espírito de solidariedade, em apoio ao aluno e, principalmente, para ele não se sentir diferente da gente. Principalmente por isso. Para ele sentir um clima harmonioso ao regressar às aulas", completou. [...]

O vídeo postado na internet já foi visto por mais de 26 mil internautas em quatro dias. [...]

Envie para um amigo
Compartilhe
Imprimir
Reportar erro

Comente esta notícia

Tania
Lindo gesto!!

Cleide Santos
Linda a atitude desses jovens, solidariedade e carinho são fundamentais a quem está passando por um momento tão delicado como o tratamento contra o câncer. Gestos como esse devem servir de exemplo a todos. Atitudes tão simples podem trazer grandes momentos de felicidade.

Andreia
Mesmo no mundo q estamos existem pessoas solidárias, essa classe mostrou humanidade.

Valnísia
Gesto bonito, solidário. Quem dera que as pessoas, a cada dia, lembrassem de pensar no próximo e de que nenhum de nós está livre de viver momentos difíceis como esse.

Hilary
Muito bom, amei... Parabéns a todos eles.

Correio on-line. Disponível em: <http://www.correio24horas.com.br/noticias/detalhes/detalhes-3/artigo/estudantes-raspam-o-cabelo-para-apoiar-colega-com-cancer-em-minas/>. Acesso em: 7 maio 2015.

Página principal de uma edição do jornal *on-line* que publicou a notícia.

EXPLORAÇÃO DO TEXTO

Antes de iniciar o estudo do texto, tente descobrir o sentido das palavras desconhecidas pelo contexto em que elas aparecem. Se for preciso, consulte o dicionário.

1. Por que o fato relatado mereceu ser objeto de uma notícia?

2. O título "Estudantes raspam o cabelo para apoiar colega com câncer em Minas" tem as mesmas características dos títulos de notícias impressas? Explique.

3. No fim da notícia, aparecem os seguintes itens como opções para o leitor:

> Envie para um amigo
> Compartilhe
> Imprimir
> Reportar erro

a) Qual é o objetivo do jornal ao inseri-los no fim da leitura?
b) Na opção "Reportar erro", podemos afirmar que o jornal digital é um jornal "em movimento"? Explique.

4. Observe que depois da notícia aparece uma seção intitulada "Comente esta notícia".

> **Comente esta notícia**
>
> Tania
> Lindo gesto!!

a) A quem ela se destina?
b) Qual é seu objetivo?
c) O que os comentários reproduzidos têm em comum quanto ao assunto?
d) O leitor de um jornal impresso também pode comentar as notícias publicadas nele? Como?

5. Nem todas as afirmações a seguir são verdadeiras. Anote no caderno apenas as que indicam adequadamente características de notícias publicadas em jornais impressos e das postadas em *sites* e blogues.

a) O jornal impresso pode permitir ao redator aprofundar certos aspectos da notícia, incluir mais detalhes, elaborar melhor o texto.
b) A notícia postada em um *site* ou blogue apresenta as informações concentradas.
c) O leitor-padrão de um portal de notícias na internet frequentemente quer uma informação atualizada, que não precise ser relida para ser compreendida. Por isso os parágrafos são mais curtos, mais concisos.
d) Nas notícias postadas na internet aparecem fotografias, o que não acontece nos jornais impressos, que valorizam o texto escrito.
e) As notícias postadas nos portais são frequentemente atualizadas e os fatos podem chegar mais rapidamente ao leitor.

6. A notícia sobre a solidariedade dos estudantes saiu na versão *on-line* do jornal *Correio*, da Bahia. Observe, na página 208, a *home page* do jornal *Correio* e responda.

   a) O que é possível notar de semelhante entre a primeira página de um jornal impresso e essa página *on-line*?

   b) E de diferente?

   c) E quanto à maneira de acessar as notícias, há alguma diferença? Explique.

A LÍNGUA NÃO É SEMPRE A MESMA

1. O texto que lemos compreende duas partes: a notícia propriamente dita e a seção dos comentários. Esses trechos não foram escritos pela mesma pessoa.

Qual é a diferença entre o texto da notícia e o dos comentários em relação ao uso dos sinais de pontuação?

2. O que revela o uso de reticências e pontos de exclamação em um texto? Essa pontuação seria adequada a uma notícia?

3. Em outro *site* aparecem mais comentários sobre a atitude dos jovens citados na notícia que lemos. Leia-os e observe a pontuação.

> Estes jovens são presentes de Deus! Fruto de uma geração que passa e grande expectativa para esta geração que chega!!! Um exemplo de vida entre os HUMANOS. Parabéns!
>
> **Marta Sarmento**, em 03 de junho de 2011 às 14:07
>
> Nossa isso sim é um ato de amigo mesmo pois qndo a pessoa recebe uma notícia desta fica sem ação e tenta abrir mão de tudo e vcs fizeram uma coisa muito boa a incentivar este rapaz parabéns
>
> **Letícia**, em 03 de junho de 2011 às 11:23
>
> Isso nos faz crer que exista gente do bem no mundo... Parabéns pela atitude e nos fazer ver o bem diante dos nossos olhos....Que Deus abençoe as famílias desses jovens...
>
> **Aparecido Carlos de Lima**, em 04 de junho de 2011 às 14:57
>
> Disponível em: <http://www.douradosagora.com.br/noticias/brasil/alunos-e-diretores-raspam-cabeca-para-apoiar-colega>. Acesso em: 8 jan. 2015.

> A passagem de um texto de uma modalidade da língua para outra (por exemplo, da oral para a escrita) é chamada de retextualização.

O que a pontuação expressiva ou a falta de pontuação revela nesses depoimentos?

4. Os comentários dos internautas revelam marcas de oralidade, embora tenham sido escritos. Considerando as diferenças entre a modalidade oral e a modalidade escrita, reescreva o segundo trecho no caderno, adequando-o à modalidade escrita. Para isso: evite a fragmentação de trechos, anote palavras por extenso e use a pontuação adequada.

PRODUÇÃO ESCRITA E ORAL

PRODUÇÃO PARA O PROJETO

Notícia de rádio

Você vai escrever uma notícia que poderá ser lida por um locutor no programa de rádio que você e seus colegas produzirão no fim do ano. O público será formado pelos colegas de outras turmas, professores e funcionários da escola.

Antes de começar

A notícia a seguir foi publicada na internet. Para esta atividade, retiramos dela algumas palavras e trechos. Leia-a e depois faça no caderno o que se pede.

Cachorro ■ varrer ruas na China

■ [LIDE]

Sob as ordens de seu dono Xu Ming, o cão-gari corre em zigue-zague para varrer as ruas por onde passa.

Enquanto trabalha, ele repetidamente olha para trás em direção ao dono como se buscasse aprovação para os seus esforços de limpeza.

Ele é muito inteligente e dócil. Decidi que usaria parte do meu tempo livre para ensinar-lhe algo especial, disse Xu ao *site Orange News*. Para minha surpresa, o que ele pareceu amar foi varrer, por isso fiz uma pequena vassoura para que ele pudesse levar a todo lugar.

Disponível em: <http://noticias.uol.com.br/tabloide/tabloideanas/2011/06/13.jhtm>. Acesso em: 13 jul. 2011.

■ [legenda]

a) Complete o título da notícia com um verbo cujo sentido esteja de acordo com o que se diz sobre o cão no texto. Atente para o tempo verbal adequado.

b) Leia as informações a seguir e, com elas, crie um lide para a notícia.

- **O quê**: um cachorro se transforma em estrela *on-line*
- **Quem**: um cachorro da raça *golden retriever*
- **Quando**: depois de ser fotografado varrendo a rua
- **Como**: com o grande número de visualizações da notícia
- **Onde**: em Changchun, na província de Jilin, na China
- **Por quê**: porque varre as ruas por onde anda com seu dono

c) Identifique o parágrafo que contém depoimentos em discurso direto e reescreva-o marcando as falas com aspas.

d) Crie uma legenda para a fotografia. Se quiser, invente dados sobre o cachorro.

Planejando o texto

1. Selecione o fato que será objeto de sua notícia. Ele deve ser recente, do interesse da comunidade escolar – estudantes, professores, funcionários – e relacionar-se à própria escola, ao bairro ou à cidade.

2. Busque informações sobre o acontecimento.

    a) Se for possível, converse com pessoas envolvidas no fato. Peça a elas autorização para tomar nota ou gravar o que disserem.

    b) Antes de iniciar a redação do texto, você precisa ter obtido respostas às seguintes questões:

    - o que aconteceu?
    - quem viveu o fato?/Quem provocou ou sofreu o fato?
    - onde o fato aconteceu? Quando? Como? Por quê?

3. Escreva o lide.

4. Escreva os demais parágrafos da notícia, detalhando o que foi dito no lide. Use o recurso da pirâmide invertida.

5. Transcreva o depoimento de pessoas entrevistadas. Lembre-se de que seu texto não será lido pelo público do rádio, e sim ouvido, por isso as aspas não um são um meio de marcar o início e o fim das citações. Você deve ser bem claro e dizer, por exemplo: "Fulano afirmou que...", "Nas palavras de beltrano..." etc.

6. Tanto no lide como nos outros parágrafos, empregue verbos no passado para relatar o ocorrido.

7. Dê à notícia um título que resuma o fato relatado e que seja atraente o bastante para despertar no leitor o desejo de ler. (Colocar o título por último é uma boa estratégia para evitar que ele "não combine" com o texto.)

Apresentando a notícia

1. Sente-se com dois ou três colegas, conforme a divisão da sala em grupos. Leia sua notícia para os colegas; eles lerão a deles para você. O grupo deve escolher uma delas para ser lida para a classe.

2. Se sua notícia foi a escolhida, prepare-se para lê-la como se fosse um locutor de rádio. Atenção! A leitura deve ser feita com bastante ênfase, principalmente na manchete e no lide, para despertar a atenção dos ouvintes.

3. Articule as palavras claramente e leia devagar para que todos compreendam os fatos relatados.

Avaliação e reescrita

1. Em relação à notícia ouvida:

    a) o fato relatado é interessante para o público?

    b) a notícia tem título? Ele desperta curiosidade sobre o fato?

    c) o lide dá os dados mais importantes: **quem**, **o quê**, **quando**, **onde**, **como**, **por quê**?

    d) o texto da notícia começa com as informações mais importantes?

2. Lembrando-se de que a produção desta unidade deverá ser guardada para o projeto do final de ano e tendo como base os comentários da classe, reveja a sua notícia. Leve em consideração os critérios a seguir.

    a) O lide dá os dados mais importantes: quem, o quê, quando, onde, como, por quê?

    b) O texto foi organizado em parágrafos?

    c) Nos demais parágrafos, após o lide, são apresentadas outras informações ao leitor?

    d) Você evita fazer comentários pessoais sobre o que relata?

    e) Os tempos verbais do título e do corpo da notícia foram empregados corretamente?

    f) Os verbos concordam com os respectivos sujeitos?

NÃO DEIXE DE LER

- ***Más notícias/boas notícias,*** de Annie Bryant, editora Fundamento
  O livro mostra como a mistura de aulas de dança de salão, projeto voluntário, aluna nova na escola e jornal escolar pode acabar em más notícias.

REFLEXÃO SOBRE A LÍNGUA

Tipos de sujeito

Você aprendeu que sujeito é o termo da oração sobre o qual se faz uma declaração e com o qual o verbo do predicado concorda. Viu também que o predicado é o termo da oração que diz algo sobre o sujeito e que o sujeito pode aparecer antes, no meio ou depois do predicado. Vamos ampliar o que você já sabe, observando agora alguns tipos de sujeito.

1. Leia a resposta dada pela revista **Mundo Estranho** a uma pergunta bem instigante.

Existe lugar no mundo onde nunca houve guerra?

Só dois: o Polo Norte e a Antártida. E isso porque não têm população e não pertencem a nenhuma nação. Todos os lugares do mundo com traços de ocupação já sofreram algum tipo de conflito armado. Mas não precisa ficar deprê! Segundo o historiador George Hoffeditz, essas lutas tiveram importância significativa para nosso desenvolvimento. Até mesmo a Suíça, célebre por sua neutralidade em combates como as Grandes Guerras, tem um passado manchado de sangue – especialmente na Idade Média. Suécia, Áustria e Costa Rica, países oficialmente neutros, também já pegaram em armas séculos atrás. Nem o Brasil, que hoje tem fama de bom mediador na política externa, escapa: basta lembrar o nosso conflito com o Paraguai (1865-1870).

PROENÇA, Pedro. Revista *Mundo Estranho*. Disponível em: <http://mundoestranho.abril.com.br/materia/existe-lugar-no-mundo-onde-nunca-houve-guerra>. Adaptado. Acesso em: 8 jan. 2015.

Responda no caderno. Com base no texto, é possível concluir que:

a) o Brasil, hoje pacífico, é famoso por seu passado de inúmeros conflitos.
b) o historiador George Hoffeditz considera as guerras uma coisa boa.
c) as guerras foram importantes para o desenvolvimento do mundo.

Observe:

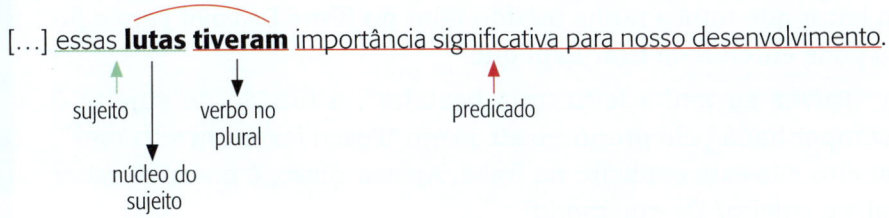

[...] essas **lutas tiveram** importância significativa para nosso desenvolvimento.

- sujeito
- verbo no plural
- núcleo do sujeito
- predicado

d) Na oração acima, o sujeito tem um **núcleo**, seu termo central e mais importante. Por que a forma verbal está no plural?

> O termo central do sujeito, com o qual o verbo concorda, é chamado de **núcleo do sujeito**.

2. Leia esta outra frase do texto.

Suécia, **Áustria** e **Costa Rica** [...] também já **pegaram** em armas séculos atrás.

↑ sujeito ↑ predicado com verbo no plural

núcleos do sujeito: Suécia, Áustria e Costa Rica

a) Por que a forma verbal **pegaram** está no plural?

b) Agora leia mais estas orações.

> Todos os lugares do mundo já sofreram algum tipo de conflito armado.
> Até o Brasil e o Paraguai entraram em guerra, em 1865.
> Só nunca tiveram guerra o Polo Norte e a Antártida.

Nessas orações, o sujeito é simples ou composto? Como você chegou a essa conclusão?

c) Por que é importante saber reconhecer a diferença entre sujeito simples e composto?

> O sujeito constituído de um único núcleo é chamado de **sujeito simples**. O sujeito constituído de mais de um núcleo é chamado de **sujeito composto**.

3. Leia a tira.

LAERTE. Disponível em: <http://www.laerte.com.br/>. Acesso em: 10 ago. 2010.

a) Agora leia a sinopse do filme apresentada no quadro ao lado e explique a intertextualidade presente na tira.

b) Um leitor que nunca tenha ouvido falar no filme *De volta para o futuro* pode entender a tira? Explique.

c) Em "Talvez eu tenha feito uma besteira", a função de sujeito é desempenhada pelo pronome **eu**. Já em "Posso fazer um *test drive*?", o sujeito não está explícito na frase. Apesar disso, é possível saber qual é o sujeito? De que modo?

De volta para o futuro (EUA, 1985, direção de Robert Zemeckis)

Um adolescente, Marty, aciona por engano uma máquina do tempo e retorna aos anos 1950 a bordo de um estranho automóvel construído por um cientista. O problema agora é como voltar ao presente.

Cena de *De volta para o futuro*.

NÃO DEIXE DE LER

- *A primeira reportagem*, de Sylvio Pereira, editora Ática
Ao conseguir emprego em um jornal e realizar sua primeira reportagem, Roberto se vê envolvido num perigoso caso de sequestro.

1. Leia a tira.

QUINO. *O regresso da Mafalda.* Lisboa: Dom Quixote, 1984.

Releia, observando as formas verbais destacadas:

Fiquei com tanta raiva que **comecei** a me xingar: pamonha! Idiota! Bobona!

a) As formas verbais destacadas têm o mesmo sujeito, que não está explícito nas orações. Qual é ele e como você chegou a essa conclusão?

b) O fato de o sujeito não estar explícito nas falas torna difícil compreender a quem os verbos se referem?

c) Por que Mafalda xingou a si própria?

d) Por que Susanita começou a xingar a amiga?

2. Leia o título e um trecho desta notícia.

Mãe e filha têm 16 botos "de estimação" no rio Negro

[...]

Na tradição amazônica, o boto é um animal mágico, que toma a forma de um homem e enfeitiça as moças do interior. Usa sempre um chapéu para esconder o furo na cabeça (por onde o mamífero respira). Diz a lenda que as meninas encantadas pelo boto nunca se casam.

Para Marisa Granjeiro, hoje com 21 anos, a história tem um quê de verdade. Marisa mora em Novo Airão (AM), a 115 quilômetros de Manaus, onde a mãe, Marilda Medeiros, tem uma casa flutuante no rio Negro. O lugar virou ponto turístico até para visitantes do exterior porque atrai todos os dias 16 botos-cor-de-rosa (chamados no Norte de botos-vermelhos), que aparecem atrás de comida e – segundo mãe e filha – de carinho também, como se fossem bichos de estimação.

[...]

Em julho – época de férias escolares e alto verão na Amazônia – o fluxo de turistas é maior. "A gente costumava fazer 'educação ambiental' com as crianças das escolas aqui. Trazíamos as classes, fazíamos bolo com refrigerante e a garotada aprendia um pouco mais sobre os botos-vermelhos", conta Marilda. [...]

Boto-cor-de-rosa.

NINNI, Karina. *O Estado de S. Paulo*, 5 jun. 2010.

a) O título da notícia menciona uma mãe e sua filha. Quem são essas pessoas?

b) Por que, no título, a expressão **de estimação** aparece entre aspas?

c) O segundo parágrafo diz que, "para Marisa Granjeiro [...], a história tem um quê de verdade". A qual história a frase se refere?

d) Releia:

> "A gente costumava fazer 'educação ambiental' com as crianças das escolas aqui. Trazíamos as classes, fazíamos bolo com refrigerante [...]"

Qual é o sujeito de **costumava fazer** e a quem ele se refere no contexto? Ele está no singular ou no plural?

e) Qual é o sujeito das formas verbais **trazíamos** e **fazíamos**, e a quem elas se referem no contexto? Como você descobriu?

3. Nesta HQ há várias ocorrências de sujeito que nos permitem a compreensão da história. Leia os quadrinhos.

GLAUCO. *Geraldinho*: cachorrão e outros bichos de tirar a mãe do sério. v. 1. São Paulo: Companhia das Letras, 2007.

a) Releia a pergunta no último quadrinho. Como você a responderia? Por quê?

b) Nas orações do primeiro, do segundo e do terceiro quadrinhos e na primeira oração do último, o sujeito é sempre o mesmo. Qual é ele?

c) Esse sujeito aparece expresso claramente nas orações ou está implícito na terminação do verbo?

d) Como é possível saber que o sujeito permanece o mesmo?

REVISORES DO COTIDIANO

Leia o título de uma notícia publicada por um jornal de circulação nacional.

Justiça libera mãe de 10 filhos presa por furto de pagar fiança

> **Fiança** é a quantia paga pelo réu de um crime considerado menos grave para que possa responder ao processo em liberdade.

1. Esse título pode ser entendido de mais de uma forma. Como você o entendeu?

   Agora leia o texto da notícia.

   A Justiça de São Paulo revogou ontem (9) o mandado de prisão contra a diarista C. F. S., 38. Desempregada, ela havia sido presa em flagrante no dia 30 de julho quando tentava furtar roupas e calçados para seus dez filhos em um supermercado da zona leste de SP.

   Depois que a mulher foi libertada, no dia seguinte ao furto, a Justiça ordenou que ela pagasse fiança de R$ 300 para poder continuar solta. Ela não pagou e, desde a última quinta-feira (5), era considerada foragida, apesar de estar em casa.

   Vivendo de doações e com uma renda de R$ 330 de um programa assistencial do governo, ela afirma que não tem como pagar esse valor. C. chegou a redigir uma carta dizendo que era pobre e que ela e o marido estavam sem emprego. Porém, a juíza Cláudia Ribeiro, que assumiu o caso, tinha mandado prendê-la no último dia 5 por não ter quitado o débito.

   A decisão de ontem permite que C. responda ao processo em liberdade.

   Folha de S.Paulo, 10 ago. 2010.

2. Clareza é essencial a títulos de notícia. Reescreva o título dessa notícia de modo que ele se torne claro e não permita mais de uma interpretação.

ATIVANDO HABILIDADES

(Saresp) Leia o texto para responder à questão.

Passarinheiros na berlinda

O Ibama demorou, mas resolveu pôr ordem na casa dos criadores de passarinhos do Brasil. O instituto desconfiou do crescimento assombroso de criadores no país, que saltou de 8.000 em 2005 para quase 40.000 até agosto deste ano. A suspeita era que esse aumento estaria encobrindo traficantes de pássaros silvestres. Agora, o Ibama acaba de baixar uma norma proibindo a inscrição de novos criadores. Quer, primeiro, recadastrar todos eles.

Fonte: PASSARINHEIROS na berlinda. *Veja*, São Paulo, p. 49, 5 set. 2007.

1. Pode-se dizer que o fato que deu origem à norma do Ibama aqui noticiada foi:
   a) o aumento do número de pássaros silvestres criados em cativeiro no Brasil.
   b) a inscrição de novos criadores de pássaros.
   c) o aumento de pássaros silvestres no país.
   d) o cadastro de todos os funcionários do Ibama.

(Saresp) Leia o texto para responder à questão.

Menino de 11 anos morde *pit bull* para se defender de ataque em Minas Gerais

Um menino de 11 anos mordeu um cão *pit bull* e se livrou do ataque do animal em Sabará (região metropolitana de Belo Horizonte).

G. A. S. estava em casa na tarde de anteontem quando foi atacado pelo cão da família, Titã.

De acordo com a avó do garoto, A. F. A., G. só conseguiu se desvencilhar do animal, que estava preso, ao segurar o cão pelo pescoço e mordê-lo. G. quebrou um dente durante a mordida.

O garoto saiu do jardim pulando o muro da casa. Enquanto isso, funcionários de uma obra ao lado batiam em um portão para tentar atrair o *pit bull*. Bombeiros recolheram o animal.

O menino foi levado ao pronto-socorro e precisou levar quatro pontos no braço direito. "Ele foi um vencedor", disse a avó.

Ela disse que o cachorro, que vive com a família desde filhote, era "manso e meigo" e nunca havia atacado ninguém. "Mas, na verdade, a gente nunca confiou muito nele. As crianças não brincavam muito com o cachorro, mas o Titã sempre estava por perto."

O cachorro foi levado ao centro de controle de zoonoses, onde deve ficar em observação por pelo menos dez dias. Após esse período, os donos poderão pegar o cachorro de volta. Caso não haja interesse, o *pit bull* deverá ser sacrificado.

"Não queremos mais ele, não. O G. tem duas primas, de seis e de dois anos. Se [o Titã] fez isso uma vez, pode fazer de novo", disse a avó do garoto ferido.

Fonte: BAPTISTA, Renata. Menino de 11 anos morde *pit bull*...

2. Qual das frases retiradas do texto apresenta uma opinião?

a) "Um menino de 11 anos mordeu um cão *pit bull* e se livrou do ataque do animal em Sabará (região metropolitana de Belo Horizonte)."

b) "G. A. S. estava em casa na tarde de anteontem quando foi atacado pelo cão da família, Titã."

c) "O cachorro foi levado ao centro de controle de zoonoses, onde deve ficar em observação por pelo menos dez dias."

d) "Se [o Titã] fez isso uma vez, pode fazer de novo [...]"

(Saresp)

Atenção: As questões de números 3 a 6 baseiam-se no texto apresentado abaixo.

Um repórter de jornal redigiu a seguinte notícia e a entregou ao seu chefe: a greve dos motoristas de ônibus de São Paulo pegou a população desprevenida. Desde a madrugada, milhares de trabalhadores irritados aguardavam nos pontos os ônibus que os grevistas não permitiram que saíssem das garagens. Alguns motoristas insistiram em furar o bloqueio e foram agredidos pelos colegas. Houve casos de depredação de veículos e de instalações das empresas. Os carros do Metrô passaram a circular superlotados, o que também acabou por gerar uma série de tumultos. Os grevistas argumentam que o movimento se deve à defasagem salarial, mas o fato é que iniciativas radicais como essa merecem uma dura resposta das autoridades.

3. De acordo com as informações contidas no texto, é correto afirmar que:

a) os passageiros não deixaram de se solidarizar com os grevistas.

b) os grevistas não se preocuparam em justificar o movimento.

c) a paralisação dos ônibus não afetou outros setores de transporte.

d) o movimento grevista não obteve apoio integral dos motoristas.

4. A expressão "população desprevenida" significa população:

a) despreparada.

b) desamparada.

c) desesperada.

d) desinteressada.

5. A notícia trata, principalmente:

a) da depredação de veículos e instalações das empresas.

b) do bloqueio dos grevistas e de suas agressões aos seus colegas.

c) da greve dos motoristas de ônibus por maiores salários.

d) de iniciativas radicais que merecem duras respostas das autoridades.

6. O chefe da redação pediu ao repórter para cortar do texto o que representa uma opinião, conservando apenas os fatos. Atendendo à recomendação, o repórter cortou de seu texto, acertadamente, a seguinte frase:

a) Desde a madrugada, milhares de trabalhadores aguardavam nos pontos os ônibus que os grevistas não permitiram que saíssem das garagens.

b) Houve casos de depredação de veículos e de instalações das empresas.

c) Os carros do Metrô passaram a circular superlotados.

d) O fato é que movimentos radicais como esse merecem uma dura resposta das autoridades.

Encerrando a unidade

Nessa unidade, você analisou como se compõem a notícia, produziu e apresentou uma notícia de rádio e estudou, também, as propriedades do sujeito nas orações de gêneros variados. Com base no que você aprendeu, responda ao que se pede.

1. Cite algumas características do gênero notícia e explique por que alguns fatos se tornam notícia e outros não.

2. Saber identificar e compreender as posições que o sujeito pode ocupar em uma oração pode ajudar na elaboração de textos? Por quê?

3. Como você avalia sua produção de texto? Há algo que poderia ser melhorado? O quê?

UNIDADE 6
Outras terras, outras gentes

Nesta unidade você vai:

- conhecer a organização dos gêneros guia de viagem e mapa turístico para aprender a consultá-los
- reconhecer os recursos linguísticos e gráficos empregados e refletir sobre eles
- aprender a posicionar-se criticamente diante de fatos
- formalizar um comentário oral para expressar sua opinião
- refletir sobre as propriedades do predicado e sua relação com o sujeito na construção de orações
- desenvolver a habilidade de tomar notas

TROCANDO IDEIAS

1. Observe a foto. Que elementos você vê nela?
2. Em sua opinião, o que é a grande área por onde a bicicleta passa? Converse com os colegas e o professor e tente descobrir de que se trata.
3. A bicicleta roda sobre uma superfície constituída de um material que não é terra nem asfalto nem pedra. Trata-se do Salar do Uyuni, planície de sal na Bolívia, onde antes havia um grande lago, seco há milhares de anos. Que sentimento ou sensação essa imagem desperta em você?
4. Você já ouviu falar desse lugar? Se pudesse um dia visitá-lo, onde buscaria informações sobre como fazer uma viagem até lá?
5. Existe em sua cidade, região ou estado algum parque, museu, edifício histórico ou outro lugar que poderia ser visitado por turistas? Que meios de divulgação você usaria para convidar ou convencer pessoas a visitarem-no?

LEITURA 1

Veja, a seguir, a página que abre a matéria sobre a cidade de Belém (PA) em um guia de viagem.

O que você imagina que se diz sobre a capital do Pará? E o que seriam os "sabores amazônicos"?

> **ANTES DE LER**
>
> 1. Que lugar do Brasil você gostaria de conhecer? Por que esse lugar o atrai?
> 2. Você ou alguém de sua família já consultaram algum material escrito sobre um local a ser visitado? Qual era a informação procurada?

Belém – PA — Sabores amazônicos

Mercado Ver-o-Peso, feira de produtos regionais.

☎ 91   F3 🏠
belem.pa.gov.br

🚶 1 428 368. Brasília 2 159, Marabá 568, São Luís 806, Altamira 829, Teresina 923, São Paulo 2 968, Rio de Janeiro 3 267, Manaus 5 434. Leia mais no **Roteiro de viagem nº 14**. Veja também **Algodoal, Barcarena, Ilha de Marajó.**

Foi-se o tempo em que Belém encantava por ser um portal da Amazônia rústico, com frutas regionais e ervas de nomes curiosos no popular mercado Ver-o-Peso. A capital paraense se modernizou. Iniciada na virada do século 21, a repaginação arquitetônica de pontos como a Estação das Docas, valorizando a beira-rio da baía do Guajará, e o Polo Joalheiro, antes um presídio esquecido, aos poucos tem melhorado também a infraestrutura turística para visitantes. Exemplo disso foi a inauguração do hotel Crowne Plaza, em 2006, fazendo frente aos mais de 20 anos de tradição do Hilton, antes o melhor da cidade. [...] E a culinária típica, grande atrativo local, pode ser cada vez mais conhecida no ambiente renovado de espaços como a Casa das Onze Janelas e o parque Mangal das Garças.

MERLI, Eduardo. *Guia Quatro Rodas Brasil 2008.*
São Paulo: Abril, 2008.

Antes de iniciar o estudo do texto, tente descobrir o sentido das palavras desconhecidas pelo contexto em que elas aparecem. Se for preciso, consulte o dicionário.

Nas linhas do texto

1. O texto que você acabou de ler ocupa, no guia, uma página inteira e é composto de uma parte verbal e uma não verbal.

   a) Qual é o espaço dedicado a cada uma delas?

   b) Qual é o lugar mostrado na imagem e como é possível saber isso?

   c) O título principal da página é "Sabores amazônicos". Qual a relação entre Belém e a Amazônia?

Capa do guia de viagem onde foi publicado o texto sobre Belém.

2. Junto do texto, há um pequeno quadro com ícones e informações numéricas. Veja o significado deles.

   F3: indica a localização de Belém no mapa do Brasil que acompanha o guia

   👤: população (Belém tinha 1 428 368 habitantes na época)

   🏠: tipo de cidade turística (Belém é cidade de turismo histórico)

   Quais são as outras informações dadas no quadro?

3. O autor do texto contrapõe duas visões da cidade, uma do passado e outra do presente. Como era Belém algum tempo atrás e como é hoje?

4. No guia, depois do texto "Sabores amazônicos", vem a seguinte seção:

Paladar indígena

Com forte influência indígena, o menu paraense pode começar com uma espécie de sopa, o **tacacá**. Servida quente em cuias, leva **tucupi**, goma de mandioca cozida, **jambu** (erva que causa leve dormência na boca), camarão e pimenta-de-cheiro. No melhor tacacá de Belém, o da dona Maria do Carmo [...], os ingredientes são frescos, cozidos no dia e misturados na frente do cliente. O tucupi é um caldo amarelo e azedo extraído da mandioca-brava por meio de uma prensa indígena de palha (tipiti). O caldo vai ao fogo por 12 horas para eliminar o ácido cianídrico (tóxico). Depois é acrescido de alho, sal e alfavaca (o manjericão da Amazônia). Assim como no tacacá, o tucupi compõe outros clássicos regionais, como a **maniçoba** – maniva (folha de mandioca-brava) misturada a cortes e miúdos de porco (daí ser conhecida como "feijoada paraense") – e o **pato no tucupi**. Restaurantes como o Lá em Casa, Restô do Parque e Avenida são bons lugares para provar maniçoba e pato no tucupi; Remanso do Peixe e Na Telha servem pescados como o **filhote**. O mercado Ver-o-Peso vende todos os ingredientes regionais, assim como as diversas frutas típicas: **uxi**, **tucumã**, **pupunha**, **castanha-do-pará**, **bacuri**, **muruci**, **taperebá**, **cupuaçu**, **bacaba**.

Além, é claro, do açaí, mais famosa fruta amazônica, servida no prato principal com farinha-d'água, peixe frito ou carne-seca — forma bem diferente daquela que se popularizou em outros pontos do Brasil, adocicada, com guaraná e granola. [...] Os melhores **sorvetes com frutas locais** são encontrados na Cairu [...] e Blau's [...].

Açaí tradicional e açaí-branco.
Guia Quatro Rodas Brasil 2008. São Paulo: Abril, 2008.

a) Do que trata essa seção?

b) Qual frase do texto "Sabores amazônicos" se relaciona diretamente com o assunto dessa seção? Anote-a no caderno.

5. Observe as palavras destacadas no texto "Paladar indígena".

a) Que conteúdo desse texto explica o título?

b) Quais são os pratos e frutas regionais citados no texto?

6. De acordo com o texto, como a influência indígena se manifesta na culinária de Belém?

7. Leia outra seção da parte do guia dedicada a Belém.

Atrações

compras

Artesanato. Herança dos povos primitivos da Amazônia, os vasos, jarros e demais utilitários das cerâmicas marajoara e tapajônica ressurgem em réplicas. Em Icoaraci, as peças estão à venda na Pça. da Matriz e na Feira do Paracuri (Pça. de São Sebastião). Em Belém, nas lojas da av. Pres. Vargas, que também comercializam bombons de frutas típicas e outros produtos regionais. Peças indígenas como colares, arcos, flechas e cestas estão à venda na Artíndia (av. Presidente Vargas, 762, lj. 2, tel. 3223-6248, 2ª/6ª 9h/18h).

evento

Círio de Nazaré. Leia no quadro.

construções históricas

⭐⭐⭐⭐⭐ **Theatro da Paz** (1878). Construído com o dinheiro dos barões da borracha, recebeu esse nome em alusão ao fim da Guerra do Paraguai (1870). O espaço cênico relembra os tempos em que ir ao teatro era mostrar-se à sociedade: os mais importantes ficavam nos camarotes (quanto mais baixo o camarote, mais importante era a pessoa), enquanto os comuns sentavam-se nos bancos de palhinha e madeira. [...]. R. da Paz (Pça. da República), tel. 4009-8750, R$ 4

⭐⭐⭐ **Casa das Onze Janelas** (séc. 18). Leia no quadro.

forte

⭐⭐ **do Presépio** (1616). Construído com o objetivo de defender o canal dos barcos inimigos, entrou em decadência no século 19. Em 2011, transformou-se em museu para expor artefatos de pedra e amostras da cerâmica marajoara e tapajônica. O pátio interno guarda intactos os canhões originais. Fica no terreno onde surgiu a Feliz Lusitânia, o 1º nome de Belém. Pça. Frei Caetano Brandão, 117 (Cid. Velha). Tel. 4009-8828; R$ 2. 3ª/dom. 10h/18h.

igreja

⭐⭐⭐ **Basílica de Nazaré** (1909). É onde fica a imagem da padroeira do Pará. Foi reformada várias vezes até adquirir a estrutura atual, que recebe milhões de fiéis ao final da procissão do Círio de Nazaré, um dos maiores eventos da igreja católica no Brasil. [...] Pça. Justo Chermont (Nazaré). Tel. 4009-8400. 2ª/6ª 6h/19h30, sáb./dom. 6h/21h. [...]

museus

⭐⭐ **de Arte Sacra**. Formado pelo conjunto arquitetônico da Igreja de S. Francisco Xavier, ou de Sto. Alexandre (1698/1719), e pelo Colégio de Sto. Alexandre. A igreja foi construída pelos índios e carrega um estilo barroco. R$ 4. 3ª/dom. 10h/18h. Pça. Frei Caetano Brandão (Cid. Velha). Tel. 4009-8802.

⭐⭐ **de Arte de Belém**. Tem salões em estilo imperial brasileiro com mobília do século 19, esculturas de bronze e mármore, vasos austríacos do século 18 e quadros de Benedito Calixto e Antônio Parreiras. [...] Pça. D. Pedro II. Tel. 3283-4687; R$ 1. 3ª/6ª 10h/18h, sáb./dom. 9h/13h. [...]

Cerâmicas marajoara e tapajônica: peças indígenas feitas de cerâmica, típicas da ilha de Marajó e da região banhada pelo rio Tapajós.

Barões da borracha: industriais poderosos que trabalhavam com a extração da borracha no final do século XIX e início do século XX.

Estilo imperial brasileiro: estilo de arquitetura que lembra o da época em que o Brasil era governado pelos imperadores D. Pedro I e D. Pedro II.

parques

⭐⭐⭐ **Emílio Goeldi** (1886). Centro de pesquisa e parque zoo-botânico com 500 espécies da flora e 86 da fauna amazônicas, num total de 3 mil plantas e 2 mil animais. O jacaré-açu, natural da região amazônica, o peixe-boi e a onça-pintada habitam recintos ao longo de uma densa área verde. Soltos, cutias e lagartos atravessam as alamedas [...]. R. Magalhães Barata, 376 (Nazaré). Tel. 3219-3369; R$ 3. 3ª/dom. 9h/17h.

⭐⭐⭐ **Jardim Botânico** (Bosque Rodrigues Alves) (1883). A área verde ocupa uma quadra inteira. Tem 2 500 espécies florestais amazônicas, lagos artificiais com peixes da região, trilhas interpretativas e orquidário. Av. Alm. Barroso, 2 305 (B. do Marco). Tel. 3276-2308; R$ 1. 3ª/dom. 8h/17h. [...]

passeios

⭐⭐ **de barco**. Pelo rio Guamá e seus furos (comunicação entre rios). Saída pela manhã, com parada no meio do caminho para conhecer uma população ribeirinha e aprender sobre seu modo de vida. A viagem, que leva 7h, também serve para observar seringueiras, andirobeiras e palmeiras como a do açaí e o buritizeiro. Valeverde turismo: tel: 3212-3388 (Cc. D, M, V; Cd: todos). R$ 190 (mínimo 2 pessoas). [...]

Nazaré é aqui
Maior festa religiosa do Norte do Brasil, o **Círio de Nazaré** costuma reunir dois milhões de pessoas todo segundo domingo de outubro. A procissão atrás da imagem de Nossa Senhora de Nazaré [...] sai da Catedral da Sé, na Cidade Velha, e segue à Basílica de Nazaré, em meio a uma comoção geral. [...]

Casa das Onze Janelas.

Programa *cult*
[...] O antigo hospital militar abriga a **Casa das Onze Janelas** [...], um museu de arte com obras de modernistas como Lasar Segall, Cícero Dias, Alfredo Volpi e Tarsila do Amaral, e artistas contemporâneos, como Alex Flemming. [...]

⭐⭐⭐ **Mercado Ver-o-Peso**. A imensa feira livre, com centenas de barracas, fica nos arredores do antigo Mercado de Ferro, trazido da Inglaterra no séc. 19 e montado junto ao cais. O mercado (6h/14h) vende peixes e frutos do mar. A feira, aberta o dia inteiro, tem alas de doces, raízes aromáticas, essências, temperos, ervas e artesanatos. Bom lugar para provar frutas regionais e comidas típicas, como o açaí com peixe, o tacacá e a maniçoba. Cuidado com bolsas e pertences, pois no entorno há grande movimento de pessoas. [...]

Guia Quatro Rodas Brasil 2008. São Paulo: Abril, 2008. Adaptado.

a) A seção começa sugerindo lugares para fazer compras. Que outros tipos de atração são recomendados na sequência?

b) A sugestão de evento é o Círio de Nazaré. O que se sugere para compras?

c) Que construções históricas o texto recomenda visitar?

d) Qual é o passeio de barco sugerido?

Nas entrelinhas do texto

1. Os textos "Sabores amazônicos" e "Paladar indígena" são acompanhados de fotos. Observe-as novamente e leia as legendas.

Mercado Ver-o-Peso, feira de produtos regionais.

Açaí tradicional e açaí-branco.

   a) Os títulos, as fotos e as legendas valorizam quais aspectos da cidade?

   b) Em sua opinião, o que se pretende provocar no leitor com a escolha desses títulos, fotos e legendas?

2. Releia o texto sobre o mercado Ver-o-Peso. Observe como se descreve o que há no mercado e o que cada item pode representar.

- alas (fileiras) de doces ⟶ apelo à visão e ao paladar
- raízes aromáticas ⟶ apelo ao olfato
- essências, temperos, ervas ⟶ apelo ao olfato e ao paladar
- artesanato
- frutas regionais ⎤ valorização do que só existe em Belém
- comidas típicas ⎦

Anote no caderno as conclusões a que se pode chegar sobre o modo como o mercado Ver-o-Peso é descrito no guia.

   a) Deseja-se apenas informar o leitor do que existe no mercado.

   b) Procura-se despertar no leitor o desejo de visitar o mercado.

   c) Procura-se descrever com objetividade o que há no mercado.

   d) Espera-se prestar um serviço útil ao turista.

3. Releia o trecho com a sugestão de passeio no parque Emílio Goeldi e depois anote no caderno a conclusão possível. Esse trecho apresenta:

   a) uma descrição da fauna e da flora do parque.

   b) a opinião pessoal do autor do texto sobre o parque.

   c) argumentos para convencer o turista a visitá-lo.

Além das linhas do texto

1. Os guias de viagem procuram apresentar uma imagem favorável do local que descrevem. O texto sobre Belém, no entanto, menciona uma dificuldade para o turista.

   a) Anote-a no caderno.

   b) Qual a razão de se fazer essa recomendação?

2. Que outros problemas o turista pode enfrentar em um passeio ou viagem? Um guia de viagem provavelmente os mencionaria?

3. Em sua opinião, os guias de viagem devem alertar sobre os problemas que o turista pode enfrentar no local visitado ou é melhor que omitam informações desse tipo? Por quê?

COMO O TEXTO SE ORGANIZA

1. O guia de onde foram tirados os textos sobre Belém contém informações sobre muitas outras cidades brasileiras. Levante hipóteses.

   a) Que profissional escreve textos para guias de viagem e que pessoas se interessam por ler esse gênero?

   b) Como são obtidas as informações necessárias para compor um guia de viagem?

2. Volte à página 224 e releia o texto "Atrações" do guia de viagem.

   a) Por que a seção tem esse nome?

   b) Alguns tipos de informação aparecem em todos os itens dessa seção. Quais?

   c) Por que um guia de viagem precisa incluir esse tipo de informação?

   d) Alguns itens estão destacados em azul. Em sua opinião, por que isso ocorre?

3. As estrelinhas indicam o grau de interesse que cada atração pode ter para o turista.

   a) Segundo o guia, qual é o local de maior e o de menor interesse em Belém, respectivamente?

   b) Em que essa classificação pode ajudar o turista?

4. Além dos dados gerais sobre Belém e suas atrações, que outras informações a respeito dessa cidade poderiam interessar ao leitor do guia de viagem?

5. O guia de viagem de onde foram extraídos os textos lidos fala de muitas outras cidades, mas nem todas receberam o mesmo destaque que Belém. Cite algumas cidades que provavelmente também foram apresentadas com destaque e justifique sua resposta.

Casario no centro histórico de Belém.

6. Com base nos textos lidos sobre Belém, responda no caderno: quais dos itens abaixo são objetivos de um guia de viagem?

a) Divulgar as atrações turísticas de um ou mais locais.

b) Mostrar ao leitor de que locais o autor do texto gosta e de quais não gosta.

c) Descrever lugares, dando informações úteis a um turista ou viajante.

d) Emocionar o leitor, levando-o a orgulhar-se das paisagens de seu país.

e) Descrever lugares, despertando no leitor a curiosidade e o desejo de visitá-los.

RECURSOS LINGUÍSTICOS

1. Releia.

"★★★★ **Theatro da Paz** (1878). Construído com o dinheiro dos barões da borracha, recebeu esse nome em alusão ao fim da Guerra do Paraguai [...]. A riqueza impera nos ornamentos de ferro inglês banhados a ouro, no lustre de cristal francês e no mármore italiano das paredes. [...]"

Fachada do Theatro da Paz, em Belém.

a) Qual é o tempo verbal empregado na frase que se refere aos dados históricos? Por que foi usado esse tempo?

b) Qual é o tempo verbal empregado na descrição do prédio do teatro? Por que se usou esse tempo?

2. Releia.

"[...] com parada no meio do caminho para conhecer uma população ribeirinha [...]"

"Bom lugar para provar frutas regionais e comidas típicas [...]"

a) Anote no caderno os verbos usados no infinitivo.

b) Com o uso do infinitivo, a intenção do autor do texto é dar uma ordem, fazer uma sugestão ou uma recomendação?

3. O uso de adjetivos é um recurso importante no texto de guias de viagem.

a) Volte ao texto "Sabores amazônicos". No caderno, anote os adjetivos que caracterizam os substantivos **frutas**, **nomes**, **mercado**, **repaginação** e **ambiente**.

b) Qual foi, provavelmente, a intenção do autor ao usar esses adjetivos?

FIQUE ATENTO...   À PONTUAÇÃO NO GÊNERO GUIA DE VIAGEM

1. Que tipo de ponto predomina no gênero guia de viagem? Por que isso acontece?

2. Observe, neste trecho, outros sinais de pontuação usados no texto do guia que lemos.

   > "Assim como no tacacá, o tucupi compõe outros clássicos regionais, como a **maniçoba** – maniva (folha de mandioca-brava) misturada a cortes e miúdos de porco (daí ser conhecida como 'feijoada paraense') – **e o pato no tucupi.**"

   a) Qual a função dos parênteses após a palavra **maniva** e por que o autor do guia os empregou?

   b) No trecho "(daí ser conhecida como 'feijoada paraense')", os parênteses têm a mesma função? Explique.

   c) Para separar o trecho "maniva (folha de mandioca-brava) misturada a cortes e miúdos de porco (daí ser conhecida como 'feijoada paraense')" do restante da oração, o autor usou dois travessões. Com que intenção esses travessões foram usados?

   > Os **parênteses** e o **travessão** duplo servem para intercalar, num texto, uma explicação, um comentário ou alguma informação adicional.

3. Observe mais usos dos parênteses no texto com a mesma função de explicação.

   > "O tucupi é um caldo amarelo e azedo extraído da mandioca-brava por meio de uma prensa indígena de palha (tipiti). O caldo vai ao fogo por 12 horas para eliminar o ácido cianídrico (tóxico)."

   Guias de viagem informam sobre lugares a serem visitados. Em geral, os leitores procuram nesses guias informações que os ajudem a decidir quais locais visitarão.

   Em sua opinião, por que é importante o uso de explicações como essas, colocadas aqui entre parênteses?

4. No caderno, escreva um parágrafo sobre algum prato típico de sua região ou estado. Inclua uma explicação ou comentário sobre algum termo, empregando os parênteses ou o travessão duplo. O início pode ser como o do guia:

   > O menu da minha região (ou estado) pode começar com...

A LÍNGUA NÃO É SEMPRE A MESMA

1. Releia o trecho que apresenta um passeio por Belém.

> "passeios
> ⭐⭐ **de barco**. Pelo rio Guamá e seus furos (comunicação entre rios). Saída pela manhã, com parada no meio do caminho para conhecer uma população ribeirinha e aprender sobre seu modo de vida. A viagem, que leva 7h, também serve para observar seringueiras, andirobeiras e palmeiras como a do açaí e o buritizeiro."

Barco de passageiros no rio Guamá.

a) Com relação à linguagem do texto, anote as respostas certas no caderno.
  I. É simples.
  II. É complicada.
  III. Segue a norma-padrão.
  IV. Apresenta muitas gírias.
  V. Tem principalmente frases curtas.
  VI. Tem principalmente frases longas.

b) Os textos sobre Belém foram tirados do *Guia Quatro Rodas Brasil*, uma publicação distribuída em todo o país, vendida em livrarias e bancas e que tem, portanto, um público amplo. Qual é a relação entre a linguagem do guia e seu público leitor?

2. Com base na linguagem e nos assuntos dos textos do guia, você diria que ele foi escrito para crianças, jovens ou adultos? Como você chegou a essa conclusão?

🛑 Para lembrar

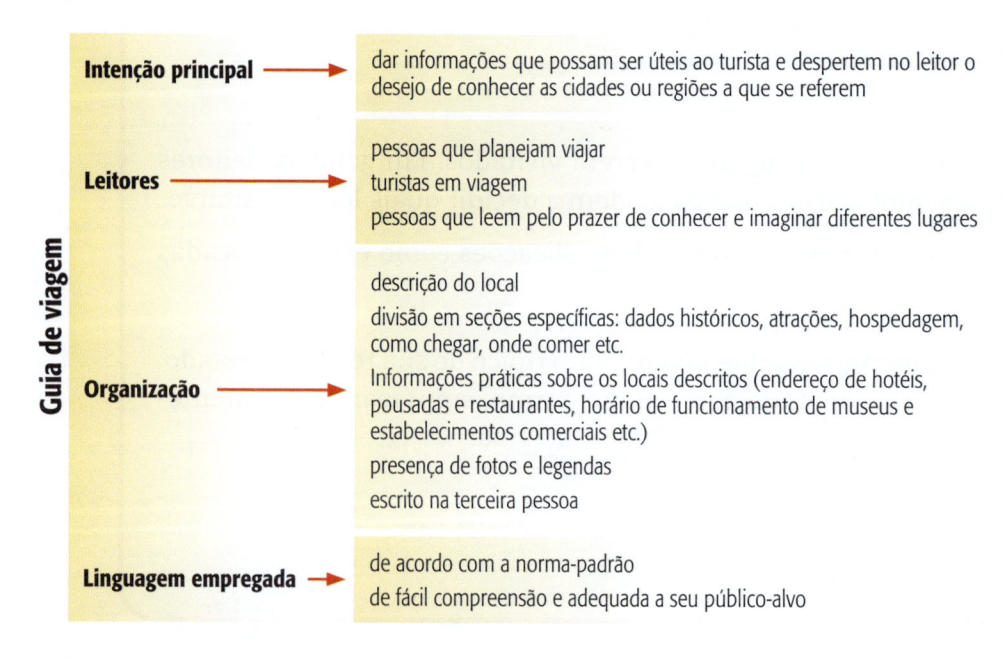

Guia de viagem		
	Intenção principal →	dar informações que possam ser úteis ao turista e despertem no leitor o desejo de conhecer as cidades ou regiões a que se referem
	Leitores →	pessoas que planejam viajar turistas em viagem pessoas que leem pelo prazer de conhecer e imaginar diferentes lugares
	Organização →	descrição do local divisão em seções específicas: dados históricos, atrações, hospedagem, como chegar, onde comer etc. Informações práticas sobre os locais descritos (endereço de hotéis, pousadas e restaurantes, horário de funcionamento de museus e estabelecimentos comerciais etc.) presença de fotos e legendas escrito na terceira pessoa
	Linguagem empregada →	de acordo com a norma-padrão de fácil compreensão e adequada a seu público-alvo

DEPOIS DA LEITURA

OUTRO OLHAR SOBRE O TEMA

Você leu, nesta unidade, textos que procuram valorizar a capital do Pará como destino turístico. Esse não é, entretanto, o único modo de entender ou conhecer a cidade de Belém. Como seriam outras visões sobre ela? Como Belém é vista por seus moradores? Leia estas estrofes de um poema e conheça outro olhar sobre a cidade.

Belém dos meus encantos

Lá vem Belém,
moreninha brasileira,
com perfume de mangueira,
vestidinha de folhagem.
E vem que vem,
ligeirinha, bem faceira,
como chuva passageira
refrescando a paisagem.

Lá vem Belém,
com suas lendas, seus encantos,
seus feitiços, seus quebrantos,
seus casos de assombração.
E vem que vem,
com seu cheirinho de mato,
com botos, cobra-norato,
com rezas, defumação.

Lá vem Belém,
recendente, feiticeira,
no seu traje de roceira,
na noite de São João.
E vem que vem,
com seus banhos de panela,
alecrim, jasmim, canela,
hortelã, manjericão.
[...]

Personagem de uma das mais conhecidas lendas do folclore amazônico, **cobra-norato** é uma enorme e voraz serpente escura, capaz de tomar a forma de qualquer embarcação e, mais raramente, de uma mulher; mãe-d'água.

TOCANTINS, Sylvia Helena. Disponível em: <http://tucupi.wordpress.com/2006/02/12/belem-dos-meus-encantos/>. Acesso em: 8 maio 2015.

1. Releia esta frase do guia de viagem.

> "Com forte influência indígena, o menu paraense pode começar com uma espécie de sopa, o tacacá."

Responda no caderno: comparando-se esse trecho à segunda estrofe do poema acima, percebe-se que esses textos são:

a) semelhantes: mostram o mesmo aspecto da influência indígena.

b) divergentes: cada um mostra um aspecto da influência indígena.

c) complementares: cada um apresenta um aspecto da influência indígena e, juntos, compõem uma visão mais completa dessa influência.

2. Releia os quatro primeiros versos de "Belém dos meus encantos".

a) No contexto desses versos, o diminutivo indica diminuição de tamanho? Por quê?

b) Qual dos textos sobre Belém procura emocionar o leitor: o guia ou o poema? Explique sua resposta.

3. Em que os textos do guia diferem do poema em relação à disposição gráfica e à ocupação da página?

DO TEXTO PARA O COTIDIANO

A atividade turística pode trazer muitos benefícios a uma cidade ou região, pois cria empregos e melhora a economia do local. Porém, se essa atividade é praticada de forma desordenada, sem limites, pode se tornar uma ameaça ao meio ambiente.

1. Leia esta notícia.

Turismo predatório

Um Everest de lixo

Turistas deixam toneladas de sujeira na montanha mais alta do mundo. Agora, a China prepara uma operação limpeza [...]

Não parece haver ambiente imune à ação destruidora do homem. O lixo, por exemplo, já responde por 70% da poluição marinha. Agora, surge o alerta de que ele também se tornou uma dor de cabeça na montanha mais alta do mundo, o monte Everest, na fronteira entre a região chinesa do Tibete e o Nepal. Os 60 000 turistas que anualmente visitam a montanha, assim como os 1 300 que tentam a escalada até o cume, deixam pelo caminho dezenas de toneladas de lixo, que inclui desde barracas de acampamento e colchonetes até embalagens plásticas e garrafas de oxigênio. [...]

No topo do mundo, entre o céu azul e as montanhas brancas de neve.

LIMA, Roberta de Abreu. Disponível em: <http://planetasustentavel.abril.com.br/noticia/lixo/conteudo_289568.shtml>. Acesso em: 8 maio 2015.

a) O que você pensa da atitude de turistas como os mencionados na notícia?

b) Pesquise: de que formas o lixo pode destruir a natureza?

c) O que os turistas que vão a parques, matas, montanhas ou praias devem fazer para preservar o local que visitam?

d) Quando você faz uma viagem, passeio ou excursão, que destino dá ao lixo que produz?

PRODUÇÃO ORAL

Assumindo um posicionamento

Em Fernando de Noronha, arquipélago de 21 ilhas situado a 545 km de Recife (PE), uma lei instituída em 1989 passou a limitar o acesso de pessoas às ilhas e a estabelecer taxas para a entrada de turistas, destinando esses recursos para a preservação do local. Você concorda com essas medidas? Por quê? Saberia justificar sua opinião?

Vamos promover uma troca de opiniões, em um dia combinado com o professor, em que você vai poder se posicionar e saber como pensam os colegas.

A baía dos Porcos, em Fernando de Noronha.

Antes de começar

Leia algumas informações e depoimentos que irão ajudá-lo a formar e defender um ponto de vista sobre o assunto.

- Trecho do *site* oficial de Fernando de Noronha, com sugestões e orientações aos turistas.

> [...] Evite, dentro do possível, deslocar-se ao Arquipélago em períodos de alta estação, principalmente entre 3 de janeiro e 28 de fevereiro. Além do fluxo elevado de turistas, o mar normalmente neste período está bastante agitado.
>
> O período ideal de visita é de 7 ou mais dias, possibilitando assim um maior aproveitamento. O custo da passagem aérea deve ser diluído em uma maior estada. Na chegada, é cobrada do visitante a **Taxa de Preservação Ambiental**, de acordo com tabela estabelecida pelo governo. [...]
>
> Disponível em: <http://www.noronha.com.br/turismo.htm>. Acesso em: 22 jul. 2011.

- Comentários de internautas sobre um caso semelhante ao de Fernando de Noronha: em Ilha Grande, localizada na costa do estado do Rio de Janeiro, em região de mata Atlântica preservada, estuda-se implantar cobrança de taxa aos turistas.

Vanessa ♀ Ilha do Governador

26/6/2009

Sou completamente A FAVOR da taxa! Desde que essa grana seja usada para preservação da própria Ilha. Funciona muito bem em Fernando de Noronha, onde há o controle do número de visitantes e o período que é permitido ficar na Ilha. [...] Infelizmente a população que visita a Ilha (a maioria) vai em busca da "farra" e não se preocupa com o lixo que elas produzem, que muitas vezes fica pelo meio das trilhas e praias [...] Acho que deveriam cobrar taxa sim, mas investindo na Ilha sempre!

Flavia ♀ Nova Iguaçu – Rio de Janeiro

11/12/2009

😮 Sou totalmente CONTRA a TAXA DE PRESERVAÇÃO.

[...] Onde está a participação do governo? E quanto aos empresários que nem nasceram na ilha e querem tomar conta do pedaço, hein? Isso ninguém fala, agora querer cobrar de nós (simples frequentadores da ilha) uma taxa... Isso é um abuso e extremo absurdo. ☹

Disponível em: <www.ilhagrande.org/Taxa-preservacao-ambiental>. Acesso em: 8 maio 2015.

Vila do Abraão, Ilha Grande, RJ.

a) Quais são os argumentos apresentados por cada internauta? Anote-os no caderno indicando se são contra a cobrança ou a favor dela.
b) Com qual deles você concorda? Por quê?
c) Você tem outros argumentos contra a cobrança da taxa ou a favor dela? Se sim, escreva-os no caderno.

Planejando a apresentação

1. Sente-se com um ou mais colegas e comecem a planejar seus argumentos. Discutam os seguintes itens e encontrem respostas para que eles possam evidenciar sua posição e convencer os demais colegas de que ela é válida.

    a) Vocês são contra a cobrança de taxa para acesso a Fernando de Noronha ou a favor dela?

    b) Que vantagens a cobrança (ou não cobrança) pode trazer para o local? E para o turista?

    c) Que desvantagens a cobrança (ou não cobrança) pode trazer para o local? E para o turista?

    d) Se vocês são a favor da cobrança, em que esses recursos poderiam ser aplicados?

    e) Se não são a favor da cobrança, como Fernando de Noronha poderia encontrar recursos para sua própria preservação?

2. Escrevam seus argumentos empregando conjunções e locuções como: **porque**, **pois**, **já que** (para explicar e argumentar), **por isso** e **portanto** (na conclusão do texto).

3. Combinem entre si quem fará a apresentação dos argumentos. Todos podem participar.

4. Combinem com o professor quando e como será a apresentação de cada grupo.

No momento da apresentação

1. Antes de o grupo iniciar a apresentação, um de vocês deve fazer a introdução, informando o tema do debate e explicando que serão apresentadas várias opiniões, favoráveis e contrárias à proposta.

2. Falem claramente e com voz pausada para que todos entendam o que está sendo dito.

3. Para apresentar o argumento, vocês podem usar expressões como: **somos a favor de**, **somos contra isso porque**, **nosso grupo entende que**, e outras semelhantes.

4. Terminada a apresentação, agradeçam a participação de todos da sala.

Avaliação

1. Após a atividade, avalie-a com o professor e os colegas.

    - Os argumentos de ambos os lados foram válidos?
    - Qual das posições foi defendida com a melhor argumentação?
    - Qual foi o argumento que mais o impressionou? Por quê?
    - Os argumentos apresentados o fizeram mudar de ideia ou você manteve sua posição inicial?

Importante!
- Durante a apresentação dos colegas, permaneçam em silêncio e atentos.
- Respeitem o ponto de vista dos colegas, mesmo que não concordem com eles.
- Ouçam sem interrompê-los e esperem que terminem antes de começar a falar.
- Lembrem-se de que podemos combater posições ideológicas sem combater a pessoa que as defende.

NÃO DEIXE DE LER
- *Viagens para lugares que eu nunca fui*, de Arthur Nestrovski, editora Cia. das Letrinhas

    Nesse caderno de viagens imaginárias, o autor descreve, com muita poesia, lugares como Sevilha, Marrakech, Itapuã, Bessarábia etc.

Os verbos de ligação e os verbos significativos no contexto

1. Leia esta tira.

> RAPAZ, VOCÊ ESTÁ HORRÍVEL!
>
> EU NÃO ESTOU HORRÍVEL!...
>
> EU SOU HORRÍVEL!

GALHARDO, Caco. *Folha de S.Paulo*, 24 jul. 2008.

a) Qual é a diferença entre ser horrível e estar horrível?

b) No terceiro quadrinho, que palavra exprime a qualidade que a personagem atribui a si? A que classe gramatical essa palavra pertence?

Observe como são formados o sujeito e o predicado desta oração.

pronome verbo **ser** + adjetivo

Eu **sou** horrível!

sujeito   predicado

O verbo **ser** é chamado de **verbo de ligação**, pois **liga** o sujeito a um termo do predicado que expressa uma característica dele. Na frase acima, o verbo **ser** liga o sujeito **eu** ao adjetivo **horrível**.

> Os verbos que não indicam ação nem processo, e apenas ligam o sujeito ao termo que exprime característica, qualidade ou estado, são chamados de **verbos de ligação**. Exemplos: **ser**, **estar**, **continuar**, **ficar**, **parecer**, **permanecer**, **virar**, **tornar-se**.

2. Leia o título de uma matéria sobre turismo.

Passeio no bonde de Santa Teresa é imperdível e barato

Disponível em: <http://vidaeestilo.terra.com.br>. Acesso em: 26 maio 2015. Adaptado.

O bonde de Santa Teresa, no Rio.

a) Que adjetivos foram usados para descrever o passeio de bonde?

b) Releia e observe.

verbo de ligação

Passeio no bonde de Santa Teresa é imperdível e barato.

sujeito   predicado

A expressão **imperdível e barato** exprime um fato ou uma avaliação pessoal do autor da matéria em relação ao passeio?

> Em uma oração, a palavra ou expressão que atribui uma qualidade, uma característica ou um estado ao sujeito ou que expressa uma avaliação, um julgamento a respeito dele denomina-se **predicativo do sujeito**. Na oração, **imperdível** e **barato** é o predicativo do sujeito. Em geral, o predicativo do sujeito liga-se ao sujeito por meio de um verbo de ligação.

3. Leia estes quadrinhos.

GLAUCO. *Geraldinho 1*. São Paulo: Companhia das Letras, 2007.

a) Nas orações "Fui um bom menino" e "Nem fui guloso", o sujeito (implícito) é "eu". A que personagem se refere esse "eu"?

b) Nessas orações, a personagem usa predicativos para atribuir qualidades a si mesma. Quais são as palavras que representam esses predicativos?

c) Compare as cenas mostradas nos quatro primeiros quadrinhos com a descrição que Geraldinho faz de si mesmo. O que torna essa tira engraçada?

4. Releia.

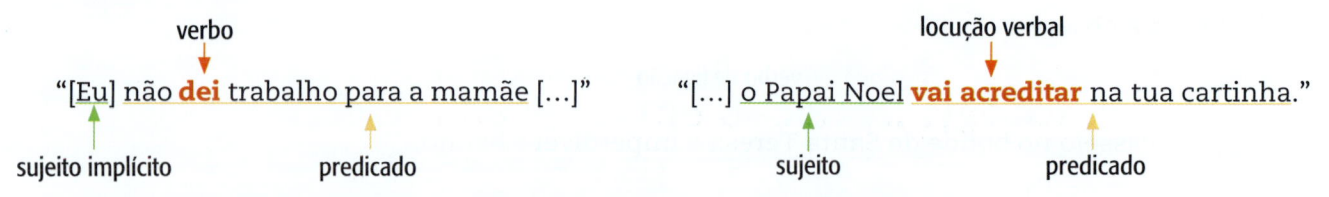

verbo		locução verbal	
"[Eu] não **dei** trabalho para a mamãe [...]"		"[...] o Papai Noel **vai acreditar** na tua cartinha."	
sujeito implícito — predicado		sujeito — predicado	

a) Nessas orações, o verbo e a locução verbal destacados ligam o sujeito a uma característica atribuída a ele?

b) Leia estes provérbios. Anote no caderno aqueles em que não é empregado um verbo de ligação, e sim verbos que exprimem uma ação praticada pelo sujeito.

　I. De grão em grão, a galinha enche o papo.

　II. Quem canta seus males espanta.

　III. A fome é o melhor tempero.

Enquanto os verbos de ligação têm o papel de ligar o sujeito àquilo que se diz sobre ele, outros verbos contêm, eles mesmos, uma informação sobre o sujeito. Trata-se dos **verbos significativos**, como **fazer**, **dizer**, **lutar**, **cantar**, **enlouquecer** etc.

> Os verbos que indicam uma ação atribuída ao sujeito ou expressam um processo (isto é, algo que acontece) são chamados de **verbos significativos**.

O predicado na construção da oração

1. Observe.

[Eu] não **faltei** na escola.　　Geraldinho **adoeceu** durante o período escolar.

sujeito implícito — predicado　　sujeito — predicado

2. Quando o predicado se organiza em torno de um verbo significativo, ele se classifica como predicado verbal. Em orações em que um verbo de ligação relaciona o predicativo ao sujeito, temos o chamado predicado nominal. Observe e compare.

　I. Geraldinho escreveu uma carta.

　II. Eu não sou guloso.

a) Em qual dessas orações temos predicado verbal e em qual, predicado nominal?

b) Como você chegou a essa conclusão?

> No **predicado verbal**, constituído de um verbo significativo, é o verbo que contém a informação mais importante.
>
> No **predicado nominal**, constituído de um verbo de ligação, o termo que exprime a informação mais importante do predicado é o predicativo do sujeito, em geral representado por um adjetivo ou substantivo – ou seja, um nome.

Tanto os substantivos como os adjetivos podem ser chamados, genericamente, de **nomes**.

3. Observe o verbo destacado no título de cada uma destas matérias jornalísticas.

I
Nasa **fotografa** vulcão em erupção na África.
Disponível em: <http://revistagalileu.globo.com/Revista/Common/0,,DMA245041-17770,00.html>. Acesso em: 12 jan. 2015.

II
Por que o Sol e a Lua **parecem** maiores no horizonte?
Disponível em: <http://mundoestranho.abril.com.br/materia/por-que-o-sol-e-a-lua-parecem-maiores-no-horizonte>. Acesso em: 12 fev. 2015.

III
Expedição nas Filipinas **revela** 300 espécies desconhecidas.
Disponível em: <http://revistagalileu.globo.com/Revista/Common/0,,EMI245670-17770,00-expedicao+nas+filipinas+revela+especies+desconhecidas.html>. Acesso em: 12 jan. 2015.

a) Em apenas um desses enunciados temos um predicado nominal. Indique-o no caderno.

b) Como você chegou a essa conclusão?

c) Pelo que você observou até agora, qual é o papel do predicativo do sujeito em uma oração?

4. Leia estas duas piadinhas de escola.

Na aula de Ciências, o professor pergunta ao aluno:
— O que se deve fazer quando alguém está sentindo dores no coração?
— Apagar a luz!
— Apagar a luz? Você **ficou** maluco?
— Ora, professor, o senhor nunca ouviu dizer que o que os olhos não veem o coração não sente?

Aníbal Litvin. *Piadas de escola*. Cotia: Vergara & Riba, 2008.

Na aula, a professora testa seus alunos:
— Zezinho, mostre no mapa onde fica a América.
O menino aponta um local no mapa.
— Muito bem! Agora, Joãozinho, me diga: quem foi que descobriu a América?
— Foi o Zezinho, professora!

Idem.

Releia e compare.

"Você **ficou** maluco?"
"(...) onde **fica** a América?"

a) As duas orações apresentam o verbo **ficar** geralmente empregado como verbo de ligação. Em qual delas há a atribuição de uma característica ao sujeito?

b) Em qual delas o predicado é verbal? Qual o significado de **ficar** nessa frase?

> Dependendo do contexto em que são empregados, os **verbos de ligação** podem assumir a função de um verbo significativo, em vez de relacionar o sujeito a um predicativo.

1. Leia e observe esta charge, sobre o filme em 3D *Avatar*, de James Cameron, em que habitantes de uma lua fictícia são obrigados a defender-se dos humanos.

> AVATAR 3D NÃO É TÃO REALISTA QUANTO DISSERAM...

ALPINO. *Folha Vitória on-line*, 28 jan. 2010.

a) Na fala da personagem, aparece o predicativo **realista**, atribuído ao sujeito **Avatar 3D**. Considerando o contexto da charge, por que o uso desse predicativo provoca humor?

b) Ao usar esse predicativo, a personagem descreve o filme ou dá sua opinião sobre ele?

c) Qual é o sujeito da oração na fala da personagem?

d) Qual é a palavra que expressa o predicativo do sujeito?

e) Na fala da personagem, aparece também um verbo significativo. Qual é ele e o que ele expressa: ação ou processo?

> Nos filmes em **3D** (três dimensões), efeitos tecnológicos simulam a visão do olho humano. Para isso, projetam-se na tela, simultaneamente, duas imagens de cada cena, tomadas de pontos de observação ligeiramente diferentes. O cérebro humano funde as duas imagens em uma, gerando a ilusão de visão em profundidade.

2. Releia.

   I. "Remanso do Peixe e Na Telha **servem** pescados como o filhote."

   II. "Lá em Casa, Restô do Parque e Avenida **são** bons lugares [...]"

   III. "O mercado Ver-o-Peso **vende** todos os ingredientes regionais, assim como as diversas frutas típicas [...]."

   IV. O tucupi **é** um caldo amarelo e azedo extraído da mandioca-brava por meio de uma prensa indígena de palha (tipiti).

a) Observe o sujeito de cada uma das orações. Em qual ou quais delas alguém pratica uma ação?

b) Em qual ou quais delas é dada uma opinião a respeito do sujeito?

c) E em qual ou quais delas é feita uma descrição ou explicação a respeito do sujeito?

d) Como você chegou a essas conclusões?

3. Leia o título desta notícia e observe a divisão entre as orações.

Santos vence o Corinthians | e é bicampeão da Copa SP

Disponível em: <http://tvuol.uol.com.br/video/santos-vence-o-corinthians-e-e-bicampeao-da-copa-sp-04024D193460D0C14326/>. Acesso em: 12 jan. 2015.

Disputa por bola entre jogadores do Corinthians e Santos.

a) Esse título é composto de duas orações. Qual é o sujeito da segunda oração?

b) Na segunda oração, qual é a avaliação que se faz a respeito desse sujeito, expressa pelo predicativo?

c) Suponha que o título fosse redigido assim:

Após a vitória sobre o Corinthians, Santos é bicampeão da Copa SP

Em qual das duas versões o sujeito tem mais destaque?

4. Em alguns contextos, os verbos de ligação podem funcionar como verbos significativos. Em qual ou quais destas manchetes isso acontece?

a) **Clima permanece estável e sem previsão de chuva para os próximos dias no DF**

Disponível em: <http://www.correiobraziliense.com.br/app/noticia/cidades/2014/07/14/interna_cidadesdf,437280/. Acesso em: 12 jan. 2015.

b) **Adolescentes permanecem no Sambódromo para *show* de Justin Bieber**

Disponível em <http://www.correiobraziliense.com.br/app/noticia/brasil/2013/09/25/interna_brasil,390162/>. Acesso em: 12 jan. 2015.

c) **Inventores do futebol, ingleses ficaram em Nova Lima em 1950**

Disponível em: <http://www.hojeemdia.com.br/esportes/inventores-do-futebol-ingleses-ficaram-em-nova-lima-em-1950-1.249767>. Acesso em: 12 jan. 2015.

d) **Preços de produtos vendidos pela internet ficam 2,7% mais baratos em maio**

Disponível em: <http://diariodaparaiba.com.br/index.php?option=com_content&view=article&id=8517:precos-de-produtos-vendidos-pela-internet-ficam-27-mais-baratos-em-maio&catid=9:painel-principal-negocios&Itemid=18>. Acesso em: 12 jan. 2015.

LEITURA 2

ANTES DE LER

1. Imagine que você estivesse visitando uma cidade pela primeira vez. Para saber chegar às várias atrações da cidade, o que seria útil consultar?

2. Você sabe ler mapas? Já precisou consultar um mapa em alguma situação de seu cotidiano? Conte como foi.

Você já leu trechos de um guia de viagem, um gênero que pode facilitar a vida do viajante. Mas, para se deslocar entre os vários pontos turísticos de uma cidade, para encontrar um restaurante ou hotel sem se perder, esse viajante precisa também de orientação geográfica. O mapa a seguir mostra a localização de atrações turísticas de São Luís, capital do Maranhão. Ele foi publicado em um folheto turístico que divulga essa cidade.

Atrações imperdíveis Segundo o *Guia Quatro Rodas*

Embora fundada pelos franceses em 1612, São Luís foi colonizada de fato pelos portugueses, que também disputaram a ilha com holandeses. Os costumes, o folclore e a culinária são testemunhos vivos de uma colonização tipicamente lusitana.

Casarões dos séculos XVIII e XIX.

1. Casarões do Centro. O conjunto arquitetônico do centro histórico tem cerca de 5 mil imóveis dos séculos 17 e 19, patrimônio tombado em 1997. As fachadas de azulejo e os telhados conferem à capital maranhense uma beleza especial. As casas se apresentam em quatro tipos de construção: sobrado, meia-morada, morada-inteira e porta e janela. A região central da Praça João Lisboa e a Praia Grande reúnem os casarões mais conservados.

2. Museu Casa do Maranhão. Quer saber a história do bumba meu boi? Conhecer as fantasias do folguedo e seu significado? No museu, instalado no antigo Prédio da Alfândega (1873), há painéis que explicam a origem das festas juninas, como elas saíram da cultura pagã para entrar no calendário cristão, e a influência de seus principais santos, como Santo Antônio (Rua do Trapiche, Praia Grande. […] 3ª/dom. 9h/19h).

3. Teatro Arthur Azevedo. Construído com o dinheiro dos comerciantes portugueses em pleno ciclo do algodão maranhense, traz a pujança dos grandes teatros europeus do século 19: lustres de cristal, auditório em formato de ferradura, camarins no alto, detalhes em metais nobres. Em estilo neoclássico, é o segundo mais antigo do Brasil. Foi restaurado e modernizado em 1993 e em 2005. Voltou a funcionar no começo de 2006. Aberto somente para visitas guiadas (3ª/6ª 15h/17h) e espetáculos (Rua do Sol, 180 […], R$ 3).

4. Casa das Tulhas. Um bom mercado para comprar doces, licores, tiquira (destilado de mandioca), cachaças do interior, farinha, panelas de ferro ou de alumínio reciclado. Os boxes com os produtos típicos ficam dispostos em círculo dentro de uma construção de fachada colonial. (Rua da Estrela, Praia Grande. 2ª/6ª 6h/20h, sáb. 6h/18h, dom. 6h/13h).

5. Museu Histórico e Artístico do Maranhão. Funciona em um solar (1836) do centro histórico, com acervo de utensílios do século 19 doado por descendentes dos antigos moradores. A variedade de porcelanas inglesa e francesa e leques com ricos detalhes chama a atenção. Mas o ponto alto é o óleo sobre tela *Tauromaquia*, do espanhol Pablo Picasso. A obra, doada por Assis Chateaubriand, estava no Museu Nacional de Belas Artes (MNBA), no Rio de Janeiro, e retornou em 2007. Visitas guiadas. (Rua do Sol, 302, […]; 3ª/6ª 9h/19h, sáb./dom. 9h/18h; R$1).

6. Matriz da Sé. Construída pelos jesuítas em 1690, virou matriz em 1762. Transformada em estilo neoclássico em 1922, tem como grande chamariz seu altar-mor talhado em ouro. (Praça D. Pedro II […]; 8h/12h e 14h30/17h30).

Governo do Maranhão, Secretaria de Estado de Comunicação. São Paulo: Abril. Adaptado.

EXPLORAÇÃO DO TEXTO

Antes de iniciar o estudo do texto, tente descobrir o sentido das palavras que você não conhece pelo contexto em que elas aparecem. Se for preciso, consulte o dicionário.

1. Onde costumam ser publicados mapas assim?

2. A quem se destinam mapas como esse?

3. Observe o mapa.
   a) O que significa a letra **N** no canto superior do mapa, à direita?
   b) O que indica a cor azul nas áreas ao redor da representação da cidade?
   c) O que indica a cor verde?

4. Localize as bandeirinhas na cor azul escuro que aparecem no mapa.
   a) O que elas indicam?
   b) Como é possível entender o significado delas?
   c) Observe, ao lado, a capa do folheto onde o mapa foi publicado. Qual a relação entre as bandeirinhas e o objetivo do folheto?

5. Observe, no mapa, o traçado das ruas e o desenho de museus, igrejas etc.
   a) As ruas e as construções foram desenhadas reproduzindo fielmente a realidade quanto a cores, tamanhos e proporções?
   b) Esse mapa é igual aos que você estuda nas aulas de Geografia? Por quê?
   c) Qual é a finalidade desse mapa de São Luís?
   d) O traçado das ruas e dos desenhos está de acordo com essa finalidade? Explique.

6. O leitor não dispõe, no próprio mapa, de todas as informações de que precisa para compreendê-lo.
   a) Que informação é preciso buscar no texto verbal que o acompanha?
   b) Observe o número 2 no mapa. Que atração está localizada nesse ponto e o que ela oferece ao visitante?
   c) Qual é a data de construção do prédio?
   d) Em que dias e horários se pode visitar esse local?

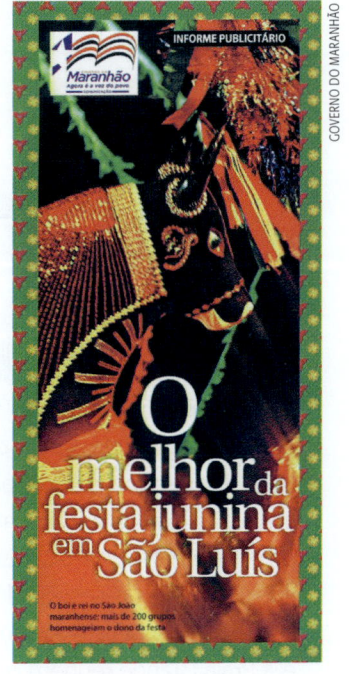

Capa do folheto onde foi publicado o mapa de São Luís.

Para lembrar

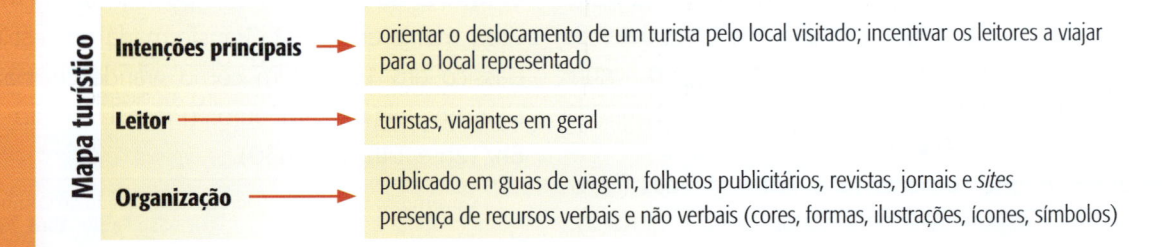

Mapa turístico

Intenções principais →	orientar o deslocamento de um turista pelo local visitado; incentivar os leitores a viajar para o local representado
Leitor →	turistas, viajantes em geral
Organização →	publicado em guias de viagem, folhetos publicitários, revistas, jornais e *sites* presença de recursos verbais e não verbais (cores, formas, ilustrações, ícones, símbolos)

PRODUÇÃO ESCRITA

PRODUÇÃO PARA O PROJETO

GUIA DE VIAGEM

Vamos preparar um guia de viagem para fazer parte do acervo da biblioteca da escola? Cada estudante escreverá sobre uma cidade brasileira. Qual você escolherá? Será que você vai conseguir estimular seus leitores a pesquisar mais sobre essa cidade ou a conhecê-la em uma viagem?

Antes de começar

Este texto, tirado de um guia de viagem, informa sobre a Ilha Grande.

Ilha Grande - RJ

Ilha Grande, em Angra dos Reis (RJ).

➡ 405 km ☎ 24

É a maior ilha da baía de Angra dos Reis, com 193 km² de área. Águas cor de esmeralda e uma natureza quase intocada de enseadas, rios, cachoeiras e locais para mergulho, bem como o clima informal e a ausência de carros atraem muitos jovens e turistas estrangeiros. Para conhecer as atrações, é preciso andar muito, mas as trilhas são bem abertas e sinalizadas. Há vários roteiros de passeios de escuna que duram em média 6h, com paradas para mergulho. Por estar perto da Serra do Mar, são comuns as chuvas durante todo o ano. A maioria dos hotéis se concentra na V. Abraão. Os que ficam isolados oferecem traslado com preço já incluído na diária. (www.ilhagrande.com.br)

Serviços

🚗 $ Sistema Ayrton Senna-Carvalho Pinto/SP-070 (dois pedágios ida/volta) até Quiririm. Seguir pela via Dutra/BR-116 (dois pedágios ida/volta) até Barra Mansa. Pegar a RJ-155 até a Rod. Rio-Santos/BR-101, seguindo para Angra dos Reis, de onde parte a balsa para Ilha Grande (1h30).

⛵ — Há duas formas de chegar de barco até Ilha Grande. As embarcações saem de: Angra dos Reis (cais da V. Abraão): 10h (1h30 de travessia); Mangaratiba (cais da V. Abraão); 17h30 (1h30 de travessia) — Infs.: tel.: (21) 533-6661.

Passeios

⭐⭐⭐ **Mergulho** — A visibilidade dos naufrágios do navio Pinguino e de um helicóptero (ambos na enseada do Sítio Forte) chega a 8 m. É possível observar o navio Califórnia (Praia Vermelha) e tartarugas e moreias na gruta das Acácias. A caça submarina de badejos, sargos e garoupas é feita na Ponta dos Meros, Ilha do Jorge Grego e Ponta Alta da Parnaioca. Cursos de mergulho, com duração de 2 a 5 dias, custam entre R$ 286 e R$ 350. As saídas de R$ 40 a R$ 80. Tel. 3365-1090. [...]

⭐⭐⭐ **Gruta Ponta e Gruta do Acalá** — A gruta fica entre as pedras, com entrada por meio de mergulho ou por terra, saindo no mar. O mergulho é perigoso. 3h15.

⭐⭐⭐ **Praia Provetá** — Tem 500 m de areia grossa e amarelada. Nas proximidades, há uma comunidade evangélica. O mar é calmo, mas quando sopra o vento sudoeste torna-se tão agitado que provoca estragos no vilarejo. 6h30.

⭐⭐⭐ **Praia Parnaioca** — Tem cerca de 1 km. À esquerda, existem costões bons para pesca. À direita, o Rio Parnaioca forma pequena lagoa e cachoeira. Em frente à Ponta Alta da Parnaioca há um cargueiro afundado. 4h. [...]

Guia Quatro Rodas – Fim de semana.
São Paulo: Abril, 2002.

1. Esse texto é composto de quais seções?

2. Observe a legenda.

> **Atrações**
> ⭐⭐⭐⭐ não deixe de ir
> ⭐⭐⭐ muito interessante
> ⭐⭐ interessante
> ⭐ de algum interesse

   a) Qual é o grau de interesse dos passeios em Gruta Ponta e Gruta do Acaiá e em Praia Provetá, de acordo com o guia?

   Águas na Gruta de Acaiá, Ilha Grande, RJ.

   b) Quais são as partes que compõem a descrição desses dois passeios?

3. Além das seções que aparecem no trecho, que outras seções são essenciais na parte de um guia de viagem que se refere a uma cidade?

Planejando o texto

1. Escolha a cidade sobre a qual pretende escrever: pode ser sua cidade, uma cidade que você já tenha visitado ou uma que deseje visitar.

2. Definida a cidade, pesquise-a em suplementos de jornal, revistas e *sites* especializados. Se possível, converse com pessoas que conheçam o lugar.

   a) Anote no caderno:
   - o estado e a região a que pertence o local escolhido;
   - sua distância de outras cidades;
   - número de habitantes;
   - características da vegetação, do clima ou do relevo que possam interessar ao turista;
   - vias de acesso (rodovias, ferrovias, aeroportos etc.);
   - principais atrações;
   - comidas típicas.

b) Anote as atrações imperdíveis: museus, teatros, construções, parques, paisagens, trilhas, compras etc., mencionando endereços e horários de visitas. Atenção: dê informações precisas e confiáveis.

c) Atribua estrelinhas a cada atração, de acordo com o nível de interesse que possa ter para o turista (veja a atividade 2 na seção *Antes de começar*).

d) Imprima ou recorte fotos, ilustrações etc. Crie legendas.

3. Escreva o texto no caderno.

    a) Fique atento ao tamanho das seções e imagens, pois, após a correção, você passará o texto a limpo em uma folha de papel A4 dobrada ao meio (ou seja, você disporá de quatro pequenas páginas).

    b) Planeje a disposição dos textos, fotos e legendas, mas não cole ainda as imagens.

    c) Se usar ícones como ☎ 🚗 ■■, dê o significado deles em uma legenda.

4. Cuide da linguagem, tendo em mente o objetivo de despertar nos leitores o interesse em conhecer a cidade ou em tornar mais agradável e proveitosa uma viagem para lá.

    a) Use adjetivos que os leitores compreendam, que retratem a realidade e, ao mesmo tempo, mostrem a cidade por um aspecto favorável e atraente.

    b) Prefira frases curtas e organizadas na ordem direta (**sujeito + predicado**).

    c) Quando necessário, use os parênteses para incluir comentários ou explicações adicionais para o leitor.

NÃO DEIXE DE ASSISTIR

• *Rio* (EUA, 2011), direção de Carlos Saldanha

Animação que tem por cenário a cidade do Rio de Janeiro. Conta a história de uma arara-azul que troca sua gaiola pela aventura de voar até o Rio.

Igreja de Nossa Senhora do Rosário e São Benedito, Cuiabá, MT.

Avaliação e reescrita

1. Releia o texto pronto, tentando se colocar no lugar de um leitor que não conheça a cidade cujas atrações turísticas você apresenta. Verifique se:

    • é possível entender onde a cidade se localiza;
    • há informações sobre como chegar ao local;
    • as informações sobre atrações turísticas foram pesquisadas em fontes confiáveis e anotadas sem erros;
    • a forma como a cidade é apresentada pode despertar o interesse em conhecê-la.

2. Após essa primeira releitura, faça uma nova revisão, verificando, dessa vez, se:

    • não há erros de grafia e acentuação;
    • a pontuação ajuda o leitor a entender o sentido das frases.

3. Reescreva o que for necessário e entregue o texto ao professor. Quando ele devolvê-lo, passe-o a limpo em uma folha de papel A4 e cole as imagens.

4. Com a orientação do professor, ajude os colegas a montar um guia de viagem com os textos de todos vocês.

NÃO DEIXE DE LER

• *Isto é Roma, Isto é Paris e Isto é Nova York*, de Miroslav Sasek, editora Cosac Naify

Três livros em que o autor conduz os leitores por Roma, Paris e Nova York, respectivamente, e que podem funcionar como guias de viagem.

EXPERIMENTE FAZER

▶ Como fazer anotações de aula e de exposições orais

Saber fazer anotações é uma habilidade muito útil em diversas circunstâncias: na sala de aula ou na coleta de informações em textos escritos para um trabalho ou pesquisa, entre outras. Isso porque nem sempre é possível usar gravador ou guardar na memória todas as informações recebidas ou coletadas. Saber tomar notas é também um procedimento de estudo que pode melhorar suas chances de compreender a matéria e se sair bem em avaliações. Veja dicas de como tomar notas com eficiência.

1. Antes do momento em que precise tomar notas, procure se organizar, providenciando papel, caneta ou lápis. Tenha sempre mais uma caneta de reserva.

2. Seja um ouvinte ou leitor atento: acompanhe a exposição de quem está falando, sem interromper, e procure não se distrair. Caso esteja fazendo uma pesquisa para coleta de informações, concentre-se na leitura. Essa habilidade torna-se mais eficaz quando você pensa sobre o que está ouvindo ou lendo e anota apenas as partes mais importantes.

3. Pense em seu objetivo e no tipo de informações que você deseja guardar e anotar. Embora seja tentado a anotar tudo o que está sendo dito ou lido, lembre-se de que seu propósito é selecionar informações e tomar notas, e não transcrever a aula ou todas as informações lidas; concentre-se nas informações básicas e nas que sejam novas para você.

4. Tanto em situações de exposição oral ou na leitura de um texto escrito, há determinadas expressões que podem direcionar sua compreensão e habilidade de escolher o que anotar. Fique atento a elas; por exemplo, expressões como "O tema/assunto é...", "os pontos principais são...", "existem três tipos que são...", "... podemos encontrar dois exemplos...", "... além disso, há também...", "... é importante destacar que..." e outras similares.

5. Crie um sistema que lhe permita escrever rapidamente, anotando apenas algumas palavras (por exemplo, somente verbos e substantivos); utilize setas, símbolos, diagramas, gráficos e outras notas visuais.

6. Empregue frases curtas e significativas e abrevie quando necessário, mas cuide para não utilizar abreviaturas que não conseguirá reconhecer depois.

7. Aplique marcas nas anotações mais importantes, principalmente aquelas que façam referência direta ao assunto que é seu objeto de pesquisa.

8. Compartilhe suas anotações com os outros colegas. Compartilhar e trocar suas notas irá ajudá-lo a melhorar as suas e as deles, umas complementando as outras.

Atividade

Há diferentes métodos que podem ajudá-lo a tomar notas. Veja um deles, bastante utilizado por estudantes para fazer anotações de leituras, esquematizado a seguir.

Assunto: Ecossistemas brasileiros: o Cerrado

Minhas dúvidas

Quem são os habitantes do Cerrado? Qual sua ocupação principal? O que acontece com os moradores e animais na época das chuvas?

Anotações

1. Cerrado: troncos torcidos, vegetação rala e campos limpos, poucas árvores.
   a) flora: gabiroba, pequi, araçá, sucupira, ipê, buriti.
   b) fauna: tamanduá-bandeira, lobo-guará, capivara, jacaré, veado, onça-pintada, aves.
      - alguns: risco de extinção (lobo-guará)
2. Localização: Planalto Central Brasileiro, Região Centro-Oeste.
   - estados: Mato Grosso, Mato Grosso do Sul, Goiás e Tocantins.
3. Clima tropical: duas estações bem marcadas:
   - inverno: seca; verão: muita chuva, com muitas áreas de inundação.

Resumo

O Cerrado fica na Região Centro-Oeste do Brasil. A vegetação é de poucas árvores e muitos campos. Lá vivem muitos animais, mas alguns correm risco de extinção, como o lobo-guará. Só há duas estações do ano bem definidas: o verão e o inverno. No verão chove muito e no inverno há seca.

Neste espaço, você faz as suas anotações, com frases curtas, ou palavras-chave, numerando-as conforme as ideias relevantes vão sendo apresentadas.

Neste espaço, você pode anotar suas reflexões e dúvidas ou formular hipóteses sobre o assunto, que poderão ser mais tarde validadas ou não.

Neste espaço, depois de terminar a leitura e reler as anotações com atenção, você escreve um resumo do assunto com suas próprias palavras.

Agora é com você! Desenhe um esquema como o da página anterior no caderno. Leia o texto a seguir e, com base nas orientações, tome notas sobre os principais pontos do texto, exponha dúvidas que poderão ser respondidas com outras pesquisas e elabore um breve resumo como no exemplo dado.

Parque Nacional da Chapada dos Guimarães

Chapada dos Guimarães, MT.

Uma das principais atrações do Cerrado brasileiro, [o parque] tem enormes formações rochosas de arenito, mirantes com vista que alcança a planície pantaneira e muitas cachoeiras, graças à hidrografia rica e às mudanças bruscas de altitude. Há cinco formas para explorar o parque: conhecer o mirante da Cachoeira Véu de Noiva, o Circuito das Cachoeiras (que inclui a gruta Casa de Pedra), o Vale do Rio Claro, o Morro de São Jerônimo e a Cidade de Pedras. A visitação das atrações está sujeita aos horários e regras da administração do parque; informe-se nas agências. Acesso: pelo km 50 da MT-251 (Rod. Emanuel Pinheiro, que liga Cuiabá a Chapada dos Guimarães), a 13 km do centro. Melhor época: as temperaturas elevadas no verão tornam os banhos de cachoeiras mais refrescantes; a ausência de chuvas no inverno facilita as caminhadas (mas o ar seco devido às queimadas, comuns nesse período, pode incomodar). Informações: Instituto Chico Mendes, 3301-1133, 8h/12h e 14h/18h, icmbio.gov.br/parnaguimaraes. O parque abre das 9h/16h30 e não cobra ingresso. [...]. Nas trilhas, é recomendável usar meias e calçados adequados para caminhadas, chapéu e protetor solar.

Disponível em <http://viajeaqui.abril.com.br/estabelecimentos/br-mt-chapada-dos-guimaraes-atracao-parque-nacional-da-chapada-dos-guimaraes>. Acesso em: 23 fev. 2015.

Chapada dos Guimarães, MT.

O predicativo do sujeito: contexto e sentidos

Vimos na primeira parte da unidade dois tipos de predicado: o nominal e o verbal. Vamos estudar agora o predicativo do sujeito, que faz parte do predicado nominal.

1. Leia a tira.

GONSALES, Fernando. *Folha de S.Paulo*, 5 out. 2010.

a) O rato ator revela, em sua fala, a emoção que está representando em cada um dos quadrinhos, atribuindo a si mesmo vários predicativos. Quais são as palavras que indicam essas emoções?

b) No terceiro quadrinho, há um verbo implícito, ou seja, que não aparece claramente na oração. Qual é ele? Por que esse verbo pôde ser omitido?

c) Para falar a respeito do ator, as ratinhas também empregam predicativos: "Além de (ser) lindo, é um ótimo ator". Você concorda com elas?

> Podemos construir o **predicativo do sujeito** por meio de adjetivos, atribuindo qualidades ou características a esse sujeito.

2. Releia o último quadrinho da tira.

a) Na fala das ratinhas, os dois predicativos atribuídos ao rato expressam caracterização ou opinião, julgamento?

b) Em qual deles há um substantivo?

c) As palavras **apaixonado**, **furioso**, **preocupado**, **melancólico**, **lindo** e **ótimo**, que fazem parte dos predicativos, pertencem a que classe gramatical?

> O **predicativo do sujeito** é geralmente constituído por um **nome** (substantivo ou adjetivo), mas também pode ser representado por **expressões** com valor de substantivo ou de adjetivo.

3. No mesmo guia de viagem do qual tiramos os textos sobre Belém há artigos sobre a capital de Pernambuco. Leia o início de um deles.

> Recife é a capital gastronômica do Nordeste [...].
> *Guia Quatro Rodas Brasil 2008*. São Paulo: Abril, 2008.

Bolo de rolo, doce comum em Pernambuco.

a) Pela escolha do predicativo – "a capital gastronômica do Nordeste" – atribuído ao sujeito "Recife", você diria que a cidade é apresentada ao leitor de maneira favorável ou não? Por quê?

b) A avaliação de que Recife é a capital gastronômica do Nordeste é objetiva? Isto é, trata-se de uma verdade comprovada e indiscutível? Explique.

c) Você deve ter observado que o predicativo do sujeito ocorre com alguma frequência nos guias de viagem, gênero que estudamos. Em sua opinião, por que isso acontece?

4. Leia o título de uma reportagem publicada na seção de turismo de um portal da internet.

Fernando de Noronha é melhor destino para amantes de natureza

Disponível em: <http://vidaeestilo.terra.com.br/turismo>. Acesso em: 18 ago. 2011.

a) O predicativo do sujeito atribuído a Fernando de Noronha expressa uma opinião ou um fato indiscutível?

b) Pelo conteúdo do predicativo do sujeito, conclui-se que a reportagem recomenda ou não o arquipélago de Fernando de Noronha como destino turístico?

> O **predicativo do sujeito** pode expressar uma avaliação, uma opinião ou um julgamento a respeito do sujeito.

5. Leia o título de uma reportagem sobre turismo na cidade de Bonito, em Mato Grosso do Sul.

Natureza e aventura em Bonito

Banhos de cachoeira, grutas cristalinas, trilhas de *bike* e rapel são algumas das atrações

Disponível em: <http://www.terra.com.br/turismo/ecoturismo/>. Acesso em: 18 ago. 2011.

ANDRÉ SEALE/PULSAR IMAGENS

a) O subtítulo poderia ter sido escrito de outra forma. Leia.

> Algumas das atrações são os banhos de cachoeira, grutas cristalinas, trilhas de *bike* e rapel.

Levante uma hipótese: por que se optou por iniciar o subtítulo com a enumeração de atrações de Bonito?

b) Anote no caderno a conclusão possível. O emprego do predicativo do sujeito nessa oração procura seduzir o leitor ao mostrar que:

   I. há outras atrações em Bonito, além dos banhos de cachoeira, das grutas cristalinas, das trilhas de *bike* e rapel.

   II. as atrações turísticas de Bonito são estas quatro: banhos de cachoeira, grutas cristalinas, trilhas de *bike* e rapel.

c) Como você chegou a essa conclusão?

> Nos guias de viagem, costuma haver **trechos descritivos**. Em geral, são descrições que apresentam os locais de um ponto de vista favorável, a fim de convencer o leitor a visitá-los.
>
> Por isso, nesse gênero, encontramos com frequência orações com predicado nominal em que o **predicativo do sujeito** é o atributo de um lugar descrito.

6. Leia este fragmento do conto "Boa de garfo".

> A fera, que estava junto ao homem, era um cachorro fila rajado, de um tamanho que eu nunca tinha visto na vida: era enorme. A gente ficava frio só de olhar para o bicho – aquela cabeçona com as beiçorras dependuradas.
>
> Mas o homem disse que não precisávamos ter medo, não tinha perigo.
>
> […]
> "Sua cachorrinha é pesada…"
> "É…"
> "Que dirá quando bem alimentada…"
> "Ah, o senhor precisa ver: aí ela fica uma beleza; parecendo uma leoa."

VILELA, Luiz. *Boa de garfo e outros contos*. São Paulo: Saraiva, 2005.

a) Observe e compare.

   I. "A fera […] era um cachorro fila rajado"

   II. "[A fera] era enorme"

   III. "Sua cachorrinha é pesada"

   IV. "Ela fica uma beleza"

   V. "[Ela fica] parecendo uma leoa"

Todos os sujeitos dessas orações referem-se à cachorra; ela tem papel importante no desenvolvimento do conto "Boa de garfo". Anote no caderno os termos que, nessas orações, caracterizam o animal, expressam uma opinião ou julgamento sobre ele.

b) As palavras e expressões que você anotou são predicativos do sujeito. No contexto do conto, qual a intenção do narrador ao empregá-los seguidamente?

> Em textos narrativos, como o conto e o romance, são comuns as orações com predicado nominal, em que o **predicativo do sujeito** contribui para a **descrição** de personagens e do espaço, além de expressar a avaliação, opinião ou julgamento de quem os está caracterizando.

teia do saber

1. O trecho a seguir foi tirado do livro *As aventuras de Ngunga*, sobre um jovem africano que luta pela libertação de seu país, Angola.

> Ngunga saiu dali, ajudado pela noite e pela confusão, e voltou ao kimbo. Uassamba esperava-o. Meteram-se na mata, iluminados pela Lua cheia. Sentaram-se num tronco caído e ele pegou-lhe na mão. Ficaram assim calados durante muito tempo, sentindo só o calor da mão do outro. Ngunga já não estava inquieto. Estava calmo. [...] A voz dela era doce, a acariciá-lo. O nome dele tornava-se mel na boca dela.

PEPETELA. *As aventuras de Ngunga*. São Paulo: Ática.

a) Quais são as duas personagens de que fala o trecho?

b) Qual é o sujeito em "**Ficaram** assim calados durante muito tempo [...]"?

> Kimbo, palavra de uma língua banta falada em Angola, quer dizer "povoado, aldeia" (em português, **quimbo**).

c) O predicativo do sujeito dessa oração permite ao leitor construir uma imagem das personagens, no momento em que estão sentadas. Que palavra representa esse predicativo?

2. Releia este trecho e observe os predicativos destacados.

> "Ngunga já não estava **inquieto**. Estava **calmo**. [...] A voz dela era doce a acariciá-lo. O nome dele tornava-se mel na boca dela."

a) Por meio dos predicativos atribuídos a Ngunga pelo narrador, percebemos uma mudança em seu comportamento. Qual o fato responsável por essa mudança no contexto do trecho reproduzido?

b) Na primeira oração desse trecho, há uma palavra que indica a mudança no comportamento de Ngunga. Que palavra é essa?

c) Observe agora os predicativos atribuídos à voz e ao modo de falar de Uassamba. Com base nesses predicativos, como você imagina a personagem?

3. Leia estes trechos de verbetes enciclopédicos sobre dois animais brasileiros, o jabuti-piranga e a anta. Observe os predicativos destacados.

> O jabuti-piranga tem escamas avermelhadas na cabeça e patas vermelhas. A carapaça é **relativamente alongada**, **bem arqueada**, **alta e decorada com um padrão em polígonos de centro amarelo e com desenhos em relevo**; suas pernas são **grossas**. [...]

Disponível em: <http://eptv.globo.com/terradagente/0,0,2,148;16,jabuti-piranga.aspx>. Acesso em: 20 ago. 2011. Adaptado.

Filhote de jabuti.

254

A anta é o **maior mamífero herbívoro do Brasil**. Durante o dia a anta permanece entre a vegetação da floresta. [...] Ela mede até 2 metros de comprimento, o peso varia entre 150 e 250 kg, altura 77-108 cm, o comprimento da cauda é **8 cm**, tem focinho alongado com uma pequena tromba.

As pernas são **curtas e geralmente negras**. O pelo é **uniforme**, a coloração mais comum é marrom-acinzentado, a face é geralmente **mais clara**. [...]

Disponível em: <http://eptv.globo.com/terradagente/0,0,2,97;3,anta.aspx>. Acesso em: 1º set. 2011.

Anta.

a) Os predicativos destacados expressam caracterização ou opinião, julgamento em relação aos sujeitos aos quais estão relacionados? Por quê?

b) Com que intenção esses predicativos foram usados pelo autor desses verbetes?

c) A intenção é a mesma dos textos que descrevem destinos turísticos? Por quê?

FIQUE ATENTO... À ACENTUAÇÃO DE DITONGOS E HIATOS

A acentuação de ditongos e hiatos está relacionada à forma como são pronunciados. Vamos ver como isso acontece e preparar um quadro no caderno para que você possa consultá-lo sempre que preciso.

1. Leia este trecho de uma reportagem.

> [...]
> O ato de curvar-se diante da pessoa é usado pela galera de vários países orientais, como Japão e Coreia. [...]
> [...]
> Usado principalmente na Índia, mas também em outros países asiáticos, o famoso Añjali Mudra – pequena reverência com as mãos juntas do peito – pode ser feito em silêncio ou acompanhado da palavra namaste, que em sânscrito significa "o Deus que existe em mim saúda o Deus que existe em você". [...]
>
> Disponível em: <http://mundoestranho.abril.com.br/cultura/quais-sao-gestos-saudacao-mais-usados-no-mundo>. Acesso em: 7 jun. 2015.

Antes de responder às questões, pronuncie as palavras **pessoa** e **Japão**, prestando atenção nos sons das sílabas finais de cada palavra.

a) Em **pessoa**, os dois sons vocálicos (oa) são pronunciados no mesmo impulso de voz, ou seja, na mesma sílaba?

b) E quanto à palavra **Japão**, os sons vocálicos (ao) são pronunciados na mesma sílaba?

2. Com base no que você já sabe sobre o encontro de sons vocálicos em uma palavra, qual das frases a seguir corresponde à definição de ditongo? E à de hiato?

a) Dois sons vocálicos são pronunciados na mesma sílaba.

b) Dois sons vocálicos são pronunciados em sequência, porém um em cada sílaba.

3. Leia estas palavras do texto.

silêncio	saúda	peito	Índia
países	Deus	diante	

a) Organize-as no caderno em dois grupos: um com as que têm hiato; outro com as que têm ditongo.

b) Compare suas escolhas com as de um colega. Se necessário, faça correções.

Você notou que, nos dois grupos formados, há tanto palavras acentuadas como não acentuadas?

4. Anote as palavras a seguir no caderno.

baú	graúna	coelho
toalha	poeta	faísca
ruído	juízo	caído
conteúdo	enjoo	riacho

a) Agora circule as vogais que formam hiato.

b) O que há em comum entre os hiatos que são acentuados?

Quando formam hiato com a vogal anterior, o **i** e o **u** são acentuados, exceto em certos casos. Veja exemplos de hiatos que devem e que não devem ser acentuados:

je-su-í-ta	pa-ís	sa-ú-de
vogal tônica (i) sozinha na sílaba	vogal tônica (i) sozinha na sílaba, seguida de **s** na mesma **sílaba**	vogal tônica (u) sozinha na sílaba

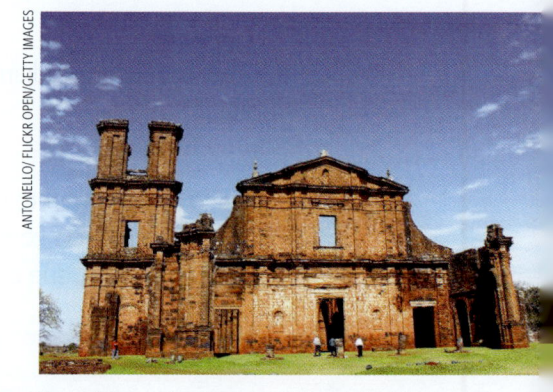

ra-i-nha	ra-iz	ra-í-zes
vogal tônica (i) sozinha na sílaba e seguida de **nh**	vogal tônica (i) sozinha na sílaba, seguida de **z** na mesma **sílaba**	vogal tônica (i) sozinha na sílaba

c) Observe estas palavras com hiato: **cuica**, **ciume**, **egoismo**. Elas devem ou não ser acentuadas? Consulte os quadros acima e justifique sua resposta.

Igreja em São Miguel das Missões, RS, erguida por jesuítas e indígenas.

d) Com base nas atividades desenvolvidas até agora, comece a preparar seu quadro de ditongos e hiatos, escrevendo a primeira regra a respeito da acentuação dos hiatos.

Observações

1ª) Não se coloca acento agudo nas vogais tônicas **i** e **u** das palavras paroxítonas quando essas vogais aparecem depois de ditongo: **baiuca**, **boiuno**, **feiura**, **taoismo**, **maoista** etc.

2ª) Se a palavra for oxítona e o **i** ou o **u** estiverem em posição final (seguidos ou não de s), essas vogais são acentuadas. Exemplos: **tuiuiú**, **tuiuiús**, **Piauí**.

5. Leia em voz alta as palavras do quadro.

Palavras oxítonas com ditongo com som aberto	Palavras oxítonas com ditongo com som fechado
anéis, carretéis, papéis	dezesseis, farei, terei
bebeléu, chapéus, mundaréu	comeu, europeu, jubileu
caubói, corrói, herói	depois

a) Dessas palavras oxítonas, observe as acentuadas. Nelas, os ditongos **ei**, **eu** e **oi** têm som aberto ou fechado?

b) O que se pode concluir sobre as palavras oxítonas que terminam com ditongo com som aberto?

c) Escreva no caderno a segunda regra sobre a acentuação de palavras com ditongo.

6. Agora leia em voz alta estes monossílabos tônicos, observando o som dos ditongos.

Ditongo com som aberto em monossílabos tônicos	Ditongo com som fechado em monossílabos tônicos
céu, réu	meu, seu
mói, rói	boi, foi

a) Nos monossílabos tônicos acentuados, os ditongos **eu** e **oi** são abertos ou fechados?

b) O que você conclui a respeito dos monossílabos tônicos que têm ditongo com som aberto?

c) Escreva no caderno a terceira regra sobre a acentuação de palavras com ditongo.

7. Nas palavras a seguir, aparecem alguns dos ditongos que vimos acima.

Palavras paroxítonas com ditongo com som aberto	Palavras paroxítonas com ditongo com som fechado
Coreia, centopeia	meia, estreito
jiboia, paranoico	dezoito, noivo

a) Nessas palavras paroxítonas, observe a localização dos ditongos **ei** e **oi**. Eles estão na última, na penúltima ou na antepenúltima sílaba?

b) A sílaba que contém os ditongos com som aberto **ei** e **oi**, nessas palavras, é átona ou tônica?

c) Com base no que observou agora, escreva no caderno a quarta regra sobre a acentuação de palavras com ditongo.

Pronto! Você já tem um quadro de consulta para ajudá-lo quando tiver dúvidas em relação à acentuação de palavras com ditongos e hiatos. Confira-o com seu professor e, se quiser, acrescente alguns exemplos em cada regra.

REVISORES DO COTIDIANO

Na década de 1980, a banda de *rock* brasileira Ultraje a Rigor fez muito sucesso com uma música chamada "Inútil". Você a conhece? Leia duas estrofes e o refrão.

O vocalista Roger, em apresentação da banda Ultraje a Rigor, em 2009.

Inútil

A gente não sabemos
Escolher presidente
A gente não sabemos
Tomar conta da gente
A gente não sabemos
Nem escovar os dente
Tem gringo pensando
Que nóis é indigente

Inútil!
A gente somos inútil!
Inútil!
A gente somos inútil!

A gente faz carro
E não sabe guiar
A gente faz trilho
E não tem trem pra botar
A gente faz filho
E não consegue criar
A gente pede grana
E não consegue pagar

[...]

MOREIRA, Roger. Inútil. In: Ultraje a Rigor.
CD *Nós vamos invadir sua praia*, 1985.

1. Na época, houve quem criticasse a letra pelos desvios em relação à norma-padrão. Você consegue identificar esses desvios?

2. Outros viram na linguagem dessa canção uma crítica. Que crítica é essa? A quem o eu poético se refere quando diz **a gente**?

3. Se você fizesse parte dessa banda, teria insistido em usar a norma-padrão? Explique por quê.

ATIVANDO HABILIDADES

1. (Saresp)

Rota a pé para Praça da Sé – São Paulo – SP
2,0 km – aprox. 25 minutos

A Estação da Luz
Bom Retiro, São Paulo – SP

1. Siga na direção leste na R. Mauá em direção à Av. Cásper Líbero   0,1 km
2. Vire à direita na Av. Cásper Líbero   0,7 km
3. Vire à esquerda no Viaduto Santa Efigênia   0,3 km
4. Vire à direita no Largo de São Bento   51 m
5. Vire à esquerda para permanecer no Largo de São Bento   58 m
6. Continue na R. Boa Vista   0,3 km
7. Continue no Viaduto Boa Vista   0,1 km
8. Continue na Travessa Pátio do Colégio   0,1 km
9. Continue na R. Santa Teresa   83 m

B Praça da Sé
Centro, São Paulo – SP

Fonte: Google Maps. Disponível em: <http://maps.google.com.br/maps/mm?utm_campaign=pt_BR&utm_source=pt_BR-ha-latam-br-skmm&utm_medium=ha&utm_term=mapa>. Acesso em: 31 jul. 2008.

Considerando a finalidade de guiar um percurso a pé entre dois pontos geográficos da cidade de São Paulo, o autor criou um roteiro organizado por:

a) um elemento gráfico contendo a letra A que termina com outro elemento gráfico trazendo a letra B.

b) uma lista em ordem numérica que indica a sequência de movimentos a serem realizados pelo pedestre.

c) uma lista desordenada de quilometragens que indica o tempo de cada etapa do percurso.

d) uma lista de nomes de ruas e o tamanho de cada uma delas.

2. Consultando o mapa e as instruções, observa-se que, na Região Sudeste,

a) a frente fria avança para São Paulo, levando chuva.

b) o tempo fica quente com pancadas de chuva.

c) a temperatura cai e a chuva diminui em Santa Catarina.

d) o céu com nebulosidade provoca chuva em toda a região.

3. De acordo com o mapa do tempo no Brasil, a temperatura na cidade de São Paulo está entre:

a) 12 e 24.   c) 21 e 31.

b) 18 e 24.   d) 24 e 29.

4. (Saresp) O mapa ao lado apresenta um quadriculado cujas colunas são indicadas pelas letras A, B, C, D e as linhas pelos números 1, 2, 3, 4.

O círculo indica a localização da Estação Ciência, em São Paulo, que está no retângulo indicado pela:

a) letra C e o número 3.   c) letra B e o número 3.

b) letra D e o número 4.   d) letra A e o número 1.

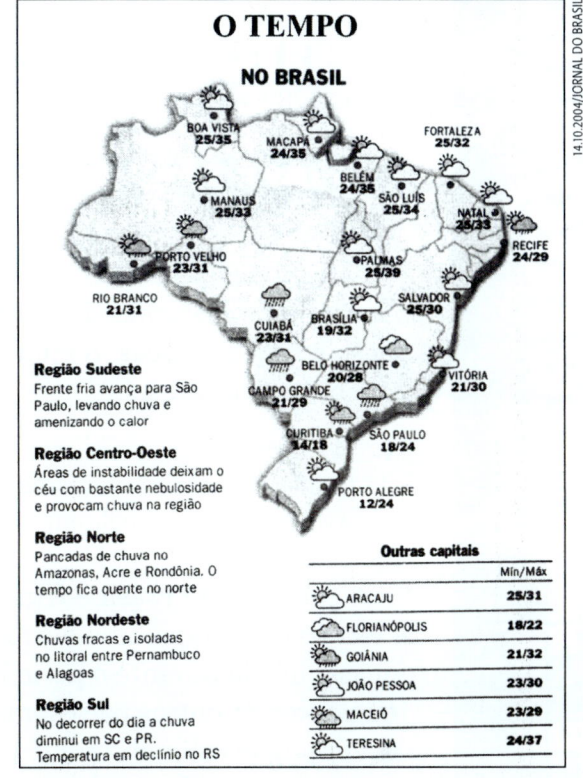

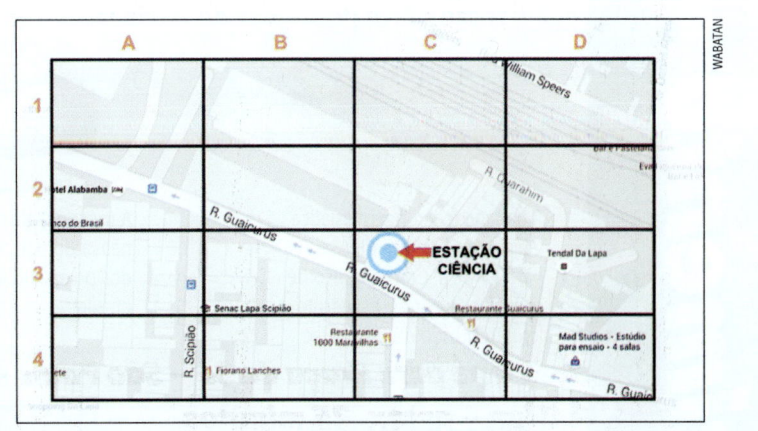

Encerrando a unidade

Nesta unidade você conheceu os gêneros guia de viagem e mapa turístico; reconheceu os recursos linguísticos e gráficos neles empregados e refletiu sobre esses recursos; aprendeu a posicionar-se criticamente diante de um fato, formalizando comentários orais. Você também refletiu sobre predicado e sua relação com o sujeito e aprendeu a anotar as informações essenciais em sala de aula.

1. Qual o principal objetivo dos guias de viagem e qual o público-alvo desse gênero?

2. Você é capaz de diferenciar um verbo de ligação de um significativo? Como?

3. Como você avalia seu desempenho na produção oral desta unidade? Você soube apresentar argumentos para defender sua opinião?

Conhecimento Interligado

Sabores do Brasil: expressão de nossa cultura

As comidas, as lendas, o artesanato, a música, as festas e manifestações religiosas espelham os costumes de um povo e são expressão de sua história, geografia, organização social e crenças. A culinária é o registro da história de um país e de suas trocas com outras culturas.

1. O ato de comer, em muitas ocasiões, transforma-se em um gesto simbólico, um ritual para festejar crenças religiosas ou momentos importantes para o grupo social. Em que ocasiões você e sua família utilizam a comida como celebração e quais comidas são servidas?

A culinária do Brasil é fruto de uma mistura de ingredientes europeus e regionais e técnicas de preparo de outros povos, como os africanos e os indígenas brasileiros, e foi assimilada durante o período da colonização do país. Mais tarde, com a chegada de imigrantes de outros países, mais produtos foram incorporados à nossa alimentação.

Veja alguns alimentos que têm origem em diferentes locais e culturas e que hoje em dia fazem parte do prato do brasileiro.

A banana é de origem asiática. Viajantes a levaram da Ásia para a África. Com o tráfico de escravos africanos, esse fruto foi introduzido no Brasil e se espalhou pelo país.

A presença da mandioca, planta nativa do país, é uma contribuição dos povos indígenas à culinária brasileira.

Acredita-se que na segunda viagem de Cristóvão Colombo às Américas (1493) foram transportadas para a América do Sul aves poedeiras (galinhas, patos, codornas).

Comer: um ato social

A culinária tem estreita ligação com o desenvolvimento da humanidade, pois foi por meio da busca por alimento que o ser humano passou a se organizar em sociedade e a desenvolver tecnologias.

Nos primórdios, antes da descoberta do fogo, vivia-se da coleta de vegetais e da caça de animais, que eram consumidos crus. O ser humano primitivo caçava e precisava partilhar o alimento com seu grupo antes que a carne do animal se estragasse.

Com a descoberta do fogo, esse costume mudou, e os alimentos passaram a ser cozidos e assados. Além disso, o desenvolvimento da agricultura e da pecuária trouxe melhorias à qualidade da alimentação do ser humano. A partir daí, ao longo da história, com o deslocamento dos povos, iniciou-se o intercâmbio de mercadorias e de hábitos alimentares e surgiram novas técnicas de preparo de alimentos. Hoje, apesar de podermos identificar comidas típicas nacionais ou regionais, nos centros urbanos de muitos países nota-se frequentemente uma miscigenação de sabores de diferentes partes do mundo.

2. Você sabe quais foram as contribuições dos povos indígenas, africanos e europeus para a formação da culinária brasileira? Pesquise, em livros e *sites* de História do Brasil, os principais alimentos que revelam a influência desses povos na atual alimentação brasileira.

Os hábitos alimentares fazem parte da identidade de um povo e são expressão de sua cultura. Sua importância é tão grande que surgiram lendas para explicar a origem de determinados alimentos fundamentais para o sustento de uma comunidade. Leia uma dessas lendas.

A menina que virou raiz

Existe uma lenda indígena que explica a origem do nome mandioca.

Conta-se que uma índia teve uma linda filhinha chamada Mani. A menina era muito bonita e de pele bem clara. Era amada por todos. Após um ano de vida, a pequena ficou doente. [...] Uma bela manhã, a criança não conseguiu se levantar da rede. Toda a tribo ficou alvoroçada. A notícia chegou aos ouvidos do pajé, e este foi até a oca da família de Mani e deu ervas e bebidas à menina. Foi feito de tudo para salvá-la. Mesmo assim, [...] a menina morreu com um largo sorriso no rosto. Os pais resolveram enterrá-la na própria oca onde moravam, pois isso era costume dos índios tupis. Regaram sua cova com água, mas também com muitas lágrimas devido à saudade.

No local em que ela foi enterrada, nasceu uma bonita planta. Era escura por fora e branquinha por dentro, lembrando a cor da falecida Mani. [...] A planta ficou conhecida então como mandioca, mistura de Mani e oca (casa de índio). Por ser tão útil, tornou-se um símbolo de alegria e abundância para os índios – das folhas às raízes.

Disponível em: <http://www.klickeducacao.com.br/conteudo/pagina/0,6313,POR-882-4564-882,00.html>. Acesso em: 8 abr. 2015.

3. Você já pensou sobre a origem dos alimentos que consome no seu cotidiano? Vamos fazer uma pesquisa? Para saber os costumes e origens da alimentação da classe, você e seus colegas podem fazer uma entrevista com seus familiares.

a) Em grupo, façam um levantamento das pessoas que serão entrevistadas. Cada um deve falar com uma pessoa pelo menos. Pode ser a mãe, o pai, os avós ou outros parentes.

b) Todos devem anotar os nomes dos pratos que são mais presentes na casa da pessoa entrevistada e procurar saber de que região ou país veio esse hábito alimentar.

c) Em um dia combinado com o professor, façam um painel com os dados coletados na entrevista.

d) Depois da apresentação dos resultados, a classe pode avaliar quais alimentos são mais comuns, qual é a origem deles e que relação há entre os alimentos mais populares e a história de seu consumo ou geografia de seu local de origem.

UNIDADE 7
De olho no cotidiano

Nesta unidade você vai:
- ler exemplares do gênero crônica
- entender a organização desse gênero
- organizar e participar de um debate
- planejar e produzir uma crônica, registrando sua visão acerca de um fato do cotidiano
- refletir sobre as propriedades do predicado verbal
- refletir sobre o uso e função dos complementos verbais em orações
- compreender a importância da pontuação na organização dos textos

TROCANDO IDEIAS

1. O que você vê na fotografia reproduzida aqui? Descreva-a.
2. A cena captada pelo fotógrafo é uma cena do cotidiano ou um evento especial?
3. Observe os elementos que compõem a imagem.
   a) Qual a posição do fotógrafo em relação à imagem capturada?
   b) Ao escolher esse ponto de vista, que efeito ele produziu?
   c) O que você imaginou, ao olhar pela primeira vez para essa imagem?
4. Nessa imagem, o fotógrafo apresenta uma visão única e pessoal de uma cena banal do cotidiano. A escolha do ângulo do qual a fotografia foi tirada contribui para exprimir essa percepção? Por quê?

LEITURA 1

ANTES DE LER

O texto que você vai ler foi publicado em uma coletânea de crônicas e expressa o olhar do autor a respeito de fatos reais, costumes e modismos de nossos tempos que ele tem observado. Descubra se você também vê as coisas dessa forma.

1. Você conhece alguém que tenha adquirido um produto só porque era moda ou por influência da propaganda e depois se arrependeu da compra? Se sim, conte aos colegas.
2. Observamos que as pessoas costumam seguir modas. Por exemplo, nos cortes de cabelo, nas gírias, nas atitudes, na decoração da casa. Você costuma seguir modas? Por quê?
3. Você sabe o que quer dizer **modismo**? E **consumismo**?

Banhos, banheiros & cia.

Um dos mistérios da arquitetura moderna é a importância dada aos banheiros. Há algumas décadas, um casarão tinha dois, no máximo três banheiros. Observo os anúncios dos apartamentos modernos. Propagandeiam número de suítes. Quanto mais, mais luxuosos e mais caros. O número de banheiros faz a glória dos corretores. A sala pode ser pequena. A cozinha, minúscula. O quarto de empregada, equivalente a um armário – eu me pergunto quando as empregadas vão aprender a dormir de pé! Banheiros, há em profusão. Um apartamento de luxo médio possui três suítes, um lavabo e um banheiro de empregada. Em contrapartida, tem três dormitórios, sala dupla, cozinha, quarto de empregada. Cinco banheiros para seis cômodos! Casais modernos e abastados fazem questão de dois banheiros na suíte. Uma senhora me revelou:

– A razão pela qual nunca me separei é que meu marido tem o banheiro dele. Isso que é matrimônio!

Os apetrechos também estão se tornando mais sofisticados. *Designers* criam louças assinadas. Sanitários com grife nunca pensei! Uma amiga comprou uma banheira com pezinhos, réplica dos antigos modelos vitorianos. Linda. Assim que instalou, quis inaugurar. Encheu. Botou essências. Entrou. Tentou sentar-se. Escorregou. A banheira era funda, ela, baixinha. Agarrou-se às bordas para não morrer afogada.

Quis erguer-se. Patinou. Foi um custo. Quando conseguiu, a perna não ultrapassava a borda. Agarrou-se à parede. Os dedos deslizaram pelos azulejos. Quase dependurada no registro, conseguiu botar um pé para fora. Resvalou pelo tapete. Salvou-se por pouco. Quando me contou a aventura, observei:

– Você teve sorte. Do jeito que anda gorda, podia ter entalado.

Agora está pensando em usar a peça para criar carpas coloridas.

Entrar no chuveiro ou afundar na banheira é um ato cada vez mais glamouroso.

Só no *Shopping* Pátio Higienópolis existem duas lojas em que o forte são os produtos para tornar o banho um ato de luxúria. Sabonetes com todo tipo de promessa. Uns relaxam, outros melhoram a vida amorosa, outros energizam. Como se o simples ato de limpar não fosse mais suficiente. Sal grosso aromatizado para tirar o mau-olhado e perfumar. Existem até umas bolinhas exóticas. Jogam-se na banheira e elas efervescem, soltando pétalas de flores. Alguns sabonetes também trazem flores incrustadas. Ganhei um. À medida que usava, foi surgindo uma margarida. Mais tarde, alguém comentou:

– O que você tem na orelha?

Anúncio é a mensagem que pretende levar ao público, por meio de recursos técnicos e através dos meios de comunicação, as qualidades de um produto, marca, serviço ou instituição, ou os benefícios que podem trazer.

Vitoriano é o estilo de móveis da época da rainha Vitória, da Inglaterra, que reinou entre 1837 e 1901.

Eram pétalas. Também havia algumas em meus cabelos. Quando vi, estava arrancando pétalas de todo o corpo. O sabonete me transformara em um sachê! Comentei o fato com a amiga que me presenteou. Ela irritou-se:

— É um sabonete supernatural. Não serve para tomar banho.

— Poderia me explicar para que serve um sabonete?

— Esse é para levantar o astral. E, se não levantou o seu, o problema não é com o sabonete. É com você mesmo!

Haja! Sabonetes também estão ganhando grifes! Os industrializados seguem a onda. Outro dia peguei uma embalagem que prometia vantagens adicionais. Vitaminas potentes, hidratação. Deu a impressão de que bastava usar três vezes para nunca mais pensar em operação plástica. Rejuvenescimento e espuma, eis tudo. Mas o grande *hit* da tendência vem do Japão. Banho em ofurô entrou na nova novela das 7. É prova de que a moda está ficando mais forte que nunca. Quis experimentar. Toma-se um leve banho antes e entra-se numa tina escaldante. Nunca tinha conjugado o verbo ferver. Agora sei como se sente uma galinha que vai ser canja. Tentei levantar e sair. Avisaram:

— Relaxe. Aproveite! Descanse e elimine as tensões.

Insisti. Fervi mais um pouco. Só a cabeça de fora. Meu corpo ficando rosado. Comecei a lembrar de histórias de missionários capturados na África. Tenho um primo que é missionário. Ultimamente tem enviado cartas falando em fazer contato com uma tribo canibal. Talvez devesse convidá-lo para um banho de ofurô, para testar sua vocação. O fato é que saltei fora em exatos sete minutos e meio. Reconheço que fiquei aliviado ao sair. Qualquer ser humano relaxaria ao salvar-se da água escaldante.

Sempre fui do tipo antiquado, para quem um banho é um banho. Fervidas à parte, reconheço que sabonetes delicados, essências, flores boiando na água e toalhas felpudas têm seu charme. No dia a dia tão banalizado, um banho calmo, mas glamouroso, é quase uma experiência existencial.

CARRASCO, Walcyr. *Pequenos delitos e outras crônicas*. Rio de Janeiro: Best Seller, 2006.

Antes de iniciar o estudo do texto, tente descobrir o sentido das palavras desconhecidas pelo contexto em que elas aparecem. Se for preciso, consulte o dicionário.

Nas linhas do texto

1. Releia o título da crônica. A expressão **& cia.** significa "e companhia". Qual a relação entre esse título e o assunto da crônica?

2. O autor contrapõe situações do presente a situações do passado: que diferenças ele vê entre as duas épocas em relação à arquitetura das moradias?

3. Releia os dois primeiros parágrafos.

    a) Segundo a crônica, qual o recurso empregado em anúncios de apartamento para convencer os leitores a comprá-los?

    b) Que aspectos negativos dos apartamentos modernos o cronista aponta?

4. O cronista fala da sofisticação de apetrechos como pia, vaso sanitário, banheira etc. e de produtos para o banho. Indique no caderno como ele descreve:

    a) louças e sanitários;

    b) sabonetes;

    c) bolinhas.

5. O cronista e uma amiga resolveram consumir esses produtos da moda.

    a) Como foi essa experiência para a amiga?

    b) Que episódios o autor narra como exemplos de seu contato com os modismos e novidades para o banho?

    c) Quais foram as consequências dessas experiências para o autor?

Nas entrelinhas do texto

1. Releia este trecho.

   > "[...] Comecei a lembrar de histórias de missionários capturados na África. Tenho um primo que é missionário. Ultimamente tem enviado cartas falando em fazer contato com uma tribo canibal. Talvez devesse convidá-lo para um banho de ofurô, para testar sua vocação.[...]"

    a) Por que o autor pensa em convidar o primo para um banho de ofurô?

    b) Qual a intenção do autor ao fazer esse comentário: alertar o primo dos perigos de ser missionário, provocar humor ou criticar o uso do ofurô?

2. Releia.

> "Os apetrechos também estão se tornando mais sofisticados. *Designers* criam louças assinadas. Sanitários com grife nunca pensei! Uma amiga comprou uma banheira com pezinhos, réplica dos antigos modelos vitorianos. [...] Banho em ofurô entrou na nova novela das 7. É prova de que a moda está ficando mais forte que nunca. Quis experimentar. [...]"

a) O autor e sua amiga deixam-se influenciar por um modismo (como o banho de ofurô) e pelo desejo de consumir determinados produtos. Suas expectativas se concretizam? Explique.

b) O banho de ofurô prometia relaxamento. Depois de experimentá-lo, o autor afirma que realmente relaxou. Qual a verdadeira causa de seu relaxamento?

c) Que efeito a narração desses episódios produz na crônica?

3. Releia este trecho e observe os verbos empregados pelo autor para exprimir as novas utilidades dos sabonetes.

> "[...] Sabonetes com todo tipo de promessa. Uns **relaxam**, outros **melhoram** a vida amorosa, outros **energizam**. Como se o simples ato de limpar não fosse mais suficiente. [...]"

a) De acordo com o texto, os sabonetes cumprem a promessa de relaxar, energizar e melhorar a vida amorosa?

b) Indique no caderno a visão do autor a esse respeito e explique sua escolha. Para o autor:
  I. propagandas e embalagens fazem promessas ilusórias sobre os produtos para persuadir o consumidor a comprá-los.
  II. as qualidades reais do produto são exploradas ao máximo nas propagandas, para que o leitor saiba o que está comprando.

4. Se consumo é a compra e a venda de produtos, consumismo é o consumo exagerado e supérfluo de bens.

a) O que, segundo o cronista, revela tendência ao consumismo nos fatos que ele observa no dia a dia?

b) Você concorda com a visão expressa na crônica sobre o consumo de produtos de higiene pessoal? Por quê?

Além das linhas do texto

Leia este texto, tirado do *site* do Instituto Brasileiro de Defesa do Consumidor.

> Existem vários tipos de publicidades que enganam o consumidor, oferecendo, por exemplo, produtos que não cumprem o que prometem. [...]
>
> [...]
>
> **Publicidade enganosa por omissão**. A publicidade é dita enganosa por omissão quando o fornecedor deixa de informar, na publicidade, dados essenciais do produto ou do serviço, levando o consumidor a cometer um erro quanto às suas características [...].
>
> É o caso de uma ótica que veicula publicidade concedendo 70% de desconto na compra de lentes de contato à vista. No entanto, deixa de informar que o desconto se refere apenas às lentes de contato gelatinosas.
>
> **Publicidade enganosa**. A publicidade enganosa é a que contém informação falsa capaz de convencer o consumidor a adquirir um produto ou serviço diferente do que pretendia – ou esperava – na hora da compra.
>
> [...]
>
> **Publicidade abusiva**. Por publicidade abusiva se entende aquela que "incite à violência, explore o medo ou a superstição, se aproveite da deficiência de julgamento e experiência da criança, desrespeite os valores ambientais ou que seja capaz de induzir o consumidor a se comportar de forma prejudicial ou perigosa à sua saúde ou segurança" [...]. A ideia de publicidade abusiva está relacionada a valores da sociedade, não resultando, necessariamente, em prejuízo econômico para o consumidor.
>
> Disponível em: <http://www.idec.org.br/consultas/dicas-e-direitos/saiba-o-que-fazer-diante-de-propagandas-enganosas>. Acesso em: 8 maio 2015.

NÃO DEIXE DE LER

- *O golpe da aniversariante e outras crônicas*, de Walcyr Carrasco, editora Ática

  Personagens e cenas que fazem parte do nosso dia a dia, como a nova geração de crianças viciadas em *videogames*, ou o constrangimento de encontrar e não se lembrar de alguém conhecido, mostrados por uma visão aguda e divertida.

1. Considerando todas as informações acima, explique o que é propaganda enganosa.

2. Você se lembra de alguma propaganda que vende ilusões ou que apregoa vantagens que não pode oferecer?

COMO O TEXTO SE ORGANIZA

1. Releia o início da crônica. Observar anúncios de apartamentos é algo especial ou uma atividade corriqueira? Onde se encontram anúncios desse tipo?

2. O texto lido foi publicado em 2006, em uma coletânea de crônicas do autor.

   a) Para provar que as banheiras de ofurô estavam na moda, o autor menciona um fato que ocorria na época em que ele escreveu a crônica. Qual é o fato?

   b) Decorridos vários anos da publicação do livro, você acha que o assunto da crônica ainda é atual, ou seja, ainda é possível observar no cotidiano o que o cronista viu e refletir sobre o significado disso? Explique sua resposta.

Originalmente, as crônicas destinam-se a ser publicadas em jornal ou revista. A forma desse gênero pode variar bastante: algumas crônicas contêm reflexões pessoais, outras apenas comentários e opiniões do cronista etc. O assunto, entretanto, é sempre inspirado no dia a dia.

O autor pode partir de um fato ocorrido recentemente e noticiado pelos jornais ou de algum pequeno evento de seu próprio cotidiano, por exemplo.

Por sua qualidade literária e para que possam atingir outro público, além dos leitores de jornal e revista, muitas crônicas foram publicadas em livros e *sites*.

> Por se destinarem, originalmente, à publicação em jornal, as **crônicas** têm como ponto de partida **fatos do cotidiano**.

3. As crônicas, em geral, podem ser divididas em três partes.

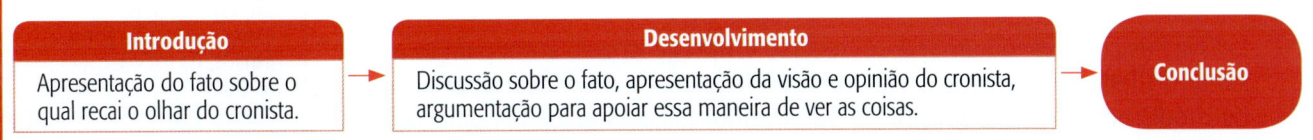

Introdução	Desenvolvimento	Conclusão
Apresentação do fato sobre o qual recai o olhar do cronista.	Discussão sobre o fato, apresentação da visão e opinião do cronista, argumentação para apoiar essa maneira de ver as coisas.	

No caderno, associe os itens a seguir a cada parte da crônica.

a) Apesar de serem modismos, produtos como sabonetes delicados, essências e toalhas felpudas podem fazer do banho uma experiência prazerosa.

b) Atualmente, o banho como medida de higiene parece não ser suficiente; deseja-se que banho, banheiro e produtos para banho satisfaçam outros desejos das pessoas (relaxamento, sofisticação, amor, energia etc.).

c) Apartamentos com muitos banheiros são um modismo.

4. As crônicas podem apresentar uma mistura de trechos narrativos, expositivos (em que se expõem informações para explicar algo) e opinativos. Indique no caderno se os trechos a seguir são narrativos, expositivos ou opinativos.

a) "Sabonetes também estão ganhando grifes! Os industrializados seguem a onda."

b) "Escorregou. A banheira era funda, ela, baixinha. Agarrou-se às bordas para não morrer afogada."

c) "Tentei levantar e sair. Avisaram:

– Relaxe. Aproveite! Descanse e elimine as tensões.

Insisti. Fervi mais um pouco. Só a cabeça de fora. Meu corpo ficando rosado. Comecei a lembrar de histórias de missionários capturados na África."

d) "Como se o simples ato de limpar não fosse mais suficiente."

> As crônicas costumam organizar-se em **introdução**, **desenvolvimento** e **conclusão**.
> Elas podem ter trechos **narrativos**, **expositivos** e **opinativos**. Em algumas crônicas, há predomínio de narração, em outras de exposição e, em outras ainda, de opinião.

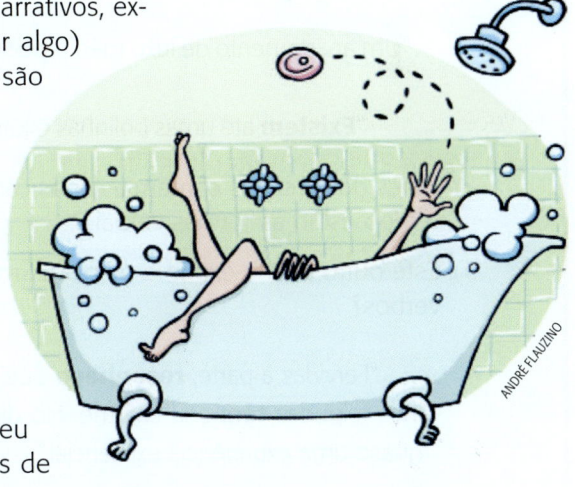

5. Ao longo da crônica lida, o autor revela ao leitor seu ponto de vista a respeito dos modismos associados a banho e banheiros e dá exemplos para justificá-lo. Anote no caderno as afirmações que exprimem essas opiniões, explícitas ou não.

   a) O número de banheiros nos apartamentos modernos é desproporcional ao número de cômodos.

   b) Vasos sanitários assinados por *designers* deixam qualquer apartamento mais luxuoso.

   c) Comprar e usar sabonetes porque prometem rejuvenescimento é uma tolice.

   d) Fazer compras por impulso pode trazer arrependimento.

6. Como vimos, o autor da crônica não só descreve e comenta fatos que observa no cotidiano como também faz críticas. O que ele critica:

   a) nos apartamentos modernos?

   b) na venda de produtos para higiene?

   c) no consumo de produtos da moda?

7. Em muitas crônicas, o humor é um recurso empregado pelo autor para se aproximar do leitor. Por exemplo, na crônica lida, em vez de criticar abertamente os modismos e o consumismo, o autor conta fatos engraçados para ilustrar sua opinião. Encontre no texto um exemplo disso.

> **NÃO DEIXE DE LER**
>
> • ***Crônicas***, de Carlos Heitor Cony, editora Objetiva (coleção Para Ler na Escola)
>
> As crônicas de Cony tratam de assuntos que vão do *site* de busca Google ao ciúme entre irmãos, do *rock* à fascinação de uma menina pelas conchas do mar.

> É comum as crônicas terem o tom de uma **conversa** descontraída entre o autor e o leitor. Nessa "conversa", o **humor** é um recurso para **criticar** fatos do dia a dia, sem tirar a leveza característica do gênero.

RECURSOS LINGUÍSTICOS

1. Observe.

> "Um apartamento de luxo médio **possui** três suítes, um lavabo e um banheiro de empregada."

> "**Existem** até umas bolinhas exóticas. **Jogam**-se na banheira e elas **efervescem** […]"

   a) Esses dois trechos contêm a exposição e a explicação de fatos. Em que tempo estão as formas verbais?

   b) Este outro trecho exprime opinião. Em que tempo estão conjugados os verbos?

> "Fervidas à parte, **reconheço** que sabonetes delicados, essências, flores boiando na água e toalhas felpudas **têm** seu charme. No dia a dia tão banalizado, um banho calmo, mas glamouroso, **é** quase uma experiência existencial."

   c) Neste trecho narrativo, em que tempo os verbos estão conjugados?

> "Uma amiga **comprou** uma banheira com pezinhos […]. Assim que **instalou**, **quis** inaugurar. **Encheu**. **Botou** essências. **Entrou**. **Tentou** sentar-se."

   d) Anote outro trecho narrativo com verbos conjugados nesse tempo.

2. Releia o último parágrafo da crônica, depois responda.

   a) Que formas verbais revelam a presença do autor nesse trecho?

   b) Na última frase, a expressão **tão banalizado** (advérbio **tão** + adjetivo **banalizado**) traduz a opinião do cronista sobre o dia a dia. Que outros advérbios e adjetivos revelam opinião nessa frase?

   c) Você concorda com essa opinião do cronista a respeito de como é o dia a dia das pessoas atualmente? Por quê?

3. Agora releia este outro trecho.

> "Assim que instalou, quis inaugurar. Encheu. Botou essências. Entrou. Tentou sentar-se. Escorregou. [...] Quis erguer-se. Patinou. Foi um custo."

   a) A maior parte das frases acima contém uma única forma verbal. Que efeito o uso dessas frases curtas dá ao trecho?

   b) O uso desse tipo de frase reforça a visão de mundo que o cronista expressa no texto. Qual é ela?

FIQUE ATENTO... À PONTUAÇÃO NA CRÔNICA

Em uma crônica, o autor faz comentários, críticas, avaliações e emite opiniões, expressando sua visão do mundo. Isso pode ser marcado na escrita com o uso de diferentes sinais de pontuação nas frases.

1. Releia e estes comentários do cronista.

   I. Sanitários com grife nunca pensei!
   II. O sabonete me transformara em um sachê!
   III. Haja! Sabonetes também estão ganhando grifes!

Nessas frases, o que indicam os pontos de exclamação empregados pelo cronista?

2. Releia e depois responda no caderno.

> "Um apartamento de luxo médio possui três suítes, um lavabo e um banheiro de empregada. Em contrapartida, tem três dormitórios, sala dupla, cozinha, quarto de empregada. Cinco banheiros para seis cômodos!"

O ponto de exclamação usado nesse contexto exprime:

   a) entusiasmo pelo grande número de banheiros.

   b) crítica ao número excessivo de banheiros.

3. Observe o uso da vírgula neste trecho.

> "Observo os anúncios dos apartamentos modernos. Propagandeiam o número de suítes. Quanto mais, mais luxuosos e mais caros."

   a) Essa vírgula marca a supressão de um termo subentendido. Qual é ele?

O uso da vírgula para substituir palavras que possam ser subentendidas contribui para a construção de frases mais diretas e curtas.

A LÍNGUA NÃO É SEMPRE A MESMA

1. Para manter um tom de conversa com o leitor, o cronista pode empregar uma linguagem informal e com marcas de oralidade. Quais destes trechos exemplificam essa linguagem?

    a) "Sanitários com grife nunca pensei!"

    b) "Sempre fui do tipo antiquado, para quem um banho é um banho."

    c) "Assim que instalou, quis inaugurar. Encheu. Botou essências. Entrou."

    d) "Agora está pensando em usar a peça para criar carpas coloridas."

    e) "Haja!"

2. O cronista emprega algumas expressões informais que caracterizam uma linguagem espontânea.

    a) Qual o significado das expressões a seguir? Se necessário, consulte um dicionário.

    I. fazer a glória

    II. tirar mau-olhado

    III. levantar o astral

    b) Entre os gêneros que você já conhece, cite um em que essas expressões provavelmente não seriam usadas.

> As **crônicas** têm como ponto de partida fatos do cotidiano, apresentando o **ponto de vista** particular do autor a respeito desses fatos.
>
> Esse ponto de vista pode ser mostrado com mais ou menos humor, de forma mais ou menos poética, por meio de uma pequena narrativa, de uma sequência de argumentos etc. A linguagem será mais ou menos formal, conforme o estilo do autor e o leitor visado.

Para lembrar

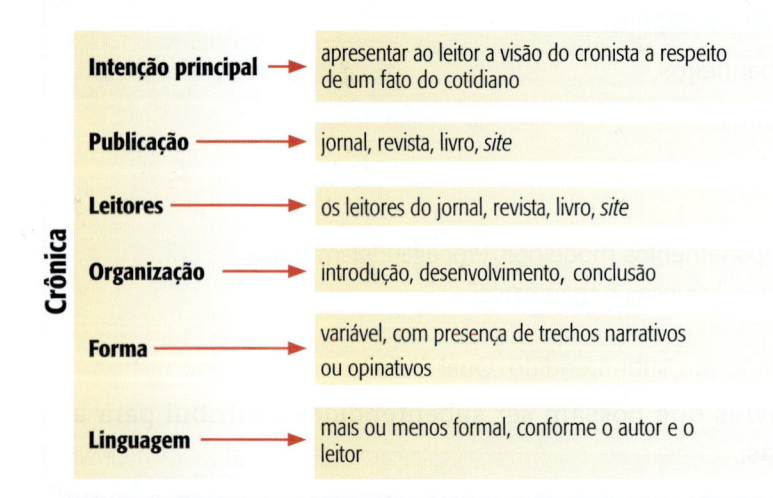

Crônica

Intenção principal	apresentar ao leitor a visão do cronista a respeito de um fato do cotidiano
Publicação	jornal, revista, livro, *site*
Leitores	os leitores do jornal, revista, livro, *site*
Organização	introdução, desenvolvimento, conclusão
Forma	variável, com presença de trechos narrativos ou opinativos
Linguagem	mais ou menos formal, conforme o autor e o leitor

NÃO DEIXE DE LER

- *Coleção Para Gostar de Ler*, volumes 1, 2, 3, 7 e 10, editora Ática

Os livros dessa coleção que marcou época apresentam contos e crônicas saborosas, que podem despertar o prazer da leitura. Os volumes indicados contêm crônicas selecionadas de autores como Carlos Drummond de Andrade, Fernando Sabino e outros.

DEPOIS DA LEITURA

INFOGRÁFICO: TEXTO E IMAGEM

A crônica "Banhos, banheiros & cia." mostra como as pessoas se deixam influenciar pelas propagandas e por modismos, o que leva à compra de produtos sem necessidade e que acabam descartados rapidamente.

Quando fazer compras sem necessidade se torna um hábito ou um vício, temos o chamado estilo de vida consumista. Com o tempo, o consumismo contribui para poluir e degradar o planeta, não só porque as embalagens e os próprios produtos se tornam lixo, mas também porque produção, transporte e estocagem são processos que consomem as reservas naturais da Terra.

Se toda a população mundial consumisse em excesso, acima de suas necessidades reais, o que aconteceria? É provável que os recursos do planeta se esgotassem rapidamente, e ele ficasse entupido de lixo.

Será que é possível consumir sem prejudicar o planeta, ou seja, de maneira sustentável? Observe o infográfico.

Pegada ecológica

O que é?
É a fatia da superfície terrestre necessária para produzir os bens e os serviços que sustentam o estilo de vida de uma pessoa ou até de um país. Essa fatia leva em conta os vários tipos de territórios produtivos necessários para gerar o que é consumido e as formas de consumo. Tudo isso é convertido em hectares e, somado, vira a pegada total.

Hectare: medida equivalente a 100 ares; 1 are equivale a 100 m².

O que aumenta a pegada ecológica?
Alimentação: consumo de carne e outros alimentos de origem animal
Consumo: uso de embalagens descartáveis sem reciclá-las
Transporte: viagens frequentes de avião, uso de automóveis
Energia: lâmpadas obsoletas, eletrodomésticos constantemente ligados

O que ajuda a diminuí-la?
Alimentação: maior proporção de vegetais na dieta
Consumo: reutilização e reciclagem
Transporte: preferência ao transporte coletivo, a pé ou de bicicleta
Energia: lâmpadas e aparelhos mais eficientes, economia

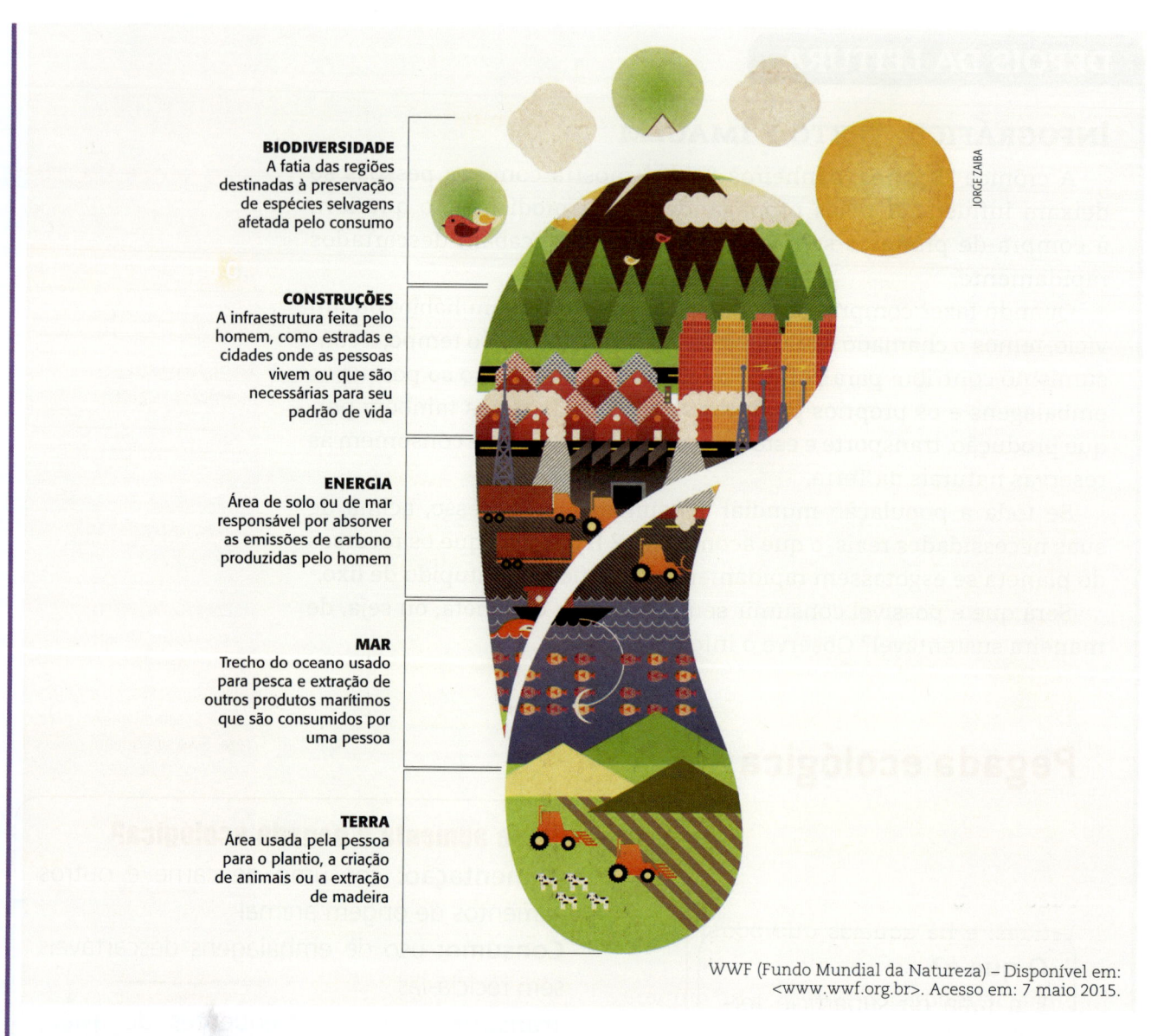

BIODIVERSIDADE
A fatia das regiões destinadas à preservação de espécies selvagens afetada pelo consumo

CONSTRUÇÕES
A infraestrutura feita pelo homem, como estradas e cidades onde as pessoas vivem ou que são necessárias para seu padrão de vida

ENERGIA
Área de solo ou de mar responsável por absorver as emissões de carbono produzidas pelo homem

MAR
Trecho do oceano usado para pesca e extração de outros produtos marítimos que são consumidos por uma pessoa

TERRA
Área usada pela pessoa para o plantio, a criação de animais ou a extração de madeira

WWF (Fundo Mundial da Natureza) – Disponível em: <www.wwf.org.br>. Acesso em: 7 maio 2015.

1. Observe o significado destas palavras e expressões.

Pegada	Pegada Ecológica	Ecologia
Marca que o pé deixa no solo quando se pisa; traço, vestígio, rastro.	Porção da superfície da Terra necessária para produzir o que uma pessoa consome.	Ciência que estuda a relação dos seres vivos com o ambiente em que vivem.

a) Por que a palavra **pegada** foi empregada em associação à ecologia?

b) Das atitudes que aumentam a pegada ecológica, qual ocorre com mais frequência em sua casa, na escola e na cidade?

c) Você adota atitudes que ajudam a diminuir sua pegada ecológica? Quais?

2. Observe, acima, a parte não verbal do infográfico.

a) Que formato tem a imagem?

b) Que efeito o uso dessa imagem específica provoca no leitor?

3. Observe.

⬆ O que aumenta a pegada ecológica?
⬇ O que ajuda a diminuí-la?

a) Qual a relação entre as setas e o conteúdo do texto?

b) Imagine que não houvesse as setas. Provavelmente seria mais ou menos rápido, para o leitor, entender o conteúdo dessa parte do infográfico?

c) Uma seta para cima poderia ser associada a algo positivo, e uma seta para baixo poderia simbolizar algo negativo. As setas têm esse simbolismo nesse infográfico? Explique.

NÃO DEIXE DE ACESSAR

- http://www.oeco.com.br/calculadora
- http://www.pegadaecologica.org.br/

Nesses endereços, você pode fazer o cálculo de sua pegada ecológica e ver como anda sua relação com a preservação do meio ambiente.

- http://wwf.org.br/natureza_brasileira/reducao_de_impactos2/

O WWF-Brasil é uma ONG que se dedica à conservação da natureza. Esse *site* orienta ações para reduzir o impacto da ação do ser humano na natureza.

DO TEXTO PARA O COTIDIANO

Algumas modas são boas, outras apenas divertidas, e há aquelas que podem trazer problemas. O texto a seguir fala sobre a influência da moda dos *fast-food* no aumento mundial de casos de obesidade.

Fast-food: comida preparada de modo padronizado para rápido atendimento (sanduíches, batata frita etc.), servida em lanchonetes.

> Hoje somos levados para tudo que possa facilitar o trabalho na cozinha e do dia a dia. Os alimentos são comprados quase prontos para o consumo, os congelados, os pré-cozidos, os pré-temperados, os enlatados, sem falar nos *fast-food*, que oferecem comida pronta e preparada em um tempo muito rápido, e trocam o tradicional feijão com arroz, bife e saladas pelas praticidades do mercado industrializado. [...]
>
> Os *fast-food* se tornaram uma alternativa rápida de refeição, porém na maior parte das vezes carecendo de aporte nutritivo. [...] De modismo passou a ser a opção para um número crescente de consumidores. [...]
>
> FERNANDES, Marcela de Melo. Disponível em: <http://www.efdeportes.com/efd127/obesidade-e-habitos-alimentares.htm>. Acesso em: 8 maio 2015.

Sente-se com um colega. Observem, no quadro abaixo, os resultados de uma pesquisa sobre o consumo de lanches rápidos por crianças. Os termos usados estão explicados no quadro lateral.

Resultados da pesquisa

Levantamento do Instituto de Defesa do Consumidor (Idec) realizado nas redes de *fast-food* apontou as opções de refeição oferecidas para crianças com quantidades de sal e gordura acima do ideal.

Quantidades indicadas para crianças de 5 a 10 anos por dia

Gordura trans	0 g
Gordura saturada*	15 g
Sódio	6 g

* valor aproximado

Lanchonete A
Cheeseburger, batata frita e achocolatado

Gordura trans	3,7 g
Gordura saturada	9 g
Sódio	1.718 mg

Lanchonete B
Cheeseburger, batata frita e achocolatado

Gordura trans	0,4 g
Gordura saturada	10,3 g
Sódio	1.223 mg

Lanchonete C
Sanduíche de frango empanado e achocolatado

Gordura trans	2,3 g
Gordura saturada	11 g
Sódio	1.178 mg

O Estado de S. Paulo, 8 ago. 2008. Adaptado para fins didáticos.

É bom saber

- **Gordura saturada**: gordura presente em alimentos de origem animal: carnes, leite integral, queijos amarelos, manteiga. Seu excesso pode causar entupimento de veias e prejudicar a circulação do sangue.

- **Gordura trans**: gordura presente principalmente em alimentos industrializados (margarina, bolacha, sorvete, salgadinhos) e em *fast-food*. Em excesso, traz risco de doenças cardíacas e de acidente vascular cerebral (AVC). Carne e leite possuem quantidades mínimas dessa gordura.

- **Sódio**: micronutriente encontrado em muitos alimentos e presente em grande quantidade no sal de cozinha (cloreto de sódio). Seu excesso pode causar aumento da pressão sanguínea e prejudicar o funcionamento do coração.

Discutam as questões a seguir e preparem-se para responder oralmente se forem chamados pelo professor.

1. O que vocês costumam comer no lanche, em casa ou na escola? Qual é o tipo de lanche mais consumido em sua cidade ou região?

2. A combinação de pão, hambúrguer e queijo, batatas fritas e achocolatado ou refrigerante é um lanche (às vezes, uma refeição) muito consumido em centros urbanos. Vocês já comeram ou costumam comer lanches como esse? Contem um ao outro a experiência de vocês.

3. Observem novamente, no quadro, as quantidades diárias de gordura trans, gordura saturada e sódio recomendadas para crianças de 5 a 10 anos.

- A quantidade de sódio que pode ser consumida por dia é de 6 gramas. Se uma criança comer dois lanches da lanchonete A por dia, estará ingerindo aproximadamente mais da metade da dose recomendada.

Se uma criança trocar, habitualmente, duas de suas refeições diárias por lanches como esse, quais podem ser as consequências para sua saúde?

Para ter uma alimentação saudável devemos ingerir alimentos ricos em **carboidratos**, **lipídios**, **proteínas**, **vitaminas** e **minerais**, nas quantidades adequadas. Leia o texto abaixo para entender um pouco mais.

Carboidratos: fornecem energia para as atividades do nosso corpo. São exemplos de alimentos ricos em carboidratos: pães, massas, farinha, cereais, batata, mandioca etc.

Lipídios: assim como os carboidratos, também fornecem energia para o nosso organismo. São encontrados, por exemplo, em: óleo, manteiga, gordura animal etc.

Proteínas: são utilizadas para o crescimento do corpo e para reparar danos causados aos tecidos e órgãos, como os machucados na pele. Encontramos proteínas em: carnes, ovos, feijão, soja, leite, queijo etc.

Vitaminas e minerais: são importantes para a prevenção de doenças e o bom funcionamento do corpo. São exemplos de alimentos ricos em vitaminas e minerais: leite, frutas, hortaliças etc.

4. Com base nessas informações e na discussão das questões anteriores, respondam:

a) Que tipos de alimento poderiam compor um lanche saudável para uma criança ou adolescente?

b) Em sua região, que produtos poderiam ser consumidos em um lanche sem prejuízo para a saúde?

PRODUÇÃO ORAL

DEBATE

Nesta seção, trabalharemos o debate. Você sabe o que significa **debater**? Entre outros sentidos, **debater** quer dizer "discutir, conversar sobre um assunto, trocando opiniões e expondo argumentos para defender um ponto de vista".

Vamos fazer um debate em torno das informações apresentadas a seguir.

Em 2009, o governo brasileiro publicou uma lei que traz orientações sobre a alimentação nas escolas. Leia o início dessa lei.

> O **VICE-PRESIDENTE DA REPÚBLICA**, no exercício do cargo de **PRESIDENTE DA REPÚBLICA**, faço saber que o Congresso Nacional decreta e eu sanciono a seguinte Lei:
>
> Art. 1º Para os efeitos desta Lei, entende-se por alimentação escolar todo alimento oferecido no ambiente escolar, independentemente de sua origem, durante o período letivo.
>
> Art. 2º São diretrizes da alimentação escolar:
>
> I - o emprego da alimentação saudável e adequada, compreendendo o uso de alimentos variados, seguros, que respeitem a cultura, as tradições e os hábitos alimentares saudáveis, contribuindo para o crescimento e o desenvolvimento dos alunos e para a melhoria do rendimento escolar, em conformidade com a sua faixa etária e seu estado de saúde, inclusive dos que necessitam de atenção específica. [...]
>
> Disponível em: <http://www.planalto.gov.br/ccivil_03/_ato2007-2010/2009/lei/l11947.htm>.
> Acesso em: 15 jan. 2015.

Entende-se por alimentação saudável aquela que inclui o consumo de frutas e outros alimentos frescos, com nutrientes adequados. O excesso de calorias deve ser evitado e a ingestão de frituras e açúcar deve ser moderada. Em cantinas escolares, a lei resultou na proibição da venda de guloseimas, salgadinhos industrializados, refrigerantes, sucos artificiais e lanches com excesso de calorias (frituras, por exemplo). O que você acha dessa proibição? Em sua opinião, uma lei pode mudar hábitos familiares em relação à alimentação?

Vamos debater o assunto. Veja o que não pode faltar em um debate:

- uma questão polêmica;
- a coleta de informações para uma tomada de posição e a busca de argumentos para sustentá-la;
- argumentos convincentes (isto é, que convencem).

O **debate** é uma atividade que ocorre naturalmente em nossa vida: por meio dele, fazemos reflexões e aprendemos mais. Como há uma troca com um interlocutor, aprendemos a ouvir, a tomar a palavra e a permitir a fala do outro, a sustentar uma posição, a convencer, a negociar e até a mudar de opinião, se for o caso.

Antes de começar

1. Ao expressarmos uma opinião, é importante apresentar argumentos ou explicação para torná-la válida para nosso interlocutor. Veja um exemplo tirado da crônica "Banhos, banheiros & cia".

Opinião	Argumento
tomar banho de ofurô está na moda	até na novela das 7 estão fazendo isso

   Tomar banho de ofurô está na moda **já que** até na novela das 7 estão fazendo isso.

   locução conjuntiva que liga as duas orações

   > **Por que debater?**
   > O objetivo dos debates não é, necessariamente, fazer com que todos os participantes passem a ter o mesmo ponto de vista sobre um assunto. Esse tipo de discussão serve para que as pessoas (participantes e plateia) esclareçam e aprimorem suas ideias e até mesmo para que reafirmem, porém com mais conhecimento, a opinião que já tinham sobre um assunto.

   Você observou como é importante escolher a conjunção (ou locução) adequada para estabelecer a relação que queremos expressar?

   Reescreva as duas orações de cada par a seguir, reunindo-as em um único período, como acima. Utilize conjunções ou locuções conjuntivas do quadro.

pois	porque	já que	por isso	mas

   a) Minha amiga quase morreu afogada na banheira. Ela vai usar a peça para criar carpas.

   b) Fiquei aliviado ao sair do ofurô. A água era escaldante.

   c) Os apetrechos também estão se tornando mais sofisticados. *Designers* criam louças assinadas.

   d) Propagandas de sabonete fazem promessas de todo tipo. Na verdade, sabonetes servem apenas para limpar.

2. Compare estas frases, que revelam diferentes atitudes em um debate.

   I. Não concordo com você.

   II. Penso que, a respeito do que você disse, precisamos também considerar outros aspectos.

   III. Acho que existem pontos de vista diferentes do seu.

   IV. O que você falou é besteira.

   V. Não é bem como você diz; você está muito errado.

   a) Qual das formas você usaria em um debate, caso quisesse atenuar uma crítica à opinião de alguém ou evitar um confronto ou conflito com seu interlocutor?

   b) Qual das formas é mais polida (educada, gentil)?

   c) Que outras palavras ou expressões poderiam ser usadas no lugar de *penso que* para obter o mesmo efeito de atenuar a crítica ou discordância a respeito do que disse um colega? Faça uma lista dessas expressões, pois elas poderão ser usadas no debate.

Planejando o debate

1. Sente-se com um colega. Leiam o início desta matéria jornalística e os comentários de alguns internautas a respeito do assunto.

Lei acaba com doces, salgadinhos, balas e frituras nas escolas

Sancionada ontem, legislação prevê que, em um prazo de 180 dias, as cantinas passem a oferecer apenas lanches saudáveis, como salgados assados e frutas da estação.

Disponível em: <http://www.correiobraziliense.com.br/app/noticia/cidades/2013/08/22/interna_cidadesdf,383831/lei-acaba-com-doces-salgadinhos-balas-e-frituras-nas-escolas.shtml>. Acesso em: 15 jan. 2015.

Autor: denise
Acho que as crianças devem comer coisas saudáveis. Mas isso é opção da família ensinar ou não. Não acho que o Estado deva impor essa regra aos donos de lanchonete. Eles não vendem, mas os alunos trazem de outros locais. Estado não deveria se meter nisso. Tem outras coisas para cuidar.

Autor: ilton
Óbvio ninguem pode ser contra uma alimentação saudavel, MAS EDUCAÇÃO ALIMENTAR SE APRENDE EM CASA.

Autor: PEDRO
PARABENS AO GDF!!! SAÚDE EM PRIMEIRO LUGAR, HÁBITOS FAZEM PESSOAS.

Autor: Bylack
Há anos que falam sobre isso, espero que dessa vez vingue. Ah, e nós pais façamos nossa parte.

Autor: Andrea
Legal, vai criar o tráfico de balinhas nas escolas e falir as lanchonetes. Vai reaquecer a indústria de fabricação de lancheiras. Mais fácil criar uma lei do que investir em educação, não compra na escola mas compra na padaria e leva pra escola...dá na mesma.

Autor: JosÃ©
A medida veio em boa hora. Esperamos que haja fiscalização por parte da Secretaria de Educação, e não fique somente no papel, como de costume.

Disponível em: <http://www.correiobraziliense.com.br/app/noticia/cidades/2013/08/22/interna_cidadesdf,383831/lei-acaba-com-doces-salgadinhos-balas-e-frituras-nas-escolas.shtml>. Acesso em: 20 fev. 2015.

---

a) Vocês já tinham ouvido falar dessa proibição? Vocês acham que essa lei é seguida em todas as escolas? Sua escola tem cantina? Há opções de alimentos saudáveis à venda?

b) E em sua família, existe a preocupação com a qualidade da alimentação? Você traz lanche para a escola? Se sim, o que costuma trazer?

c) Vocês concordam com alguma das opiniões dos internautas? Com qual (ou quais) e por quê?

d) Com a proibição de venda de lanches não saudáveis, que tipo de lanche poderia ser oferecido aos estudantes?

e) De quem é a responsabilidade pela alimentação saudável da criança na escola? Da criança, da família, da escola ou do governo?

2. O professor vai marcar um dia para o debate. O tema será este:

> A interferência do governo na venda de lanches nas cantinas escolares pode garantir ou influenciar mudanças de hábitos familiares em relação à alimentação?

Ferramentas do debate

Argumento: prova que serve para sustentar uma opinião. Existem vários tipos de argumento: os exemplos dados, o depoimento de especialistas (pessoas que têm autoridade para opinar), dados numéricos e estatísticos, a demonstração de relação entre causa e efeito sobre um fato etc.

Contra-argumento: argumento que se opõe a outro a fim de questionar a validade deste.

3. Durante o debate:

   a) façam anotações que possam contribuir para responder a essa pergunta;

   b) conversem com professores de outras disciplinas e com familiares, pedindo-lhes opinião sobre o assunto. Anotem as respostas;

   c) selecionem os pontos que lhes parecerem importantes. Elaborem um roteiro com argumentos que possam justificar sua opinião para servir de apoio no momento do debate. Incluam conjunções ou locuções conjuntivas (pois, porque, já que, por isso, mas etc.) na elaboração do roteiro;

   d) usem expressões que tornem sua fala mais polida;

   e) evitem repetir informações e argumentos já apresentados;

   f) empreguem a norma-padrão.

Debatendo

1. Combinem entre si quem vai expor os argumentos. Não precisa ser uma só pessoa. A apresentação das opiniões e argumentos pode ser feita por qualquer participante.

2. Quando for o momento, falem com calma e devagar.

3. Usem palavras ou expressões para introduzir o motivo de sua argumentação, como as conjunções e locuções **porque**, **por isso**, **já que**, **portanto** etc., empregando a norma-padrão.

4. Utilizem expressões que encaminhem sua fala, como **em nossa opinião**, **a nosso ver**, **para nós** etc., não se esquecendo da polidez.

5. Evitem repetir informações e argumentos já apresentados.

6. Ouçam com atenção o colega que estiver com a palavra, sem interrompê-lo; esperem que ele termine antes de começar a falar.

7. Ao tomar a palavra para contra-argumentar ou responder a alguma pergunta, comecem mostrando a seu interlocutor os pontos em que concordam com ele (se houver); só depois passem a refutar (discordar, rejeitar, contestar) os argumentos dele;

8. Respeitem o ponto de vista dos colegas, mesmo que não concorde com eles.

Avaliação

1. Avaliem a atividade de acordo com estes critérios.

   - Ficaram claras as diferentes opiniões a respeito da proibição de guloseimas e frituras nas cantinas escolares?
   - Os argumentos que você e os colegas deram para sustentar as opiniões eram válidos e poderiam levar alguém a mudar seu ponto de vista sobre o assunto?
   - Vocês se alternaram ao falar, cada estudante falando em seu turno?
   - Foi empregada uma linguagem adequada à situação (debate em ambiente escolar)?
   - A turma chegou a um consenso, isto é, todos concordaram com uma das posições (a proibição é boa ou a proibição é ruim)? Ou as pessoas continuaram com visões diferentes sobre o assunto, porém mais esclarecidas?

REFLEXÃO SOBRE A LÍNGUA

O predicado verbal na construção das orações

1. Observe a xilogravura reproduzida abaixo e leia algumas informações sobre seu autor.

Oswaldo Goeldi (1895-1961) foi gravador, desenhista, ilustrador, professor. Filho do cientista suíço Emílio Augusto Goeldi, mudou-se com a família para Belém, Pará, onde viveram até 1905, quando se transferiram para Berna, Suíça. Em 1952, iniciou a carreira de professor, na Escolinha de Arte do Brasil, e, em 1955, tornou-se professor da Escola Nacional de Belas Artes – no Rio de Janeiro, onde abriu uma oficina de xilogravura.

Em 1995, o Centro Cultural Banco do Brasil realizou exposição comemorativa do centenário do seu nascimento, no Rio de Janeiro.

Céu vermelho, xilografia de Oswaldo Goeldi.

a) Que verbos poderiam se associados à cena na xilogravura?

b) Entre os verbos que você anotou, há algum que seja de ligação e que poderia ser usado com um predicativo?

2. Releia agora estes trechos sobre o autor dessa xilogravura e observe as formas verbais destacadas.

I. "Oswaldo Goeldi [...] **foi** gravador, desenhista, ilustrador, professor."

II. "Em 1952, **iniciou** a carreira de professor, na Escolinha de Arte do Brasil, e, em 1955, tornou-se professor da Escola Nacional de Belas Artes – no Rio de Janeiro, onde **abriu** uma oficina de xilogravura."

III. "Em 1995, o Centro Cultural Banco do Brasil **realizou** exposição comemorativa do centenário do seu nascimento [...]"

a) Observe os verbos destacados. Aparecem predicativos ao lado deles?

b) Esse predicativo expressa opinião ou dá informações?

c) As outras formas verbais destacadas expressam ação ou indicam características, opinião? Quais são elas?

3. Leia a notícia abaixo, da qual retiramos algumas palavras e expressões.

China quer banir ■

O governo do país pretende tornar ilegal o preparo e o consumo que poderão ser punidos com 15 dias de prisão. A medida tenta agradar à ■, que encara ■ como animais de estimação – em Pequim, cada família é autorizada a ter ■, com no máximo 35 cm de altura.

Superinteressante. Disponível em: <http://super.abril.com.br/cotidiano/china-quer-banir-carne-cachorro-564101.shtml>. Acesso em: 8 maio 2015.

a) Você entendeu o sentido do texto sem as palavras e expressões tiradas? Explique.

b) Levante hipóteses com base em indícios do texto e em seus conhecimentos: que palavras foram eliminadas?

c) Agora responda no caderno. Quais palavras ou expressões completam o sentido dos verbos **banir**, **agradar** e **encarar**?

4. Compare e observe.

Em Pequim, cada família **tem**.

Em Pequim, cada família **tem** um cachorro.

a) As duas orações têm sentido completo? Em alguma delas há a exigência de uma complementação para o verbo? Por quê?

b) Quando analisamos se um verbo exige ou não complemento, estamos falando de transitividade verbal. Isso quer dizer que a significação desse verbo "transita" em direção ao termo que completa seu sentido. Releia este trecho.

> "Em 1952, [Goeldi] **iniciou** a carreira de professor, na Escolinha de Arte do Brasil, e, em 1955, tornou-se professor da Escola Nacional de Belas Artes – no Rio de Janeiro, onde **abriu** uma oficina de xilogravura."

Os dois verbos destacados necessitam de complemento? Por quê?

> Quando um verbo necessita de complemento para que a oração seja inteiramente compreendida, dizemos que ele é **transitivo**. Exemplo: A China **proibiu** o consumo de carne de cachorro.

Transitar é passar ou andar através de algo; percorrer; mudar de lugar.

5. Observe agora os títulos dos livros.

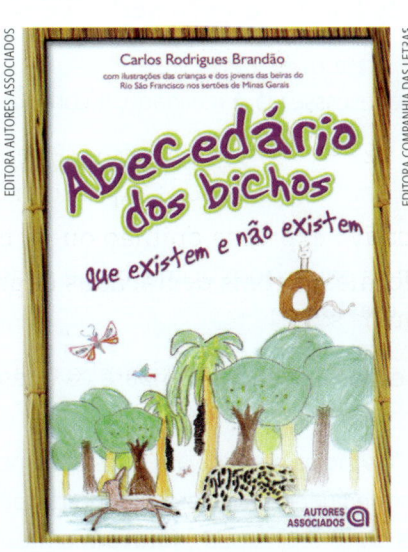

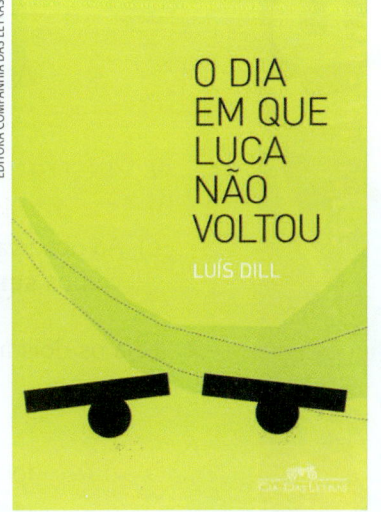

O menino que não sorria — Marcos Carvalho (Editora Scortecci)

Abecedário dos bichos que existem e não existem — Carlos Rodrigues Brandão (Editora Autores Associados)

O dia em que Luca não voltou — Luís Dill (Editora Companhia das Letras)

a) Que verbos aparecem nos títulos?

b) Algum desses verbos precisa de complemento para ter seu sentido compreendido pelo leitor?

> Quando um verbo não necessita de complemento para que a oração seja inteiramente compreendida, dizemos que ele é **intransitivo**. Exemplo: No pátio do colégio, os alunos **correm**.

1. O verbo **estar** aparece frequentemente em manchetes de jornal. Leia as reproduzidas a seguir.

I

Ingressos para *show* de Paul McCartney no Rio **estão** esgotados

Disponível em: <http://musica.uol.com.br/ultnot/2011/04/14/ingressos-para-show-de-paul-mccartney-no-rio-estao-esgotados.jhtm>. Acesso em: 16 jan. 2015.

II

Se a TV não está no ar, pelo menos a Rádio Manchete do Rio **está** e muito bem

Disponível em: <http://redemanchete.net/artigos/artigo.asp?id=310&t=Se-a-TV-n%C3%83%C2%A3o-est%C3%83%C2%A1-no-ar,-pelo-menos-a-R%C3%83%C2%A1dio-Manchete-do-Rio-est%C3%83%C2%A1-e-muito-bem.>. Acesso em: 16 jan. 2015.

III

No Flu, Wagner muda de posição e garante: "Sempre **estive** pronto"

Disponível em: <http://veja.abril.com.br/noticia/esporte/no-flu-wagner-muda-de-posicao-e-garante-a%E2%82%AC%C2%9Csempre-estive-prontoa%E2%82%AC%C2%9D>. Acesso em: 16 jan. 2015.

IV

Projeto Cinema na Praça **estará** no Jd. Industrial

Disponível em: <http://www.otempo.com.br/o-tempo-contagem/projeto-cinema-na-pra%C3%A7a-estar%C3%A1-no-jd-industrial-1.885325>. Acesso em: 16 jan. 2015.

a) No contexto dessas manchetes, o verbo **estar** é usado ora como verbo de ligação ora como verbo intransitivo. Em quais delas o verbo **estar** tem a função de verbo de ligação? Por quê?

b) Na manchete a seguir, o verbo **ser** tem essa mesma função?

Água: escassez já **é** realidade, e consequências **são** maiores do que se imagina

Disponível em: <http://www.jb.com.br/ciencia-e-tecnologia/noticias/2014/04/12/agua-escassez-ja-e-realidade-e-consequencias-sao-maiores-do-que-se-imagina/>. Acesso em: 16 jan. 2015.

c) Ao observar os enunciados acima, o que podemos concluir em relação à transitividade dos verbos **ser** e **estar**?

2. Leia os dois trechos a seguir e compare os diferentes empregos do verbo **falar**.

"Os índios que ficavam mais próximos das vilas que os portugueses foram erguendo no Nordeste, no decorrer do século XVI, sejam os caetés ou os tupinambás, **falavam** a mesma língua que os tupiniquins."

DUARTE, Marcelo. *O guia dos curiosos*: língua portuguesa. São Paulo: Panda, 2003.

"Pare com este nhe-nhe-nhem" vem do verbo nhe'enga, que significa "falar". Tal expressão significa "Pare de falar sem parar".

DUARTE, Marcelo. *O guia dos curiosos*: língua portuguesa. São Paulo: Panda, 2003.

a) O verbo **falar** tem o mesmo sentido nos dois trechos? Explique.

b) Em qual dos trechos o verbo **falar** não precisa de complemento? Como você o classifica quanto à transitividade: transitivo ou intransitivo?

> A transitividade de um verbo depende do sentido que ele tem no contexto da frase em que é empregado.

3. Leia.

ITURRUSGARAI, Adão. *Folha de S.Paulo*, 10 mar. 2007.

a) Releia.

"Ele é a samambaia!"

O predicativo atribuído ao sujeito "ele" (Zezo) desmente a legenda inicial. Por quê?

b) No último quadrinho, aparecem verbos de ação (transitivos e intransitivos): a locução verbal **tentou mudar** e o verbo **fracassar**. No contexto da tira, esses verbos permitem que conclusão sobre o desempenho da personagem? Explique.

4. Leia abaixo um poema de Li Po, poeta chinês. Dele, retiramos os complementos verbais.

a) Verifique se você entende o que o poeta quis dizer, mesmo com esses cortes.

b) Proponha palavras que possam substituir as excluídas e dar sentido aos versos. Depois, ouça a leitura do professor e compare seu poema com o original.

Recordação na calma da noite

Diante de minha cama, estende-se o luar.
Parece geada no chão.
Levanto a cabeça: avisto ■.
Torno a deitar-me. E penso ■.

PO, Li; FU, Tu. *Poemas chineses*. Rio de Janeiro: Nova Fronteira, 1996.

LEITURA 2

Na primeira crônica lida nesta unidade, o cronista faz uma crítica aos modismos, às pessoas que se deixam levar por propagandas que vendem ilusões. Para isso, narrou casos, deu exemplos e explicações, fez comentários, expressou opiniões. Leia agora esta outra crônica para observar em que ela difere da anterior.

ANTES DE LER

1. No mundo, aproximadamente uma em cada oito pessoas não tem acesso a água potável (água não contaminada), e duas em cada cinco não têm saneamento adequado. Acesso a água é direito de todos? Seria possível todas as pessoas do mundo terem água potável?

2. Leia apenas o título do texto a seguir. O que ele pode sugerir ou antecipar sobre o assunto tratado no texto? Levante hipóteses.

Piscina

Era uma esplêndida residência, na Lagoa Rodrigo de Freitas, cercada de jardins e tendo ao lado uma bela piscina. Pena que a favela, com seus barracos grotescos se alastrando pela encosta do morro, comprometesse tanto a paisagem.

Diariamente desfilavam diante do portão aquelas mulheres silenciosas e magras, lata d'água na cabeça. De vez em quando surgia sobre a grade a carinha de uma criança, olhos grandes e atentos, espiando o jardim. Outras vezes eram as próprias mulheres que se detinham e ficavam olhando.

Naquela manhã de sábado ele tomava seu gim-tônica no terraço, e a mulher um banho de sol, estirada de maiô à beira da piscina, quando perceberam que alguém os observava pelo portão entreaberto.

Era um ser encardido, cujos molambos em forma de saia não bastavam para defini-la como mulher. Segurava uma lata na mão, e estava parada, à espreita, silenciosa como um bicho. Por um instante as duas mulheres se olharam, separadas pela piscina.

De súbito pareceu à dona da casa que a estranha criatura se esgueirava, portão adentro, sem tirar dela os olhos. Ergueu-se um pouco, apoiando-se no cotovelo, e viu com terror que ela se aproximava lentamente: já transpusera o gramado, atingia a piscina, agachava-se junto à borda de azulejos, sempre a olhá-la, em desafio, e agora colhia água com a lata. Depois, sem uma palavra, iniciou uma cautelosa retirada, meio de lado, equilibrando a lata na cabeça – e em pouco sumia-se pelo portão.

Lá no terraço o marido, fascinado, assistiu a toda a cena. Não durou mais de um ou dois minutos, mas lhe pareceu sinistra como os instantes tensos de silêncio e de paz que antecedem um combate.

Não teve dúvida: na semana seguinte vendeu a casa.

SABINO, Fernando. *A mulher do vizinho*. Rio de Janeiro: Record, 1991.

Piscina em um condomínio residencial.

EXPLORAÇÃO DO TEXTO

Antes de iniciar o estudo do texto, tente descobrir o sentido das palavras desconhecidas pelo contexto em que elas aparecem. Se for preciso, consulte o dicionário.

1. Essa crônica foi escrita por Fernando Sabino, importante cronista brasileiro.

   a) Que sensação a leitura provocou em você? Por quê?

   b) Sua hipótese sobre o assunto da crônica foi confirmada? Explique.

2. O autor narra um evento, um pequeno acontecimento, porém tomando-o como inspiração para discutir uma realidade mais profunda.

   a) Qual é essa realidade?

   b) Quais são as personagens que vivem essa realidade?

3. "Piscina" é uma crônica narrativa, pois apresenta uma pequena história com começo, meio e fim e tem elementos próprios das narrativas (personagens, tempo, espaço, narrador), assim como acontece no conto, na fábula, no causo etc.

   a) Ao criar a narrativa, o cronista deve escolher o ponto de vista que vai adotar: primeira ou terceira pessoa. Qual dessas possibilidades foi utilizada em "Piscina"? Anote no caderno um trecho que comprove sua resposta.

   b) O narrador de "Piscina" participa da história?

   c) Ele parece conhecer os sentimentos das personagens ou apenas conta o que vê? Anote um trecho que exemplifique sua resposta.

   d) As narrativas costumam organizar-se nestas partes, que você já conhece.

   Situação inicial → Complicação → Desenvolvimento (ações) → Clímax (o ponto mais tenso) → Desfecho

   Indique no caderno que momento da narrativa corresponde a cada uma delas.

> O gênero **crônica** tem uma estrutura bastante livre, por isso existem vários tipos de crônica. Quando são compostas de uma narrativa curta, ou seja, uma pequena história, são consideradas **crônicas narrativas**. As crônicas narrativas retratam um único acontecimento do cotidiano, que pode ser um fato vivido ou presenciado pelo cronista ou inventado. Têm poucas personagens e se passam em um tempo curto.

4. A forte tensão entre as personagens é gerada porque existe um conflito, um choque de interesses. Tente explicar com suas palavras qual é esse conflito.

5. Anote no caderno a afirmação correta. Ao retratar a diferença de condições de vida entre as duas mulheres, a intenção do cronista, provavelmente, é:

   a) expressar seus sentimentos diante desse fato, expondo-os claramente ao leitor.

   b) levar o leitor a refletir sobre a desigualdade social.

   c) opinar sobre a invasão de uma propriedade particular.

Fernando Sabino

O mineiro Fernando Sabino (1923-2004) foi jornalista e, principalmente, escritor, autor de romances, contos e crônicas. Em uma entrevista, quando lhe perguntaram sobre o que lia quando criança, respondeu: "Por volta dos onze, doze anos eu já gostava muito de ler. Não havia televisão naquele tempo, não é? Gostava principalmente dos livros de aventuras, o que me despertava vontade de escrever histórias iguais. Quando contava a algum amigo uma história que havia lido, costumava inventar muito por minha conta. O que talvez já fosse uma vocação de escritor".

Fernando Sabino.

São classificados como crônicas textos bastante diferentes entre si quanto ao assunto, à estrutura e à linguagem. Algumas crônicas, por sua linguagem mais poética, pela capacidade de despertar reflexões profundas ou proporcionar prazer estético ao leitor e remetê-lo a um mundo criado no texto, são consideradas **textos literários**. Fernando Sabino, autor de "Piscina", é um dos escritores brasileiros que criaram crônicas literárias.

6. Num texto literário, a forma de expressar os conteúdos é importante. Releia.

"Era uma **esplêndida** residência, na Lagoa Rodrigo de Freitas [...]. Pena que a favela, com seus barracos **grotescos** se alastrando pela encosta do morro, comprometesse tanto a paisagem."

a) As palavras destacadas têm sentido semelhante ou oposto?

b) O emprego dessas palavras reforça a ideia de que as duas mulheres, a dona da mansão e a moradora da favela, vivem em situações sociais muito distantes. Explique por quê.

> O recurso expressivo que consiste em empregar duas palavras ou expressões de sentidos opostos na mesma frase ou em frases próximas é chamado de **antítese**.

7. Compare estes trechos.

I
"Tenho um primo que é missionário. Ultimamente tem enviado cartas falando em fazer contato com uma tribo canibal. Talvez devesse convidá-lo para um banho de ofurô, para testar sua vocação."

II
"[...] perceberam que alguém os observava pelo portão entreaberto. Era um ser encardido, cujos molambos em forma de saia não bastavam para defini-la como mulher."

a) Nos dois trechos, há referência a personagens. Como cada personagem é caracterizada?

b) Na crônica "Banhos, banheiros & cia.", é possível dizer onde se passa a ação? E na crônica "Piscina"? Se sim, quais são esses locais?

c) Em qual das crônicas é possível dizer que há passagem do tempo, isto é, que transcorre certo tempo entre o início e o fim de uma série de ações? Explique.

8. Indique no caderno a qual das crônicas se refere cada um dos itens.

a) Trata-se de uma história curta, com narrador, personagens, tempo e espaço.

b) Leva à reflexão sobre um problema social.

c) Faz crítica por meio do humor.

d) Tem trechos narrativos, mas não contém uma narrativa completa.

e) Trata de tema atual.

f) Tem como ponto de partida uma cena ou uma questão do cotidiano.

PRODUÇÃO ESCRITA

PRODUÇÃO PARA O PROJETO

CRÔNICA

Que tal transformar em crônica um fato de seu cotidiano que lhe tenha chamado a atenção e sobre o qual você teria algo a dizer? Você pode escrever para expor um ponto de vista por meio de argumentos e usando o humor, como em "Banhos, banheiros & cia.", ou criar uma narrativa como ponto de partida para uma reflexão mais profunda, como em "Piscina". Como a crônica se destina ao programa de rádio a ser criado no fim do ano, seu público-alvo serão os colegas de classe e de outras turmas.

> **NÃO DEIXE DE LER**
>
> • *Cara ou coroa*, de Fernando Sabino, editora Ática
>
> Esse volume da coleção *Para Gostar de Ler Júnior* traz 28 histórias que falam da vida de um jeito gostoso, às vezes com emoção, às vezes com humor.

Antes de começar

1. Releia esta frase da crônica "Piscina", que mostra como o marido se sentiu diante da cena.

   > "Não durou mais de um ou dois minutos, mas lhe pareceu sinistra […]."

   Anote no caderno a frase com sentido equivalente ao da frase acima.

   a) A cena lhe pareceu sinistra porque não durou mais de um ou dois minutos.

   b) Embora a cena não tivesse durado mais de um ou dois minutos, pareceu-lhe sinistra.

   c) Como a cena não durou mais de um ou dois minutos, pareceu-lhe sinistra.

   d) A cena não durou mais de um ou dois minutos, por isso lhe pareceu sinistra.

2. No caderno, reúna em um único período as duas orações de cada linha do quadro. Use uma destas conjunções ou locuções conjuntivas: pois, porque, já que, visto que.

Fato	Justificativa/razão
A dona da casa ficou aterrorizada.	Teve medo de ser agredida pela moradora da favela.
A moradora da favela encheu o balde com a água da piscina.	Achava que tinha o direito de fazê-lo.
Devemos evitar o excesso de alimentos industrializados.	A maioria contém muito sódio em sua composição.
O excesso de sódio é nocivo à saúde.	Pode causar pressão alta, inchaço dos rins e danos às artérias.

3. Que fatos do cotidiano poderiam servir de assunto para uma crônica? Veja algumas possibilidades.

Um aspecto da natureza	Uma questão social	Um acontecimendo de seu dia a dia
• uma árvore florida vista da janela • o vento que levanta folhas secas e poeira • uma manhã chuvosa • o bichinho de estimação etc.	• lixo na calçada de sua rua • crianças vendendo guloseimas na esquina • um rio contaminado etc.	• uma refeição em família • um telefonema • a volta para casa depois da escola • uma festa de aniversário etc.

No caderno, relacione outros assuntos que possam resultar em uma crônica.

Planejando o texto

1. Decida o assunto da crônica, seu objetivo e o modo como vai abordar o assunto.

2. Relembre a estrutura das crônicas lidas.

   a) "Banhos, banheiros & cia."

   Introdução → **Desenvolvimento** → **Conclusão**

   Apresentação de opinião/visão pessoal | Apresentação de argumentos | Encerramento: opinião final

   b) "Piscina"

   Situação inicial → **Complicação** → **Desenvolvimento (ações)** → **Clímax (o ponto mais tenso)** → **Desfecho**

3. Se optar pela crônica narrativa, defina se vai narrar em primeira ou terceira pessoa.

4. Use linguagem adequada a seus leitores: ela pode ser informal e ter marcas de oralidade, já que a crônica costuma ter o tom de uma conversa do autor com seu leitor, como em "Banhos, banheiros & cia.", ou pode utilizar um tom mais formal, como em "Piscina".

5. Lembre-se de que uma crônica pode apresentar trechos narrativos, argumentativos e opinativos. Por isso, procure empregar adequadamente os tempos verbais:

   a) para trechos argumentativos e opinativos: verbos no presente;

   b) para trechos narrativos: verbos no passado.

6. Dê um título à crônica.

Avaliação e reescrita

1. Releia sua crônica, considerando estes pontos.

   - O tema da crônica é um fato do cotidiano?
   - Você apresentou uma opinião pessoal sobre esse fato?
   - Caso sua crônica tenha a estrutura de "Banhos, banheiros & cia.", você defendeu um ponto de vista por meio de argumentos (exemplos de casos acontecidos com você ou com pessoas conhecidas, explicações etc.)?
   - Se escreveu uma crônica narrativa, organizou-a segundo a estrutura própria das narrativas? Contou uma história curta, que se passa em um tempo breve e com poucas personagens? Incluiu suas observações e opiniões a respeito do que viu?
   - Se optou por uma crônica leve e divertida, empregou recursos para produzir humor?

2. Reescreva o que achar necessário e entregue a crônica ao professor.

NÃO DEIXE DE LER

- *Festa de criança*, de Luís Fernando Verissimo, editora Ática

O volume 2 da coleção *Para Gostar de Ler Júnior* apresenta o humor de Luís Fernando Verissimo.

REFLEXÃO SOBRE A LÍNGUA

Os verbos e seus complementos

1. Observe os títulos de alguns livros para relembrar o que vimos sobre transitividade verbal.

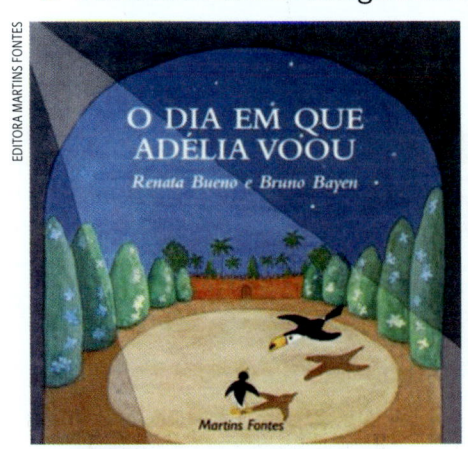

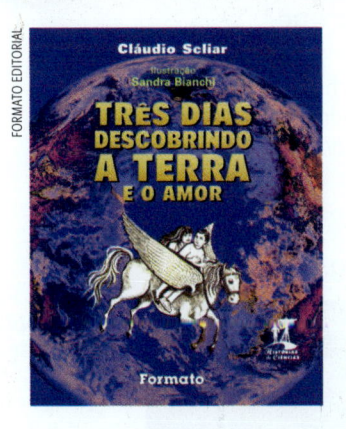

a) Com base nos elementos das capas, responda: quais desses livros parecem destinar-se a crianças e adolescentes de 11 a 14 anos? Explique.

b) Que verbos aparecem nessas capas?

c) Qual ou quais desses verbos dispensam a presença de complemento para ter sentido completo nesse contexto?

d) Como vimos, os verbos que não precisam de complemento denominam-se intransitivos e os que precisam, transitivos. Anote no caderno o complemento que dá sentido aos verbos transitivos das capas reproduzidas.

2. Os complementos podem se ligar aos verbos transitivos de duas formas: com preposição e sem preposição.

a) Observe:

  I. Preciso de férias
  II. Três dias descobrindo a terra e o amor
  III. Não se esqueçam da rosa

Nesses títulos, quais são os complementos ligados aos verbos por preposições?

b) Quando se liga ao verbo sem preposição, ou seja, de forma direta, complemento é um objeto direto.

encontrar **o amor**
↓   ↓
verbo   objeto
transitivo direto

> **O que é mesmo preposição?**
>
> **Preposição** é a palavra invariável que liga duas outras palavras, estabelecendo uma relação de sentido entre elas. Exemplos: **a, até, com, contra, de, em, entre, para, por, sem** e **sobre**.
> As preposições podem aparecer combinadas com outras palavras: **do, nas, naquele** etc.

Quando o complemento se liga ao verbo por meio de uma preposição, dizemos que se trata de um **objeto indireto**.

obedecer **às regras**
↓   ↓
verbo   objeto
transitivo indireto

Em qual ou quais dos títulos acima há objeto direto e em quais há objeto indireto?

291

3. Alguns verbos pedem dois complementos, um ligado por preposição e o outro sem preposição. Veja o título deste livro.

   a) Observe o verbo **dar**. Qual é o complemento que se liga a esse verbo sem preposição? E qual se liga por preposição?

   b) Leia e observe.

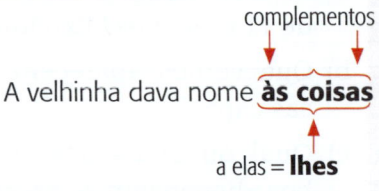

   complementos

   A velhinha dava nome **às coisas**

   a elas = **lhes**

   A velhinha dava-**lhes** nome.

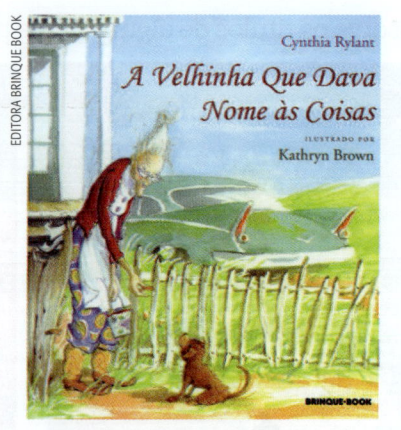

   Se o verbo **dar** fosse empregado sem algum desses complementos (o objeto direto ou o indireto), o título faria sentido? Por quê?

   > Os verbos que exigem **objeto direto** para completar seu sentido são chamados de **transitivos diretos** e os que exigem **objeto indireto** são chamados de **transitivos indiretos**. Os verbos que exigem **dois objetos** são chamados de **transitivos diretos e indiretos**.

4. Leia a propaganda da Casa do Hemofílico do Rio de Janeiro.

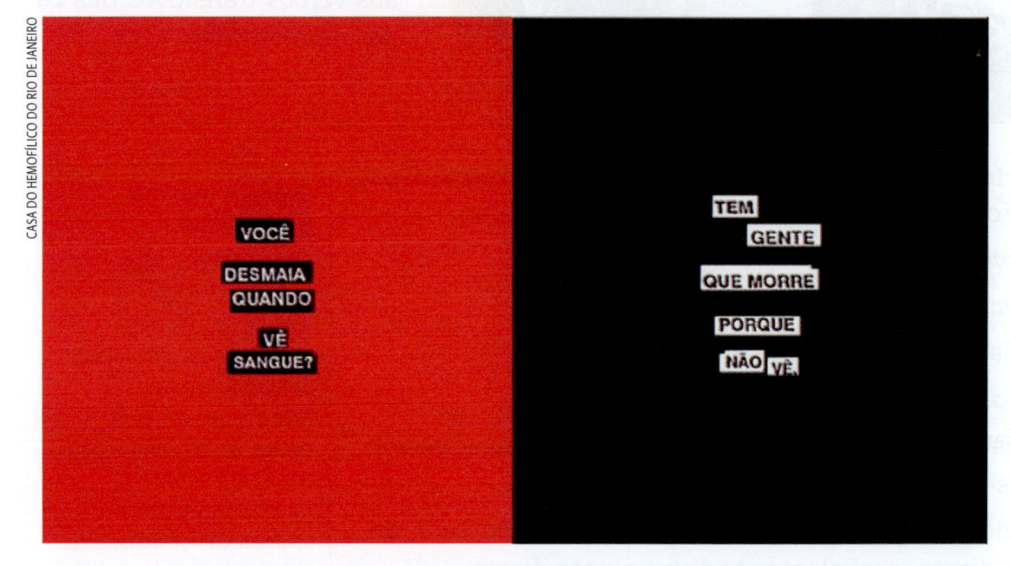

   VOCÊ DESMAIA QUANDO VÊ SANGUE?

   TEM GENTE QUE MORRE PORQUE NÃO VÊ.

   Hemofílico: quem sofre de certa doença hereditária caracterizada pela dificuldade de coagulação do sangue, o que causa hemorragias constantes.

   a) Quem são as pessoas que podem morrer por não verem sangue?

   b) Qual a finalidade da propaganda?

   c) Na oração que aparece no quadro preto, o complemento do verbo **ver** não aparece, mas podemos deduzi-lo pelo contexto. Qual é esse complemento?

   d) O publicitário utiliza antíteses verbais e não verbais para atingir seu objetivo. Que antítese se poderia ver na escolha das duas cores que compõem o cartaz? Que efeito essa oposição produz?

   e) No texto verbal, quais palavras ou expressões se opõem quanto ao sentido?

5. Leia.

O que é o gelo-seco?

O gelo-seco é a forma sólida do gás carbônico derivado de outras substâncias. Para produzi-lo, é preciso primeiro comprimir o gás em tanques e resfriá-lo até 20 graus negativos para liquefazê-lo.

DUARTE, Marcelo. *O guia dos curiosos*. Disponível em: <http://guiadoscuriosos.com.br/perguntas/179/1/invencoes.html>. Acesso em: 17 jan. 2015.

Compare estas orações.

I "[...] é preciso primeiro comprimir **o gás** em tanques [...]"

II "[...] e resfriá-**lo** até 20 graus negativos [...]"

a) O verbo **comprimir** exige um complemento, um objeto direto. Quais são as palavras que têm essa função na oração I?

b) O verbo **resfriar** também necessita de complemento (também um objeto direto). Na oração II, que palavra tem essa mesma função?

6. Leia mais esta curiosidade.

Coelho x Lebre

As principais diferenças entre estes dois bichos da ordem lagomorfa é o tamanho do corpo e das orelhas. Enquanto os miúdos coelhos têm orelhas curtas, as grandonas lebres desenvolvem orelhas maiores até o comprimento de sua cabeça. Além disso, elas possuem patas traseiras compridas que lhes permitem correr bem mais depressa.

DUARTE, Marcelo. *O guia dos curiosos*. Disponível em: <http://guiadoscuriosos.com.br/categorias/2073/1/bichos-semelhantes.html>. Acesso em: 17 jan. 2015.

a) A quem se refere o pronome **lhes** nesse trecho: às lebres, aos coelhos ou às patas das lebres?

b) Releia e observe estas duas orações.

"elas possuem patas traseiras compridas que **lhes permitem** correr"

= a elas

Qual pronome, na primeira oração, tem a função de sujeito?

c) O verbo **permitir**, nesse contexto, apresenta dois complementos. Quais são as palavras que têm essa função na oração?

Os **pronomes oblíquos** podem desempenhar a função de complemento de um verbo (objeto direto ou objeto indireto).

A coesão textual – os pronomes

Pronomes podem exercer a função de complemento de um verbo, substituindo o termo mencionado antes ou retomando-o mais à frente, e ajudando a estabelecer a coesão do texto em que são empregados. Saber trabalhar desse modo com os pronomes vai ajudá-lo não só a compreender melhor os textos que lê como também a produzi-los com mais qualidade.

1. Leia a explicação do significado desta expressão idiomática e observe os pronomes destacados.

> **Dar trela**
>
> Significado: dar atenção, conversar.
>
> Origem: Trela é a correia que prende o cão de caça. "Dar trela" é alargar o espaço. Soltar a trela é libertá-**lo** para a perseguição. "Não dar trela" é trazê-**lo** junto ao caçador.
>
> LEGRAND. *Moral da história*: origem e significado das expressões populares. Belo Horizonte: Soler, 2009.

> **Expressão idiomática** é um conjunto de palavras cujo significado é diferente do significado que essas palavras teriam isoladamente. Muito usadas no cotidiano, com o tempo algumas vão caindo em desuso. Exemplos: **tirar o corpo fora**, **quebrar o galho**, **dar bola** e **bater perna**.

a) A quem se referem os pronomes pessoais destacados, complementos dos verbos **libertar** e **trazer**?

b) No caderno, escreva de outra forma as duas últimas orações do trecho, empregando os substantivos retomados pelos pronomes.

c) Nas expressões a seguir, estabeleça a coesão textual, empregando um pronome adequado. Anote no caderno suas versões.

Dar um branco
Esquecimento repentino ou dificuldade de raciocínio que ocorre a uma pessoa, podendo deixar a pessoa sem ação.

Dar calote
Deixar de pagar dívida ou conta, ou fazer uma dívida sem intenção de pagar a dívida.

2. Leia este parágrafo de um artigo publicado em um jornal de Recife.

> "[...] O que mais **me** agradou nesse quadro foram o silêncio e a paz que dele emanam, sugerindo a solidão que envolve moradias erguidas em clareiras, no meio do mato, sem vizinhança de espécie alguma. **Eu** fico imaginando que o mocambo cintila, à noite, com trêmulos lampejos de lamparina ou candeeiro a gás, com fogão de lenha, sem água encanada e energia elétrica. De tanto namorar a tela que **me** inspira e ajuda a curtir a solidão, terminei por comprá-**la**, levando-**a** para nosso apartamento. É **ela** que embala meu sono e meus sonhos, quando me deito para dormir ou descansar."
>
> CARVALHO, Arthur. *Jornal do Commercio*, 12 jan. 2011.

> **O que são os pronomes pessoais?**
> Você já deve ter estudado os pronomes no 6º ano. Lembrando: os pronomes pessoais dividem-se em **retos** (por exemplo, **eu**, **tu**, **ele**, **nós**, **eles**) e **oblíquos** (por exemplo, **o**, **a**, **os**, **as**, **me**, **te**, **se**, **comigo**). Os retos são usados na posição de sujeito da oração e os oblíquos geralmente na posição de complemento, como os que estamos vendo aqui.
> As partículas **-lo**, **-la**, **-los**, **-las** equivalem aos pronomes *o*, *a*, *os*, *as* e são usadas quando a forma verbal termina na letra **R** ou **Z** (liberta**R** + **o** = libertá-**LO**).

a) Sobre o que o autor do artigo fala nesse trecho?

b) O texto está escrito em primeira pessoa e apresenta dois focos: quem fala e de que se fala. Quais são os pronomes que estabelecem a coesão textual e a quem se referem?

A LÍNGUA NÃO É SEMPRE A MESMA

1. Leia a tirinha.

[Tirinha da Mafalda:]
- Quadrinho 1: "Por que os adultos ficam dizendo e fazendo coisas que a gente não entende?" / "É muito simples, Susanita."
- Quadrinho 2: "Quando você entra no cinema no meio da sessão, você entende o filme?" / "Não."
- Quadrinho 3: "Com os adultos é a mesma coisa. Como é que a gente pode entender eles?"
- Quadrinho 4: "Quando nós chegamos, eles já tinham começado."

QUINO. *Toda Mafalda*. São Paulo: Martins Fontes, 2003.

a) Ao se referir aos adultos, Susanita faz uma pergunta a Mafalda. Como você entende a explicação que Mafalda dá a Susanita?

b) No terceiro quadrinho, a quem se refere o pronome "eles"?

c) Compare:

"Como é que a gente pode **entender eles**?"   Como é que a gente pode **entendê-los**?

Qual das duas falas está de acordo com a norma-padrão?

> Na linguagem empregada em **situações informais**, é comum o uso de pronomes como **ele**, **ela**, **eles** como complementos de verbos, em vez dos pronomes **o**, **a**, **os** correspondentes. Exemplos:
> Eu encontrei **ele** mais tarde.
> Fui levar **ela** em casa.
> Em **situações formais**, prefere-se a norma-padrão:
> Eu **o** encontrei mais tarde.
> Fui levá-**la** em casa.

2. Leia um artigo de uma revista especializada em língua portuguesa:

Confusão com pronomes

Distração comum é o uso de **lhe**, **lhes** em lugar de **o**, **a**, **os**, **as** com verbos transitivos, que rejeitam preposição. O **lhe** substitui complementos com preposição. É complemento de verbos transitivos indiretos, que exigem preposição. De acordo com a norma culta, não convém dizer nem, principalmente, escrever coisas como "Eu lhe amo", "Conheceu-lhe na rua", "Quero lhe abraçar". Deve ser "Eu a amo", "Conheceu-o na rua", "Quero abraçá-la".

MACHADO, Josué. Revista *Língua Portuguesa*. São Paulo: Segmento, 8 jan. 2008.

Responda: quais destas formas são aceitáveis na norma-padrão?

I. Quero lhe namorar.
II. Quero namorá-lo.
III. As pessoas cumprimentam-na sem conhecê-la.
IV. As pessoas lhe cumprimentam sem lhe conhecer.

teia do saber

1. Releia este trecho da crônica "Banhos, banheiros & cia." e observe como o cronista emprega o pronome pessoal para estabelecer a coesão do trecho.

> "Tenho **um primo** que é missionário. Ultimamente tem enviado cartas falando em fazer contato com uma tribo canibal. Talvez devesse convidá-**lo** para um banho de ofurô, para testar sua vocação."

Agora, no caderno, escreva de outra forma os títulos destas matérias jornalísticas, empregando pronomes adequados para estabelecer a coesão.

a) Bebê cai de 2º andar e homem consegue pegar o bebê no ar
Disponível em: <http://atarde.uol.com.br/mundo/noticias/bebe-cai-de-2o-andar-e-homem-consegue-pega-lo-no-ar-1593672>. Acesso em: 8 maio 2015.

b) 6 formas de tirar os carros de "cemitérios" e transformar os carros em novos produtos
Disponível em: <www.ecodesenvolvimento.org/posts/2013/julho/tirem-os-carros-de-cemiterios-e-transformem-os-e?tag=rrr>. Acesso em: 8 maio 2015.

c) Torcedor leva bandeira gigante para Castelão e espera entregar a bandeira gigante na final
Disponível em: <http://copadomundo.ig.com.br/2014-07-04/torcedor-leva-bandeira-gigante-para-castelao-e-espera-entrega-la-na-final.html>. Acesso em: 8 maio 2015.

2. Leia estas frases que circulam na internet. No caderno, reescreva-as de outra forma, empregando os pronomes adequados para retomar um termo já mencionado anteriormente.

a) Os sábios são os que mais buscam a sabedoria. Os tolos pensam ter encontrado a sabedoria.

b) Não há melhor negócio que a vida. Nós obtemos a vida a troco de nada.

c) Cada um recebe de acordo com o que dá. Se você der ódio e indiferença, há de receber ódio e indiferença de volta.

d) O pastor tem o dever de levar diariamente suas ovelhas ao rio e oferecer água a suas ovelhas. Beber ou não dependerá dos próprios animais.

e) O coração é o relógio da vida. Quem não consulta esse relógio anda naturalmente fora do tempo.

3. Leia a tira.

> **PEANUTS**
> Q1: Todos os problemas do mundo foram atirados sobre nós...
> Q2: Nossa geração foi que levou as sobras...
> Q3: Que que cê acha que a gente podia fazer?
> Q4: DEIXAR ELES PRA PRÓXIMA GERAÇÃO!

SCHULZ, Charles M. *Muita calma, Charlie Brown*. Rio de Janeiro: Artenova, 1973.

a) A que tipo de problema você acha que Lucy se refere no primeiro quadrinho?

b) Você se surpreendeu com a resposta de Lucy no último quadrinho? Por quê?

c) O pronome da última fala não foi utilizado de acordo com a norma-padrão. Como essa fala ficaria se a situação exigisse o uso de linguagem formal?

d) O emprego de linguagem informal é adequado no contexto da tirinha? Por quê?

4. Nestes trechos da crônica "Piscina", as duas mulheres estão frente a frente. Releia-os e observe o emprego dos pronomes e suas combinações.

> "Era um ser encardido, cujos molambos em forma de saia não bastavam para defini-**la** como mulher. Segurava uma lata na mão, e estava parada, à espreita, silenciosa como um bicho."
>
> "De súbito pareceu à dona da casa que a estranha criatura **se** esgueirava, portão adentro, sem tirar **dela** os olhos. Ergueu-**se** um pouco, apoiando-**se** no cotovelo, e viu com terror que **ela se** aproximava lentamente: já transpusera o gramado, atingia a piscina, agachava-**se** junto à borda de azulejos, sempre a olhá-**la**, em desafio, e agora colhia água com a lata."

a) Quais pronomes fazem referência à dona da casa e quais retomam a moradora da favela?

b) Você deve ter percebido que o cronista estabeleceu a coesão no trecho por meio desses pronomes, permitindo-nos verificar a quem eles se referem em cada frase. Observe agora que algumas das formas verbais apresentam sujeito implícito (desinencial). Releia.

> "**Ergueu**-se um pouco, apoiando-se no cotovelo, e **viu** com terror que ela se aproximava lentamente: já [...] **atingia** a piscina, **agachava**-se junto à borda de azulejos, sempre a **olhá**-la, em desafio, e agora **colhia** água com a lata."

Com o emprego dos verbos destacados, mesmo sem o sujeito explícito, o cronista faz a conexão entre as ações das duas mulheres sem necessidade de indicar o sujeito repetidamente. A quem se refere cada uma das formas verbais destacadas?

ORALIDADE

Sente-se com um colega. Desenhem no caderno um quadro como este a seguir, mas com apenas uma coluna, numerando-a de 1 a 6. Decidam entre si quem vai ser o estudante A e quem vai ser o estudante B. O estudante A deve ler devagar e com correção as três primeiras frases.

O estudante B vai ouvir atentamente e, em seguida, anotar as frases no caderno, porém empregando um pronome que possa estabelecer coesão na frase. O objetivo é uma redação mais elaborada.

Em seguida, troquem de posição: o estudante B lê as três frases restantes e o estudante A faz as anotações no caderno.

Leitura	Anotação
1. Os povos primitivos temiam a Natureza e costumavam representar a Natureza por meio de pinturas e desenhos.	
2. Homens inteligentes criaram novos inventos; para nomear os inventos, criaram palavras inspiradas na língua grega.	
3. Fiz uma exposição sobre um aparelho para meu amigo e descrevi a meu amigo as vantagens e desvantagens do mecanismo.	
4. É importante preocupar-se com o meio ambiente e preservar o meio ambiente para o futuro.	
5. Infelizmente há crianças que trabalham; deveríamos ajudar as crianças a ter um futuro melhor.	
6. A sociedade deveria cuidar das crianças abandonadas e fornecer às crianças abandonadas condições de uma vida melhor.	

FIQUE ATENTO... À PONTUAÇÃO

1. Leia este trecho de uma crônica de Carlos Drummond de Andrade.

> Aí por volta de 1910 não havia rádio nem televisão, e o cinema **chegava ao interior do Brasil** uma vez por semana, aos domingos. As notícias do mundo vinham pelo jornal, três dias depois de publicadas no Rio de Janeiro. Se chovia a potes, a mala do correio aparecia ensopada, uns sete dias mais tarde. Não dava para **ler o papel** transformado em mingau.
>
> Papai era assinante da *Gazeta de Notícias*, e antes de aprender a ler eu me sentia fascinado pelas gravuras coloridas do suplemento de domingo. **Tentava decifrar o mistério das letras** em redor das figuras, e mamãe me ajudava nisso. Quando fui para a escola pública, já **tinha a noção vaga** de um universo de palavras que era preciso conquistar.
>
> Durante o curso, minhas professoras **costumavam passar exercícios de redação**. Cada um de nós tinha de **escrever uma carta, narrar um passeio**, coisas assim. **Criei gosto por esse dever**, que me permitia aplicar para determinado fim o conhecimento que ia adquirindo do poder de expressão contido nos sinais reunidos em palavras. […]

ANDRADE, Carlos Drummond de. Como comecei a escrever. In: _____ et alii. *Para gostar de ler*. São Paulo: Ática, 2011. v. 4: Crônicas.

a) Nos textos literários, as palavras podem ser entendidas com sentidos diferentes do habitual. Como você entendeu o trecho abaixo? A que o autor se refere quando fala em um universo de palavras a conquistar?

> "Quando fui para a escola pública, já tinha a noção vaga de um universo de palavras que era preciso conquistar."

b) Lendo esse trecho da crônica, temos a impressão de estar conversando com o autor, uma conversa em que ele conta como começou a escrever. Aponte alguns recursos usados.

c) Anote no caderno os trechos destacados em negrito. Circule o verbo ou a locução verbal e sublinhe os complementos verbais.

d) Há vírgula entre algum dos verbos ou locuções verbais e seu complemento?

2. Agora observe estes trechos das crônicas lidas nesta unidade.

> "Uma amiga comprou uma banheira com pezinhos […]"
> "Botou essências."
> "[…] me contou a aventura […]"
> "O sabonete me transformara em um sachê!"
> "Segurava uma lata […]"

a) Identifique, em cada oração, o verbo e seu(s) complemento(s).

b) Em algum desses casos, há vírgula entre o verbo e seu complemento?

> Não há **vírgula** entre um **verbo** e seu **complemento**.

REVISORES DO COTIDIANO

A internet é uma fonte quase inesgotável de informações, textos e imagens. Recorremos a ela por uma infinidade de motivos.

Imagine que um professor de Língua Portuguesa do ensino fundamental estivesse procurando na rede, aleatoriamente, textos autênticos para usar em um exercício sobre funções dos pronomes pessoais e encontrasse as frases abaixo.

> Dez frases de motivação que lhe ajudarão a superar seus desafios.
>
> Disponível em: <http://br.answers.yahoo.com>. Acesso em: 8 maio 2015.

> A melhor forma de destruir seu inimigo é converter-lhe em seu amigo.
>
> Disponível em: <http://pensador.uol.com.br/>. Acesso em: 8 maio 2015.

> Diga o que quiser e escute o que lhe convém [...].
>
> Disponível em: <http://www.frazz.com.br/frase.html>. Acesso em: 8 maio 2015.

> Eu vi um cachorrinho na chuva com muito frio, ajudei ele, mas não sei o que aconteceu depois.
>
> Disponível em: <http://br.answers.yahoo.com>. Acesso em: 8 maio 2015.

1. Se o professor pretendesse mostrar apenas pronomes empregados segundo a norma-padrão, ele poderia aproveitar as cinco frases? Quais teriam de ser deixadas de lado?
2. Caso o professor resolvesse usar todas as frases, que modificações ele deveria fazer para que ficassem de acordo com a norma-padrão quanto ao uso dos pronomes em função de complemento verbal?

ATIVANDO HABILIDADES

1. (Saeb)

Todo ponto de vista é a vista de um ponto

Ler significa reler e compreender, interpretar. Cada um lê com os olhos que tem. E interpreta a partir de onde os pés pisam.

Todo ponto de vista é um ponto. Para entender como alguém lê, é necessário saber como são seus olhos e qual é sua visão de mundo. Isso faz da leitura sempre uma releitura.

A cabeça pensa a partir de onde os pés pisam. Para compreender, é essencial conhecer o lugar social de quem olha. Vale dizer: como alguém vive, com quem convive, que experiências tem, em que trabalha, que desejos alimenta, como assume os dramas da vida e da morte e que esperanças o animam. Isso faz da compreensão sempre uma interpretação [...].

BOFF, Leonardo. *A águia e a galinha*. 4. ed. RJ: Sextante, 1999.

No texto, o sentido da expressão "com os olhos que tem [...]" é:

a) enfatizar a leitura.
b) incentivar a leitura.
c) individualizar a leitura.
d) priorizar a leitura.
e) valorizar a leitura.

2. (Saresp) Leia o texto para responder à questão.

> ### Santinho
> **Luís Fernando Verissimo**
>
> Me lembro com clareza de todas as minhas professoras, mas me lembro de uma em particular. Ela se chamava Dona Ilka. Curioso: por que escrevi "Dona Ilka" e não Ilka? Talvez por medo de que ela se materializasse aqui ao meu lado e exigisse o "Dona", onde se viu tratar professora pelo primeiro nome, menino? No meu tempo ainda não se usava o "tia". Elas podiam ser boas e até maternais, mas decididamente não eram nossas tias. A Dona Ilka não era maternal. Era uma mulher pequena com um perfil de passarinho. Um pequeno passarinho. Um pequeno passarinho loiro. E uma fera.
>
> VERISSIMO, Luís Fernando. O santinho. In:_____.
> *O nariz e outras crônicas*. São Paulo: Ática, 1994 (excerto).

Em "Curioso: por que escrevi 'Dona Ilka' e não Ilka?", a interrogação marca uma pergunta que o narrador-personagem faz para:

a) si próprio.   b) o leitor.   c) Dona Ilka.   d) a personagem menino.

(Saresp) Para responder às questões de números 3 e 4, leia o texto abaixo.

> ### Medidas, no espaço e no tempo, de Stanislaw Ponte Preta
> **Sérgio Porto**
>
> A medida, no espaço e no tempo, varia de acordo com as circunstâncias. E nisso vai o temperamento de cada um, o ofício, o ambiente em que vive.
>
> Nossa falecida avó media na base do novelo. Pobre que era, aceitava encomendas de crochê e disso tirava o seu sustento. Muitas vezes ouvimo-la dizer: – Hoje estou um pouco cansada. Só vou trabalhar três novelos.
>
> Nós todos sabíamos que ela levava uma média de duas horas para tecer cada um dos rolos de lã. Por isso, ninguém estranhava quando dizia que queria jantar dali a meio novelo. Era só fazer a conversão em horas e botar a comida na mesa sessenta minutos depois.
>
> Os índios, por sua vez, marcavam o tempo pela lua. Isso é ponto pacífico, embora, há alguns anos, por distração, eu assistisse a um desses terríveis filmes de carnaval do Oscarito, em que apareciam diversos índios, alguns dos quais, com relógio de pulso.
>
> Sim, os índios medem o tempo pelas luas, os ricos medem o valor dos semelhantes pelo dinheiro, vovó media as horas pelos seus novelos e todos nós, em maior ou menor escala, medimos distâncias e dias com aquilo que melhor nos convier.
>
> Agora mesmo houve qualquer coisa com a Light [companhia de luz] e a luz faltou. Para a maioria, a escuridão durou duas horas; para Raul, não. Ele, que se prepara para um exame, tem que aproveitar todas as horas de folga para estudar. E acaba de vir lá de dentro, com os olhos vermelhos de esforço, a reclamar:
>
> – Puxa! Estudei uma vela inteira.
>
> Comigo mesmo aconteceu de recorrer a tais medidas, que quase sempre medem melhor ou, pelo menos, dão uma ideia mais aproximada daquilo que queremos dizer. Foi noutro dia quando certa senhora, outrora tão linda e hoje tão gorda, me deu um prolongado olhar de convite ao pecado. Fingi não perceber, mas pensei:
>
> "Há uns quinze quilos atrás, eu teria me perdido".
>
> BENDER, Flora e LAURITO, Ilka. *Crônica*: história, teoria e prática. São Paulo: Scipione, 1993. p. 96-97.

3. Assinale a alternativa que contém a tese da crônica.

    a) "Para a maioria, a escuridão durou duas horas; para Raul, não."

    b) "Era só fazer a conversão em horas e botar a comida na mesa sessenta minutos depois."

    c) "Agora mesmo houve qualquer coisa com a Light [companhia de luz] e a luz faltou."

    d) "todos nós, em maior ou menor escala, medimos distâncias e dias com aquilo que melhor nos convier."

4. Indique o argumento que justifica a tese apresentada na crônica.

    a) A avó do cronista era pobre e sabia fazer crochê muito bem.

    b) Índios usam relógio em filmes de Oscarito.

    c) Dependendo de nosso interesse, podemos marcar o tempo não só com o relógio.

    d) Quando há problemas na Light, a luz falta.

5. (Enem 2011)

VERISSIMO, L. F. *As cobras* em: Se Deus existe que eu seja atingido por um raio. Porto Alegre: L&PM, 1997.

O humor da tira decorre da reação de uma das cobras com relação ao uso de pronome pessoal reto, em vez de pronome oblíquo. De acordo com a norma-padrão da língua, esse uso é inadequado, pois

a) contraria o uso previsto para o registro oral da língua.

b) contraria a marcação das funções sintáticas de sujeito e objeto.

c) gera inadequação na concordância com o verbo.

d) gera ambiguidade na leitura do texto.

e) apresenta dupla marcação de sujeito.

Encerrando a unidade

Nessa unidade, você leu crônicas para compreender sua organização, participou de um debate e estudou as propriedades dos predicados verbais e suas funções em diferentes gêneros. Com base no que você aprendeu, responda ao que se pede.

1. Você entendeu o que caracteriza uma crônica? Explique com suas palavras.

2. Você participou de um debate. Acha que agora estará mais apto a avaliar a qualidade de debates aos quais venha a assistir pela TV ou na escola, por exemplo?

3. E quanto à produção de crônica? Você teve alguma dificuldade? Qual?

UNIDADE 8

Propaganda: informação e sedução

Nesta unidade você vai:

- refletir sobre a organização e o uso de recursos verbais e não verbais dos gêneros anúncio e *outdoor* para detectar estratégias de persuasão e convencimento na publicidade
- perceber como a propaganda retrata uma época, seus costumes e valores
- planejar e produzir um anúncio publicitário atendendo às características do gênero
- conhecer a função do aposto em textos publicitários e refletir sobre ela

好厨子粘上我们的不粘锅

SUPOR 苏泊尔

LEO BURNETT SHANGAY

TROCANDO IDEIAS

1. Observe a cena retratada na imagem. O que há de estranho nela?
2. Para você, qual o sentido dessa cena? O que você acha que está acontecendo?
3. Qual a reação das pessoas à cena?
4. Qual você supõe que seja o objetivo dessa demonstração?
5. Em sua opinião, essa cena provoca o olhar das pessoas? Ela é eficiente naquilo a que se propõe? Ela informa ou seduz quem a vê?

LEITURA 1

O que nos leva a consumir um produto? Algumas vezes, é uma necessidade real. Outras vezes consumimos porque o produto é bonito ou porque outras pessoas o usam... Leia o anúncio a seguir e veja como ele foi pensado e elaborado para sensibilizar o consumidor.

ANTES DE LER

1. Observe o anúncio que você tem em mãos: qual é o produto ou serviço anunciado e em que veículo ou portador ele aparece (jornal, revista, folheto, panfleto ou outro)?

2. O que mais lhe chama a atenção: as imagens, as cores, o texto ou a organização dos elementos na página?

Se um gênio concedesse a você três desejos, qual seria o terceiro?

Talento. O chocolate nobre recheado de talento.

Garoto

Chegou Talento Nuts. Delicioso chocolate com uma avelã ou amêndoa inteira de recheio.

Propaganda do chocolate Talento, da Garoto.

EXPLORAÇÃO DO TEXTO

Antes de iniciar o estudo do texto, tente descobrir o sentido das palavras desconhecidas pelo contexto em que elas aparecem. Se for preciso, consulte o dicionário.

Nas linhas do texto

1. Esse anúncio foi publicado em uma revista. Em geral, os anúncios veiculados em revista são criados por agências publicitárias, a pedido de empresas e outras instituições.

Responda no caderno.

a) Qual é o produto anunciado?

b) Visualmente, de que forma o produto é apresentado ao consumidor nesse anúncio?

2. Além da imagem central, que mostra o produto, que outros elementos verbais e não verbais você identifica na propaganda?

3. Releia a frase que inicia a propaganda.

"Se um gênio concedesse a você três desejos, qual seria o terceiro?"

a) Uma propaganda pode utilizar-se do conhecimento de mundo de seu público para sensibilizá-lo, como acontece aqui. A que gênio o texto se refere?

b) Do que era capaz esse gênio?

4. Releia.

"Chegou Talento Nuts."

Essa frase indica que o produto já é conhecido do público ou se trata de um produto novo? Explique.

5. Em que trecho da propaganda é feita a descrição do produto? Anote-o no caderno.

Nas entrelinhas do texto

1. O texto inicial da propaganda menciona três desejos, porém só pergunta sobre o terceiro.

a) Considerando que esse é o anúncio das duas versões de um novo chocolate, explique por que só se pergunta ao leitor sobre o terceiro pedido.

b) Perguntar apenas sobre o terceiro pedido é uma forma de valorizar o chocolate anunciado. Explique por quê.

NÃO DEIXE DE LER

- **Aladim e a lâmpada maravilhosa,** versão de Antoine Galland, editora Ática

  A realização de três desejos é o que Aladim recebe por libertar um gênio de sua prisão e é tudo o que ele possui para lutar contra o feiticeiro que roubou seu reino. Texto integral em uma tradução cuidadosa.

Chocolates.

2. O texto que acompanha o nome da empresa (embaixo, à esquerda) é: "Talento. O chocolate nobre recheado de talento". Veja estes significados do termo **nobre**.

> **nobre** *adj. e subst. masc.* **1.** Que pertence à nobreza. **2.** Que merece respeito por seus méritos; digno, ilustre. **3.** Generoso, magnânimo.

a) Em que acepção ele foi usado no texto?

b) No contexto dessa propaganda, o que se entende por chocolate nobre?

c) A quais outros alimentos, objetos ou atitudes você atribuiria essa característica?

3. Releia o que se diz sobre o produto.

"Delicioso chocolate com uma avelã ou amêndoa inteira de recheio."

Chocolates de tipos variados.

a) Nessa frase, há duas informações sobre o chocolate. Quais são elas?

b) Qual dessas informações é objetiva (isto é, não exprime opinião nem sentimento, mas sim algo real, que qualquer pessoa pode observar)?

c) Pode-se entender que o recheio diferencia o Talento Nuts de outros chocolates? Por quê?

Além das linhas do texto

1. Leia o que um jornalista e escritor português disse a respeito de propagandas.

> Nenhuma técnica de propaganda determina o êxito de produtos inferiores. Mas pode enganar os incautos inúmeras vezes.
>
> BASTOS, Baptista. Disponível em: <http://www.citador.pt/cact.php?op=8&theme=83&firstrec=0>. Acesso em: 19 set. 2011.

a) Em qual destas acepções foi usada a palavra **incauto**?

> **incauto** *adj. e subst. masc.* **1.** Que não tem cautela, descuidado, imprudente. **2.** Que não tem malícia, crédulo, ingênuo.

b) Como você entendeu essa citação? Explique com suas palavras.

2. Você concorda com a opinião desse jornalista? Por quê?

a) Dê um exemplo para justificar sua resposta.

b) Como você agiria se percebesse que uma propaganda procura seduzi-lo?

3. Leia esta tira.

GONSALES, Fernando. *Níquel Náusea* – Vá pentear macacos! São Paulo: Devir, 2004.

a) "Propaganda enganosa" é uma propaganda que engana os consumidores. De que modo isso pode acontecer?

b) Nessa tira, por que a personagem afirma que a propaganda do "sopão da lagarta" é enganosa?

COMO O TEXTO SE ORGANIZA

1. A propaganda que estamos analisando compõe-se de vários elementos verbais e não verbais.

a) Qual desses elementos ocupa o lugar de destaque?

b) Trata-se de um elemento verbal ou não verbal?

> Nas propagandas, os **elementos não verbais** (formas, cores, imagens) têm importância fundamental, pois produzem impacto imediato no leitor.

2. Volte à propaganda e observe a figura da caixa com o chocolate.

a) A quais destes atributos você associaria essa imagem?

| luxo | qualidade | praticidade |
| sofisticação | exclusividade | modernidade |

b) Com base nessa imagem, cite alguns desejos que a propaganda presume, isto é, conclui antecipadamente que o leitor tenha.

c) Em sua opinião, que leitor teria esses tipos de desejo: crianças, jovens ou adultos?

> As **propagandas** utilizam-se de estratégias de persuasão e convencimento para associar o produto anunciado à realização de **desejos do consumidor**.

3. Agora observe as cores empregadas no anúncio.

a) Qual é a cor predominante? Em que partes do anúncio ela foi empregada?

b) Que cor tem mais destaque? Onde ela foi empregada?

c) Que efeito a escolha da cor de maior destaque produz? A que essa cor pode ser associada?

Os anúncios publicitários, além de texto e imagem, apresentam também elementos para levar o consumidor a gravar o nome da empresa, do produto ou da marca. Trata-se do **logotipo**.

> O **logotipo** serve para identificar visualmente uma empresa, uma instituição, um produto, uma marca etc. Geralmente aparece em peças gráficas como embalagens, propagandas, etiquetas etc.

4. Na parte inferior da propaganda (à esquerda), aparece o nome da empresa que produz o chocolate anunciado. Observe.

De que modo essa palavra é apresentada graficamente?

5. Observe os logotipos abaixo.

a) O primeiro é da Petrobras, que atua em diversos segmentos da indústria de gás, óleo e energia no país. Que elementos desse logotipo remetem à ideia de que se trata de uma empresa nacional?

b) O segundo logotipo é de uma empresa de telefonia (Oi). Que relação se pode ver entre o formato da figura e a área de atuação da empresa?

6. As imagens abaixo também representam uma empresa e uma organização, porém com uma diferença em relação aos logotipos. Que elemento dos logotipos não aparece nelas?

Símbolo da empresa Trama.   Símbolo da ONU (Organização das Nações Unidas).

> **Logotipo** é uma representação gráfica formada por uma letra ou grupo de letras e por elementos não verbais, como cores e formas. Tem formato fixo e serve para identificar uma empresa, instituição, marca etc. Já o **símbolo** representa a marca apenas por meio de elementos gráficos (cores, formas, desenhos).

7. Leia esta tira.

ZIRALDO. *O Menino Maluquinho em quadrinhos*. Porto Alegre: L&PM, 1991.

a) Que *slogan* a personagem criou?
b) Para produzir humor, um dos recursos usados nessa tira é o exagero. Qual é o exagero?
c) Volte à propaganda estudada e responda: qual é o *slogan* do chocolate Talento?
d) Você se lembra do *slogan* de algum outro produto? Escreva-o no caderno.

> **Slogan** é uma expressão ou frase curta, fácil de ser memorizada, utilizada em propagandas e associada a uma marca ou produto, a fim de fortalecê-los e torná-los mais fáceis de ser identificados pelos consumidores.

8. O objetivo da propaganda analisada é levar seu público-alvo a desejar consumir o chocolate anunciado. Para isso, ela se utiliza de algumas estratégias como:

   I. apresenta o chocolate como uma joia;
   II. associa o chocolate a nobreza e talento.

Anote no caderno as conclusões possíveis.

a) A associação desse chocolate a uma joia é um argumento para convencer o público-alvo do anúncio a comprar o produto.
b) A associação desse chocolate a uma joia mostra que apenas as pessoas mais ricas podem consumi-lo.
c) O público-alvo dessa propaganda são as crianças, por isso o texto menciona o gênio da lâmpada, personagem de um conto maravilhoso.
d) Joias, nobreza, luxo, exclusividade são, geralmente, desejos de adultos; eles é que representam o público-alvo dessa propaganda.

> O **público-alvo** determina as estratégias que serão empregadas em uma propaganda.

> **NÃO DEIXE DE ACESSAR**
> - http://www.almanaquedacomunicacao.com.br/artigos/10.html
>
> Esse endereço dá acesso a dezenas de *slogans*.

RECURSOS LINGUÍSTICOS

1. Observe.

> "Delicioso chocolate com uma avelã ou amêndoa inteira de recheio."

a) Nessa frase, há dois argumentos para convencer o leitor a experimentar o chocolate. Identifique-os.
b) Reescreva essa frase no caderno, sem os adjetivos. Compare a frase reescrita com a original e responda: qual delas tem mais força para despertar no consumidor o desejo de comprar o chocolate?

> **Persuadir** é levar a aceitar algo por meio da emoção, apelando para sentimentos e desejos individuais.
>
> **Convencer** é levar a aceitar algo por meio da razão, isto é, por meio de argumentos racionais e válidos para qualquer pessoa.
>
> Os anúncios publicitários utilizam-se, em geral, de recursos persuasivos.

2. Releia, observando os efeitos criados pelo uso dos adjetivos.

> "Talento. O chocolate nobre recheado de talento."

a) Que associações o adjetivo **nobre** leva o leitor a fazer?

b) Na expressão **recheado de talento**, a palavra **talento** foi usada em sentido próprio ou figurado? A que qualidades você associa a palavra **talento**?

c) Na vida real, você vê alguma relação entre ter talento e escolher esse chocolate para consumir? Por quê?

> O emprego de palavras e expressões com **sentido figurado** é um dos recursos das propagandas para levar o consumidor a associar o produto anunciado a valores, comportamentos e bens que ele admira ou deseja.

3. Indique no caderno as respostas mais adequadas. Com o uso do adjetivo **inteira**, a propaganda:

a) sugere que outros chocolates vêm apenas com pedaços de amêndoas ou avelãs.

b) insinua que o produto da concorrência é inferior ao seu.

c) mostra ao consumidor por que cada unidade do Talento Nuts custa mais caro que os outros chocolates.

> Em uma propaganda, os **adjetivos** podem servir para ressaltar as qualidades do produto anunciado e torná-lo diferente dos concorrentes aos olhos do consumidor.

4. Leia esta propaganda e observe as formas verbais destacadas.

a) Em que modo estão as formas verbais destacadas?

b) A quem esses verbos se dirigem?

c) Por que foi utilizado esse modo verbal?

> Os **anúncios** têm por objetivo levar o leitor a comprar um produto ou utilizar um serviço, aderir a uma ideia ou adotar um comportamento. Por isso, é comum nesse gênero o emprego de verbos no **modo imperativo**, que exprime ordem, pedido ou conselho.

Cartaz do banco de olhos, do Paraná.

5. Releia este trecho.

"Se um gênio concedesse a você três desejos, qual seria o terceiro?"
"Chegou Talento Nuts. Delicioso chocolate com uma avelã ou amêndoa inteira de recheio."

a) Foram usados verbos no imperativo nessa propaganda?

b) Anote no caderno a frase que explica sua resposta ao item **a**.

   I. A propaganda não pretende que as pessoas comprem o chocolate, apenas que saibam que ele chegou aos supermercados.

   II. Em vez de dizer diretamente ao consumidor que compre o chocolate, a propaganda tenta persuadi-lo a fazer a compra de outra forma.

   III. A estratégia da propaganda para que as pessoas comprem o chocolate não é pedir a elas que comprem, e sim mencionar uma personagem conhecida, o gênio da lâmpada.

Para lembrar

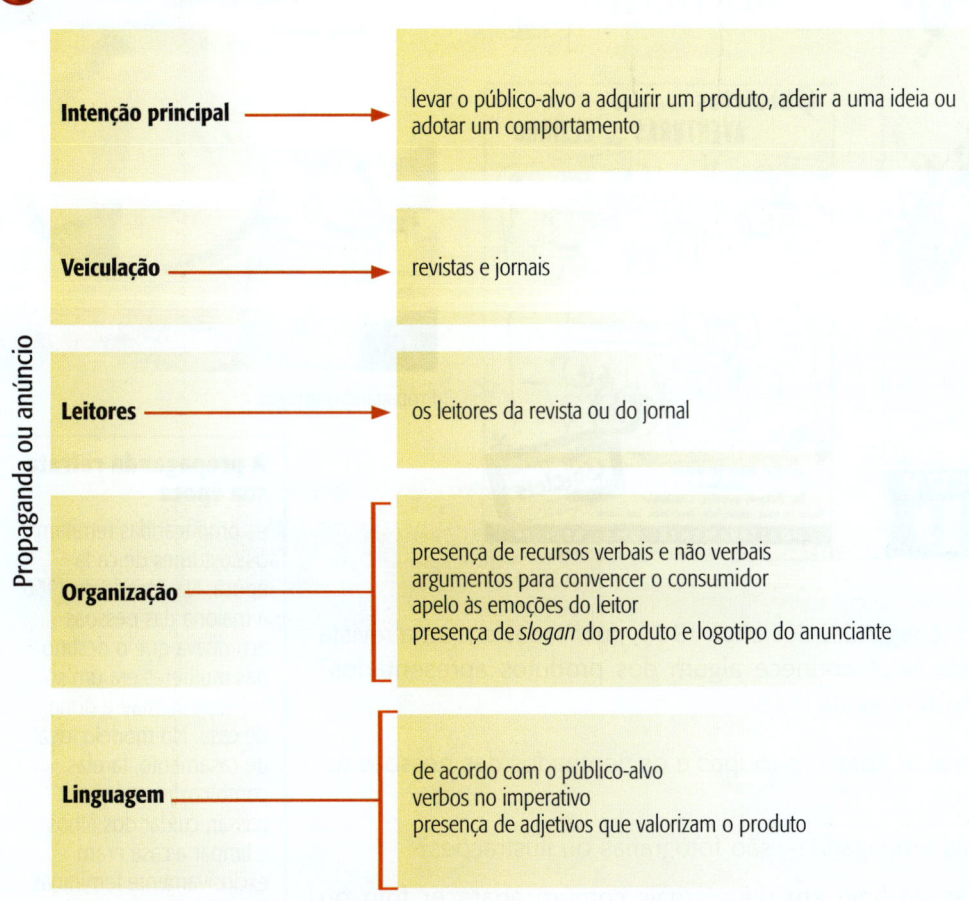

Propaganda ou anúncio

Intenção principal	levar o público-alvo a adquirir um produto, aderir a uma ideia ou adotar um comportamento
Veiculação	revistas e jornais
Leitores	os leitores da revista ou do jornal
Organização	presença de recursos verbais e não verbais argumentos para convencer o consumidor apelo às emoções do leitor presença de *slogan* do produto e logotipo do anunciante
Linguagem	de acordo com o público-alvo verbos no imperativo presença de adjetivos que valorizam o produto

NÃO DEIXE DE LER

- **Brim azul – A história de uma calça**, de Ivan Jaf, editora Atual
  Da fábrica à loja, de dono em dono, essa calça *jeans* fascina quem a possui. No decorrer da história, conhecemos o perfil de vários jovens brasileiros, que lidam de diversas formas com o desejo de consumo.

DEPOIS DA LEITURA

Passado e presente: o contexto de produção do texto publicitário

Observe as imagens.

Propagandas antigas.

1. Essas imagens são propagandas dos anos 1950, publicadas em uma revista chamada *O Cruzeiro*. Você conhece algum dos produtos apresentados? Sabe quais deles existem ainda hoje?

2. Observe nas imagens: as cores, as roupas e os penteados das pessoas representadas.

   a) As figuras, nessas propagandas, são fotografias ou ilustrações?

   b) Nas propagandas de hoje em dia, é mais comum aparecer foto ou ilustração do produto anunciado?

   c) Quanto às cores, que diferença você nota entre esses anúncios e os atuais?

   d) Reflita e responda: como se explicam as mudanças entre essas propagandas dos anos 1950 e as atuais?

A propaganda retrata sua época

As propagandas retratam os costumes de cada época. Na década de 1950, a maioria das pessoas acreditava que o destino das mulheres era um só: ser esposa, mãe e dona de casa. No modelo ideal de casamento, tarefas como cozinhar, lavar, passar, cuidar dos filhos e limpar a casa eram exclusivamente femininas. Nesse contexto é que foi criada a propaganda da Bombril. Esse conceito foi ultrapassado graças às conquistas das mulheres em todas as áreas nas últimas décadas.

3. Compare a propaganda antiga de uma esponja de aço com outra do mesmo produto, mais atual.

Propagandas do mesmo produto em diferentes épocas.

a) Observe o anúncio mais recente. O garoto-propaganda está caracterizado como uma personagem histórica. Qual é ela?

b) Esse anúncio relaciona o tempo de existência do produto no Brasil a qual fato histórico?

c) No anúncio da década de 1950, o que tem mais destaque: o produto ou as personagens? E no atual?

d) Para convencer os leitores a comprar a esponja de aço, o anúncio dos anos 1950 apresenta utilidades e qualidades desse produto. Que recurso a propaganda mais recente emprega para atingir o consumidor?

Garoto-propaganda é a pessoa que, nos meios visuais de comunicação, apresenta um produto, ressaltando suas qualidades.

4. Compare a propaganda mais recente com as propagandas antigas.

a) O que você nota de diferente em relação à extensão dos textos?

b) Nas propagandas mais antigas, as imagens apresentam o produto ou seus usos?

NÃO DEIXE DE ACESSAR

- http://www.propagandasantigas.blogger.com.br
  Endereço com muitas propagandas antigas: uma forma de conhecer a sociedade de alguns anos atrás.

DO TEXTO PARA O COTIDIANO

No Brasil, há uma organização não governamental à qual os consumidores podem recorrer caso se sintam prejudicados ou ofendidos por uma propaganda: o Conselho Nacional de Autorregulamentação Publicitária (Conar). Leia o que a instituição diz no documento "Novas normas éticas – Publicidade de produtos destinados a crianças e adolescentes".

Seção 11 – Crianças e jovens

Artigo 37

Os esforços de pais, educadores, autoridades e da comunidade devem encontrar na publicidade fator coadjuvante na formação de cidadãos responsáveis e consumidores conscientes. Diante de tal perspectiva, nenhum anúncio dirigirá apelo imperativo de consumo diretamente à criança. E mais:

I – Os anúncios deverão refletir cuidados especiais em relação à segurança e às boas maneiras e, ainda, abster-se de:

a. desmerecer valores sociais positivos, tais como, dentre outros, amizade, urbanidade, honestidade, justiça, generosidade e respeito a pessoas, animais e ao meio ambiente;

b. provocar deliberadamente qualquer tipo de discriminação, em particular daqueles que, por qualquer motivo, não sejam consumidores do produto;

c. associar crianças e adolescentes a situações incompatíveis com sua condição, sejam elas ilegais, perigosas ou socialmente condenáveis;

d. impor a noção de que o consumo do produto proporcione superioridade ou, na sua falta, a inferioridade;

e. provocar situações de constrangimento aos pais ou responsáveis, ou molestar terceiros, com o propósito de impingir o consumo;

f. empregar crianças e adolescentes como modelos para vocalizar apelo direto, recomendação ou sugestão de uso ou consumo, admitida, entretanto, a participação deles nas demonstrações pertinentes de serviço ou produto;

g. utilizar formato jornalístico, a fim de evitar que anúncio seja confundido com notícia;

h. apregoar que produto destinado ao consumo por crianças e adolescentes contenha características peculiares que, na verdade, são encontradas em todos os similares;

i. utilizar situações de pressão psicológica ou violência que sejam capazes de infundir medo.

Disponível em: <http://www.conar.org.br/html/novas_normas/Cartilha%202%20-%20Laranja.pdf>. Acesso em: 22 set. 2011.

1. Por que um anúncio não deve desmerecer a amizade, a justiça e o respeito a pessoas, a animais e ao meio ambiente?

2. O Conar condena anúncios que promovam qualquer tipo de discriminação. Você conhece algum anúncio que tenha feito isso? Conte aos colegas e ao professor.

3. De acordo com o Conar, os anúncios deverão abster-se de "impor a noção de que o consumo do produto proporcione superioridade ou, na sua falta, a inferioridade". Um anúncio que leve o consumidor a acreditar que a compra de um produto o tornará melhor do que outras pessoas ou fará sua vida melhorar pode se encaixar nesse caso? Por quê?

Abster-se: não praticar.
Apregoar: divulgar, anunciar.
Coadjuvante: que ou quem auxilia.
Peculiar: próprio, particular.

Aposto: sentidos e contexto

1. Leia este trecho de uma matéria sobre felinos.

Como os grandes felinos caçam?

Entre os leões, felinos mais ágeis, as fêmeas caçam, enquanto os machos protegem as crias. Elas escolhem uma presa grande para alimentar o bando todo. O ataque ocorre ao anoitecer, que, além de facilitar a camuflagem, é o período em que as vítimas estão mais distraídas.

As leoas sempre caçam em duplas ou em grupos de três, seguindo uma tática silenciosa. Elas se aproximam da presa utilizando arbustos e plantas como esconderijo. Parte do grupo fica escondida, esperando para dar o bote, enquanto a outra espanta os animais em direção à emboscada.

Disponível em: <http://mundoestranho.abril.com.br/materia/como-os-grandes-felinos-cacam>. Acesso em: 18 jan. 2015.

Leões caçando em bando.

a) Qual o assunto desse trecho?
b) Releia.

"Entre os leões, **felinos mais ágeis**, as fêmeas caçam, enquanto os machos protegem as crias"

A quem se refere a expressão destacada?

c) Observando sua resposta anterior, o que é possível concluir sobre a função dessa expressão em relação ao termo a que se refere? Anote no caderno o trecho mais adequado para completar esta afirmação: A expressão *felinos mais ágeis*...

 I. exprime somente um comentário sobre o termo a que ela se refere;

 II. contém uma informação sobre o termo a que ela se refere;

 III. não acrescenta nenhuma informação ao termo.

O termo da oração que contém uma informação a respeito de outro termo, geralmente próximo a ele, recebe o nome de **aposto**. Sua função na oração é oferecer uma explicação ou informação adicional que o produtor do texto julga ser importante para o leitor.

2. Leia esta frase, em que o aposto está destacado.

RECIFE, UMA DAS CAPITAIS MAIS LINDAS DO PAÍS, É BANHADA PELO RIO CAPIBERIBE.

Esse aposto contém uma explicação ou uma apreciação (julgamento) sobre o termo a que se refere? Por quê?

3. Em textos de propaganda sobre lugares a serem visitados é comum o emprego do aposto. Leia estes enunciados em que os apostos foram destacados.

I
Manaus, localizada na região Norte do Brasil e capital do Amazonas, é considerada o portão de entrada para a Floresta Amazônica.
Disponível em: <http://www.cidades.com.br/cidade/manaus/000161.html>.
Acesso em: 18 jan. 2015. Adaptado.

II
Uma atração especial (no Maranhão) é a ilha do Caju, um recanto com dunas, florestas e animais silvestres, onde a natureza é carinhosamente preservada.
Disponível em: <http://portal.sefaz.ma.gov.br/gdfaz/maranhao.asp>.
Acesso em: 18 jan. 2015.

III
**Praia Araçaípe – Também aqui você encontrará um mar calmo com piscinas naturais protegidas por recifes, perfeito para a prática do mergulho livre.
Aqui você pode encontrar muitos hotéis, barracas de praia e restaurantes (...).**
Disponível em: <http://www.arraialdajudaportal.com/htm/pt/praiasdearraialdajuda.htm>.
Acesso em: 18 jan. 2015.

a) Indique no caderno a intenção do autor ao acrescentar um aposto em cada trecho.
b) Em qual dos enunciados há um aposto empregado com a intenção de estimular o interesse do leitor por visitar o local?

> Além de conter uma informação ou explicação sobre um termo da oração, o aposto pode ser um recurso usado pelo produtor do texto para revelar uma avaliação, opinião ou ponto de vista sobre o assunto a respeito do qual está tratando.

A pontuação com aposto

1. Releia.

> "RECIFE, *UMA DAS CAPITAIS MAIS LINDAS DO PAÍS*, É BANHADA PELO RIO CAPIBERIBE."

a) Que sinais de pontuação foram empregados para separar o aposto do restante da oração?
b) Leia agora o título de um artigo e observe o aposto destacado.

JULHO É RECORDE: *7,4 MILHÕES DE DESEMBARQUES DOMÉSTICOS*
Disponível em: <http://www.turismo.gov.br/turismo/noticias/todas_noticias/20110825.html>.
Acesso em: 18 jan. 2015.

De que forma o aposto foi separado dos demais termos?

2. Leia esta frase, tirada de um conto, e localize o aposto.

> **O MAJOR – UM SENHOR CORADO, DE BOTAS E CHAPÉU GRANDE – ESTAVA ANDANDO PARA LÁ E PARA CÁ NA VARANDA. [...]**
>
> José J. Veiga. *Os cavalinhos de Platiplanto*. Rio de Janeiro: Bertrand Brasil/Civilização Brasileira, 1995.

a) A que termo se refere o aposto que você encontrou?

b) Qual a função principal do aposto nessa frase: dar uma explicação sobre o termo a que se refere, descrevê-lo ou acrescentar uma informação?

c) Qual pontuação separa o aposto do restante da oração?

3. Observe agora os sinais de pontuação empregados para separar os apostos do restante da oração nestes fragmentos de texto.

I

Quais são as maiores baleias do mundo?

O ponto mais alto do pódio é ocupado pela baleia-azul, que é não só a maior baleia como o maior animal do planeta. O maior exemplar já encontrado tinha incríveis 33 metros de comprimento – *o tamanho de um jato comercial ou de quase três ônibus enfileirados* –, mas a média, em idade adulta, fica entre 24 e 27 metros.

Disponível em: <http://mundoestranho.abril.com.br/materia/quais-sao-as-maiores-baleias-do-mundo>. Acesso em: 19 jan. 2015.

II

O diabo-da-tasmânia existe de verdade?

Sim, existe. Taz, *o atabalhoado personagem dos cartoons*, é inspirado num exótico marsupial que vive na Tasmânia, uma ilha na Oceania pertencente à Austrália.

Disponível em: <http://mundoestranho.abril.com.br/materia/o-diabodatasmania-existe-de-verdade>. Acesso em: 19 jan. 2015.

III

Por que as aves têm bicos em formatos diferentes?

Porque cada uma passou por uma evolução para se adaptar ao tipo de alimento que consome. [...] Apesar das diferenças no formato e no uso, todos os bicos são feitos de uma estrutura óssea com uma camada de queratina (**a mesma proteína presente nas nossas unhas e cabelos**).

Disponível em: <http://mundoestranho.abril.com.br/materia/por-que-as-aves-tem-bicos-em-formatos-diferentes>. Acesso em: 19 jan. 2015.

a) Em qual dos trechos o aposto expressa uma apreciação por parte do autor da matéria? Explique.

b) Além dos que você já conhece, que outros sinais de pontuação podem ser usados com o aposto?

O **aposto** aparece geralmente separado dos outros termos da oração por vírgula, travessão duplo, dois-pontos ou parênteses.

1. Leia a HQ e observe as expressões destacadas nas falas de Garfield.

Quadrinhos:
- SUSPIRO
- JUNTO COM O ANIVERSÁRIO VEM UM MONTE DE COISAS
- PELOS BRANCOS
- VISTA CANSADA, DOR NA JUNTAS
- PELOS NO NARIZ, DORES, CANSAÇO
- SUSPIRO
- E BOLO!

DAVIS, Jim. *Folha de S. Paulo*, 13 jun. 2004.

a) A fala de Garfield poderia ser escrita desta forma:

"Junto com o aniversário, vem um monte de coisas: **pelos brancos, vista cansada, dor nas juntas, pelos no nariz, dores, cansaço... e bolo.**"

A expressão destacada é um aposto. Que termo ela especifica?

b) Garfield reclama por fazer mais um aniversário, enumerando as coisas que vêm junto com a data. Como ele parece estar se sentindo até o penúltimo quadrinho? Justifique.

c) E no último quadrinho, o que a expressão do gato revela?

d) A quebra de expectativa do leitor e os exageros são comumente empregados para produzir humor. Nessa HQ, as palavras finais do aposto criam qual desses dois efeitos?

2. Os enunciados a seguir foram escritos sem o aposto, mas ele pode ser acrescentado, fornecendo ao leitor mais explicações ou informações. No caderno, anote os enunciados, acrescentando-lhes o aposto indicado. Escolha a pontuação que considerar mais adequada.

a) A relação das espécies ameaçadas inclui oito que já desapareceram totalmente.

Aposto: duas aves, uma perereca, três insetos e duas minhocas

b) Há também duas aves que não ocorrem mais na natureza e só existem em cativeiro.

Aposto: a ararinha-azul e o mutum-de--alagoas

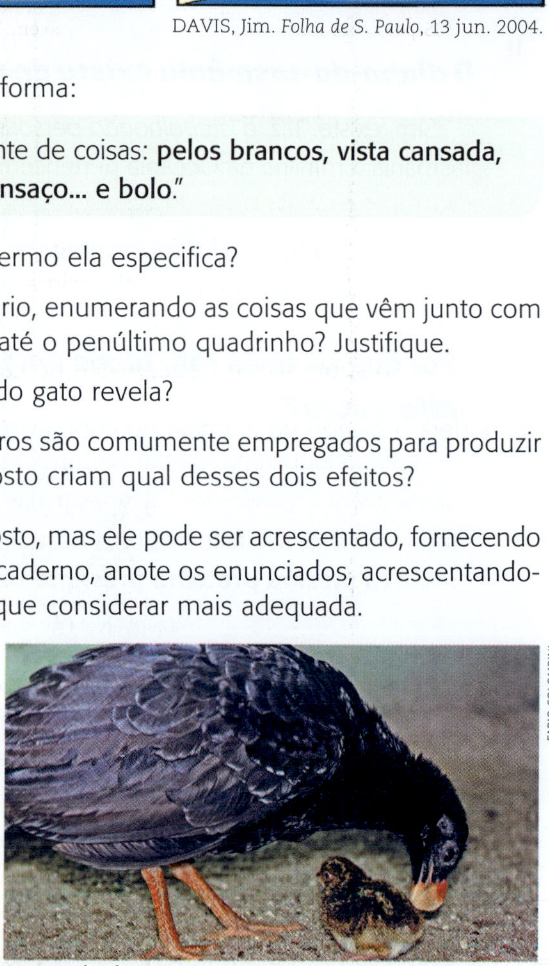

Mutum-de-alagoas.

3. Leia este trecho de uma reportagem publicada em uma revista eletrônica de turismo.

Oslo, capital da Noruega

Terra lendária dos *trolls*, a Noruega definitivamente conquista quem a visita. E tudo começa, geralmente, no primeiro grande fiorde, o Oslofjorden, que abriga a capital Oslo, a cidade mais cosmopolita do país, com intensa vida cultural e agitada vida noturna.

[...]

Em Honningsvag, é possível fazer uma excursão até North Cape, o ponto mais ao norte do continente europeu, com penhascos de mais de 300 metros de altura.

Vista de Oslo, Noruega.

Giro pelo Mundo. Disponível em: <http://www.giropelomundo.com/europa-mainmenu-31/98-noruega/435-pelos-fiordes-noruegueses.html>. Acesso em: 8 fev. 2012.

a) O aposto pode aparecer antes do termo que ele explica. Identifique o trecho em que isso acontece no texto acima.

b) No primeiro parágrafo, foi empregado um aposto para dar uma explicação sobre Oslo. Qual é esse esclarecimento?

c) No segundo parágrafo, é também um aposto que dá ao leitor uma informação sobre North Cape. Anote no caderno esse aposto.

Trolls são criaturas do folclore escandinavo. Apresentam-se como ogros ou como pequenos seres.

4. Releia o *slogan* do anúncio do chocolate.

Talento.
O chocolate nobre recheado de talento.

a) Transforme esse *slogan* em uma oração em que apareça um aposto para o termo Talento. Empregue, inicialmente, os dois-pontos. Depois, reescreva a oração, usando a vírgula.

b) No caderno, atribua apostos aos termos a seguir, empregando-os em uma oração para exprimir sua apreciação, opinião ou ponto de vista sobre esses assuntos. Use os sinais de pontuação adequados para separar o aposto dos outros termos.

   I. educação

   II. paz

   III. meio ambiente

LEITURA 2

Você analisou nesta unidade um anúncio cujo objetivo é levar as pessoas a consumirem um produto. Mas nem todas as propagandas são comerciais, ou seja, têm a intenção de vender.

Observe este outdoor. O que ele pretende levar o leitor a fazer?

ANTES DE LER

1. Quando anda pelas ruas do bairro ou da cidade, você já deparou com anúncios de produtos ou serviços expostos ao ar livre? Se sim, de que modo se apresentavam esses anúncios?

2. O que você acha de propagandas expostas ao ar livre na cidade: são úteis ou apenas aumentam a poluição visual?

Companhia Espírito-Santense de Saneamento. Disponível em: <http://www.cesan.com.br/e107_files/downloads/campanha_verao_2011_-_outdoor_1.jpg>. Acesso em: 23 set. 2011.

O anunciante
A Companhia Espírito-Santense de Saneamento (Cesan) faz o tratamento e a distribuição de água, a coleta e o tratamento de esgoto, o tratamento e a destinação do lixo na capital e no interior do estado.

EXPLORAÇÃO DO TEXTO

1. *Outdoors* são anúncios de grandes dimensões que ficam expostos à margem de ruas e avenidas ou em outros pontos ao ar livre.

   a) O objetivo do *outdoor* está explícito em uma oração com verbo no imperativo. Qual é esse objetivo?

   b) Quem são os anunciantes responsáveis por essa campanha?

Aplicação de um *outdoor* na cidade.

2. Observe as duas personagens do *outdoor*.

   a) Como se explica sua forma e cor?

   b) Como estão vestidas e o que estão fazendo?

   c) Com base no que as personagens estão fazendo, você acha que o *outdoor* se dirige a crianças, jovens ou adultos?

3. Observe novamente o *outdoor*.

   a) Além das duas figuras principais, que outros elementos você identifica?

   b) As duas frases em letras maiores parecem ter sido pintadas no muro, assim como o chuveiro e as flores. Com isso, o *outdoor* se aproxima de outra forma de expressão dos jovens, além da música. Qual é ela?

> A **linguagem** verbal e não verbal de um *outdoor* é determinada pelo **público-alvo** que ele pretende atingir.

4. A campanha de que esse *outdoor* fez parte visava conscientizar a população sobre a necessidade de poupar água.

   a) O *outdoor* pede ao leitor que adote um comportamento em seu dia a dia. Qual é ele?

   b) Que argumento o texto apresenta para justificar o pedido?

5. Os *outdoors* dirigem-se a pessoas que passam pelas ruas e avenidas, a pé ou em um veículo. Qual a relação entre essa informação e o fato de o texto principal do *outdoor* ser formado por duas frases curtas?

6. Veja agora este anúncio publicado em uma revista em comemoração ao Dia Mundial da Água.

a) Compare-o com o *outdoor* quanto à quantidade de texto.

b) Qual deles atinge mais rapidamente o público?

c) Os *outdoors* atingem um público mais ou menos amplo que os anúncios de revista?

A LÍNGUA NÃO É SEMPRE A MESMA

1. Releia o texto principal: "Banho demorado gasta água. Tá ligado?".

a) O que quer dizer a expressão **tá ligado**?

b) **Tá ligado** é uma gíria usada principalmente por pessoas de qual faixa etária?

c) O emprego de gíria é adequado nesse *outdoor*? Por quê?

d) Ao perguntar ao leitor se "tá ligado?", a propaganda lembra a ele uma atitude muito simples que é preciso tomar para economizar água do banho. Que atitude é essa?

2. Compare a linguagem dos dois textos principais do *outdoor*.

"Banho demorado gasta água. Tá ligado?"
"Poupe água, poupe a natureza."

a) O que caracteriza a linguagem do primeiro trecho como informal?

b) Qual o objetivo da opção por usar linguagem informal nesse trecho?

c) A linguagem do segundo trecho pode ser considerada informal? Explique.

PARA LEMBRAR

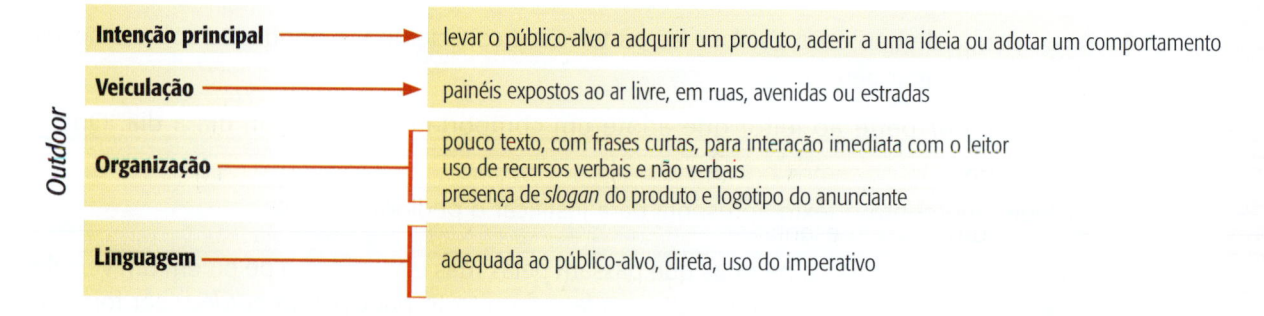

Outdoor

- **Intenção principal** → levar o público-alvo a adquirir um produto, aderir a uma ideia ou adotar um comportamento
- **Veiculação** → painéis expostos ao ar livre, em ruas, avenidas ou estradas
- **Organização** →
  - pouco texto, com frases curtas, para interação imediata com o leitor
  - uso de recursos verbais e não verbais
  - presença de *slogan* do produto e logotipo do anunciante
- **Linguagem** → adequada ao público-alvo, direta, uso do imperativo

PRODUÇÃO ESCRITA

PRODUÇÃO PARA O PROJETO

Anúncio publicitário

Que tal criar um anúncio publicitário? Pode ser o anúncio de um produto que existe ou inventado. Seu público-alvo serão os colegas de classe: pense em algo que interesse a eles ou de que possam precisar no dia a dia. Você terá de criar um texto e fazer uso de imagens, tentando seduzir seus leitores e levá-los a ter vontade de adquirir o produto.

Antes de começar

Para ter mais elementos para elaborar sua propaganda, observe este anúncio.

SPEEDO SKIN.
PARA VOCÊ, QUE VIVE DENTRO E FORA D'ÁGUA.

1. Identifique o produto e a marca.
2. Em que posição, no anúncio, foi colocado o logotipo da marca?
3. Qual é o *slogan* do produto?
4. Qual dos elementos da propaganda tem maior destaque?
5. Qual é a relação entre a figura central e o produto?
6. Além do *slogan*, há um texto apresentando as características do produto?
7. Qual é a cor predominante? Que efeito ela produz?

Planejando o texto

1. Escolha o produto que vai anunciar em sua propaganda. Faça uma relação de suas qualidades reais e de desejos do consumidor que podem ser associados a ele.

2. Se você inventar o produto, crie uma marca, um logotipo ou símbolo para a empresa.

3. Crie um texto curto para acompanhar a imagem, tentando associar a realização de desejos do consumidor ao consumo do produto.

    a) Apresente argumentos, de preferência apelando para a emoção do leitor.

    b) Use linguagem adequada ao público-alvo.

4. Defina os elementos não verbais da propaganda, sempre tendo em mente os efeitos que pretende criar.

    a) Você vai usar fotos, ilustrações ou ambos?

    b) Que cores irão predominar nas figuras e no fundo?

    c) Qual vai ser o tamanho, o formato e a cor das letras?

5. Faça no caderno as primeiras versões do anúncio, planejando a distribuição do texto, da imagem, do logo e do *slogan* na página.

6. Em relação aos recursos linguísticos:

    a) lembre-se de incluir adjetivos para valorizar seu produto;

    b) quando possível, empregue palavras em sentido figurado, associando o produto a valores, bens ou atitudes;

    c) se for o caso, use os verbos no imperativo para persuadir o consumidor.

    Lembre-se: a propaganda não pode ser enganosa!

Lembre-se:
A propaganda honesta valoriza as qualidades reais do produto, sem falsas informações. Você tentará seduzir seu público-alvo valendo-se do conhecimento sobre o que ele deseja e de sua própria criatividade.

NÃO DEIXE DE LER

- *Projetos póstumos de Brás Cubas*, de Ivan Jaf, editora Atual

O publicitário Haroldo Paiva recebe a proposta de lançar no mercado um produto para acabar com os males que afligem o ser humano. O detalhe é que Haroldo Paiva está morto, e o projeto é de um cliente não menos morto, Brás Cubas, personagem de Machado de Assis.

Autoavaliação e reescrita

1. Antes de passar o texto a limpo e finalizar a parte visual, avalie sua produção verificando estes itens.

    - A imagem atrai a atenção do leitor?
    - A imagem principal e as cores usadas no anúncio sugerem ao leitor qualidades do produto?
    - Texto, imagem, cores e letras procuram associar o consumo do produto à realização de desejos do consumidor?
    - A propaganda sugere que o produto anunciado é superior aos concorrentes?
    - Os elementos verbais ou não verbais que o leitor deve observar primeiro foram colocados em lugar de destaque na página?
    - A linguagem é adequada ao público e aos efeitos que se deseja produzir?

2. Refaça o que for necessário e entregue o anúncio ao professor. Quando ele o devolver, passe a limpo e finalize as imagens.

3. Ajude os colegas a montar na classe um painel com todas as produções e participe de uma avaliação coletiva. Depois disso, guarde seu anúncio, pois ele poderá ser adaptado para o projeto do final do ano.

REFLEXÃO SOBRE A LÍNGUA

Vocativo

1. Leia a tira.

QUINO. *Toda Mafalda*. São Paulo: Martins Fontes, 2003.

a) A personagem ouve o noticiário e, em seguida, sua mãe aparece, dirigindo-se diretamente a ela. Pelo tamanho das letras usadas, qual foi o tom da fala da mãe?

b) Que termo, nessa fala, tem a função de chamar a atenção da menina?

c) Como Mafalda parece estar se sentindo no primeiro quadrinho? Por quê?

d) Releia a resposta que Mafalda dá à mãe e observe o globo terrestre no terceiro quadrinho.

"Só os de beleza."

No contexto da tira, essa resposta revela que, ao usar os cremes, Mafalda:

I. mostrou que desrespeita a mãe.

II. fez uma tentativa de melhorar o mundo.

III. quis brincar com os cremes.

> Em um contexto de fala, o termo que tem a função de chamar a atenção do interlocutor recebe o nome de **vocativo**. É um termo que não se se refere a nenhum outro da oração; está relacionado diretamente à situação de comunicação.

2. Volte à tira da questão anterior.

a) Que sinal de pontuação separa o vocativo do restante da oração?

b) Que outro sinal poderia ter sido empregado nesse caso?

> O vocativo é separado do restante da frase por uma **pausa na entonação**, geralmente marcada na escrita por **vírgula**. Pode aparecer também isoladamente, com um ponto de exclamação, interrogação ou reticências. Exemplos:
> Senhoras e senhores! Vamos iniciar a solenidade de formatura.
> Ana... onde você está?

3. Leia agora esta tira de Calvin.

Quadrinho 1: EI, PAPAI, ESTOU FAZENDO UM CARTAZ DE SEGURANÇA NO TRÂNSITO. VOCÊ TEM ALGUMA IDEIA PARA UM *SLOGAN*?

Quadrinho 2: CLARO! "CICLISTAS TAMBÉM TÊM DIREITO DE USAR A ESTRADA, SEUS MANÍACOS BARULHENTOS, POLUIDORES E DESCONSIDERADOS! TOMARA QUE A GASOLINA SUBA PRA DEZ PAUS O LITRO!"

Quadrinho 3: OBRIGADO, PAPAI. VOU PERGUNTAR À MAMÃE. / POR QUÊ? É UM *SLOGAN* ÓTIMO!

WATTERSON, Bill. *Os dez anos de Calvin e Haroldo*. São Paulo: Best News, 1995.

a) Por que Calvin rejeita o *slogan* criado por seu pai?
b) Qual é o elemento do primeiro quadrinho que permite ao leitor saber a quem Calvin se dirige?
c) A palavra **ei** é uma interjeição. Que função ela tem na fala de Calvin?

> Tanto na modalidade escrita como na oral, o vocativo pode aparecer precedido de interjeições como **ó**, **ei** etc.

4. Leia estes versos do poema "Minha viola", de Patativa do Assaré.

Minha viola querida,
certa vez, na minha vida,
de alma triste e dolorida
resolvi te abandonar.
Porém, sem as notas belas
das tuas cordas singelas,
vi meu fardo de mazelas
cada vez mais aumentar.
[...]

ASSARÉ, Patativa do. *Antologia poética*. Fortaleza: Demócrito Rocha, 2007.

Fardo: aquilo que é difícil ou duro de suportar; embrulho, pacote.
Mazela: aquilo que aflige, desgosto.

a) Quem é o interlocutor do eu poético nesses versos (a quem ele se dirige)? Trata-se de um ser vivo ou inanimado?
b) Anote no caderno o vocativo que o eu poético emprega para dirigir-se a seu interlocutor.
c) Releia o quarto e o sexto versos. A quem se referem os pronomes **te** e **tuas**?
d) Ao confessar seus sentimentos diretamente à viola, por meio do vocativo, o eu poético reforça um sentimento expresso pelos versos. Qual é esse sentimento?

1. Leia a tira e observe o uso do vocativo.

[Tira de Laerte — Quadrinho 1: "O FUTURO É DA INFORMÁTICA, ZELADOR." Quadrinho 2: "VAI SUBSTITUIR TUDO O QUE EXISTE HOJE NO MUNDO!" Quadrinho 3: "GUGA, VEM PRO BANHO!" Quadrinho 4: "...MÃES INCLUÍDAS."]

LAERTE. *Striptiras*. Porto Alegre: L&PM, 2008.

a) No primeiro quadrinho, o menino dirige-se a quem?

b) Observe o emprego do vocativo, no terceiro quadrinho. Quem chama o menino? Como você deduziu isso?

c) Explique a última fala do menino.

2. Leia esta quadrinha e observe os vocativos empregados.

> Ribeirinho, ribeirinho,
> Que vais a correr ao léu
> Tu vais a correr sozinho,
> Ribeirinho, como eu.
>
> Fernando Pessoa. *Poesias*. Porto Alegre: L&PM, 2009. v. 2.

Ao léu: à toa.
Ribeirinho: riacho, pequeno rio. (No Brasil, é usado também como adjetivo para caracterizar a pessoa que vive às margens dos rios. Exemplo: população ribeirinha.)

a) A quem o eu poético se dirige nesses versos?

b) Ao usar o vocativo, o eu poético faz uma comparação. Que comparação é essa?

c) Que sentimento do eu poético essa quadrinha exprime?

d) Conclua: ao usar o vocativo, um locutor pode se dirigir somente a pessoas?

3. Imagine que você precisasse se dirigir por escrito às pessoas relacionadas a seguir, só para lhes fazer os pedidos mencionados. Que vocativo usaria em cada caso? No caderno, crie frases seguindo as orientações.

a) Peça ao **diretor da escola** a compra de mais livros para a biblioteca.

b) Convide **seu melhor amigo** para uma sessão de seu filme preferido ou para tomar sorvete.

c) Pergunte ao **gerente de um supermercado** como pode proceder: você comprou um produto que estava fora do prazo de validade e gostaria de trocá-lo.

d) Requisite informações sobre itinerário de um ônibus que atenda a seu bairro ou sua cidade ou a um ponto turístico que gostaria de conhecer.

> **Importante:**
> Se o contexto permitir, inclua nas frases algumas palavras ou expressões que indiquem polidez, como: **por favor, o senhor poderia, seria possível, por gentileza, obrigado** etc.

teia do saber

REVISORES DO COTIDIANO

Leia esta frase. Você a entende?

> Luís o goleiro do time de handebol ainda não chegou.

1. Sem conhecer o contexto em que a frase foi usada, podemos saber se Luís é o goleiro do time? Por quê?

2. Digamos que Luís seja, de fato, o goleiro. Reescreva a frase no caderno, pontuando-a de modo que isso fique claro para o leitor.

3. Agora suponha que Luís seja o interlocutor da pessoa que diz essa frase. Reescreva-a novamente, agora deixando clara essa situação.

FIQUE ATENTO... ÀS ABREVIAÇÕES E ÀS SIGLAS

1. Leia esta manchete.

   > Logo colorido da Copa 2014 foi escolhido por "notáveis", diz *site*
   >
   > Disponível em: <http://www.copa2014.org.br/noticias/>. Acesso em: 22 set. 2011.

   a) Do que fala a manchete?
   b) Observe a ilustração ao lado da manchete. O que quer dizer a palavra **logo** nesse contexto?

   > A **abreviação** consiste no emprego de parte de uma palavra em lugar de sua forma inteira, passando a constituir outra palavra, considerada nova, mas geralmente com o mesmo significado.

   Observe a palavra **Funai**, que aparece no logotipo ao lado. Ela é formada pelas letras iniciais de **Fu**ndação **Na**cional do **Í**ndio. A essa reunião de letras damos o nome de **sigla**.

   > A **sigla** corresponde à letra inicial de uma palavra ou à reunião de letras iniciais das palavras que compõem um nome.

   Notáveis, nesse contexto, significa "pessoas famosas, renomadas".

2. A que se referem estas siglas?
   a) Petrobras   b) ONU   c) RG   d) Ibama

3. Imagine que você fosse criar uma organização para a preservação da fauna e flora brasileiras. Que nome daria a ela? Crie uma sigla para esse nome.

ATIVANDO HABILIDADES

1. A imagem que reforça o sentido do termo "celebrar" na propaganda é:

Hoje o exercício é celebrar.

1º de Setembro
Dia do Profissional
de Educação Física

O Sistema CONFEF/CREFs parabeniza os Profissionais de Educação Física por sua efetiva contribuição para a melhoria da qualidade de vida e do bem-estar da sociedade.

CONFEF
Sistema CONFEF/CREFs
Conselhos Federal e Regionais de Educação Física

Veja. São Paulo, 1 set. 2004.

a) a cor do céu.
b) a presença de jovens.
c) a roupa das pessoas.
d) o movimento corporal.

2. O objetivo dessa propaganda é:
a) contribuir para o bem-estar social.
b) homenagear um grupo profissional.
c) incentivar a realização de exercícios físicos.
d) melhorar a qualidade de vida da população.

Encerrando a unidade

Nessa unidade, você analisou a organização e os recursos verbais e não verbais dos gêneros anúncio e *outdoor*; produziu um anúncio publicitário e, também, e conheceu as funções do aposto em textos. Com base no que você aprendeu, responda ao que se pede.

1. Você entendeu o que caracteriza os gêneros anúncio de revista e *outdoor*?

2. Ao estudar os anúncios da unidade, você conseguiu perceber neles técnicas de persuasão ou sedução? Como? Cite um exemplo.

3. Que avaliação você faz de sua produção escrita? Após este estudo, você acredita que possa avaliar melhor as propagandas que lê?

Conhecimento Interligado

A linguagem do corpo e o discurso da propaganda

Atualmente, a mídia é uma presença constante no universo de crianças, jovens e adultos, não só como transmissora de conteúdo e informações como também de valores e imagens acerca do mundo. Inseridas nesse contexto, as propagandas veiculadas não apenas refletem estilos de vida, valores e costumes de uma época, mas têm também o poder de instituir padrões do que é mais aceito, mais valorizado em determinada sociedade. Isso se reflete na veiculação de um imaginário construído em torno de um modelo hegemônico de corpo, considerado o ideal segundo critérios arbitrários e frequentemente aleatórios, ditados por modismos passageiros. Será que o desenho da imagem corporal dos jovens na TV, quer em novelas e minisséries, quer em propagandas, é uma representação fiel da juventude ou está distante da realidade?

1. Reflita: como a mídia atualmente representa o jovem nas cenas de novelas e nas propagandas?

Esse jogo de encantamento, próprio da sociedade de consumo, cria desejos e estimula comportamentos dos grupos, que passam a tentar parecer-se com modelos geralmente representados por seus ídolos. Nessa tentativa, podem perder sua identidade e adotar um padrão determinado, a que damos o nome de estereótipo.

Desfile de moda.

Estereótipo: ideia predeterminada e sem fundamento a respeito de um indivíduo ou grupo de indivíduos.

2. Os desfiles de moda também procuram vender uma imagem idealizada de corpo e de beleza. Observe a imagem.

a) Que imagem as modelos que desfilam nas passarelas retratam?

b) Por que é raro encontrar modelos que sejam representativos da diversidade dos jovens de nosso país?

Quando pensamos em um jovem, por exemplo, muitas características padronizadas vêm à nossa mente. No entanto, não existe apenas um padrão de jovem, mas indivíduos com particularidades marcadas por características sociais e culturais.

O lugar onde vive e o modo como ele interage socialmente, na vida familiar, na escola, no bairro, na cidade onde mora são fatores que o fazem um ser único.

Muitos pintores retrataram adolescentes e jovens. Veja uma representação de uma jovem feita por Pablo Picasso, artista plástico espanhol.

Essa é uma representação do olhar desse artista. Note que as cores são elementos fortes na tela, da mesma forma como os traços negros que definem a figura da moça. Essa foi a imagem criada por esse artista, mas haveria muitas outras possibilidades de fazê-la.

Jovem adormecida, 1935, de Pablo Picasso.

3. Observe os jovens que convivem com você: seus amigos, colegas de classe, vizinhos, parentes. Escolha dois deles e imagine: que imagens você usaria para retratar essas pessoas? Teriam cor? Quais? Que ação dessas pessoas seria representada? Quais características seriam destacadas?

A natureza social do ser humano se reflete em sua linguagem (corporal e verbal) e em seu modo de ser e agir no grupo. Entre os jovens não é diferente; eles se agrupam por interesses comuns e mostram seu estilo de vida nas manifestações culturais, esportivas, de lazer etc. Observe as imagens a seguir. Elas retratam grupos de adolescentes com interesses em comum: skatistas, jogadoras de futebol, músicos e dançarinos de rua.

4. O que as pessoas de cada grupo têm em comum? O que as diferencia dos outros grupos? Identifique as marcas que são específicas de cada grupo.

5. E quanto a você, quais são seus interesses: esporte, música, tecnologia, literatura, trabalhos manuais? Converse com seus colegas e identifique os interesses comuns entre vocês.

6. Agora, em grupo, façam um levantamento da imagem que a mídia apresenta do jovem nos dias de hoje. Para essa pesquisa, procurem revistas, novelas, propagandas que sejam destinadas a adolescentes ou jovens.

  a) Que imagem predomina nessas fontes? Dê exemplos.

  b) Há algum programa de televisão ou revista endereçada a um grupo com interesses, comportamento e estilo específicos?

PROJETO DO ANO

Programa de rádio

Vamos, finalmente, produzir nosso programa de rádio, reunindo as produções realizadas ao longo do ano. Para isso, siga as orientações.

1. Junte-se aos colegas do grupo definido no começo do ano. Releia com eles as primeiras orientações para o projeto, no final da unidade 1.

2. Reúnam as produções de texto que fizeram ao longo do ano.

3. O programa de rádio terá sete quadros, e cada quadro ficará a cargo de um grupo.

Quadro 1:
entrevista e biografia

Quadro 2:
texto instrucional: como fazer uma boa pesquisa

Quadro 3:
reconto de lenda e curiosidades sobre mitologia

Quadro 4:
acróstico e dramatização de causo

Quadro 5:
notícia

Quadro 6:
texto de guia de viagem

Quadro 7:
crônica

Estúdio de rádio.

4. Um último grupo se encarregará dos anúncios que serão veiculados entre alguns dos quadros. Para isso, esse grupo vai adaptar para a linguagem oral desse veículo, o rádio, dois ou três dos anúncios criados nesta unidade.

5. Junto com os demais grupos e o professor, definam:

   a) quem será o locutor do programa (encarregado de apresentar e encerrar o programa e de fazer a ligação entre um quadro e outro);

   b) o nome do programa;

   c) o nome da cada quadro;

   d) a ordem de apresentação dos quadros;

   e) a duração do programa.

> **Locutor** é o profissional que, no rádio e na televisão, ao microfone e geralmente ao vivo, apresenta programas, faz entrevistas, lê textos comerciais, notícias etc.

6. Voltem, então, a trabalhar em grupo na produção do quadro de vocês.

   a) Retomem as produções do grupo relativas ao(s) gênero(s) do quadro e selecionem uma delas.

   b) Como o rádio só dispõe de recursos sonoros, alguns grupos terão de fazer adaptações em suas produções. Por exemplo, o grupo da dramatização de causo contará apenas com a voz e com efeitos sonoros; o grupo do texto de guia de viagem não poderá recorrer a imagens, então será necessário acrescentar ou detalhar descrições.

   c) Todos os grupos poderão recorrer a recursos como música de fundo e outros efeitos sonoros.

Gravação no estúdio de rádio

A apresentação

1. Decidam com o professor onde, quando e como será feita a apresentação.

   a) Será possível utilizar sistema de som e transmitir, ao vivo, o programa de rádio a toda a escola?

   b) Vocês poderão gravar o programa e apresentá-lo a outras turmas ou aos pais, em um dia previamente agendado?

   c) A apresentação vai ser apenas para os colegas da classe?

   d) A apresentação será com auditório e ao vivo, como nas rádios de antigamente?

2. Ensaiem várias vezes, testem a aparelhagem. Se possível, registrem em áudio os ensaios, para se familiarizarem com os aparelhos sonoros e corrigir as falhas.

Avaliação

1. Os grupos serão avaliados levando-se em conta:

   a) envolvimento e dedicação ao projeto;

   b) cumprimento dos prazos estabelecidos;

   c) adequação do resultado à proposta;

   d) adequação das apresentações às características do veículo;

   e) grau de respeito e colaboração entre as equipes.

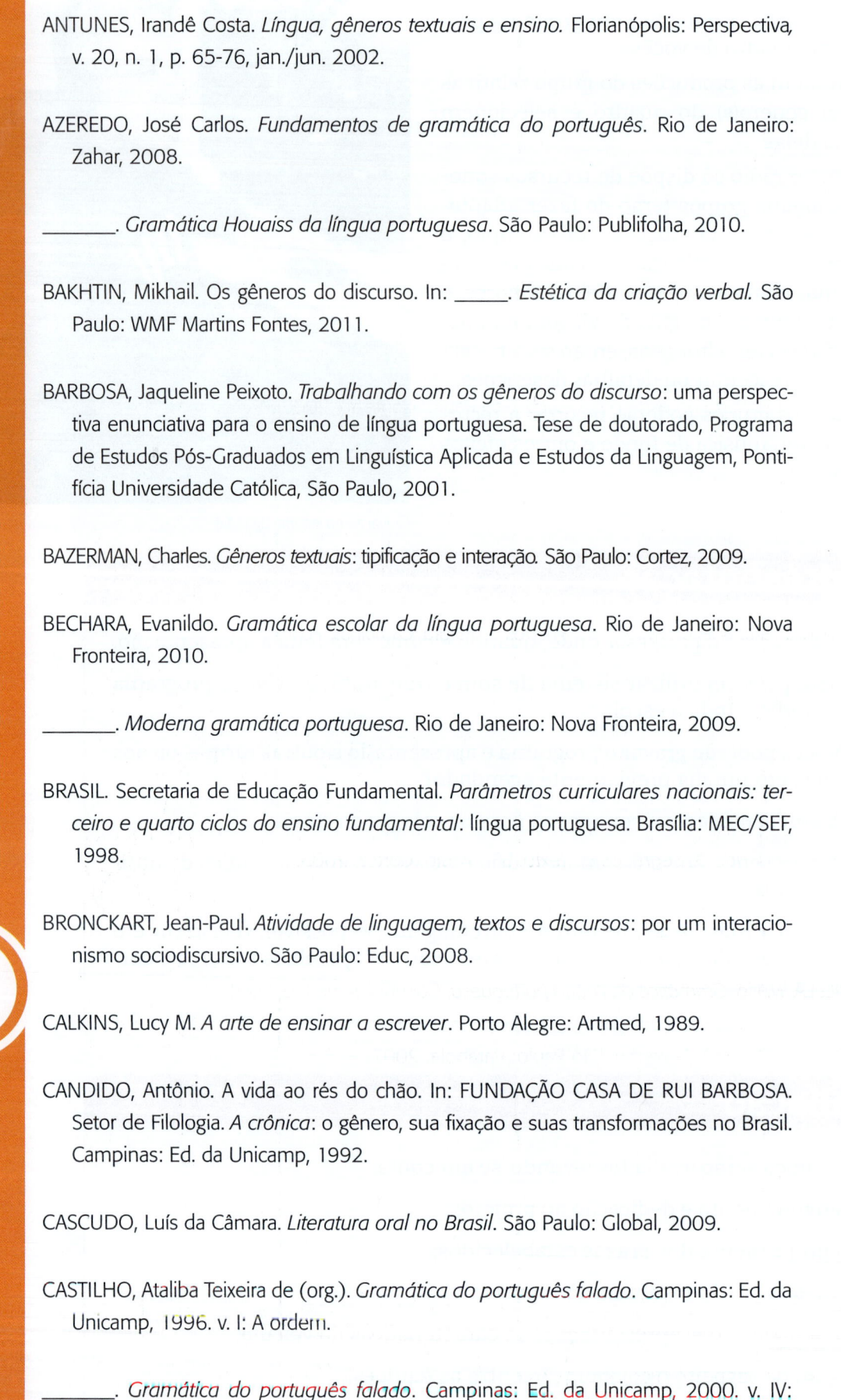

ANTUNES, Irandê Costa. *Língua, gêneros textuais e ensino.* Florianópolis: Perspectiva, v. 20, n. 1, p. 65-76, jan./jun. 2002.

AZEREDO, José Carlos. *Fundamentos de gramática do português.* Rio de Janeiro: Zahar, 2008.

_____. *Gramática Houaiss da língua portuguesa.* São Paulo: Publifolha, 2010.

BAKHTIN, Mikhail. Os gêneros do discurso. In: _____. *Estética da criação verbal.* São Paulo: WMF Martins Fontes, 2011.

BARBOSA, Jaqueline Peixoto. *Trabalhando com os gêneros do discurso*: uma perspectiva enunciativa para o ensino de língua portuguesa. Tese de doutorado, Programa de Estudos Pós-Graduados em Linguística Aplicada e Estudos da Linguagem, Pontifícia Universidade Católica, São Paulo, 2001.

BAZERMAN, Charles. *Gêneros textuais*: tipificação e interação. São Paulo: Cortez, 2009.

BECHARA, Evanildo. *Gramática escolar da língua portuguesa.* Rio de Janeiro: Nova Fronteira, 2010.

_____. *Moderna gramática portuguesa.* Rio de Janeiro: Nova Fronteira, 2009.

BRASIL. Secretaria de Educação Fundamental. *Parâmetros curriculares nacionais: terceiro e quarto ciclos do ensino fundamental*: língua portuguesa. Brasília: MEC/SEF, 1998.

BRONCKART, Jean-Paul. *Atividade de linguagem, textos e discursos*: por um interacionismo sociodiscursivo. São Paulo: Educ, 2008.

CALKINS, Lucy M. *A arte de ensinar a escrever.* Porto Alegre: Artmed, 1989.

CANDIDO, Antônio. A vida ao rés do chão. In: FUNDAÇÃO CASA DE RUI BARBOSA. Setor de Filologia. *A crônica*: o gênero, sua fixação e suas transformações no Brasil. Campinas: Ed. da Unicamp, 1992.

CASCUDO, Luís da Câmara. *Literatura oral no Brasil.* São Paulo: Global, 2009.

CASTILHO, Ataliba Teixeira de (org.). *Gramática do português falado.* Campinas: Ed. da Unicamp, 1996. v. I: A ordem.

_____. *Gramática do português falado.* Campinas: Ed. da Unicamp, 2000. v. IV: Estudos descritivos.

_____. *Nova gramática do português brasileiro*. São Paulo: Contexto, 2010.

CENPEC – Centro de Estudos e Pesquisas em Educação, Cultura e Ação Comunitária. *Estudar pra valer!*: leitura e produção de textos nos anos iniciais do ensino fundamental/módulo introdutório. São Paulo: Cenpec, 2005.

DIONISIO, Ângela Paiva et alii (orgs.). *Gêneros textuais & ensino*. São Paulo: Parábola, 2010.

_____; BEZERRA, Maria Auxiliadora. *O livro didático de português*: múltiplos olhares. Rio de Janeiro: Lucerna, 2001.

ILARI, Rodolfo. *Introdução ao estudo do léxico*. São Paulo: Contexto, 2002.

_____. *Introdução à semântica*. São Paulo: Contexto, 2001.

KATO, Mary Aizawa. *Gramática do português falado*. Campinas: Ed. da Unicamp, 2002. v. V: Convergências.

KLEIMAN, Angela. *Texto & leitor*: aspectos cognitivos da leitura. Campinas: Pontes, 2005.

_____; MORAES, Sílvia E. *Tecendo redes nos projetos da escola*. Campinas: Mercado de Letras, 1999.

KOCH, Ingedore G. V. *A coesão textual*. São Paulo: Contexto, 2002.

_____. *Desvendando os segredos do texto*. São Paulo: Cortez, 2003.

_____; FÁVERO, Leonor L. *Linguística textual*: introdução. São Paulo: Cortez, 2002.

_____; VILELA, Mário. *Gramática da língua portuguesa*. Coimbra: Almedina, 2001.

MACHADO, Anna R. (org.). *Resenha*. São Paulo: Parábola, 2007.

MARCUSCHI, Luiz Antônio. *Produção textual, análise de gêneros e compreensão*. São Paulo: Parábola, 2008.

_____. *Da fala para a escrita*: atividades de retextualização. São Paulo: Cortez, 2010.

MATEUS, Maria Helena Mira et alii. *Gramática da língua portuguesa*. Lisboa: Caminho, 1987.

MEURER, José Luiz; MOTTA-ROTH, Desirée (orgs.). *Gêneros textuais e práticas discursivas*. São Paulo: Edusc, 2002.

NEVES, Maria Helena de Moura. *A gramática funcional*. São Paulo: Martins, 2001.

_____. *Gramática de usos do português*. São Paulo: Ed. da Unesp, 2011.

_____. *Gramática na escola*. São Paulo: Contexto, 2003.

_____. *Que gramática ensinar na escola?* São Paulo: Contexto, 2003.

PRETI, Dino (org.). *Fala e escrita em questão*. São Paulo: Humanitas/FFLCH/USP, 2006.

ROJO, Roxane. *A prática de linguagem em sala de aula*: praticando os PCNs. Campinas: Mercado de Letras, 2001.

_____. Letramento e capacidades de leitura para a cidadania. In: _____. *Letramentos múltiplos, escola e inclusão social*. São Paulo: Parábola, 2009.

_____ ; GOMES BATISTA, Antônio A. (orgs.). *Livro didático de língua portuguesa*: letramento e cultura da escrita. Campinas: Mercado de Letras, 2003.

SACRISTÁN, J. Gimeno. *A educação obrigatória*: seu sentido educativo e social. Porto Alegre: Artmed, 2001.

SCHNEUWLY, Bernard; DOLZ, Joaquim e colaboradores. *Gêneros orais e escritos na escola*. Campinas: Mercado de Letras, 2004.

SOARES, Magda. *Alfabetização e letramento*. São Paulo: Contexto, 2003.

_____. Letramento e alfabetização: as muitas facetas. Disponível em: <http://www.scielo.br/pdf/rbedu/n25/n25a01.pdf>. Acesso em: 8 maio 2015.

TRASK, R. Larry. *Dicionário de linguagem e linguística*. São Paulo: Contexto, 2004.

TRAVAGLIA, Luiz Carlos. *Gramática e interação*. São Paulo: Cortez, 2005.

_____. *Gramática*: ensino plural. São Paulo: Cortez, 2011.